U0741355

内 容 提 要

本书分为三部分，第一部分是总论，从宏观上对 2023 年的行业现状、面临挑战、问题解决进行概述，对 2024 年趋势发展、应对策略进行研究。第二部分是各论，收录了政策法规、监管研究、科技创新、原料制造、品牌建设、营销渠道、消费需求、专题、行业热点等 9 个维度共 38 篇研究报告。第三部分是附录，收录了国内化妆品行业、国际化妆品行业 2 篇大事记。本书不仅为政府及相关产业研究部门提供信息支撑和决策参考，也可为行业从业者及研发人员提供创新思路和方向，同时还可为消费者对化妆品的选择提供科学依据。

图书在版编目（CIP）数据

中国化妆品蓝皮书 . 2024 / 颜江瑛，张伟主编 . 北京 ：中国医药科技出版社，2024. 11. — ISBN 978-7-5214-4880-1

Ⅰ . F426.7

中国国家版本馆 CIP 数据核字第 2024NE9994 号

美术编辑 陈君杞
版式设计 也 在

出版 **中国健康传媒集团** | 中国医药科技出版社
地址 北京市海淀区文慧园北路甲 22 号
邮编 100082
电话 发行：010-62227427 邮购：010-62236938
网址 www.cmstp.com
规格 710 × 1000mm $^1/_{16}$
印张 30 $^1/_4$
字数 526 千字
版次 2024 年 11 月第 1 版
印次 2024 年 11 月第 1 次印刷
印刷 河北环京美印刷有限公司
经销 全国各地新华书店
书号 ISBN 978-7-5214-4880-1
定价 148.00 元

获取新书信息、投稿、为图书纠错，请扫码联系我们。

编 委 会

主　编

颜江瑛　中国香料香精化妆品工业协会理事长

张　伟　中国药品监督管理研究会会长

副主编

时立强　中国药品监督管理研究会副会长兼秘书长

董树芬　中国香料香精化妆品工业协会顾问

编　委

谢志洁　中国药品监督管理研究会化妆品专业委员会首席顾问、广东省药品监管科学学会会长

姚永斌　中国香料香精化妆品工业协会产业研究中心主任

赵　华　中国药品监督管理研究会化妆品专业委员会副主任委员

刘李军　《FBeauty 未来迹》创始人

黄志东　新媒体《美妆头条》总编

张　毅　艾媒咨询集团 CEO 兼首席分析师

苏剑明　香山化妆品产业研究院院长

邓　敏　品观科技（武汉）有限公司董事长

蔡朝阳　青眼创始合伙人

章　为　湖南省药品检验检测研究院化妆品所副所长

学术秘书

梁彦会　中国香料香精化妆品工业协会综合信息部副主任

张元媛　中国药品监督管理研究会培训部部长

李　彬　香山化妆品产业研究院副院长

张畹意　香山化妆品产业研究院办公室主任

文章作者（按姓氏笔画排序）

于海英　王　祺　王若璋　王思敏　王胜鹏　王洽利　王晓炜
方继辉　方维亚　六　扬　尹　胜　厉浩东　叶慧晶　叶聪秀
刘　红　刘　杰　刘　洋　刘丹青　刘文文　刘李军　刘佐仁
刘雁鸣　许明双　孙　梅　苏　真　苏剑明　李　彬　李　琳
李　霞　李思龙　李杨杰　李丽霞　李启艳　李继超　杨　梅
杨裕娴　杨飘飘　邱颖姮　何秋星　宋　钰　宋华琳　张　华
张　昊　张　鹏　张　毅　张丽廷　张良雨　张莉露　张畹意
陈　峥　陈　亮　陈亚飞　陈庆生　陈其胜　陈冠文　陈培婵
陈静珊　邵庆辉　金　鑫　周　笛　周文斯　承晓华　赵洪伟
赵菁菁　胡颖廉　姚永斌　贾逸丹　徐伟红　殷　帅　郭　栋
唐自丽　唐春兰　黄志东　黄浩婷　曹菲斐　章　为　梁彦会
梁静文　韩　丹　舒　雯　谢志洁　谢韵碧　谢嘉颖　赖　维
蔡　杏　蔡朝阳

序

——新质生产力引领中国化妆品行业迈向高质量发展

对于中国化妆品行业来说，2023年是划时代的一年，这一年中国国产化妆品销售份额首次超过国际品牌份额，达到52.22%。在未来，中国市场国产化妆品份额会继续扩大。2024年，是充满希望和挑战的一年，7月15日中共中央召开了二十届三中全会，明确指出要进一步全面深化改革，推进中国式现代化发展。发展新质生产力推动高质量发展，中国化妆品继续在科技创新的引领下，大力发展新质生产力，全面推动化妆品产业的高质量发展。这一切预示着中国化妆品行业的蓬勃发展与深刻变革，迎接着中国特色美妆时代的扑面而来与坚实步伐。今年新近出炉的《中国化妆品蓝皮书（2024）》，像一面镜子，清晰地映照出这个充满创新活力与蓬勃生机的产业全景。

中国化妆品行业的新质生产力，就是以科技创新为主导，强调科技创新和高品质的融合，它代表着一种突破传统增长模式的先进生产力生态，特征在于高科技、高效能、高质量。

中国化妆品行业，在近年来展现出了惊人的生命力。从传统的美妆产品到科技感十足的护肤新宠，从本土品牌的崛起之势到国际大牌的持续发力，每一个动态都承载着无数的梦想与努力。这种不竭的新质发展动力推动着中国化妆品产业不断向前发展。

中国化妆品产业在科技创新的驱动下快速发展，离不开良好的政策环境的保障。政府有关部门积极行动和主动指导，优化审批流程提升服务质量和效率，在加强科学监管的同时推行柔性执法，给予政策扶持与资金奖励支持产业创新与发展，规范化妆品网络经营行为，加强化妆品安全评估与原料管理等。总之，通过综合施策、多措并举，全周期、多维度推动中国化妆品产业高质量发展。

本书深入剖析了中国化妆品行业在2023/2024年的发展现状与趋势，涵盖了市场规模的拓展、消费需求的演变、技术创新的突破以及品牌竞争的新格局。通过翔实的数据、深入的洞察分析和专业的调研报告，为读者呈现了一幅丰富多彩的行业画卷。

对于政府及相关产业研究部门来说，本书是一个化妆品产业的深度研究报告。通过科学监管、产业政策和企业组织各个经济活动的洞察与分析，提供信息支撑和决策参考。

对于行业从业者而言，本书是一部珍贵的工作指南。它可以帮助企业领导者把握市场脉搏，制定更加精准的战略规划；为研发人员提供创新的思路和方向，推动技术的不断进步；也为营销人员打开新的视角，探索更有效的推广策略。

对于消费者来说，本书则是一扇了解化妆品世界的窗户。它让你更加清晰地认识到产业不同维度的特点和影响，如原料、研发、营销、品牌等，为你的美丽选择提供科学的依据。

本书从全行业不同维度进行系统性观察，每个维度都从年度进展、风险挑战、发展趋势、应对策略4个结构进行报告，力求为行业各层面提供决策参考，让中国化妆品行业在新质生产力的推动下高质量发展。

本书分为三部分，第一部分是总论，是基于各论及附录，从宏观上对2023年的行业现状、面临挑战、问题解决进行概述，对2024年趋势发展、应对策略进行研究。第二部分是各论，收录了政策法规、监管研究、科技创新、原料制造、品牌建设、营销渠道、消费需求、专题、行业热点等9个维度共38篇研究报告。第三部分是附录，收录了国内化妆品行业、国际化妆品行业2篇大事记。

本书编写得到了国家药品监督管理局和相关直属事业单位、化妆品监管科学基地和化妆品重点实验室以及部分高等院校、社会组织、行业媒体、第三方机构等有关领导及专家的关心、指导和支持，各位执笔人潜心研究、严谨撰稿，各位编委科学审稿、精心组稿。在此对所有参编单位、领导、专家、编委、作者及所有工作人员一并表示衷心感谢！

在这个充满机遇与挑战的时代，中国化妆品行业正以昂扬的姿态迈向新的高度。我们希望，化妆品蓝皮书的定期编辑将为发展新质生产力，推动化妆品行业高质量发展起到重要的引领作用。我们期待，中国化妆品产业将以新科技、新原料、新配方、新产品、新文化、新渠道、新营销、新消费、新管理、新机制、新监管等为特征，一路前行，不断进行系统化创新及效率提升。我们相信，未来的中国化妆品行业，一定会在新质生产力的引领和推动下全面发展中国特色美妆，以更具价值的产品、更有魅力的品牌和更高质量的承诺占领国内市场，拓展国际市场，早日实现让“中国人民爱上中国妆、世界人民爱用中国妆”的制妆强国梦！

中国香料香精化妆品工业协会理事长　颜江瑛

中国药品监督管理研究会会长　张　伟

2024 年 8 月

目　录

总论

各论

政策法规篇

监管研究篇

科技创新篇

原料制造篇

品牌建设篇

营销渠道篇

消费需求篇

专题篇

行业热点篇

附 录

总　论

中国高举新质生产力大旗　推动化妆品产业高质量发展

——2023—2024 年中国化妆品行业发展概况

姚永斌　谢志洁

二十届三中全会通过的《中共中央关于进一步全面深化改革、推进中国式现代化的决定》明确指出，要健全因地制宜发展新质生产力体制机制。发展新质生产力是推动高质量发展的内在要求和重要着力点。所谓新质生产力，是由技术革命性突破、生产要素创新性配置、产业深度转型升级而催生的当代先进生产力。新质生产力代表着创新、高效、可持续的生产力量，它是推动社会不断向前发展的关键引擎。

2023 年至 2024 年间，全国化妆品行业高举发展新质生产力大旗，积极拥抱科技创新，以先进的技术手段改造传统模式、开拓新兴领域，打造形成了一批能够推动化妆品行业创新发展、提升竞争力、创造新价值的一系列新兴要素和力量，包括新科技、新原料、新配方、新产品、新文化、新渠道、新营销、新消费、新管理、新机制、新监管等，在建设制妆强国，推进化妆品行业高质量发展中发挥了重要作用。

以“高举新质生产力”为主题，在综合本书 38 篇各论的基础上，从政策法规、监管研究、科技创新、原料制造、品牌建设、营销渠道、消费需求、专题、行业热点等 9 个维度，对 2023—2024 年中国化妆品产业发展现状、机遇挑战、未来趋势、应对策略等进行了概述性、总结性报告。综合本书研究表明，2023—2024 年我国化妆品行业在新质生产力的引领推动下继续呈现出“在规范中高质量发展”的良好势头，全产业链各环节齐头并进全面发展，国货美妆品牌已占市场主导地位，虽然目前还面临着许多新困难、新挑战，在一些领域还需要向国际巨头学习以取长补短，但中国化妆品市场已经成为全球最大消费市场，中国品牌已经锋芒毕露并开始大举海外布局，中国特色美妆时代已经全面来临。

一、新质生产力引领下，化妆品政策法规推动行业发展高质量

2020 年 6 月 29 日，《化妆品监督管理条例》正式颁布，自 2021 年 1 月 1 日起施行。自新规发布以来，不断淘汰落后破小产能，优胜劣汰，促使并确保企业依照法律、法规、强制性国家标准和技术规范从事生产经营，诚信自律，自我管理，保证化妆品质量安全。明确主体责任，规定化妆品注册人、备案人对化妆品的质量安全和功效宣称负责，促使企业更加重视产品质量，并迈向新质生产力发展，追求绿色环保生产，通过新质生产力促使化妆品产业的高质量发展。

（一）重视产品质量

通过规范生产经营活动，明确化妆品注册人、备案人对化妆品的质量安全和功效宣称负责，促使企业更加重视产品质量。同时通过明确化妆品注册人、备案人质量标准淘汰不合规的工厂和品牌企业，以促使有规模的企业养成重视产品质量，并遵守生产标准和工业的规范。

（二）提升行业创新能力

鼓励和支持开展化妆品研究、创新，保护单位和个人的合法权益，推动化妆品品牌建设，推进企业采用先进技术和管理规范，提高质量安全水平，鼓励结合合成生物等先进技术与植物资源、中药中医资源等进行交叉研发，推动原料、配方、产品等的深度升级，通过产业创新，以达到产业提质升量的目标。

（三）促进产业升级

通过政策法规的引导，促使企业加大研发投入，提升产品品质，推动整个行业从规模扩张向高质量提升、创新驱动的方向转变，有助于打造具有较强国际竞争力的产业高地。自新规发布以来，国内的企业整体达到了提档升质的目标，有规模的企业具有更强的国际竞争力。

1. 优化注册备案管理程序

普通化妆品上市前的备案改为告知性备案，完成备案后即可投放市场，进一步明确了备案的性质，优化了流程，但同时加强了事中事后监督，确保产品质量安全。

2. 强化质量安全意识

要求企业设置质量安全责任人，承担相应的产品质量安全管理和产品放行职责，突出了化妆品的安全属性，有利于提升企业的质量安全意识。

3. 促进产业集群化和特色化发展

政策法规会鼓励和引导各个地区加强化妆品优势产业区域的建设，打造产业集群区，形成各具特色的发展模式，推动产业的规模化和专业化发展。

（四）保障消费者健康

要求化妆品的功效宣称有充分科学依据，并需公布功效宣称依据的摘要接受社会监督，使消费者能更好地了解产品，作出更明智的选择，从而促进企业注重产品的实际功效和安全性，以期达到保障消费者健康利益的目标。

合规合法、科学监管是化妆品的基础与根本，这直接关系到产品的质量和消费者的安全。从研发、生产到使用的全生命周期监管，旨在打造一个科学、规范、健康、美丽的化妆品产业，同时为企业创新和健康中国服务。

二、新质生产力引领下，化妆品科学监管保障行业提升高水平

科学监管是化妆品产业健康、绿色、高质量发展的前提，只有科学监管

才能让企业生产出符合消费者需求的产品，只有科学监管才能让市场更规范地发展，只有科学监管才能让中国品牌不断提高市场占有率，走向全球市场。

（一）激发企业创新活力

科学监管激发企业创新活力，让化妆品企业更容易满足消费者的需求，促使企业更加有市场竞争力。

（1）对新原料的管理更加科学，鼓励企业研发和使用安全有效的新原料，推动行业的技术进步，在科学监管的驱动下推动国内原料创新高速、高质量发展。

（2）严格的科学监管促使企业不断提升自身的技术水平和管理能力，以满足法规要求，从而间接推动企业创新，提高产品的竞争力，让中国的化妆品原料、生产、产品、品牌更有竞争力。

（3）对品牌的创新与培育不断推进，企业比任何时候都重视品牌的培育，通过文化、时尚、创意等不断赋能品牌的活力，让品牌不断成长，让品牌越来越有价值，让品牌越来越受消费者认同。

（二）保障消费者合法权益

科学监管能够让消费者确信所使用的化妆品是安全、健康、有效的，从而使消费者放心购买使用，这有助于扩大市场需求，推动行业发展。科学监管增强了消费者的信心，保障并维护了消费者合法权益。

（三）优化市场环境

通过加强对市场主体的科学监管，打击违法违规行为，营造公平竞争的环境，有利于优秀企业的成长和发展。科学监管，让企业优胜劣汰，既扩大了国内市场份额，又增长了国际市场竞争优势。

（四）推动线上线下融合监管

监管部门采取线上线下结合的策略，加强对网络渠道的监管，规范线上经营行为，使线上线下监管更加均衡，促进全渠道的健康发展。

（五）构建多方参与的监管体系

强调市场主体责任，重视社会力量的参与，形成企业履责、行业自律及政府监管的市场协同治理体系，共同推动行业的发展。

科学监管能够引导化妆品行业朝着更加注重质量、创新和可持续发展的方向前进，为新质生产力的培育和高质量发展提供有力保障。同时，随着行业的发展和变化，监管也需要不断调整和完善，以适应新的形势和需求，更好地促进化妆品产业新质生产力的高速、高质量发展。

三、新质生产力引领下，科技创新驱动化妆品行业前进高速度

科技创新是第一生产力，是新质生产力的核心，是高质量发展的前提。化妆品产业科技创新的这几年呈现方兴未艾的发展势头。化妆品企业比任何时候都重视科技创新，从其原料、配方到包材等全产业链都高度重视科技创新。

（一）科技创新投入加大

这几年中国化妆品企业研发投入呈双位数增长，并取得很好的科创成绩，一些龙头企业因此受益匪浅。已公开的财报数据显示：2023年中国主要美妆上市企业的研发投入持续保持双位数增长，同比平均增加13.97%①。虽然整体增幅较2021年和2022年有所下降，但总投入金额创历史新高，11家上市公司2023年研发投入共计17.04亿元。其中华熙生物以4.46亿元的年投入位居第一。这些企业近些年都取得了不俗的成绩。

中国化妆品企业在科研方面不断提升研发能力，先进的科学技术使化妆品的研发过程更加精准可控，从而使化妆品原料、配方及产品更适合消费者肌肤的需求。

① 由于本书作者引用的数据来源不同，故数值上可能存在一定差异，但总体不影响理解，特此说明。

（二）科技创新投入占比超越国际水平

中国化妆品企业这几年在科研方面不断加大投入，投入占比已经超越国际企业。尽管跨国公司在研发方面的投入基数大且正在持续增加，但与其庞大的销售额相比，研发费用在总营收中的占比并不高。

根据各大公司发布的财报数据，除欧莱雅、拜尔斯道夫、花王 3 家公司最近 3 年的研发费用率持续保持在 3% 以上之外，全球营收排名前十的其他跨国公司的研发费用率均不足 3%，2023 年平均约为 2.33%。

相对来说，中国本土主要化妆品企业虽然研发投入绝对值不高，但平均费用率远高于跨国公司。同样以中国本土排名前十的美妆公司和部分代表性企业为例，2023 年平均研发费用率为 3.1%，比跨国公司平均高 0.8 个百分点。

量变终将导致质变，中国化妆品在科技创新方面的持续投入，促使化妆品领域新质生产力的高速发展，这将持续催化中国化妆品高质量发展，推动其在全球占据领先地位。

（三）率先引领原料创新

中国从 2021 年开始按新的法规实施新原料注册备案，国家药品监督管理局（简称国家药监局）公布的数据显示：截至 2023 年 12 月 31 日，中外企业共在国家药监局注册新原料备案 117 个，其中 72 个为中国本土企业注册备案，45 个为外资企业申请注册备案。新原料的研发和注册在中国企业中一时呈现百花齐放的局面，72 个新原料的申请主体多达 48 家公司，其中除了华熙生物、深圳市维琪、水羊股份、贝泰妮等化妆品企业外，还有东阿阿胶、燕之屋等保健品企业也参与其中。

化妆品原料科技创新的不断进步，让中国化妆品原料的优势越来越明显，化妆品原料的数量、质量等不断提升，在国际上的竞争力也不断提升。未来，中国化妆品原料产业将在全球逐步取得优势。

（四）促进学科建设

学科建设促进了化妆品行业的高质量发展方向，由于中国化妆品产业发展在许多方面仍存在不均衡，如企业规模小、品牌影响力弱、原料存在差距、创新能力弱、系统研究体系弱、制造业体系化弱、人才体系不完善等，这些都是学科建设需要设计的方向，也是大专院校培养人才的方向。人才充分的培养才能更好地推动及满足科技创新的高速发展。

（五）科技创新的专利数加大

国家知识产权局公布的数据集合各公司财报数据显示，中国本土 12 家主要美妆企业新获授权发明专利数量从 2021 年的 152 项提升到 309 项，增长超过 100%。

2021 年至 2023 年的 3 年间，全球范围内所申请的和化妆品相关的专利数量为 67997 条，涉及全球 170 多个国家和地区。按受理国划分，中国已经成为第一大受理国，过去 3 年间共接到 26214 件和化妆品相关的专利申请，占全球总量的 38.55%。其次为世界知识产权组织（WIPO）、韩国、日本和美国。

科技创新是新质生产力的具体表现，科技创新是高质量发展的具体推进器。

四、新质生产力推动下，原料创新促进化妆品研发迈上新高度

近 2 年，中国化妆品原料在充分发挥其优势的基础上通过新质生产力的方式不断发展。同时通过中外化妆品原料的对比，中国化妆品洞察国际原料企业的优势，借鉴国际原料巨头的优势，以图自强。

（一）中国化妆品原料产业的优势

1. 资源丰富

中国拥有丰富的植物、动物和矿物等自然资源，为化妆品原料的开发提供了很多选择。其中植物资源尤其丰富，在植物提取方面有相当多资源优势，在科技创新的加持下，可以提炼制造更多植物类原料，不仅可以更好地满足国内市场，也能很好地供应国际市场。

2. 市场需求大

随着美丽中国战略的不断推进，消费者在物质与精神方面的追求越来越

高，不仅对化妆品的需求越来越多，对颜值的要求也越来越高。中国化妆品市场已经成为世界第一大化妆品市场，对原料的需求越来越高，市场的需求也越来越大。

3. 具有工业化及成本优势

国外原料企业为了降低成本会委托国内原料企业为之贴牌代工，一是为了降低成本，二是中国工业化优势更加明显，在中国代工的原料不仅生产得质量好而且其成本也有竞争力，所以国外原料企业更乐意在中国代工。

（二）中国化妆品原料产业的劣势

1. 产业集中度低

中国化妆品原料早期的供应基本控制在国际原料商手里，一者当时中国化妆品原料企业还没有发展起来，二者随着中国化妆品市场的“蛋糕”越来越大，国际原料企业通过品牌建设与科学传播，使国内原料的需求方及其配方师等都认同他们的标准、数据与质量，导致国内原料的供应基本上被国际原料商垄断，没有了市场供应就没有了产业发展，所以中国原料产业的现状就是产业集中度低，但随着中国消费者消费国货的意识逐渐觉醒，中国原料企业也在快速发展。

2. 研发能力不足

由于原料的制造及使用标准基本上被国际原料企业所垄断，国内原料企业的发展还有很长的路要走。再加上 5 年前国内品牌与国际品牌的竞争还处于劣势，国内企业在研发力量上投入微薄，所以在供应原料方面更无法满足市场需求。不仅如此，原料企业还需要大量的人才投入，发明出新的科技成果，以不断满足市场需求。可喜的是，中国原料企业这 2 年有了明显的进步，开始加大研发投入，重视人才引进，加强原料科技研发能力。

3. 品牌建设滞后

中国有较大规模的原料企业更多的是服务于其他行业，很少有企业做化妆品原料的业务，说明他们在化妆品品牌建设上不够重视，更不乐意在原料的相关标准及其领域的品牌建设与推广方面投入太多，导致品牌建设的滞后，自然竞争不过国际原料企业。

（三）国外化妆品原料企业可以借鉴的优势

1. 研发能力强

由于像巴斯夫这样的原料巨头，在科研研发费用上投入金额高，人才队伍建设成熟，加上运作多年来形成的技术沉淀与优势，故其在研发能力上现阶段远远领先于国内企业，这就是国内原料企业需要借鉴的地方，即不断加强研发投入，不断聚拢尖端人才，让研发创新走在前面，不断创造服务市场的高质量新原料。

2. 产业集中度高

像亚什兰这样的原料企业产业集中度高，市场垄断度高。而中国企业暂时的规模与产业集中度难以和国际原料企业竞争，只在活性化合物等小领域短时间取得了一定的成绩，但在基料、辅料等方面除了替国际企业代工，在品牌及市场份额上都不占优势，中国原料市场约 80% 份额仍然掌握在国际原料企业手里。所以在发展新质生产力的新阶段，中国原料企业要加快企业的规模发展，让更多的国内品牌先用上质量有保证的国内原料，从而影响国际品牌，充分发挥国内原料优势和消费市场优势，以让更多的国际品牌使用中国原料，不断提高原料产业集中度。

3. 品牌建设溢价高

国际原料企业品牌建设多年，在科技传播方面积累了丰富的经验，加上其在标准、数据及皮肤等领域有成熟的科学支撑，使得国内企业的配方师和工程师更愿接受他们的体系，对国内原料无系统标准、数据、皮肤科学支撑等不能认同，自然而然也就更易接受国际原料企业的采购。这就是品牌建设及科学传播的优点，但中国原料企业还不能像品牌企业那样来重视品牌的建设与传播，这一点我们需要认真地向国际原料企业学习和借鉴，也更需要向国内品牌企业汲取经验。

（四）中国化妆品原料的“透明质酸效应”

“透明质酸效应”是科技创新推动产业创新的新质生产力。“透明质酸效应”的形成，始于中国科学家打破西方垄断的梦想，基于透明质酸原料核心关键技术的突破与全球竞争格局的重塑，成于“政产学研”联合共创，以科技创新推动产业创新，突破应用边界、产业边界，打造成科研到上游原料，下游化妆品、药品和健康食品等的完整产业链，拉动产业裂变增长。“透明质酸效应”具备可复制性，中国重组胶原蛋白、多肽等新原料技术与产品的发展，与透明质酸从原料创新到产业裂变的发展具有相似性。

在中国加快发展“新质生产力”的推动下，会有更多的“透明质酸效应”出现，为中国化妆品行业带来增长新动能。

中国在透明质酸领域的权威地位，极大地增强了中国化妆品行业的世界影响力。“透明质酸效应”已经并还将助推更多代表行业创新力量的中国成分和中国化妆品品牌走向世界。中国原料未来在“透明质酸效应”的带动下将会涌现出更多中国样本引领全球潮流，成为新时代的中国名片。

中国化妆品原料产业在资源、市场和政策等方面具有一定的优势，但也面临着产业集中度低、研发能力不足和品牌建设滞后等劣势。国外化妆品原料产业在产业集中度、研发能力和品牌建设等方面具有一定的优势，但也面临着原料资源有限、市场需求增长缓慢和生产成本高等劣势。所以中国原料企业把握市场机会、发挥科技创新等新质生产力优势，推进原料企业高质量发展，让中国原料企业在不久的将来能掌握全球市场主动权。

五、新质生产力推动下，品牌创新铸就化妆品行业取得新成就

中国化妆品产业的发展最终体现在品牌的发展，取决于品牌的数量和质量，这 2 年中国化妆品品牌受新兴渠道及内容传播优势的影响，品牌发展迅速，享受了渠道及传播的发展红利，新渠道、新传播促进品牌的发展升级是新质生产力的体现。

（一）中国化妆品品牌发展现状

1. 中国品牌总体量占比市场份额过半

2023 年中国本土化妆品企业从总体量上来说实现了历史性的突破。引用魔镜洞察的数据，经过综合计算发现：如果以线上销售额排名前 1000 名的品牌为数据样本进行统计，2023 年中国品牌的销售额占比达到 52.22%（2022 年

为 47.4%），这意味着 2023 年国产品牌首次超越国际品牌，成为中国化妆品市场的主力。

2. 中国品牌呈梯队整体壮大，和跨国品牌的营收差距快速缩小

中国品牌在 Z 时代消费者的加持下，国潮之风盛行，中国品牌更受年轻消费者欢迎。近 5 年来，中国品牌呈集体上升之势，总体呈雁阵型整体壮大之势，形成近百亿级、50 亿级、30 亿级、20 亿级、10 亿级品牌等分级整体壮大之势。

3. “中国成分”助力中国品牌高质量发展

如今，“成分党”对“中国成分”化妆品品牌信赖有加，这些崛起的“中国成分”，一是由中国特色活性物质提取而来，如人参、红景天、石斛兰等，成了许多国货美妆产品核心成分；二是本土企业利用独家科技或联合研发的新原料，这些“独家原料”“专属原料”等已经频繁出现在国货上市企业、头部企业产品里，成为它们市场竞争的“利器”。这些“中国成分”的研发与创新应用，有力促进了中国品牌高质量发展、可持续发展。

（二）中国品牌和国际品牌之间的差距

1. 打造运营高端品牌的能力

中国企业目前在打造产品的物质价值方面，已经拥有世界一流水平，但在打造产品的“精神价值”方面普遍存在不足，尤其是在美妆领域，处于消费者不认可，企业不敢讲的尴尬境地。

2. 多品牌、集团化运营发展的能力

与国际品牌相比较，本土品牌在多品牌、集团化运营发展的能力方面存在较大差距。在多品牌方面，主要是多品牌战略、布局、执行三大方面，具体表现为品牌矩阵（金字塔）搭建，品牌定位、品牌塑造、品牌传播、品牌管理、品牌延伸、品牌价值打造等；而在集团化运营发展上，主要表现在资源整合与共享、资本运营、战略合作、并购重组、科技创新、战略管理等方面，来提升企业规模经济、协同效应、资源等优势，提高企业的整体竞争力和盈利能力。

3. 重视研发和创新的能力

研发创新能力始终是企业发展的根本动力之一，对于化妆品企业来说持

久而稳定的投入，以及始终面向消费者需求的务实科研精神是国际巨头企业的优势。研发创新是第一生产力，新质生产力及高质量发展的核心就是研发创新，中国企业要不断向国际巨头企业学习重视研发和创新的能力。

这就是新质生产力提倡的新研发（重视研发和创新的能力）、新营销（重视打造运营高端品牌的能力）、新机制（多品牌、集团化运营的能力）相结合的优势在国际企业日常运营中的体现，这就是中国本土企业需要借鉴学习的地方。

（三）中国化妆品新锐品牌的崛起

1. 精准定位

新锐品牌崛起的关键因素之一就是精准定位，通过市场分析，提炼差异化市场的独特机会，定位品牌的消费者心智区隔，这是新锐品牌在激烈的市场竞争中脱颖而出的重要策略，精准定位涉及品牌定位、市场定位和产品定位，三者相互关联但又各有侧重。三者都是延续了定位这一理论的本质逻辑，都需要通过资源的运用整合，实现清晰、独特、关联的认知区隔。

其中，品牌定位是根本。精准的品牌定位，以确保品牌与竞争对手区分开来，能够帮助品牌占领消费者心智，形成强势品牌烙印，能够吸引目标消费者，实现品牌快速出圈、崛起，并建立稳固的市场地位。

新营销的创新运用就是新质生产力在企业运营中的具体表现。

2. 创新研发

国货新锐品牌注重产品创新，不断提升产品品质，以满足消费者日益多样化的需求。新锐美妆品牌在创新研发方面努力的“共性”主要包括自主研发原料、独家原料开发，科研技术创新，功效产品共创，品牌文化创新、独特的产品设计等，通过这些创新研发，旨在提供高品质、创新且具有社会责任感的护肤和美妆产品，以满足消费者美丽健康需求。

3. 营销传播

随着电商和直播渠道的兴起，品牌能够直接触达消费者。部分新锐品牌打破传统营销方式，借助兴趣电商平台和社交媒体，在内容等方面进行精准营销。它们靠数据决策选品，以技术能力做精细化人群运营，通过直播、短视频、社交平台等线上渠道进行“种草”营销，建立起病毒式营销能力，不断影响消费者心智，从而达到推广和销售目的。这不仅可以获取新用户，支持品牌新战略落地，还能完善品牌布局，深耕更大的用户群体市场。同时，在营销传播上，电商和直播渠道为这些新锐品牌提供流量倾斜，加强了与消费者的触达与互动，让品牌迎来新的增长契机，既有利于获取新用户、支持新品牌战略落地，也能完善新用户布局，深耕更大的用户群体市场。

新研发、新营销、新文化是新质生产力的具体体现，是促使新锐品牌高速发展的核心动力。

六、新质生产力推动下，渠道多元助力化妆品营销走向全渠道

新渠道、新营销是新质生产力的具体表现，是推动化妆品企业高质量发展的不竭源泉。中国电商渠道现在已经领先全球，特别是兴趣电商及跨境电商平台基本处于垄断地位，中国人所开创的直播、短视频、跨境电商等都具有不可替代性，这些新兴渠道的标准及话语权都掌握在中国人手里，这是中国化妆品企业在国内外市场可以掌握主动权的机会红利。

（一）总 GMV 破万亿，持续保持全球第一大市场地位

综合魔镜洞察、GfK 中怡康、青眼情报等第三方数据预估，2023 年按商品交易总额（GMV）计算，中国美妆市场的整体规模约为 10445.45 亿元，同比增长 3.61%。

根据 Mordor Intelligence 的报告显示，2023 年美国美妆市场（护肤、彩妆、香水、个人护理用品、口腔护理用品）的整体规模约为 912.7 亿美元，约合 6615.07 亿元人民币。

而 Euromonitor 的数据显示，中国化妆品市场规模已经在 2018 年超越美国成为世界第一大市场。

（二）传统电商

虽然淘天（淘宝和天猫的简称）仍占据电商销量的头把交椅，但传统的货架电商不断被新兴的兴趣电商分流消费者流量与销售份额。由于消费者内

容喜好及消费习惯不断变化，更易被兴趣电商吸引。传统电商在商品成列及流量分配上已经不占优势，广告效果及内容转化效果也在不断下降，传统电商正面临兴趣电商的冲击和挑战。淘天及京东等传统电商需要及时调整流量分配与竞争的机制，内容转化及广告投放的策略。

（三）兴趣直播电商

兴趣直播电商持续分流传统货架电商，在内容和体验互动上兴趣电商更有优势，消费者更易接受兴趣电商的短视频、直播等内容的互动和体验。

1. 精准挖掘需求

通过分析消费者的兴趣、行为等数据，深入了解消费者的偏好和需求，为他们推送更符合兴趣的化妆品，提高销售的精准度和成功率，精准把握消费者。

2. 增强互动体验

以短视频、直播等丰富多样的形式展示产品，消费者可以更直观地了解产品的外观、使用方法、效果等，并且能够和主播及品牌进行实时互动，获得及时的解答及建议，这种互动式的体验有助于建立消费者与品牌之间的信任和情感链接。

3. 促进品牌传播

借助有趣、有创意的内容吸引消费者，让品牌更容易被记住和传播，并不断扩大朋友圈对品牌及产品的认同和消费，提升品牌知名度和影响力。

（四）线下市场

以百货、KA 超市、CS 化妆品店为代表的传统线下渠道在不断萎缩，同时线下新业态频出，渠道创新力量向二线和三线城市汇聚。线上随着主要分布在二线和三线城市的百货放弃中低端市场，彻底进入高端市场。二线和三线城市以体验为主的大众消费市场，开始被樊文花等“皮肤管理中心”以及 KK 馆、调色师等“潮流时尚店”新物种渠道占据。此外，以三福百货、KK 集团、The Green Party、名创优品等为代表的潮流时尚店数量也在持续增加，这些门店除了经营饰品、潮流百货外，化妆品也是其中一个重要销售类目。

（五）海外市场

中国化妆品品牌和企业在海外不断发展壮大，这几年在全球已经取得一定的成绩，不久的将来中国化妆品品牌与企业一定会畅销全球，誉满天下。

（1）出海市场方面　大多数国货美妆将出海首站选在了日本、韩国、东南亚等市场，如花西子、花知晓等。日本、韩国、东南亚已经成为中国化妆品市场无差别的国别省内市场。

（2）出海渠道方面　多数品牌选择将产品上架在亚马逊、Lazada、速卖通以及 Shopee 等主流电商平台。例如百植萃出海东南亚选择了速卖通和亚马逊；完美日记已经在 Lazada 开启了官方账号；Colorkey、菲鹿儿等通过 Shopee 入局。也有少数品牌在此基础上增设独立站和 Facebook 等社交媒体，如卡婷。

（3）出海品类方面　从品牌主打品类和电商平台陈列来看，口红、眼影、腮红是国货美妆品牌出海最常见的品类，其次睫毛膏和粉饼等也高频次出现。

（4）出海价格方面　单品价格基本稳定在 80~300 元，仍属于平价品牌，但由于汇率和出海成本等因素，海外价格略高于国内。

全渠道时代的品牌营销究竟该如何进行，到目前为止还在不断的探索阶段，但有一种全新的视角是：不再按照“百货”“商超”“电商”等商业从业者视角（B 端）出发的方式去定义渠道，而是从消费者视角出发，将现有的所有渠道按“远场”“近场”和“现场”进行划分，重构零售生态，这样新渠道、新营销才能构建新消费。新渠道构建全渠道、全链路、全数字化能力是新质生产力的具体表现，新兴渠道构建的全渠道、全链路、全数字化是中国化妆品高质量发展的必经之路。

七、新质生产力推动下，国货美妆创新引领化妆品消费新潮流

在消费结构升级、审美观念和悦己意识增强等多种因素的推动下，国内化妆品消费持续增长。从中国化妆品市场结构来看，不同年龄段消费者需求也不同，婴幼儿因皮肤敏感性问题会更倾向于过敏、温和性护理产品；年轻

消费群体更加青睐遮瑕、提亮的美妆护肤产品；银发族是抗衰、抗皱美妆护肤品的主力军。随着短视频平台的兴起，化妆品市场规模不断扩大，消费者需求也在不断变化。未来，中国化妆品市场仍然具有巨大的发展潜力。

（一）中国消费者消费需求类型分析

化妆品行业作为一个充满竞争和活力的市场，在当今社会扮演着重要角色。随着消费水平的提高和消费观念的转变，消费者除了基础的美容功能外，对产品的成分、功效、安全性等方面提出了更高的要求，需求也越来越多元化。

1. 中国化妆品儿童消费市场分析

随着消费者对外部形象需求的日益增长，颜值经济已成为大众经济的重要组成部分。同时，化妆品使用者的年龄层也在不断扩大，儿童化妆品市场也不断崛起。生育政策的调整进一步激发了家庭对儿童用品的需求，特别是儿童化妆品市场方面。消费者需求的细分和品牌的创新发展为儿童化妆品市场提供了广阔的空间，使其呈现出爆炸性增长的趋势。

2. 中国化妆品成年人消费市场分析

成人化妆品市场持续繁荣，销售增长显著。“颜值即正义”的观念流行，尤其在Z时代年轻消费者中，注重养护意识，追求精致细腻妆容。在养护方面，消费者更注重护肤品的成分，追求具有美白、修复等功能性强且成分安全的产品，养护型彩妆流行，在化妆的同时实现养护护肤。消费者消费自我健康意识增强，崇尚天然健康，口服美容等美容类营养品消费升级趋势明显。追求自愈及自我犒赏，偏生活方式的品牌主张更受欢迎。

3. 中国化妆品老年人消费市场分析

随着年龄的增长，银发族群体正面临着各种各样的皮肤问题。经调研数据显示，50%的银发族消费者面临着皮肤下垂问题，其次是皱纹（44.8%）和暗沉（38.8%）的皮肤问题。银发族群体正逐渐向化妆品行业进军，化妆品行业应积极响应银发经济政策，依据银发族群体的皮肤状态和皮肤问题，制作专属于银发族群体肌肤的化妆品。

（二）中国消费者消费行为变化

1. 文化自信促使国潮美妆越来越受欢迎

因中国综合国力的不断提升，经济实力和文化实力向全球不断外溢，中国人的文化自信也不断恢复，反映到日常生活中，年轻一代更喜欢用有中国文化元素的国潮产品，超七成消费者对“国潮美妆”持肯定看法，其中超三成愿意支持“国潮美妆”产品。

2. 重视内容电商决定购买行为

由于消费者消费行为受文化及生活方式变化的影响，消费者更喜欢通过抖音、快手、小红书等短视频、内容平台来接受信息和做购物选择，传统的购物方式已经被兴趣电商及内容电商购物平台所取代。

3. 更注重科学护肤、科学选择

中国消费者受消费行为的变化更注重中国成分，中国成分也是中国文化的一种体现。讲成分是为了讲功效，功效性护肤更受消费者认同，功效护肤、科学护肤乃是科学选择。

（三）中国化妆品未来消费趋势分析

1. 银发经济政策颁发，化妆品行业迎来发展新机遇

2024 年 1 月 17 日，国务院办公厅印发《关于发展银发经济增进老年人福祉的意见》，指出银发经济有望成为推动国内经济高质量发展的新支柱。各地也纷纷出台促进银发经济的政策。

2. 国产品牌本土化趋势显著，化妆品研发比拼激烈

随着中国消费者文化自信意识的觉醒以及数字化经济的加速演进，国产品牌在品牌形象上更加注重国家本土文化和市场需求，并通过技术引进和自主创新两者相结合来提高产品质量，有针对性地解决不同人群的产品需求。调研数据显示，52.7% 的中国化妆品消费者选择国货品牌的最主要原因是中国元素原创领先技术。

3. 更注重情绪价值、品牌价值、生活方式与个性化选择

更注重情绪价值、品牌价值、生活方式与个性化的化妆品消费行为选择，反映了消费者在购买化妆品时，不仅仅关注产品的基本功能，还期望从中获

得更多精神层面的附加价值。

在情绪价值方面，消费者希望化妆品能够带来积极的情绪体验，例如让自己感到快乐、自信或满足。一些品牌会借助流行趋势，如“多巴胺妆”风潮，推出多场景妆容，使消费者在使用产品时找到自我表达和情感宣泄的出口。

品牌价值也是消费者考量的重要因素。品牌的建设在消费者心中勾勒出独特的品牌定位，它象征着身份和品位。消费者购买化妆品时，支付的费用除了产品本身的成本外，更多的是为品牌价值买单。例如，某些消费者会因为品牌的知名度、口碑或品牌所传达的形象和价值观，而毫不犹豫地选择该品牌的产品。

生活方式方面，化妆品可以与特定的生活方式相关联。比如，某些天然有机的化妆品品牌可能契合了消费者追求健康、环保生活方式的需求。个性化则体现在消费者对于独特和与众不同的追求。他们可能会寻找适合自己特定肤质、肤色或个人风格的产品，而不仅仅是跟随大众潮流。一些品牌通过提供多样化的产品线，满足不同消费者的个性化需求。例如，对于敏感肌肤的消费者来说，他们可能更关注那些经过敏感肌肤测试、含有修复成分且品牌形象可靠的产品，这既体现了对产品功效的追求，也包含了对品牌价值的认可。同时，他们可能也希望这些产品能够契合自己对于健康生活方式的追求，并且在使用过程中带来愉悦的情绪体验。

为了满足消费者这些方面的需求，化妆品品牌需要在产品研发、品牌营销和市场定位等方面作出相应的努力。比如，注重产品创新，提高产品的品质和功效；塑造独特且具有吸引力的品牌形象；了解目标消费者的生活方式和个性化需求，推出有针对性的产品和营销策略等。总之，注重情绪价值、品牌价值、生活方式与个性化的消费行为选择，促使化妆品市场更加多元化和细分化，品牌需要不断适应和满足消费者的这些变化，以在激烈的市场竞争中脱颖而出。

新需求、新消费，向新质生产力的方向不断发展，促使用消费者的需求力量不断推动中国化妆品产业的高质量发展。

八、新质生产力推动下，化妆品行业迈出生态环保绿色新步伐

最新中共中央、国务院印发《关于加快经济社会发展全面绿色转型的意见》，到2030年重点领域绿色转型取得积极进展，绿色生产方式和绿色生活方式基本形成，减污降碳协同能力显著增强，主要资源利用效率进一步提升，支持绿色发展的政策和标准体系更加完善，经济社会发展全面绿色转型取得显著成效，到2035年绿色循环经济基本形成，绿色生产方式和绿色生活方式广泛践行，减污降碳协同增效取得显著进展，主要资源利用效率达到国际先进水平，经济社会发展全面进入绿色低碳轨道，碳排放达峰后稳中有降，美丽中国目标基本实现。这份意见的发布，是继三中全会改革方针后的第一个改革方案，其中提到日用消费品（含化妆品）的绿色消费，引导消费者购买绿色产品，建立产品的碳足迹管理体系和产品碳标志认证体系，从产品的全生命周期的角度衡量是不是足够绿色、足够环保，这就是倒逼企业去全面优化生产的各个环节及碳排放水平，碳排放体系加快建立起来，将激活绿色研发、绿色制造、绿色包装、绿色认证等一系列相关产业。化妆品产业也不例外，将从绿色研发、绿色制造、绿色包装、绿色营销等环节推动消费者绿色消费，建立消费者绿色生活方式。化妆品产业通过绿色标准、建立绿色生产方式和绿色消费的生活方式，通过发展新质生产力，大力推动化妆品产业的高质量发展。

（一）中国化妆品产业园区推动产业向更高质量发展方向迈进

经过近10年的发展，中国化妆品产业园发展取得了长足的进步，产业园区已经成为美丽健康产业经济发展的重要引擎和增长点。依托产业优势，建设化妆品产业高质量集聚区，以新科技、新原料、新品牌等新质生产力为引领，大力发展园区经济，是推动区域经济跨越式发展的重要抓手。

1. 中国化妆品产业园区布局

中国化妆品产业现已经形成以广州为中心的珠三角粤港澳，以上海、杭州为中心的长三角江浙沪，以济南为中心的山东美妆黄三角地区三足鼎立的

架构。广州的南方美谷、白云美湾、中国美都，上海的东方美谷，浙江的湖州美妆小镇，济南的北方美谷比较有代表性，分别以供应链、品牌、电商、原料、科技等产业优势见长。

另外在北京、重庆、长沙、洛阳等地分别也建有初创型的美妆产业园。

2. 中国化妆品产业园建设与运营分析

按照园区投资开发和园区主导权分类，中国化妆品产业园区主要有四大类：政府主导型、政企合作模式、企业主导型、协会主导型。

（1）政府主导型 有 14 个产业园，占比 63.64%。其中，比较典型的有东方美谷、白云美湾、南方美谷等。东方美谷，由上海市奉贤区区委、区政府打造、运营；南方美谷，广州高新区投资集团投资、运营；白云美湾，由广州白云产业投资集团投资、运营。

（2）政企合作模式 有 3 个产业园，占比 13.64%。其中，比较典型的是美妆小镇，创新“政府 + 企业 + 行业”联动的市场化运作模式。

（3）企业主导型 有 3 个产业园，占比 13.64%。其中，比较典型的是中国美都，由广东华都国际控股等投资、运营、管理。当然，花都区化妆品行业协会也起到很大作用。

（4）协会主导型 有 2 个产业园，占比 9.09%。其中，比较典型的是华北美谷、中国美谷。华北美谷，由河北省日化行业协会主导；中国美谷，由世界内镜医师协会主导。

3. 中国化妆品产业园未来发展

中国化妆品产业园区应以新质生产力为思考，在新科技、新原料、新配方、新产品等方面高质量发展形成以新文化、新渠道、新管理、新机制为推动力，大力发展新品牌，推动绿色经济、低碳经济高速发展。

（1）形成绿色、低碳的高质量美妆产业集聚地 以产业链为基础，形成“原料、包材、研发、生产、检验检测、市场营销”等完整产业链条，并不断提档升级，用科技创新等新质生产力手段不断推动整个园区企业的绿色、低碳式高质量发展，也可以形成新材料、医疗医美、生物医药等“化妆品产业 +”美丽大健康完整产业链，这是中国化妆品产业园区未来产业发展的方向。

（2）加大科技创新投入，提升核心竞争力 科技创新，已成为推动产业园持续发展的核心力量，也是驱动产业园招商引资的“强引擎”。提供化妆品研发、检验检测、供应链等增值服务，是吸引企业进驻、留住企业的重要砝码。另外，通过建设科技孵化器、提供资金支持等手段，吸引更多优秀企业和创业者入驻园区，推动科技成果转化和创新创业活动的开展。

（3）融合发展，是引领产业园高质量发展的引擎 融合发展，是相互融合、优势互补、资源共享的发展模式。因此，做好“产城融合、产业融合、产销融合、产经融合、产教融合、产旅融合”等六大化妆品产业集群融合，是促进产业升级、产业园高质量发展的重要引擎。

在产业园融合发展上，一定要注意环境污染与产业资源的融合，推进绿色发展，实现可持续发展。具体表现为，在产业园区的规划、建设和管理过程中，注重生态保护和资源循环利用，推动产业向绿色化、低碳化方向发展。

（二）中国化妆品产业 ESG 发展是新质生产力的具体体现

中国化妆品 ESG（环境、社会和治理）发展是新质生产力的具体表现，推动中国化妆品产业向更高阶段迈进。

1. 科技创新驱动

新质生产力的核心是创新，化妆品行业通过科技创新可以在 ESG 方面取得显著成果。例如，在产品研发上，开发更环保、安全的配方和成分，减少对环境和人体的潜在危害；在生产工艺上，创新技术以降低能源消耗和污染物排放，提高资源利用效率。如采用绿色提取技术、可生物降解材料等，既符合环保要求，又推动了行业的技术进步，为新质生产力的发展提供了技术支撑。

2. 产业结构优化

新质生产力倡导产业向高端化、智能化、绿色化转型。化妆品行业的 ESG 发展有助于推动产业结构调整。一方面，促使企业加大对绿色环保产品的投入和研发，满足消费者对可持续产品的需求，提升产品附加值，推动产业高端化发展。另一方面，通过引入数字化、智能化技术，优化生产流程和供应链管理，提高运营效率和质量控制水平，实现智能化转型。同时，加强对环境和社会因素的考量，减少高污染、高耗能环节，促进产业绿色化发展，实现经济发展与环境保护的双赢。

3. 社会责任履行

ESG 中的社会维度强调企业对员工、消费者、社区等利益相关方的责任。化妆品企业在 ESG 发展过程中，注重员工的权益保障、职业发展和工作环境改善，能够吸引和留住优秀人才，提高员工的工作效率和创造力，为企业发展提供人力支持，推动新质生产力的提升。对消费者而言，提供安全、优质的产品，保障消费者权益，增强消费者信任和品牌忠诚度。此外，积极参与社区公益活动、支持教育和文化事业等，有助于树立良好的企业形象，营造良好的社会环境，为企业发展创造有利条件，进而促进新质生产力的培育。

4. 治理水平提升

良好的公司治理是企业可持续发展的关键，也是新质生产力发展的重要保障。在化妆品行业，ESG 发展要求企业完善治理结构，提高决策的透明度和科学性，加强对环境和社会风险的管理。例如，建立健全 ESG 管理体系和监督机制，明确各部门职责，确保 ESG 目标的实现。同时，加强与利益相关方的沟通和合作，充分考虑各方利益诉求，形成协同发展的良好局面。这样可以提高企业的运营效率，更好地应对市场变化和风险挑战，为新质生产力的发展奠定坚实基础。

（三）中国化妆品包装产业践行绿色、环保、创新，向新质生产力方向不断迈进

随着化妆品市场的不断扩大和消费者需求的多样化、个性化，化妆品包装产业经历了从简单实用到注重颜值、环保、创新的转变。当前，包括原材料供应、设计研发、生产制造、市场销售等化妆品包装产业已形成完整的产业链。在化妆品“内卷”加剧的今天，包装企业纷纷加大投入进行创新和品牌建设。兼具保护性、功能性和装饰性的化妆品包装，是产品创新的重要表现形式之一。新材料、新技术、新工艺，为化妆品包装创新提供了可靠支撑。从绿色到智能，化妆品包装的创新浪潮不断，绿色、可持续发展包装，推动了包装解决方案的不断创新。

九、新质生产力推动下，化妆品行业热点走向高品质的新方向

（一）网售化妆品乱象持续受关注

目前，线上销售已成为化妆品销售的主要渠道，网络销售违法违规行为具有隐蔽性、发散性等特征，监管部门需要加强研究新方法，创新监管新模式，加大监管力度，对行业形成有力震慑。

（二）提高消费者对儿童化妆品的甄别能力

通过媒体、教育机构、零售店等渠道普及化妆品安全知识，提升家长对产品成分的辨识能力和安全意识，建议扩大消费者警示传播范围，维护消费者自身利益。

（三）增强企业合规意识和自我整顿

定期进行法规培训，增强员工的合规意识。自我整顿，对于官方“喊停”的违法行为和产品，要及时更正和下架，提高依法合规经营水平，以免损害企业长期发展赖以生存的信誉与品牌。

（四）加强科学监管

1. 执行标准化

统一化妆品名条审核标准，做到全国各地一盘棋，确保法规的统一公正执行，为化妆品企业提供更加公平和透明的市场环境。

2. 调整动态化

随着科技进步，行业发展和市场需求的变化，建议根据实际情况动态调整监管措施，保持法规的时效性和适应性。

3. 国际合作化

借鉴国际先进经验和技术，构建适用于中国国情的化妆品科学监管体系，推动国内外法规接轨，提高我国化妆品的竞争力。

中国化妆品产业受新消费的牵引，消费市场越来越繁荣，消费者消费越

来越多元，对中国成分、中国文化的国潮品更加认同，受此影响，中国化妆品市场规模越来越大，并跻身世界第一大化妆品市场。党中央所提出的要建设美丽健康中国的思想，其中就是要让老百姓过上幸福、美丽、健康的新生活，美丽中国其中就包括人的精神与物质的美丽，也包括颜值美丽和内心美丽，这会进一步推动中国化妆品产业高速发展，需要用新质生产力，用绿色、低碳、环保的观念指导中国化妆品企业高速发展，需要用科技创新促使新原料、新配方、新品牌高质量发展。二十届三中全会所发布的《中共中央关于进一步全面深化改革、推进中国式现代化的决定》公告中提到，需要在2029年实现制定的改革目标，中国化妆品产业需要在政策法规及科学监管的管理红利下，在保护消费者健康美丽用妆的同时，推动科技创新、原料创新、配方创新、产品创新，让中国化妆品培育出一批高端优秀企业与高端品牌走向世界，让中国化妆品产业高举新质生产力大旗推动高质量发展，阔步迈进用妆大国、制妆强国。

（作者单位：姚永斌，中国香料香精化妆品工业协会；
谢志洁，中国药品监督管理研究会、广东省药品监管科学学会）

各　论

政策法规篇

◎ 2023 年中国化妆品政策法规建设进展

◎ 中国化妆品功效和安全性评价标准及评价体系研究报告

◎ 化妆品检查工作新规研究分析报告

2023 年中国化妆品政策法规建设进展

宋华琳　刘文文　李霞　王若璋　李思龙　徐伟红　张昊

摘要:［**目的**］回顾分析 2023 年中国化妆品政策制定和法规制度建设情况，总结政策法规建设进展、主要亮点、存在问题，提供相关意见和建议。［**方法**］以 2023 年国家发展和改革委、商务部、工业和信息化部、国家市场监督管理总局、国家药品监督管理局发布的化妆品相关政策、颁布的相关法律、行政法规、部门规章、规范性文件为研究对象，从政府和行业发展角度进行研究。［**结果**］2023 年，中国化妆品政策和法规建设在品牌打造、质量提升、网络监管、抽样管理和牙膏监管方面取得了新的进展，同时也面临着化妆品鼓励创新政策不足、标准体系缺乏顶层设计和系统规划、企业落实化妆品安全评估制度困难等挑战。［**结论**］展望未来，化妆品政策法规建设趋向于加强部门协同，推动产业高质量发展，构建现代化化妆品标准体系和落实质量安全责任。

关键词: 化妆品　政策　法规　标准体系　高质量发展　安全评估

2023 年，我国化妆品政策制定和法规体系建设持续推进，以进一步规范行业发展和保障消费者权益。这一年，国家发展和改革委（简称国家发改委）、工业和信息化部（简称工信部）、商务部等部门发布了多项涉及化妆品产业发展、品牌建设、标准管理等方面的政策，作为化妆品安全监管部门，国家药品监督管理局（简称国家药监局）在化妆品抽样管理、网络销售管理、牙膏管理等方面出台部门规章，加强化妆品全链条监管。本文以国家层面颁布的相关政策、相关法律、行政法规、部门规章和规范性文件为研究对象，分析政策法规制定的总体情况、主要方向，分析存在的问题，探讨发展趋势和方向，为政府相关部门、化妆品企业提出相关建议。

一、2023 年中国化妆品相关政策法规制定概况

随着化妆品市场的快速发展和多元化需求的增加，行业发展和监管也变得尤为重要。2023 年，国家层面和各部委层面不断发布新政策和新规章促进产业高质量发展、保障消费者权益、确保产品安全。一是党中央、国务院高度重视，如出台了《关于促进民营经济发展壮大的意见》（简称《意见》）等文件。《意见》核心目标是通过有力举措提振民营经济的发展信心，除了优化民营经济的发展环境，文件还就加大对民营经济的支持，营造关心促进民营经济发展良好氛围等方面，提出了一系列举措。二是通过制定行业政策，建立一个健全、透明和有序的市场环境，促进行业的规范发展。2023 年，化妆品行业发展和安全监管相关部门发布 10 个化妆品相关政策法规性文件，其中，国家发改委、工信部、商务部、国家标准化管理委员会发布政策文件 3 个，国家药监局发布规章和规范性文件 7 个（表 1）。

表 1 2023 年颁布的化妆品相关政策法规情况

序号	政策法规名称	发布单位	发布日期	实施日期	文件涉及方面	文件类型
1	《关于支持横琴粤澳深度合作区放宽市场准入特别措施的意见》	国家发改委、商务部	2023 年 12 月 26 日	—	支持高端医美产业发展	政策文件
2	《质量标准品牌赋值中小企业专项行动》	工信部等九部门	2023 年 5 月 22 日	—	化妆品等消费品领域，着力打造名品方阵	政策文件
3	《加强消费品标准化建设行动方案》	国家标准化管理委员会、工信部、商务部	2023 年 5 月 22 日	—	完善化妆品标准体系	政策文件
4	《化妆品抽样检验管理办法》	国家药监局	2023 年 1 月 11 日	2023 年 3 月 1 日	抽样检验	规章

续表

序号	政策法规名称	发布单位	发布日期	实施日期	文件涉及方面	文件类型
5	《牙膏监督管理办法》	国家市场监督管理总局	2023 年 3 月 16 日	2023 年 12 月 1 日	牙膏监管	规章
6	《化妆品网络经营监督管理办法》	国家药监局	2023 年 3 月 31 日	2023 年 9 月 1 日	经营监管	规章
7	《优化普通化妆品备案检验管理措施有关事宜的公告》	国家药监局	2023 年 1 月 13 日	2023 年 1 月 13 日	注册备案	规范性文件
8	《进一步优化化妆品原料安全信息管理措施有关事宜的公告》	国家药监局	2023 年 3 月 22 日	—	原料监管	规范性文件
9	《化妆品新原料鼓励创新和规范管理有关事宜的公告》	国家药监局	2023 年 11 月 10	2023 年 11 月 10	原料监管	规范性文件
10	《实施牙膏备案资料管理规定的公告》	国家药监局	2023 年 11 月 22 日	2023 年 12 月 1 日	牙膏监管	规范性文件

注：—表示无相关内容。

（一）促进化妆品产业高质量发展

我国化妆品产业正迅速发展，市场规模不断扩大，尤其是在高端和个性化产品上需求显著。从国家发布的政策文件分析，化妆品产业发展的导向是品牌化、高端化和高质量。在国家发改委、商务部的《关于支持横琴粤澳深度合作区放宽市场准入特别措施的意见》中，提出支持高端医美产业发展，合作区研究提出医疗美容产业发展需要的进口药品、医疗器械、化妆品企业和产品清单，协助相关企业开展注册。在高质量发展方面，工信部等九部门印发《质量标准品牌赋值中小企业专项行动（2023—2025 年）》，提出发挥质量标准品牌的牵引作用，促进中小企业完善管理，强调在化妆品、服装等消费品领域，着力打造名品方阵。

（二）化妆品网络经营监管办法落地

化妆品网络销售已经成为中国化妆品市场的重要组成部分，随着电商平台的普及和消费者购买习惯的改变，线上销售占据了越来越大的市场份额。《2023年中国化妆品年鉴》数据显示，2023年中国化妆品销售规模达7972亿元，线上规模为4045.9亿元。化妆品网络销售快速发展的同时，也遇到了经营主体责任落实不到位、经营行为不规范等问题。为进一步加强化妆品网络经营监管工作，保证化妆品质量安全，国家药监局发布了《化妆品网络经营监督管理办法》，明确化妆品网络经营的监管对象和监管部门、平台对平台内经营者的管理责任和平台内化妆品经营者的法律义务。并提出坚持鼓励创新、包容审慎、严守底线、线上线下一体化监管的原则，鼓励利用信息化技术手段开展监督管理工作，保证化妆品质量安全。

（三）加强化妆品抽检管理

抽样检验是监管部门对化妆品进行质量监督的基本手段，是督促引导化妆品生产经营者落实质量安全主体责任的重要抓手。随着《化妆品监督管理条例》和《化妆品生产经营监督管理办法》相继实施，2017年制定的《化妆品监督抽检工作规范》已不符合上位法规定和监管需要。2023年，国家药监局制定出台了《化妆品抽样检验管理办法》（简称《办法》）。该《办法》对抽样检验的基本要求和主要程序作出规定，其最大亮点是突出问题导向，注重提升监管效能。一方面明确将儿童化妆品、特殊化妆品、使用新原料的化妆品等风险较高的产品，在既往的检查、抽检、风险监测等监管工作中发现问题较多的产品，以及流通范围广、使用频次高的产品作为抽检重点；另一方面强调抽检问题的核查处置，包括明确立案处置时限、细化核查处置要求、强化风险控制以及规范假冒产品认定等。

（四）牙膏监督管理办法出台

牙膏既是日用消费品，更是与人民群众健康密切相关的产品。中华人民共和国成立初期至20世纪90年代，牙膏由轻工业部实行行业管理。2005年，国家质量监督检验检疫总局依据《中华人民共和国工业产品生产许可证管理条例》（简称《条例》），对牙膏生产企业实施生产许可管理，颁发化妆品生产许可证。2007年，国家质量监督检验检疫总局发布的《化妆品标识管理规定》（100号令）将用于牙齿的产品纳入化妆品。2013年国务院机构改革后，国家食品药品监督管理总局统一承担了化妆品监管职能，对牙膏生产企业继续颁发化妆品生产许可证，但并未将牙膏产品纳入化妆品管理。2020年6月16日，该《条例》规定牙膏参照有关普通化妆品的规定进行管理。为落实《条例》规定，2023年3月国家市场监督管理总局发布《牙膏监督管理办法》，以规范牙膏生产经营活动，加强牙膏监督管理，保证牙膏质量安全，保障消费者健康，促进牙膏产业健康发展。《牙膏监督管理办法》明确了牙膏定义和监管部门、牙膏及牙膏原料的管理要求、继续沿用牙膏生产许可制度和明确牙膏功效管理及标签要求。关于牙膏功效宣称的监管，《牙膏监督管理办法》借鉴其他国家（地区）的管理经验，通过落实企业主体责任和强化社会共治，以加大功效宣称管理力度。《牙膏监督管理办法》规定，牙膏的功效宣称应当有充分的科学依据。牙膏备案人应当在备案时公布功效宣称所依据的文献资料、研究数据或者产品功效评价资料的摘要，从而接受社会监督。

二、中国化妆品政策法规体系建设面临的挑战

“十四五”国家药品安全及促进高质量发展规划中提出支持产业升级发展，实施化妆品标准提高行动计划，全面贯彻落实《化妆品监督管理条例》等重点任务，结合化妆品产业发展情况来看，仍面临着不少问题和挑战。

（一）鼓励化妆品创新政策不足

化妆品产业高质量发展必须依靠创新。我国化妆品领域在科技项目开展、知识产权保护、市场准入等方面缺乏政策支持，在研发和创新环节，需要提供研发和税收优惠政策，鼓励企业投入新技术、新成分和新产品的研发中。在知识产权保护环节，申请的专利、商标、著作权等呈现迅速增长趋势，对知识产权保护需求愈来愈明显，需要为化妆品产业创新能力提供源头保护，

构建稳定、公平、可及的专业化营商环境。因此，建立覆盖化妆品研发、生产、流通等全链条的鼓励创新政策是必要的，应注重政策的协同，注重部门联动，推动科技创新和产业创新深度融合。

（二）标准体系缺乏顶层设计和系统规划

推进化妆品标准体系建设是提升行业整体水平、保障产品质量与安全的重要措施。构建现代化化妆品标准体系还存在以下几方面的难点：一是法规配套标准有待完善。《化妆品监督管理条例》虽已颁布实施，也相应制定了很多配套法规，但部分实施细则和具体操作指南还未制定。二是缺少化妆品标准工作管理部门。我国尚未建立化妆品标准工作的整体规划、计划和政策措施，化妆品标准工作需要进一步统筹协调。三是化妆品标准体系相对凌乱，乃至不同标准之间存在内容交叉、重复、不一致的现象，化妆品原料标准、化妆品包装材料标准、化妆品替代方法标准、化妆品不良反应标准、化妆品功效评价标准都相对较少。

（三）化妆品安全评估制度需要加快实施

开展化妆品安全评估，是发现化妆品潜在风险的有效手段。我国《化妆品监督管理条例》对化妆品和化妆品新原料的安全评估提出了明确要求。当前，企业贯彻实施化妆品安全评估存在以下问题与挑战：一方面是前期研究不足，数据收集有限。化妆品关键性原料和高风险原料需要收集、构建数据库，并建立产品消费者暴露的数据，这需要企业长期的研究积累。另一方面是化妆品安全评估能力不足。中小化妆品企业在安全评估人员设置、风险评估程序、安全评估报告的撰写方面与《化妆品安全评估技术导则》相关要求仍存在较大差距，同时，企业缺乏安全评估人才，也面临着人才交流和培训不足的问题。

三、中国化妆品政策制定与法规体系建设展望

我国化妆品政策制定和法规体系建设将朝着更加完善、科学、规范的方向发展，不断提升化妆品行业整体水平，落实企业主体责任，促进消费者权

益保护，推动行业高质量发展，其内容具体包括以下几个方面。

（一）推动化妆品产业高质量发展

发展化妆品产业是落实《中华人民共和国国民经济和社会发展第十四个五年规划和2035年远景目标纲要》，推动医药健康产业延伸、培育经济增长新动能的重要手段。2023年9月，北京市商务局等九部门印发了《关于支持美丽健康产业高质量发展的若干措施》的通知。从已发布的内容分析，化妆品高质量发展政策措施主要围绕创新生态、创新监管、强化消费、培育产业集群和健全保障等方面发力，值得关注的是已经出台的措施一般是由药监部门、商务部门、经信部门、科技部门、卫健部门、知识产权部门等联合制定的，相关工作有明确的责任单位。期望这些地方政府的政策创新能够上升到国家层面，由多个部门联合印发化妆品高质量发展政策。

（二）做好化妆品标准体系规划和制度建设

国家化妆品主管部门应从化妆品体系中长期规划、管理机构建设、标准立项、审查与批准等方面推动化妆品标准管理工作。一是研究制定化妆品标准工作的规划。针对产业发展中的热点难点问题，组织相关问题研究，建立化妆品标准体系顶层设计和系统规划。二是国务院药品监督管理部门应当根据化妆品标准实施信息反馈、评估、复审情况，对有关标准之间重复交叉或者不衔接配套的，直接作出处理或者通过部门协调机制加以处理。三是推进现有化妆品标准结构和质量的优化，针对现有重复、交叉和不一致的化妆品标准，统一各种检验指标，统一化妆品标准的适用范围及对象。四是加快出台关于化妆品原料、化妆品包装材料、化妆品替代方法研究、化妆品不良反应的标准。

（三）促进化妆品企业落实质量安全主体责任

贯彻《企业落实化妆品质量安全主体责任监督管理规定》需要政府企业共同发力。主管部门应对推动企业落实质量安全主体责任工作进行系统部署，需要开展对企业落实质量安全主体责任的指导、服务和督促作为前置基础，形成全链条、全过程的监管服务新模式。政府应组织相关部门加大普法宣传力度，建立沟通交流渠道，探索质量安全公开承诺制度，拓展投诉举报渠道等。企业应将化妆品质量安全管理融入企业质量管理体系，设定、量化质量安全目标，并将目标逐级分解实施，保障质量安全目标达成、持续改善。同时，企业内部应建立自查报告制度，按照规定的自查频次、自查项目、问题整改等要求，每季度开展自查自纠。

（四）地方政府需因地制宜推动政策落地

为推动化妆品若干政策措施落实到位，地方政府部门应充分发挥桥梁纽带作用，出台配套政策，加强宣传引导，鼓励企业合规发展，促进地方经济增长，提升地方品牌的知名度。近年来，各级地方政府高度重视化妆品产业发展和产品安全，因地制宜颁布了很多配套文件。例如，湖北省药品监督管理局研究制定了《关于支持化妆品产业高质量发展的若干措施》，提出了“五个优化”“五个支持”的具体措施。上海市药品监督管理局发布了关于贯彻实施《企业落实化妆品质量安全主体责任监督管理规定》的指导意见，压实化妆品质量安全主体责任，强化企业质量安全责任意识。展望未来，地方政府化妆品行业发展与监管政策的制定应关注政策效率，进一步推出针对性强、效果预期明显的举措，力求精准实用。

（作者单位：宋华琳，南开大学法学院；
刘文文　李霞，山东省药品不良反应监测中心；
王若璋，无锡高新区市场监督管理局；
李思龙，山东食品药品检验研究院；
徐伟红，浙江省药品监督管理局；
张昊，北京中医药大学东方学院）

扫码看参考文献

中国化妆品功效和安全性评价标准及评价体系研究报告

赖维 叶聪秀 苏真 谢嘉颖 杨梅

摘要： 随着《化妆品监督管理条例》的颁布，以及一系列相关配套文件的发布和实施，我国化妆品功效宣称的法制监管时代已经开始。在短短的3年内，国内关于化妆品功效和安全性评价标准如雨后春笋般出现，虽然一定程度上满足了法规和市场的需求，但是这些评价标准的科学性、有效性和合理性如何？针对这些团体标准五花八门、质量参差不齐等问题，建议建立相应的评价体系来评价现有的化妆品功效和安全性评价标准，同时规范新的相关标准与方法的制定。因此，本文通过分析目前我国已发布的化妆品功效和安全性评价标准的现状及存在的主要问题，给出相应的评价体系建立的建议，希望能给相关职能部门、检验检测机构、化妆品企业在进行化妆品功效和安全性评价标准的判断、选择或建立等方面给予一定的指导和帮助。

关键词： 化妆品功效和安全性　评价标准　评价体系

一、中国化妆品功效和安全性评价标准的发展特点

化妆品功效和安全性不仅是化妆品应具备的基本特性，也是企业、消费者以及政府监管部门关注的重点，尤其是化妆品功效宣称。在2020年以前，我国化妆品市场就存在较多的虚假宣传、夸大功效等问题，因此国家经过长达20年的积累与实践，终于在2020年6月发布了《化妆品监督管理条例》，建立了以注册人、备案人为化妆品质量安全和功效宣称责任主体的一系列新理念、新制度、新机制，并明确要求加强化妆品功效管理。紧接着在2020年

12月至2021年8月相继发布了《化妆品注册备案管理办法》《化妆品分类规则和分类目录》《化妆品功效宣称评价规范》《化妆品标签管理办法》《化妆品生产经营监督管理办法》等一系列相关配套文件，这标志着我国对化妆品的监管由“重安全轻功效”进入了“安全与功效并重”的时代。

在国家法规和文件政策的推动下，全国各地区涌现了大量的化妆品功效和安全性评价标准，本文通过收集现有化妆品功效和安全性评价标准，对其发布时间、地区、功效分类等特征进行分析，分析结果如下。

（一）中国化妆品功效和安全性评价标准发展的总体特点

本文一共收集到174个我国的化妆品功效和安全性评价标准，其中人体试验（含消费者使用测试）共86个（占49.4%），实验室试验88个（占50.6%），这表明人体试验和实验室试验发布数量不相上下，各占半壁江山。其中在2020年《化妆品监督管理条例》颁布前发布40个（占23.0%），在2020年法规颁布后发布增加至134个（占77.0%）；2020年前发布时间主要集中在2015年、2018年和2019年，分别占4.6%、3.4%和5.2%；2020年后发布时间主要集中在2022年和2023年，分别占23.6%和31.6%，超过总数的50%，详见图1。其中安全性评价标准（含感官评价）共12个，占6.9%，功效评价标准共162个，占93.1%。

从功效分类（图2）来看，囊括了祛斑美白、防晒、防脱发、祛痘、滋养（含发用产品）、修护（含发用产品）、清洁、保湿、芳香（发用产品）、抗皱、紧致、舒缓、控油、去角质、护发、防断发、去屑、温和（无刺激）、适用敏感皮肤、眼刺激（无泪配方）、牙膏功效及其他不能分类等。其中超过10个以上评价标准的，主要有修护（含发用产品）（占5.7%）、抗皱（占5.7%）、防晒（占6.3%）、祛斑美白（占6.9%）、紧致（占10.3%）和舒缓（占13.2%）功效（图2）。

其中国家技术规范方法19个，占10.9%，行业标准方法9个，占5.2%，其余主要为团体标准，占比超过80%。从发布地区看，发布标准最多的前4个地区依次为广东省（占22.4%）、上海市（占12.6%）、山东省（占9.2%）和浙江省（占9.2%），详见图3。

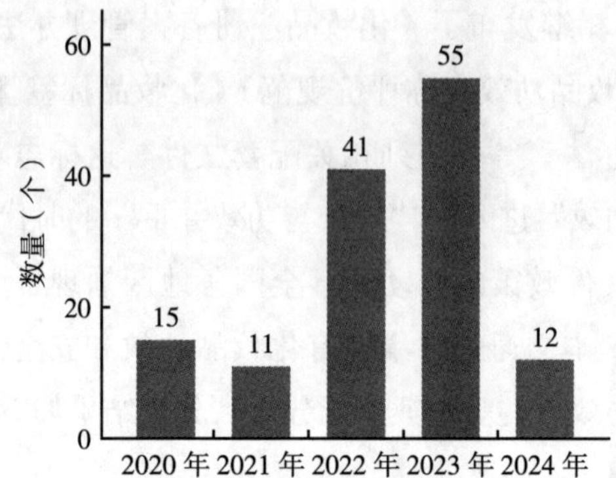

图 1　我国化妆品功效和安全性评价标准总体发布时间分布

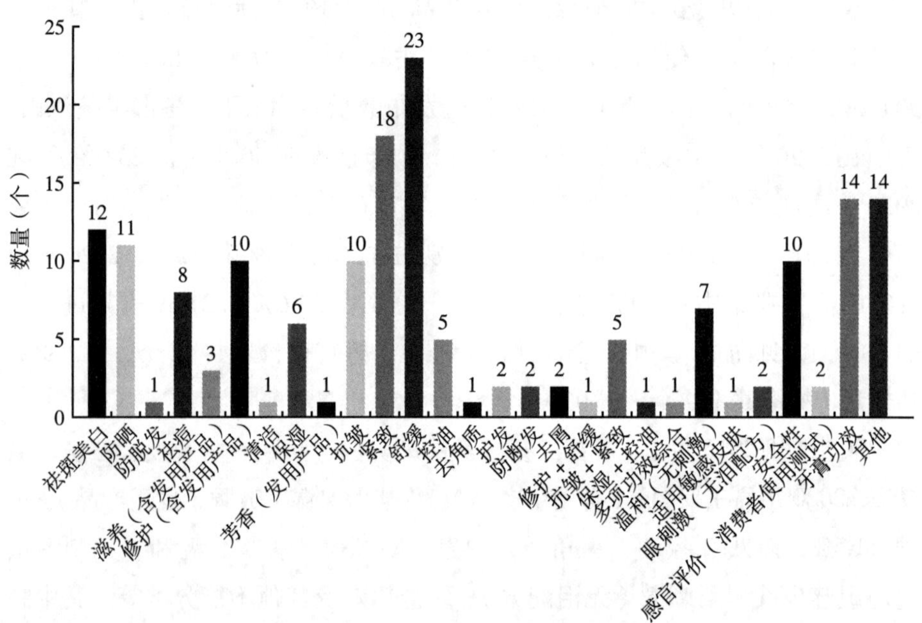

图 2　我国化妆品功效和安全性评价标准总体功效类别分布

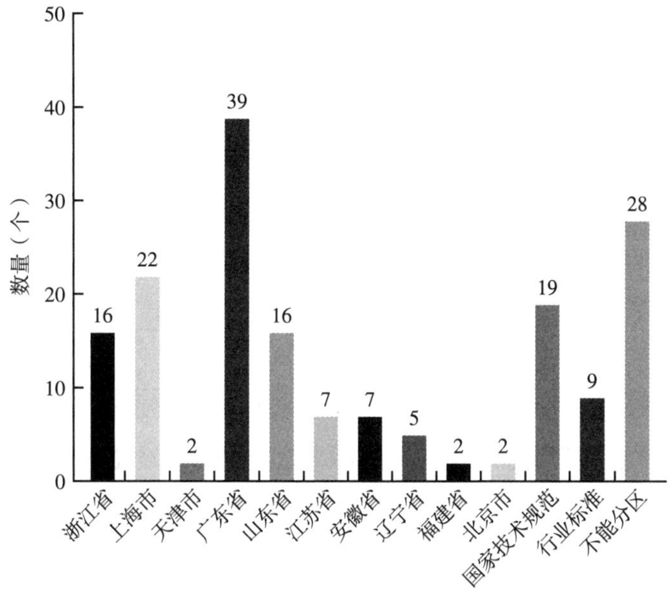

图 3 我国化妆品功效和安全性评价标准总体发布地区分布

（二）我国化妆品功效和安全性人体试验评价标准的特点

86 个化妆品功效和安全性人体试验评价标准中，在 2020 年前发布 28 个（占 16.1%），在 2020 年后发布增加至 58 个（占 33.3%）；2020 年前主要集中在 2007 年和 2015 年，分别占 3.4% 和 4.0%，而且主要是国家技术规范标准方法；2020 年后主要集中在 2020 年、2022 年和 2023 年，分别占 5.7% 和 9.2% 和 11.5%，详见图 4。

其中安全性评价标准（含感官评价）共 11 个，占 6.3%，功效评价标准共 75 个，占 93.7%。从功效分类来看，主要集中在修护（含发用产品）（占 3.4%）、抗皱（占 3.4%）、舒缓（占 3.4%）、祛痘（4.0%）、紧致（占 4.0%）和防晒（占 4.6%）功效，详见图 5。

其中国家技术规范方法 17 个，占 9.8%，行业标准方法 5 个，占 2.9%，其余主要为团体标准，占比超过 87%。从发布地区看，发布标准最多的前 3 个地区依次为广东省（占 8.6%）、浙江省（占 5.7%）和上海市（占 4.6%），详见图 6。

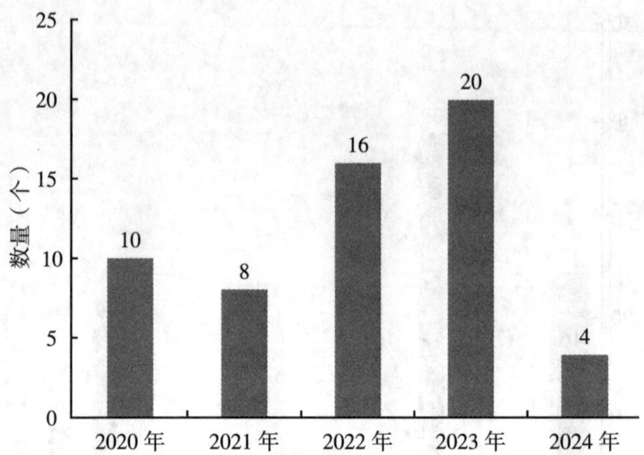

图 4　我国化妆品功效和安全性人体试验评价标准发布时间分布

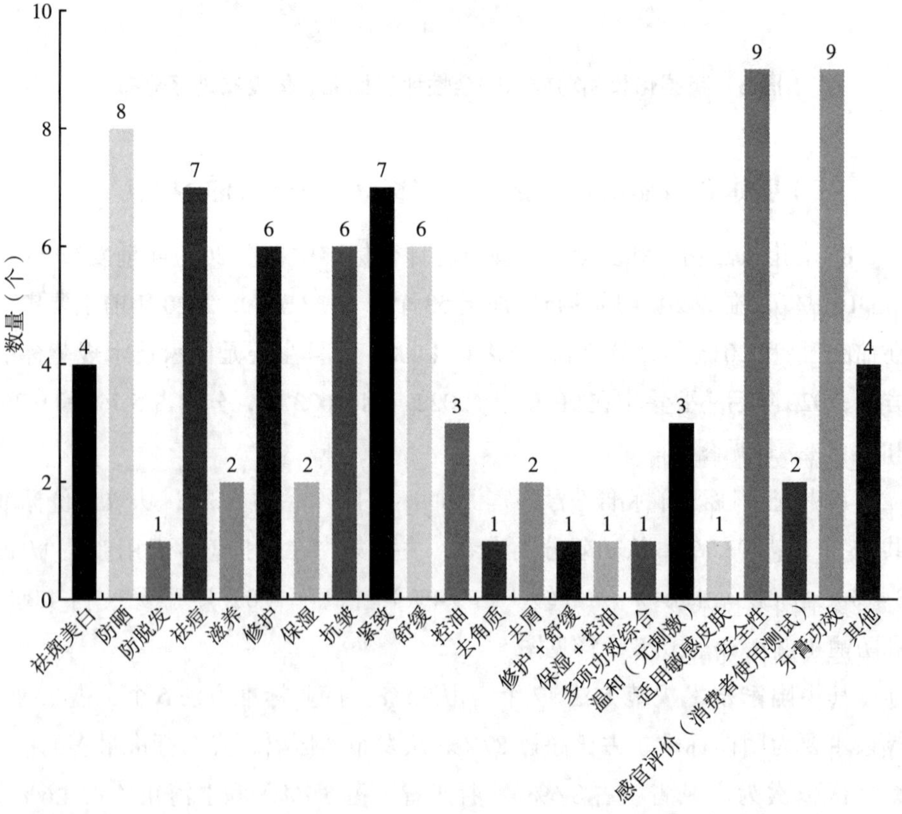

图 5　我国化妆品功效和安全性人体试验评价标准功效分类分布

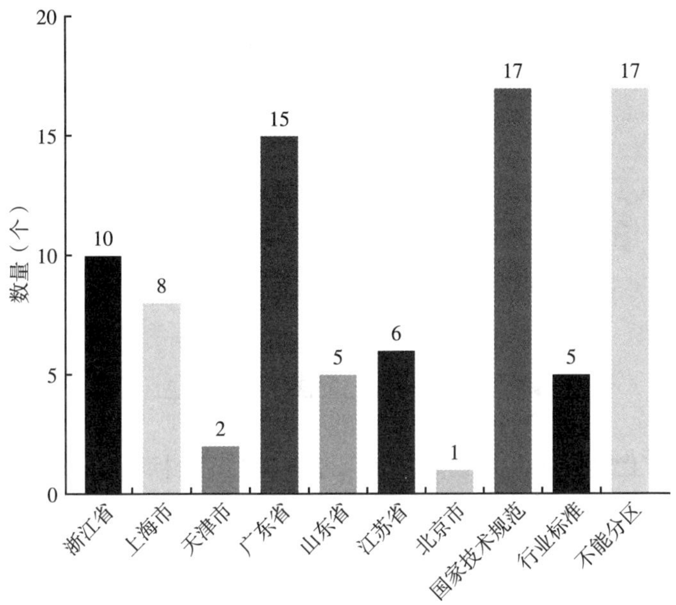

图 6　我国化妆品功效和安全性人体试验评价标准发布地区分布

（三）实验室试验标准的发展特点

88 个化妆品功效和安全性实验室试验评价标准中，在 2020 年前发布 12 个（占 12.0%），在 2020 年后发布增加至 76 个（占 86.4%），这表明评价标准增加的主要是实验室试验；2020 年前主要集中在 2009 年，占 6.8%；2020 年后主要集中在 2022 年和 2023 年，分别占 28.4% 和 39.8%，详见图 7。

其中安全性评价标准（含温和、无泪配方）共 7 个，占 8.0%，功效评价标准共 81 个，占 92.0%。从功效分类来看，主要集中在祛斑美白（占 9.09%）、紧致（占 12.5%）和舒缓（占 19.3%），详见图 8。

其中国家技术规范方法 2 个，占 2.3%，行业标准方法 4 个，占 4.5%，其余主要为团体标准，占比超过 93%。从发布地区看，发布标准最多的前 3 个地区依次为广东省（占 27.3%）、上海市（占 15.9%）和山东省（占 12.5%），详见图 9。

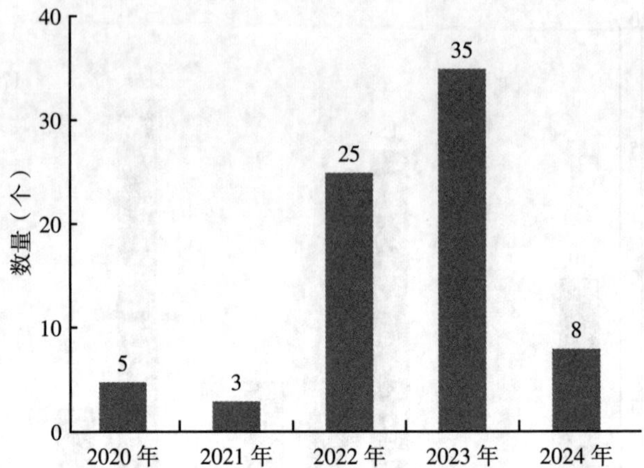

图7　我国化妆品功效和安全性实验室试验评价标准发布时间分布

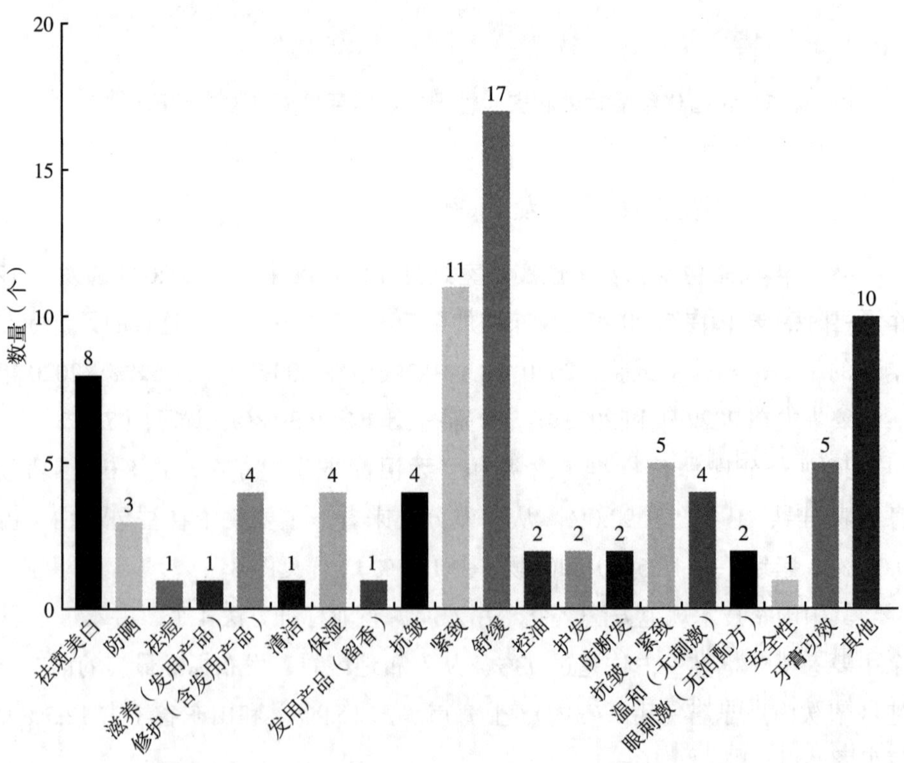

图8　我国化妆品功效和安全性实验室试验评价标准功效分类分布

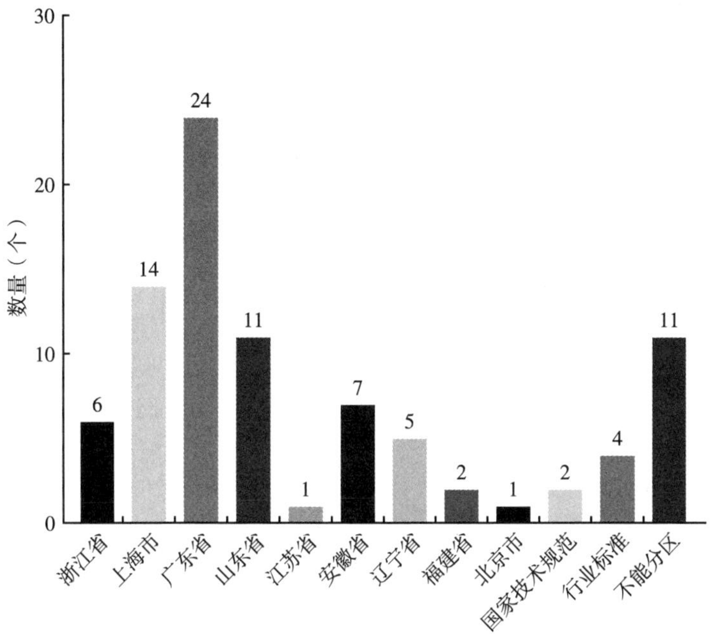

图 9 我国化妆品功效和安全性实验室试验评价标准发布地区分布

二、中国化妆品功效和安全性人体试验评价团体标准存在的主要问题

鉴于本文作者主要从事化妆品功效和安全性人体评价工作，在人体试验（含消费者使用测试）方面经验积累较充分，因此主要针对人体试验（含消费者使用测试）评价团体标准存在的主要问题进行探讨。

（一）标准质量参差不齐

由于制定周期仓促，发布团体、参与制定单位或人员水平不一致等原因，导致部分化妆品功效和安全性人体试验评价团体标准存在质量参差不齐，书写不够规范，缺少部分必要元素等问题。

（二）同一功效宣称标准众多，选择及使用困难

为了迎合国家相关法规和文件的要求，全国各地区争相发布各种功效宣称

的评价标准，导致同一个功效宣称的标准众多，检验检测机构、化妆品企业在选择及使用时存在困难。例如，化妆品抗皱功效相关的人体测试方法就有 6 个，分别由浙江省健康产品化妆品行业协会、广东省日化商会、上海日用化学品行业协会、中国抗衰老促进会和山东省日用化学工业协会等发布，其中 4 个方法类似。

（三）缺乏科学验证过程，科学性、可行性和合理性有待提高

在 2022 年至 2023 年短短的 2 年时间内，全国各地区发布了 36 个化妆品功效人体试验评价团体标准。考虑人体试验在伦理审批、招募、试验周期方面的特殊性，发现部分团体标准可能存在缺乏科学验证过程，科学性、可行性和合理性有待提高的问题。

三、中国化妆品功效和安全性标准评价体系建立的必要性和几点建议

（一）评价体系建立的必要性

由于我国化妆品功效宣称和评价方法起步比较晚，个别功效宣称存在法规释义与市场理解不统一等原因，导致目前发布的化妆品功效和安全性团体标准方法存在上述质量参差不齐，方法众多、选择困难，以及科学性、可行性和合理性有待提高等问题，因此非常有必要建立针对化妆品功效和安全性标准的评价体系，以进一步指导相关职能部门、检验检测机构、化妆品企业对化妆品功效和安全性评价标准进行判断、选择或建立。

（二）评价体系的主要要素建议

根据《化妆品功效宣称评价规范》附件 3“化妆品功效宣称评价试验技术导则”的要求，同时结合我国目前化妆品功效和安全性标准实际情况，本文建议评价体系应当包含但不限于以下几个部分：试验目的及原理、试验依据、试验方法设计类型及试验周期、受试者入选和排除标准、受试者人数、产品信息及使用方法、试验部位、功效主要 / 次要评估指标及判定标准、仪器设备、试验环境、试验流程、不良反应、数据统计和分析及试验结论等。由于篇幅有限，本文主要针对评价体系中的以下几个要素给予建议。

1. 试验目的及原理

试验目的及原理是一个评价标准的基础，因此评价一个标准方法首先应该判断其是否准确使用规范化标准术语描述试验目的及原理，并符合功效宣称评价分类要求。本文以祛痘、修护和抗皱功效进行建议举例说明，具体见表 1。

表 1 试验目的及原理

试验目的	释义说明和宣称指引	发生机制	试验原理
祛痘功效	有助于减少或减缓粉刺（含黑头或白头）的发生；有助于粉刺发生后皮肤的恢复 注：调节激素影响的、杀（抗、抑）菌的和消炎的产品，不属于化妆品	皮脂分泌过多、毛囊皮脂腺导管角化过度、痤疮丙酸杆菌增殖和过度免疫反应、遗传和心理因素导致的毛囊皮脂腺慢性炎症，最终形成白头粉刺、黑头粉刺、炎性丘疹、严重者可有结节和囊肿	通过人体开放使用试验，采用靶部位粉刺、丘疹和脓疱计数为主，皮损整体改善评估、图片采集卟啉分析、水分含量、pH、经皮水分散失（TEWL）和油脂测量为辅相结合的方法，评估产品的祛痘功效
修护功效	有助于维护施用部位保持正常状态 注：用于瘢痕、烫伤、烧伤、破损等损伤部位的产品，不属于化妆品	由于皮肤屏障、神经血管、免疫炎症等多因素导致皮肤在生理或病理条件下的一种高反应状态，皮肤容易出现发红、发痒、刺痛和红斑、毛细血管增多等	通过人体开放使用试验，采用水分含量和 TEWL 测量为主，皮肤红斑、干燥度、光泽度等视觉评估、皮肤血红素、pH 测量为辅相结合的方法，评估产品的修护功效
抗皱功效	有助于减缓皮肤皱纹产生或使皱纹变得不明显	皮肤更新减慢、屏障功能减弱、角质形成细胞活力下降、表皮修复能力下降，真皮对外来物质清除能力下降、真皮厚度变薄、密度降低、胶原蛋白和弹性蛋白减少，汗腺和皮脂腺数目减少、皮肤微循环发生变化等，导致皮肤干燥、粗糙、皱纹、松弛、萎缩和色素沉着等	通过消费者使用和调查问卷的方法，比较其对产品的抗皱功效的赞同比来评估产品的抗皱功效

2. 试验依据

试验依据是一个评价标准的理论支撑。因此应该判断评价标准是否恰当引用标准、技术指南或参考文献等，且引用格式是否标准。同时还应该判断其方法的选择依据是否充分，试验原理是否科学、过程是否清晰、评价指标是否明确，是否足以满足功效宣称评价的要求。本文建议在选择《化妆品功效宣称评价规范》第十五条规定（三）、（四）项规定的方法时，可以参考表 2 进行分级选择。

表 2　试验依据分级

方法来源	分级	分级标准
国外方法	1 级	国家法规
	2 级	国家级技术标准
	3 级	行业标准
国内方法	1 级	国家级行业协会方法
	2 级	省级行业协会方法
	3 级	市级行业协会方法
外文文献	1 级	IF ≥ 5 分
	2 级	3 分≤ IF ＜ 5 分
	3 级	1 分≤ IF ＜ 3 分
	4 级	IF ＜ 1 分
中文文献	1 级	引用频次≥ 300 次
	2 级	100 次≤引用频次＜ 300 次
	3 级	50 次≤引用频次＜ 100 次
	4 级	引用频次＜ 50 次

注：IF 表示影响因子。

3. 试验方法设计类型

试验方法设计类型是决定一个评价标准质量高低的关键，因此评价一个标准还应当判断其是否清楚准确描述试验设计类型，设计类型是否满足试验目的。人体功效评价试验方法设计类型主要包括以下 4 级：Ⅰ为大样本双盲随机对照的临床研究；Ⅱ为小样本双盲随机对照的临床研究；Ⅲ为非盲法的随机对照的临床研究；Ⅳ为非随机对照临床研究。建议试验设计的优先选择顺序依次为Ⅰ＞Ⅱ＞Ⅲ＞Ⅳ。

4. 受试者入选和排除标准

受试者的选择是决定一个评价标准是否能达到试验目的的一个关键因素，因此一个好的标准受试者的选择应当包括基本要求和试验方案要求。基本要求应包括但不限于年龄、性别、既往疾病、手术治疗或过敏史、3 个月内化妆品或药物使用史、受试部位情况、妊娠哺乳备孕情况及知情同意等。试验方案要求应按照产品功效宣称选择相应的适应症人群，同时排除鉴别诊断人群。

5. 受试者人数

受试者的例数是决定一个评价标准是否能达到试验目的的另一个关键因素，因此一个好的标准，其受试者人数应当根据试验目的和统计学原则来确定。人体功效评价试验方法推荐使用统计分析法进行样本量估算。样本量的估计方法（即样本量的计算公式）应当根据试验设计类型、主要评价指标数据特征、既往文献报道等作出正确选择。

6. 功效主要 / 次要评估指标

功效评估指标是决定一个评价标准是否能达到试验目的的最重要因素，因此一个好的标准应当根据宣称功效的原理选择并确定主要和次要功效指标。建议优先使用仪器测量参数、图像采集和分析参数等客观评价指标，视觉评估、受试者自我评估等主观评价指标作为辅助。以祛痘和修护功效进行建议举例说明，见表 3。

表 3 人体功效评价试验主要 / 次要评估指标

功效宣称	主要指标	次要指标
祛痘功效	靶区皮损（白头、黑头、丘疹和脓疱）计数	（1）整体皮损改善情况 （2）图片采集卟啉含量分析 （3）油脂测量 （4）角质层水分含量测量 （5）pH 测量 （6）水分流失率测量
修护功效	（1）皮肤经表皮失水率测量 （2）角质层含水量测量	（1）皮肤红斑、干燥度、光泽度等视觉评估 （2）皮肤血红素测量 （3）皮肤 pH 测量

四、展望和结语

虽然目前我国化妆品功效和安全性的评价标准仍然存在不少问题，但是随着时间的推移和试验数据的不断积累，也可以发现最近新发布的部分功效评价标准质量已经越来越高、书写越来越规范、评价要素越来越完整。同时，还开始将一些新的检测技术和方法融合到功效或安全性评价中，如将人工智能皮肤影像技术使用到抗皱功效评价方法中。根据市场的需求和化妆品种类的变化，开始探索新功效的评价方法，如化妆品抗氧化人体测试方法、化妆品抗糖化人体测试方法、皮肤微生态调节型化妆品功效评价等。期待不久的将来，在国家相关部门的推动下，各级行业协会、化妆品企业和检验检测机构可以团结协作，发挥各自的优势，搭建公共平台，凝结整个行业智慧，在推动化妆品的高质量发展的同时，提高我国化妆品行业的基础研究和科技创新水平。

（作者单位：赖维　叶聪秀　苏真，中山大学附属第三医院；
谢嘉颖，广州市质量监督研究院；
杨梅，广东食品药品职业学院）

扫码看参考文献

化妆品检查工作新规研究分析报告

韩丹 金鑫 周笛

摘要： 随着化妆品行业的快速发展，为优化法治化营商环境，近年来化妆品相关法规体系不断完善，对化妆品检查工作也提出了更高的要求。《化妆品检查管理办法》就是国家药品监督管理局针对化妆品检查工作发布的规范性文件，旨在规范化妆品检查工作，确保化妆品各环节的检查与后续处置工作有序开展。该文件通过明确检查程序、创新检查方式、强化风险控制、深化衔接机制，严守化妆品监管防线的同时，保护被检查对象合法权益，进一步维护行业生产经营秩序，促进化妆品行业健康发展。

关键词： 化妆品 检查 管理办法 规范性文件

日前，国家药品监督管理局（简称国家药监局）发布《化妆品检查管理办法》（简称《办法》），并将于 2024 年 11 月 1 日起施行。《办法》是《化妆品监督管理条例》（简称《条例》）实施以来，国家药监局专门针对化妆品检查工作发布的规范性文件。《办法》通过明确检查部门，严格检查要求，规范检查程序，强化部门协作，严守化妆品监管防线的同时，保护被检查对象合法权益。《办法》的出台确保了化妆品各环节的检查与后续处置工作有序开展，进一步优化法治化营商环境，维护行业生产经营秩序，不断促进化妆品行业健康发展。

一、明确检查程序，规范检查工作

《办法》明确了化妆品检查分为许可检查、常规检查、有因检查和其他检查 4 种类型，同时规定一般检查程序和要求，并针对不同检查类型细化启动情形、检查重点和检查方式，为依法实施检查工作提供依据。检查记录是检查过程和结果的客观体现，《办法》对现场检查记录和检查审核报告进行了详细规定，明确需包含的内容和形式等要求。通过规范检查行为强化法治保障，以制度力量压实监管责任。

为保障被检查对象的合法权益，使其在检查中感受到公平正义，《办法》明确被检查对象如对现场检查记录等有异议的，可以现场进行陈述申辩，检查人员则需对陈述申辩的内容进行核实后，最终确定被检查对象存在的缺陷和问题，并规定了检查发现的缺陷和问题要以书面形式请被检查对象知悉，保障了被检查对象的知情权。《办法》也明确了当被检查对象被监管部门依法要求采取风险控制措施时，其在落实整改排除安全风险隐患后，具有向作出风险控制措施决定的监管部门提出解除风险控制措施申请的权利。同时，《办法》充分考虑化妆品行业内关注的保护企业商业秘密等“热点问题”，在《化妆品生产经营监督管理办法》规定的基础上，设置专门条款明确药品监督管理部门、检查机构及其检查人员不得擅自披露检查相关信息，以及在检查中知悉的被检查对象的商业秘密。

化妆品检查过程中的独立性、公正性，在《办法》中得到充分体现。《办法》明确了启动有因检查的5种情形，并规定开展有因检查不得预先告知被检查对象检查人员和检查内容；同时要求检查人员不得擅自向被检查对象透露检查过程中的进展情况、发现的违法线索等信息。

二、创新检查方式，突破检查瓶颈

中国化妆品行业体量大、业态多，在保证检查效果的前提下，如何提高基层检查工作效率是监管部门面临的难题。随着信息化技术的不断发展，《办法》结合化妆品行业发展现状，提出非现场检查方式，包括对被检查对象提交书面材料的检查、利用数字化技术手段开展远程检查等。通过创新监管方法，提高监管的科学性和精准性，进一步提升监管效能。

化妆品检查有相应的专业能力要求，在面对某些技术难点时，行业专家是可以借助的专业力量。《办法》中规定的“必要时，派出检查单位可以邀请相关领域专家参加检查工作”，是借助“外脑”资源提供专业服务的体现。

针对目前协查较多、效率不高的问题，《办法》特别规定了“能够通过政府网站查询的化妆品注册备案信息、化妆品生产许可证信息、营业执照信息等，可以采取打印、拍照或者录像等方式固定相关证据，原则上不协查”，将有限的监管力量集中在确需协查的事项上。

对于委托生产行为的检查，由于化妆品注册人、备案人与受托生产企业往往分属不同辖区的药品监督管理部门，在实际检查中工作协同存在一定困难。《办法》明确要求部门间要加强检查信息互相通报，必要时可以开展联合检查，进一步深化化妆品协同监管，压实委托双方质量安全主体责任。

三、强化风险控制，实现闭环管理

根据化妆品的行业特点，按照《条例》风险管理的原则，《办法》突出监管重点，明确检查结果处置要求和风险控制措施，对风险隐患实现闭环管理。

常规检查是最为普遍的检查类型，《办法》规定了药品监督管理部门应坚持问题导向，综合考虑化妆品注册备案、抽样检验、不良反应监测、风险监测、投诉举报、案件查处、舆情监测等各环节因素，合理制定计划，并指明应重点关注的产品和被检查对象，有效提高监管靶向性与效能，着力防范化妆品质量安全风险隐患。

在检查中，被检查单位出现违法违规情况时，合理开展后续处置措施是控制风险的有效手段。《办法》规定“根据检查结果，按照风险管理的原则，药品监督管理部门可以依法对被检查对象作出限期整改、责令暂停生产经营、责令召回、立案调查、责任约谈、记录信用档案等相应的处理”。当检查发现可能存在重大风险隐患，即发现造成人体伤害或者有证据证明可能危害人体健康的化妆品时，《办法》规定检查人员应当立即上报，被检查对象所在地药品监督管理部门应当依法采取相应的风险控制措施；评估确认被检查对象消除风险隐患后，应及时解除相关风险控制措施。对于被检查对象拒绝、逃避、阻碍检查，或者伪造、销毁、隐匿证据等的，《办法》规定可以视为其生产经营过程中存在安全隐患，还规定了具体认定情形和处理措施，加大了对该类违法行为的曝光力度。根据不同风险综合运用各种监管措施，以处罚与教育相结合的方式，严守化妆品安全底线。

四、深化衔接机制，严厉打击违法

在全国药品监管机构改革的大背景下，各地化妆品检查与稽查工作从资源配置到制度建设都不尽相同，目前多数省份配备了职业化、专业化检查员队伍，但是检查员无行政执法资质的问题普遍存在，检查与稽查的相互衔接亟需进一步加强。《办法》坚持问题导向，直击核心矛盾，针对派出检查单位为检查机构的，其分别就检查与稽查衔接的启动情形、衔接工作程序与要求、检查人员收集证据的有效性明确作出回应。一是明确检查中发现被检查对象存在涉嫌违法行为、涉及检查与稽查衔接的，检查机构应当出具检查审核报告。检查审核报告作为违法行为后续查处的证据材料之一，《办法》详细地规定了其内容要素、签章以及作出检查审核结论的具体要求，特别对检查审核人员的资质和数量作出了规定。通过严格审核程序、强化审核人员专业资质要求，提高了检查审核报告的证据效力。《办法》规定了“检查审核报告可以作为行政处罚的依据”，这为检查审核报告作为检查与稽查衔接中的重要证据提供了法规依据。二是规定违法线索移交时应移交现场检查记录、检查审核报告等相关证据材料。而对于多数检查机构的检查员无行政执法权限，当发现被检查对象存在涉嫌违法行为时，收集的证据是否有效的问题，《办法》也作出了明确回应，“检查人员在检查过程中依法收集的证据材料，可以作为行政处罚的依据。必要时，接受移交线索单位应当对相关证据进行查证确认”。三是明确接受移交线索单位应当依法决定是否立案，是否予以查处。通过明确工作机制，提高证据收集与衔接工作流程的规范性、合法性，切实保证检查发现的违法线索，得到依法调查处置。

需要特别注意的是，《办法》中对违法线索移交时限的要求为“及时”，虽未具体规定，但检查人员应当研究评估现场检查情况，综合考量涉嫌违法行为风险是否可控、证据是否容易灭失、违法行为危害程度等因素，给出处理意见，以保证涉嫌违法线索处置工作有效衔接，后续稽查工作得以顺利开展，有效打击违法行为。

《办法》对立案情况和查处结果的反馈也作出规定。通过信息反馈机制，畅通部门间双向沟通桥梁，从而强化部门协作，对违法行为形成打击合力。

《办法》的发布在全面规范检查工作的同时，着力推动各部门工作的有效衔接，形成监管合力，督促化妆品生产经营者落实法规要求，切实履行化妆品质量安全主体责任，从而推动整个化妆品行业的高质量发展。

（作者单位：韩丹，上海市药品监督管理局稽查局；
金鑫，上海市药品监督管理局；
周笛，江阴国家高新技术产业开发区）

监管研究篇

◎ 2023 年化妆品科学监管实践回顾与展望

◎ 中国化妆品网络经营监管现状分析与对策思考

◎ 中国化妆品产业新业态分布及监管新思路

◎ 化妆品生产领域的风险管理措施分析及建议

◎ 化妆品抽样检验异议复检工作研究应用

◎ ……

2023 年化妆品科学监管实践回顾与展望

张昊　胡颖廉

摘要：［**目的**］回顾分析 2023 年我国药品监管部门化妆品监管实践，总结化妆品监管趋势、存在的问题和面临的挑战，提出政策建议。［**方法**］通过查阅国家药品监督管理局、各省药监局官方网站和检索中国知网等数据库，收集 2023 年化妆品监管制度建设、政策执行、行政许可、监督检查、人才队伍、教育宣传等方面信息，进行系统研究。［**结果**］2023 年药品监管部门夯实了化妆品监管基础，优化了工作机制，在化妆品注册备案、上市后监管、个性化监管服务提供、信息体系建设等方面取得了新进展。［**结论**］随着科技进步和消费模式变化，化妆品新原料、新技术和新业态的出现给化妆品监管方式、监管能力带来了挑战。需要创新监管制度，推动企业落实主体责任，提升监管能力和水平，促进产业高质量发展。

关键词：化妆品　监管实践　高质量发展　制度创新

2018 年党和国家机构改革后，国家药品监督管理局（简称国家药监局）首次设立化妆品监管司，一定程度上结束了化妆品行业“多头管理”状况。在过去 5 年多时间里，我国化妆品监管取得了新突破，各级监管机构能力建设全面加强，化妆品监管法规体系不断完善。化妆品产业首次被写入国家“十四五”规划，并被提高到战略层面。2023 年，我国药品监管部门进一步夯实化妆品监管基础，推进法规有效实施，加强产品上市后风险管理，通过监管改革创新，引领化妆品产业高质量发展。

一、2023 年化妆品科学监管实践总结回顾

2023 年国家药监局共发布 3 条有关化妆品的法规文件，10 条关于化妆品检验方法、备案管理、监管措施的公告通告，10 条飞行检查结果通告。化妆品监管工作亮点纷呈，具体如下。

（一）持续优化化妆品注册备案管理

新的化妆品法规体系确立了化妆品注册人、备案人对化妆品质量安全和功效宣称负责的主体责任制度，明确化妆品注册或者备案是产品合法上市的基本要求。2023 年国家药监局深化化妆品新原料的注册备案管理，2023 年 11 月，国家药监局发布关于化妆品新原料鼓励创新和规范管理有关事宜的公告，鼓励和支持化妆品新原料研究创新，规范新原料研发使用和注册备案管理。与此同时，为规范化妆品新原料注册人、备案人与化妆品技术审评部门之间的沟通交流，2023 年中国食品药品检定研究院发布《化妆品新原料沟通交流工作机制（试行）》，该工作机制规范了申请人在申请新原料注册、进行新原料备案提交资料前和审评过程中，与审评部门就化妆品新原料有关技术问题的沟通交流。以上监管制度的出台，激发并且规范了化妆品企业产品研发的热情，根据国家药监局统计数据，2023 年化妆品新原料备案合计 69 件（比 2022 年增长 64.2%），其中国产 53 件，进口 16 件。在特殊化妆品申报方面，2023 年，特殊化妆品首次申报受理 8505 件，比 2022 年增长 71.5%，其中批准 6541 件，比 2022 年增长 88.3%。延续和变更受理数量与 2022 年相比均有显著增加。表明我国化妆品注册备案管理制度持续完善，化妆品产业链中原料和特殊化妆品研发较为活跃。

（二）加强化妆品生产企业日常监管

2023 年，全国共检查化妆品持证生产企业 10584 家次，同比 2022 年增加 24.6%。出动检查人次 23820 人次，同比 2022 年增加 11.2%。飞行检查化妆品生产企业次数 1540 家次，责令暂停生产企业 85 家次，同比 2022 年增加 88.9%，完成整改后恢复生产企业 71 家次。统计数据表明，化妆品生产环节

监管持续强化，飞行检查对违法违规企业惩治增强，通过分析国家药监局发布的化妆品飞行检查结果的通告，飞行检查发现的问题集中在质量保证与控制、机构与人员管理和生产管理制度等方面。

（三）深入推进化妆品安全巩固提升行动

2023年国家药监局指导各地负责药品监督管理的部门深入推进药品安全巩固提升行动，持续加强化妆品监管工作，严厉打击化妆品非法添加禁用原料、未经许可生产化妆品、生产经营未经注册特殊化妆品等严重违法行为。根据国家药监局《药品监督管理统计年度数据》，2023年全国查处化妆品案件34422件，比2022年增长21.6%，其中生产环节898件，经营环节32094件，其他1430件。上述案件的货值金额133833.68万元，比2022年增长28.6%；没收违法所得金额4633.38万元，同比增长113%；捣毁制假售假窝点79个，同比增长36个。化妆品违法案件的查办，严厉打击了违法犯罪行为，切实维护了公众用妆安全。

（四）规范和促进化妆品企业持续发展

根据国家药监局统计年报，截至2023年底，全国化妆品生产企业总数达到5722家，比2022年增加210家，增长3.8%，牙膏生产企业总数254家，比2022年增加36家，增长16.5%。从省际分布上看，位列前三位的省（区、市）分别是广东省（3178家，占55.54%）、浙江省（630家，占11.0%）、江苏省（307家，占5.3%）。三省加在一起超过全国的71%。其中，浙江省占比持续增加，2022年占比为10.8%，广东省和江苏省占比均有小幅度下降。值得注意的是，山东省、浙江省化妆品生产企业呈现较快增长态势，2023年浙江省增加生产许可企业34家，同比增长5.7%。山东省增加生产许可企业13家，同比增长7.2%。数据表明东部地区化妆品企业研发生产活动较为活跃，保持一定的增长。

（五）推进化妆品个性化服务试点工作

为进一步转变监管职能，促进化妆品产业高质量发展，国家药监局在部分地区开展化妆品个性化服务试点工作。试点工作目的是探索化妆品个性化服务的可行模式和有效监管措施，形成可复制、可推广的经验做法，更好地满足消费者需求。2023年，北京、上海、浙江等地在试点工作中取得了重要进展。例如，北京市药品监督管理局指导企业建立与其个性化服务模式相适应的质量管理体系，为产品备案、检验检测、物料与产品留样、销售管理、产品追溯等各环节制定操作规范。上海市药品监督管理局认真遴选试点企业，助力加速化妆品个性化服务项目落地。一方面是在商场等消费环境中开展化妆品个性化服务，如果涉及化妆品的分装、调配等活动，参照生产活动管理。另一方面是鼓励企业利用数字化“增品种”“提品质”，针对消费者个性化需求创新产品开发，同时推动服务数字化改造，实现产品全生命周期质量管控，以数字化溯源提振消费信心。浙江省的试点单位建立了个性化服务产品配方库、个性化服务质量管理规范、个性化服务标准操作规范，同时研制了AI智能测肤仪，以满足消费者多样化、个性化需求。

（六）加强化妆品监管信息体系建设

发挥信息化手段，构建信息化体系，是化妆品监管的一项重要工作。《化妆品监督管理条例》（简称《条例》）明确提出，加强化妆品监督管理信息化建设，提高在线政务服务水平，为办理化妆品行政许可、备案提供便利，推进监督管理信息共享。为配合《条例》实施，国家药监局组织建设了“化妆品注册备案信息服务平台”，发布了《化妆品生产许可管理基本数据集》等5个化妆品信息化标准，进一步明确了相关业务的信息化建设标准，促进了各级监管部门相关数据资源的交换与整合。与此同时，地方各级药品监管部门积极推进化妆品监管信息化建设，结合实际情况，推动化妆品注册人备案人信息档案建设工作。例如黑龙江省药品监督管理局成功上线化妆品注册人备案人信息档案系统，实现了与国家药监局化妆品注册人备案人信息档案系统的对接，为省内各级监管部门提供了便捷的信息检索和管理工具。浙江省药品监督管理局建立“浙江美妆在线”监管系统，编制了《浙江省化妆品数据资源目录》，并将该目录中的360多万条化妆品企业监督检查、抽样检验、行政处罚等数据上传到化妆品注册人备案人信息档案平台。该局还指导衢州市开发“e奇美”化妆品多元共治系统上线，实现了化妆品经营全流程监管和服务。

二、化妆品科学监管面临的新形势、新任务

（一）新原料、新技术发展带来的挑战

随着科技进步和消费模式变化，化妆品新原料、新技术和新业态的出现给监管带来挑战。原料是化妆品安全和功效的基石。近年来，《化妆品监督管理条例》及相关文件为化妆品领域创新发展指明了方向，大大激发了企业开发新原料的积极性。同时，人工智能和机器学习技术在化妆品领域也得到了充分应用。例如某化妆品企业开创了“AI+传统中草药”研究的创新模式，解决了传统模式下中草药应用存在的有效成分不明、认知度不高、功效机理不清等痛点。上述新原料、新技术的出现都要求及时调整监管策略和措施，以适应产品研发和评估的需要。

（二）企业自律意识和社会责任感不足

当前我国化妆品市场集中度依然不高，生产企业规模普遍偏小，整体竞争实力较弱，行业准入门槛仍有待提高。在生产端，部分化妆品生产企业质量安全第一责任人意识不强，内部质量管理体系不完善，企业在面对质量安全事件或突发热点舆情时，处置能力较弱。在经营使用端，企业的从业人员文化水平偏低，部分从业人员不懂“特”与“非特”、“备案”与“审批”、“进口”与“国产”的区别；没有索证索票意识，很难主动完成对产品合法性和供货单位资质的审查。在产品宣传方面，仍然存在夸大宣传等违法行为。

（三）化妆品经营模式创新与监管挑战

化妆品行业的销售模式主要有经销模式、商超模式、电子商务模式等，产品主要覆盖商场、超市、便利店、美容美发机构、电子商务等销售渠道。近年来，线上线下渠道的整合等创新媒体盈利模式的兴起，模糊了传统销售渠道与电子商务的界限，也给监管带来了新的挑战。例如经营者数量庞大、产品未经注册或备案和虚假宣传等。根据国家药监局的统计信息，2023年全国查处化妆品案件28289件，涉及经营企业案件17221件（占60.8%），是最主要的违法主体。需要注意的是涉及互联网违法案件1137件，比2022年增

长68.4%。由此可见，我国化妆品网络经营监管形势严峻，亟须进一步研究解决。

三、化妆品科学监管的未来展望

面对化妆品监管中存在的问题和挑战，结合国外化妆品监管趋势和动态，我国化妆品监管需要进一步完善配套文件，探索监管制度创新，促进化妆品监管能力现代化。

（一）加强化妆品安全评估

《化妆品监督管理条例》指出：化妆品新原料和化妆品注册、备案前，注册申请人、备案人应当自行或者委托专业机构开展安全评估。落实化妆品安全评估制度，应是未来化妆品监管实践的重点。国外经验表明，出台化妆品安全评估指南可以为化妆品业界提供指导，帮助化妆品法规的落实与施行。面对我国化妆品安全评估领域不断进步和发展，监管部门和业界需要共同探讨如何保障化妆品质量，制定具体安全评估技术指导原则，确保企业顺利及时开展完整的安全评估，切实落实好质量安全主体责任。另一方面，化妆品注册人、备案人应加强化妆品监管科学研究，充分调动社会各方技术力量，重点研究化妆品安全评估的基础性、前沿性、创新性技术支撑，加强新技术、新方法和新标准的转化应用，不断提高化妆品安全评估的科学性和规范性。

（二）探索化妆品监管制度创新

监管制度创新对于优化营商环境、提升监管效率、促进产业高质量发展至关重要。可以研究探索以下几方面制度：一是探索化妆品全链条信用治理制度。构建以信用为基础的化妆品监管新机制，持续推进化妆品领域的分级分类监管工作，建立健全与信用风险分类相适应的监管机制。加强对化妆品领域跨部门综合监管的统筹协调，监管部门应会同公安、通信、邮政等部门，全面梳理化妆品领域的跨部门综合监管事项清单、建立监管对象名录库，编制化妆品领域跨部门综合监管工作方案。二是促进区域化妆品监管协作。探索京津冀、长三角、粤港澳大湾区等区域监管协作机制，促进区域内注册备案、执法检查等工作协同统一，构建协作互助平台，提升监督检查和案件查处的能力。三是强化化妆品个性化服务。化妆品个性化服务时代已经来临，要深入探索化妆品个性化服务的可行模式和有效监管措施，在个性化服务的许可和产品备案管理、机构与人员、质量保证与控制、操作区域与设备管理、物料与产品管理、服务过程管理等方面提出明确要求，倡导“个性化需求”的化妆品发展新模式。

（三）强化化妆品监管能力建设

药品监管部门应聚焦“强支撑、重协作、促培训”，促进化妆品领域能力提升，推动构建化妆品监管社会共治格局。具体包括：首先是加强化妆品技术支撑能力建设。充分发挥药品监管体系内技术部门的优势，提升检验检测、不良反应监测、网络监测等能力，例如：通过“以网管网”和信息技术等方式，及时发现化妆品网络销售违法行为。其次，监管部门应重视与科研单位、高等院校合作，促进化妆品评估关键技术、风险识别和风险筛查等方面的研究。此外，加强化妆品监管人才培养。应研究制定国家化妆品监管人才发展规划，根据培养目标和任务开展人才培养工作，强化化妆品生产检查员培养和基层化妆品监管人员培养，鼓励其参与行业协会、专业组织等活动，从而了解行业动态和最新技术发展，增强化妆品监管认知和适应能力。

［作者单位：张昊，北京中医药大学东方学院、
中国药品监督管理研究会药品治理体系研究专业委员会；
胡颖廉，中共中央党校（国家行政学院）社会和生态文明教研部、
中国药品监督管理研究会药品治理体系研究专业委员会］

扫码看参考文献

中国化妆品网络经营监管现状分析与对策思考

周笛　六扬　承晓华

摘要：随着互联网电子商务模式的兴起和快速发展，电子商务平台已成为中国消费者购买化妆品的主流渠道。中国化妆品网络销售市场规模不断扩大，给化妆品监管带来了新的挑战。本文基于中国化妆品网络销售市场情况，分析了中国化妆品网络经营监管现状，探讨了中国化妆品网络经营监管面临的挑战，并提出相关思考与建议：推进化妆品网络经营智慧监管建设，建设国家化妆品网络经营监测平台，构建化妆品网络监管协同机制，压实化妆品网络经营行为主体责任。

关键词：化妆品　网络经营　监管　问题分析　建议

近年来，随着中国经济的快速发展和居民可支配收入的不断提高，化妆品已逐渐成为日常生活必需品。近 20 年间，中国化妆品零售总额平均每年增长 17%，其中化妆品网络销售渠道逐渐取代传统的销售渠道，成为中国消费者购买化妆品的主流渠道。中国化妆品网络销售市场规模不断扩大，给传统化妆品监管带来了新的挑战。本文基于中国化妆品网络销售市场情况，分析了中国化妆品网络经营监管现状，探讨了中国化妆品网络经营监管面临的挑战，并提出相关思考与建议。

一、中国化妆品网络销售市场现状

（一）中国化妆品网络销售市场整体情况

中国化妆品网络销售市场具有很大的增长潜力和市场拓展空间。受近几年经济大环境的影响，为触达更多消费人群，完成市场下沉，各大化妆品品牌商纷纷加快网络销售布局，中国化妆品网络销售市场规模呈现不断扩大的态势。相关统计数据显示，2021 年，中国化妆品网络销售市场规模达 2634 亿元，占整体化妆品销售额的 65%，同比增长 10%；预计到 2024 年，中国化妆品网络销售市场规模将突破 3500 亿元的关口。其中，综合电商、化妆品电商和线下专柜是中国消费者购买化妆品的主要渠道，2022 年的购买总额占比分别为 64.3%、49.9% 和 43.3%。网络销售方式的兴起与持续迭代推动化妆品电商平台成为各大化妆品品牌商赢取市场份额的主要阵地，互联网电子商务平台已成为中国化妆品重要的销售渠道。

（二）中国化妆品电子商务平台整体情况

互联网技术的日益成熟和电子商务的飞速发展对中国传统零售业产生了强烈的冲击，公众消费习惯的变化使传统销售渠道逐渐丧失了市场优势。电子商务与直播电商的融合、线上线下渠道的整合等创新媒体盈利模式的兴起，模糊了传统销售渠道与电子商务的界限，促使传统电子商务平台开始转型升级，逐渐发展为多模式、互连接的电子商务综合体。截至 2023 年 6 月，全国化妆品主流电子商务平台已超过 100 家。中国连锁经营协会与德勤联合发布的《2023 年中国网络零售 TOP100 报告：精益化运营推动零售企业加快突围》显示，前 100 强企业总销售额超 2 万亿元，同比增长 13.2%；其中，前 20 强企业的网络销售额占比超过 90%，个护用品和化妆品上榜企业达到 7 家，网络销售额占比 7.9%，同比增长 6.4%。由此可见，在近年来电子商务发展整体有所降速的情况下，化妆品企业与化妆品电子商务平台通过密切合作，持续探索新模式，拓宽新业态，保持了正向增长。化妆品电子商务平台已成为撬动化妆品产业发展的“云支点”。

（三）中国化妆品网络经营监管面临的挑战

中国化妆品网络经营监管正处于探索阶段，面临诸多挑战。一是传统的网络经营监管主要针对虚假宣传、违法广告等问题开展监测，对于网售化妆品未经注册备案、冒用注册证或备案凭证等问题则较难实现有效监测；二是尽管《化妆品监督管理条例》《化妆品生产经营监督管理办法》等法律法规已对化妆品电子商务平台的管理责任作出明确规定，但在化妆品网络经营监管的实际工作中，仍存在难以落实电子商务平台管理责任的问题；三是由于线上违法线索协查机制尚不健全，化妆品电子商务平台在日常运营中积累的大量数据无法为监管部门的案件查办工作提供协助，造成信息资源的浪费与线上违法线索查办的困难。由此可见，中国化妆品网络经营监管形势严峻，亟需进一步研究解决。

二、化妆品网络经营监管相关政策分析

（一）对于《中华人民共和国电子商务法》《化妆品监督管理条例》相关条款的分析

2019 年 1 月 1 日起施行的《中华人民共和国电子商务法》（简称《电子商务法》）针对在电子商务活动中消费者权益易受侵害、处于弱势地位等问题，强化了电子商务平台经营者的责任义务，规定了电子商务平台经营者对平台内经营者侵害消费者合法权益行为的制止义务，以及未履行相关义务应承担的法律责任，详细描述了对电子商务平台经营者各类违法行为的处罚标准。

2021 年 1 月 1 日，《化妆品监督管理条例》正式施行，中国化妆品监管制度体系迎来了重新构建与完善。《化妆品监督管理条例》引用了《电子商务法》第八十条对电子商务平台经营者未履行管理义务的处罚标准。同时，在第四十一条中规定电子商务平台经营者应当对平台内化妆品经营者进行实名登记，承担平台内化妆品经营者管理责任。《化妆品监督管理条例》首次明确了电子商务平台经营者对于平台内化妆品经营者的管理责任。《电子商务法》和《化妆品监督管理条例》无疑为后续化妆品网络经营监管相关部门规章和规范性文件的制定出台奠定了坚实的基础。

（二）对于《网络交易监督管理办法》相关条款的分析

为有效应对互联网新业态持续迭代导致的既有法律法规和监管体系与现实之间的不匹配等网络经营监管新难题，国家市场监督管理总局制定出台了《网络交易监督管理办法》，自 2021 年 5 月 1 日起施行。一方面，《网络交易

监督管理办法》进一步明确了社交电子商务、直播购物等新业态适用的法律规则，填补了制度空白，细化了电子商务各参与主体的责任义务，有助于消除监管套利空间，遏制不正当竞争、滥发商业信息等不规范的网络经营活动，明确了网络交易侵权行为的相关罚则，健全了监管体制和机制；另一方面，《网络交易监督管理办法》在《电子商务法》的基础上，明确了仅通过网络开展经营活动的平台内经营者申请登记为个体工商户的，可以将网络经营场所登记为经营场所，降低了市场准入和登记门槛，优化了营商环境。

（三）对于《化妆品网络经营监督管理办法》相关条款的分析

化妆品网络经营作为化妆品经营的主要渠道，近年来质量安全问题频发，监督抽检不合格率、风险监测问题发现率等均高于传统销售渠道，成为化妆品质量安全问题的“重灾区”。为进一步规范化妆品网络经营行为，国家药品监督管理局（简称国家药监局）制定出台了《化妆品网络经营监督管理办法》，自 2023 年 9 月 1 日起施行。

《化妆品网络经营监督管理办法》在《电子商务法》第九条对电子商务平台经营者与平台内经营者定义的基础上，进一步明确了化妆品网络经营监管对象；在《化妆品监督管理条例》和《网络交易监督管理办法》对电子商务平台经营者相关规定的基础上，从实名登记、日常检查等方面明确并细化了化妆品电子商务平台经营者对平台内化妆品经营者的管理责任；在《化妆品生产经营监督管理办法》已有规定化妆品电子商务平台经营者应当对监管部门予以协助配合的基础上，坚持“以网管网”的工作思路，设计了化妆品电子商务平台报告违法线索的制度，实现对违法线索的追根溯源、依法处置。此外，《化妆品网络经营监督管理办法》也充分考虑了相关规定与《化妆品抽样检验管理办法》《化妆品标签管理办法》等文件的相互衔接，对化妆品网络经营监管中涉及的网络抽样检验、证据采用、网络经营监测等作出明确规定。

综上所述，《化妆品网络经营监督管理办法》在加大网络经营违法行为打击力度的同时，明确了化妆品电子商务平台的管理责任与政企协作机制，既压实了各方主体责任，也体现了社会共治原则，对化妆品产业健康有序发展起到了积极推动作用。

三、对化妆品网络经营监管工作的思考

（一）化妆品网络经营监管信息技术能力有待加强

《化妆品网络经营监督管理办法》鼓励化妆品电子商务平台与监管部门建立开放数据接口等形式的自动化信息报送机制，然而目前除浙江省药品监督管理局等少数已拥有相关数字化技术的监管部门外，多数省份的监管部门仍不具备对化妆品电子商务平台所反馈的海量数据进行分析与利用的技术条件与能力。同时，国家级化妆品网络经营监测平台尚未建立，导致监管部门仍无法准确掌握市场中化妆品电子商务平台底数、平台内化妆品经营者情况、店铺数量等相关网络市场信息底数，对于化妆品网络经营风险线索的处理、消费舆情的捕捉、违法行为的制裁等存在监管盲区。中国化妆品网络经营监管信息化、数字化和智慧化建设仍有待加强。

（二）化妆品网络经营监管协同配合程度有待提升

化妆品网络经营监管效能与监管部门内部以及监管部门和化妆品电子商务平台之间的协同程度密切相关。一方面，《化妆品网络经营监督管理办法》对化妆品电子商务平台经营者住所地、平台内化妆品经营者实际经营地以及化妆品注册人、备案人、境内责任人住所地等监管部门在化妆品网络监管工作中的协同配合、工作机制等进行了规定，但在实际工作中，仍客观存在化妆品网络经营案件风险控制、信息调取、协查反馈等处理效率低等问题。另一方面，监管部门与化妆品电子商务平台尚未形成有条件的数据共享机制，化妆品网络经营安全风险防范的有效性和执行率偏低，容易造成监管资源的浪费。同时，化妆品电子商务平台在获取最新化妆品注册、备案数据和许可数据等方面仍存在困难，无法及时准确地对平台内化妆品经营者的实名登记信息和入网产品信息等进行校验，提高了化妆品电子商务平台的自治成本，降低了管理效率，为化妆品网络经营监管埋下了潜在风险。

（三）化妆品网络经营监管专业化队伍建设有待增强

化妆品网络经营既是一种新业态，也是一种新的线上商业模式，相较于

封闭式、属地化的传统线下渠道，监管人员往往难以快速锁定并追查风险线索，亟需转变传统的监管理念，主动将互联网思维融入日常监管中，适应网络监管与传统监管之间的差异。与此同时，各省份现有的网络监管队伍的数字化水平差距较大，大部分省份的网络监管能力尚不能满足化妆品网络经营监管的需求，亟待推进人才队伍建设，特别是专业化、数字化的监管队伍建设，从而进一步提升监管部门的数字化监管能力和监管效率。

四、对化妆品网络经营监管工作的建议

（一）推进化妆品网络经营智慧监管建设

2021 年 12 月 30 日，国家药监局等八部门联合印发的《“十四五”国家药品安全及促进高质量发展规划》指出，要加强对化妆品网络销售行为的监督管理，完善网络交易违法违规行为监测平台，及时排查处置网络销售化妆品风险，提升监管针对性和实效性。可见，化妆品智慧监管是推进化妆品产业高质量发展的有力保障。监管部门与化妆品电子商务平台应共同加大科研投入，加快科研成果转化，充分利用云计算、区块链等现代化信息技术，为化妆品网络经营监管提供更多新工具、新方法，推进化妆品整体治理体系和治理能力现代化，从而实现化妆品监管数字化、精准化和智慧化。建议监管部门一方面引入智能化、科技化的监管手段和方法，提升智慧监管能力；另一方面应加强智慧监管人才队伍建设，提高监管人员应用数字化监管手段的能力，提升智慧监管水平。

（二）建设国家级化妆品网络经营监测平台

在化妆品网络经营监管体系构建中，国家级监测平台建设是必不可少的一环。通过建设国家级化妆品网络经营监测平台，将有利于整合化妆品网络经营风险监测、网络抽样检验、投诉举报、舆情监测等风险信息，构建起统一完善的风险识别、线索报送和风险处置体系。建议在国家级化妆品网络经营监测平台中构建国家和地方各级调查处理系统，从技术层面实现线上违法线索的派发、转送、反馈、跟踪；深入研究在线协查功能，指导化妆品电子商务平台发挥数据资源优势，实现入驻商家违规预警通知、抽检流程在线通

知、处置指令在线处理等，同时通过大数据、云计算等技术实现违法线索的实时固证与相关信息的及时反馈，切实提升对平台内化妆品经营者的质量安全监管能力。

（三）构建化妆品网络经营监管协作机制

针对化妆品网络经营监管中存在的信息不畅、处置效率低等问题，建议分别建立政企间、跨区域、跨部门的信息共享互联互通机制。监管部门和电子商务平台应协力搭建平台内化妆品经营者相关信息核验、入网产品信息发布、日常经营行为检查、违法行为制止和线索报告等方面的协作路径，加快构建信息共享机制。化妆品电子商务平台应定期对化妆品网络经营监管中遇到的问题与监管部门进行及时有效的沟通协作，实现政企间数据有限互通、业务在线联动，提升监管效率。建议监管部门出台配套协作机制等文件与指南，规范风险信息报送流程，并尽可能以标准化信息共享的程序和格式向化妆品电子商务平台有条件开放相关数据库，并把握开放数据的程度、限度和责任边界，形成政企协作、社会共治的新局面。

（作者单位：周笛，江阴国家高新技术产业开发区；
六扬，江阴市人民政府；
承晓华，江阴国家高新技术产业开发区）

扫码看参考文献

中国化妆品产业新业态分布及监管新思路

于海英　李启艳　张良雨

摘要： 化妆品产业发展受人群、地域、社会习惯以及不同阶段人类健康美化需求等的影响，存在着新业态快速演化和调整的特性。本文对我国化妆品产业新业态进行了梳理，从产业融合、新应用场景、个性化服务等方面对新业态的形成原因及分布情况做了全面的剖析。面对化妆品新业态、新生产经营模式等新形势，从科学监管的层面提出了相应的监管新思路。

关键词： 化妆品产业　政策　新业态　监管新思路

化妆品行业在国内外属于快速消费品类别，其发展受人群、地域、社会习惯以及不同阶段人类健康美化需求等的影响，不断地快速演化和产品调整，存在一个不断变化的现实状况。

2021 年 1 月 1 日《化妆品监督管理条例》（简称《条例》）正式施行，中国化妆品行业的生态系统迎来了一轮新的变革与重构，市场竞争进一步规范，产品质量安全不断提升。在 5G 和人工智能（AI）技术、区块链、物联网、云计算、大数据、人工智能等信息技术的支撑下，美妆企业实现了数字化研发、智能化生产、智能化物流、智能化营销和智慧化管理。化妆品行业不断推进民族品牌建设，将中华优秀传统文化、艺术、色彩和生活美学、中国特色植物资源融入产品设计中，提升国际市场竞争力，实现从中国制造到中国创造的转变。

一、政策调整促进产业多维度发展

自 2021 年起，我国化妆品行业迎来了重大变化。2021 年 1 月 1 日，新的《条例》正式实施；1 月 12 日，《条例》的首部配套部门规章《化妆品注册备案管理办法》发布；3 月 4 日，国家药品监督管理局（简称国家药监局）正式发布《化妆品注册备案资料管理规定》《化妆品新原料注册备案资料管理规定》，进一步规范和指导化妆品、化妆品新原料的注册与备案工作……这一系列政策的公布，不断完善了我国化妆品监管法规体系的构建，也推进了化妆品产业向着高质量方向发展。

2020 年，“率先在化妆品等消费领域培育出属于中国的高端品牌”被写进国家《“十四五”规划和 2035 年远景目标纲要》中。这意味着，2021 年不仅是“十四五”开局之年，也将是化妆品行业高速发展的一年。2022 年，工信部等五部委联合发布的《关于推动轻工业高质量发展的指导意见》（工信部联消费〔2022〕68 号）中明确提出在化妆品等领域培育一批国际知名品牌。同年，国家药监局发布了《关于开展化妆品个性化服务试点工作的通知》，以更好地促进化妆品产业高质量发展，结合各地实际，探索化妆品个性化服务的可行模式和有效监管措施，形成可复制、可推广的经验做法，更好地满足消费者需求，推动中国化妆品品牌建设和产业高质量发展。

《“十四五”规划纲要》发布后，浙江、广东、上海、山东等省市也相继推出了促进化妆品产业高质量发展的政策及相关产业配套措施。其中，化妆品产业最为发达的广东省，不仅发布了省级化妆品产业高质量发展措施，广州市及其下辖的区县结合自身产业条件也相继出台了区域化妆品产业高质量发展促进措施。而我国化妆品产业能持续保持极高的发展速度也得益于化妆品产业高质量发展政策的相继出台。

二、化妆品产业新业态分布形势

（一）跨产业融合新业态

1. 美妆与直播电商融合

电商极大发展后，小红书、抖音、快手相继以内容 / 短视频电商和直播电商推动电商行业变革。直播电商兴起于货架电商之后，其发展速度却大大超过货架电商，大致分为 4 个阶段：直播电商萌芽期（2016—2017 年）、快速成长期（2017—2018 年）、爆发期（2019—2021 年）、调整期（2021—

2022 年）。

数据显示，2022 年中国直播电商市场规模已经突破 3.4 万亿，用户规模突破 5 亿人。具体市场份额数据见图 1。2007 年仅占 0.7% 市场份额的电商渠道（包括货架电商、直播电商等），在 15 年间市场份额增长到了 42.3%，成为具有主导性优势渠道。

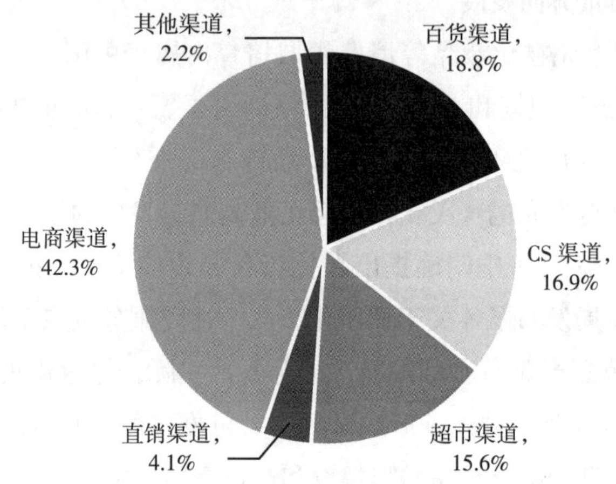

图 1　2022 年中国化妆品渠道市场份额

培育区域性美妆直播基地先后被写进各省化妆品产业高质量发展文件中，促进了美妆与直播电商的深度融合。《广东省推动化妆品产业高质量发展实施方案》中指出：培育具有全国影响力的美妆直播电商平台，建设若干美妆直播电商基地;《上海市化妆品产业高质量发展行动计划（2021—2023 年）》指出：培育优质多渠道网络服务（MCN）机构，扶持专业美妆直播服务机构;《浙江省化妆品产业高质量发展实施方案（2020—2025 年）》中明确指出：提升“网红带货”，引进培育美妆领域网红，建设网红直播中心;《山东省促进化妆品产业高质量发展实施意见》中明确指出：依托电商企业、专业批发市场和直播平台，建设美妆直播电商基地和品牌孵化中心。

2. 化妆品与创意设计融合

化妆品与创意设计的融合是一种将艺术性和功能性相结合的手段，目的在于提升产品的吸引力、品牌形象，以及改善用户体验。《上海市化妆品产业高质量发展行动计划（2021—2023 年）》明确指出：鼓励化妆品企业通过创意设计，加强与工艺美术、绿色食品、智能穿戴等时尚消费品，与生命健康、先进材料等领域跨界创新，并开发针对婴童、男性、中老年等消费群体的新产品、新品类。化妆品与创意设计融合表现在以下几个方面。

（1）包装设计 化妆品包装设计旨在将产品的文化性与时尚感完美结合，既要满足基本的功能需求，又要具备创新、时尚、文化内涵，以满足当今消费者对高品质、个性化、创新性包装的需求。好的包装设计能够起到展现品牌形象、展示产品形象、体现产品特性等作用，独特的外观不仅可以让消费者更加直观地了解相关产品，还会为产品后期的营销推广奠定基础。如华熙生物故宫系列口红，花西子“汇聚古典与现代、赋传统予时尚的东方美学体系”等使传统的东方美与国际化的流行色相融合，使品牌形象脱颖而出。

（2）产品设计 化妆品产品设计是一项创造性和挑战性的任务，需要不断追求创新和卓越。通过了解目标市场和消费者需求，注入创意和差异化，人性化设计，考虑可持续发展和技术创新，可以设计出独特、吸引人的化妆品产品，满足消费者的需求，提高品牌形象和市场竞争力。市场调研表明，目前化妆品产品设计主要着力于产品功能、成分配方、人性化使用场景、人群适用性等。如针对旅行便捷需求的旅行套装设计、针对儿童适用性的感官设计等。

（3）合作联名系列 化妆品合作联名系列是化妆品品牌创新和市场拓展的一种方式。通过与其他品牌、个人的合作，可以设计出独特的产品，提升品牌形象和知名度，吸引更多的消费者。例如，MAC 与时尚设计师合作推出了多个联名系列，如 MAC&Giambattista Valli，MAC&Selena 等；花西子与小米合作推出了一款联名口红，以小米的科技元素和花西子的色彩设计相结合，创造出独特的产品；安利与王者荣耀合作推出了一款联名面膜，以王者荣耀的游戏元素和安利的护肤科技相结合，受到了广大游戏玩家的喜爱等。

3. 化妆品与文化旅游融合

化妆品与文化旅游的融合是一个多维度的概念，旨在结合地区文化特色与化妆品产业，创造独特的产品和体验，增强消费者的互动和参与感。这种融合不仅有助于推动地方经济发展，增加旅游收入，而且也有助于化妆品品牌的市场扩张和文化多样性的传播，表现形式如下。

（1）地方特色化妆品 化妆品品牌可以开发反映当地文化特色的产品，使用当地特有的天然成分或传统美容配方。如山东省依托省内资源禀赋和文化优势，推动化妆品时尚产业与文化、旅游、艺术、娱乐等产业融合，打造海洋生物、平阴玫瑰、菏泽牡丹、商河留兰香等地域特色区。

（2）主题旅游套装　化妆品与旅游景点或文化活动相关的限量版化妆品套装。例如，与著名的文化节日或地标性建筑合作，设计包装和产品系列。

（3）跨界合作　化妆品品牌与旅游景区、博物馆等文化机构合作，共同开发产品或推广活动，增加品牌曝光率，同时丰富游客的旅游体验。

（4）文化体验店　在热门旅游目的地开设的化妆品店铺，不仅出售产品，还提供与当地文化相关的美容体验，如面部护理、妆容示范等。

（5）旅游定制化妆品　针对旅游市场的特定需求，开发适合旅行使用的产品，如便携装、多功能化妆品、针对不同气候环境的护肤品等。

（6）礼品和纪念品　设计包装与当地艺术、传统手工艺或地标建筑等元素相结合的化妆品，作为游客购买的纪念品。

（二）化妆品新应用场景

近年来，随着中国人民生活水平的不断提高，医学美容的需求越来越大。据统计，我国的医疗美容手术每年以超过 200% 的速度增长，市场用户规模在 1813 万人左右，且有逐渐年轻化的趋势。对于医学美容术后等新应用场景下皮肤护理的需求也会随之井喷式增加。但是，目前新应用场景下化妆品的使用，具有风险高、事故发生率高、合法性低等特点。这些随着医学美容发展起来的新应用场景主要包括以下几大类。

（1）医学美容术后使用化妆品　医学美容手术主要分为有创和无创两种，其中无创医学美容手术主要包括光子嫩肤、热玛吉等，而有创医学美容手术主要包括点阵激光、射频激光等。在进行这些医学美容手术后，无论是在术后早期还是晚期，都有不同的皮肤护理需求，需要使用相应的化妆品。

（2）微针或微晶配合化妆品使用　通过微针、微晶等方式打开皮肤通道，将化妆品导入皮肤。

（3）超声或电离配合化妆品使用　通过超声导入、电离导入等方式，将化妆品导入皮肤。

（4）可溶性微晶贴　以透明质酸钠为基质材料，通过特殊工艺制备成可溶性微晶护肤类化妆品。此类产品使用至皮肤时，会在皮肤表面形成微孔道，微晶功效性或活性成分会在微孔道中溶解、渗透到达皮下。

（5）其他器械配合使用化妆品 例如，某些眼霜会配合使用高频振动器械促进产品的吸收。

（三）个性化服务

2022年11月10日，国家药监局为促进化妆品产业高质量发展，发布了《关于开展化妆品个性化服务试点工作的通知》（药监综妆函〔2022〕625号），并决定在北京、上海、浙江、山东、广东5个省市地区开展化妆品个性化服务试点工作。2023年4月26日，上海市药品监督管理局为上海欧莱雅国际贸易有限公司颁发“现场个性化服务”化妆品生产许可证，意味着欧莱雅的这家门店可以从事涉及直接接触化妆品内容物的个性化服务，为爱美的消费者提供了更多个性化选择。目前试点的个性化服务形式主要包括以下几个方面。

（1）肤色匹配定制 通过高科技扫描仪或者手机应用程序分析消费者的肤色，提供匹配的粉底、遮瑕膏等底妆产品。

（2）护肤品/功能定制 通过皮肤测试和分析，为消费者定制护肤品，包括面霜、精华液、面膜等，添加特定成分以解决特定的皮肤问题，如干燥、油性、痘痘、敏感、衰老等。

（3）香水定制 消费者可以根据个人喜好选择香料组合，定制独一无二的个人香水。

（4）色彩定制 消费者可以自由选择口红、眼影等彩妆产品的颜色和光泽，甚至可以根据个人特征（如眼色、发色、肤色）定制最适合自己的彩妆配色。

（5）包装定制 消费者可以选择化妆品的包装设计，包括瓶子、盒子的颜色、图案和印刷个人名字或信息等。

三、化妆品安全监管新思路

（一）政策保障方面

1. 跨产业融合产品合规性文件修订

跨产业融合产品在展现化妆品实用性的同时，融入了更多的时尚、潮流、文创元素在其中。正因为这些跨界因素的介入，在标签标识、图案暗示、过度包装等方面很容易引入不合规的风险。因此建议针对跨产业融合产品合规性，制定相关的指南。

2. 制定各类应用场景相关指南

针对各种不同的应用场景，制定各类相适应的指南。例如，可制定应用场景下化妆品的标签管理指南，对于新的应用场景下化妆品的标签进行特殊管理；可根据不同应用场景对皮肤造成不同深度的创伤、各阶段皮肤护理特点等制定适用于不同应用场景化妆品的使用指南，以规范不同应用场景下化妆品的正确使用，减少风险的发生。

3. 制定个性化服务规范性文件

2022 年 11 月 10 日，国家药监局为促进化妆品产业高质量发展，决定在北京、上海、浙江、山东、广东 5 个省市地区开展化妆品个性化服务试点工作，目前个性化试点工作已满一年。建议通过试点，在符合化妆品产品备案、生产监管、风险监测等相关法规要求下，进行合理优化，既要保证化妆品的质量安全，又要满足消费者用妆的个性化需求，研究制定个性化服务相关的规范性文件。

（二）化妆品学科建设方面

1. 支持高校加强美妆学科建设

目前，我国高校设置的化妆品学科相关的本科专业主要有化妆品科学与技术（代码为 100708T）和化妆品技术与工程（代码为 081705T）。鼓励高等院校及职业技术学院开设相关专业，有针对性地培养实用型研发人才和高技能人才，为产业发展持续输入人才力量。

2. 优化化妆品相关学科教学

在化妆品领域，跨产业融合新业态层出不穷，这就要求在专业人才培养过程中融入更多领域（如传统文化、人工智能、网络营销等）的学习。建议国家药监局化妆品监管科学研究基地（江南大学、北京工商大学）积极探索化妆品相关领域教学内容，以培养适应产业发展的高层次人才为目标，探索新的教学模式及内容，人才培养要始终站在行业的最前端，成为新业态的领跑者，而不是跟随者。

（三）推进社会共治方面

1. 从业人员诚信管理

鉴于目前化妆品领域夸大宣传、以次充好等不诚信问题，可以充分发挥社会团体、社会服务机构等作用，开展法规宣传贯彻和实践培训，倡导行业自律，提升质量安全责任以及知识产权保护意识和能力。同时，建议行业协会在执业资格评定过程中，增加从业人员诚信管理部分，通过从业培训、等级评定、过程考察等社会监督手段，提高从业人员诚信水平。

2. 信息化建设及推广应用

优化国家药监局化妆品监管 APP，增加化妆品抽检、不良反应监测数据等信息发布及分析利用，建立数据共享和反馈机制。建议将化妆品监管 APP 作为面向社会广大消费者的科普软件进行推广应用。

3. 舆情监测和舆论引导

发挥新闻媒体和行业专家力量，加强化妆品舆情监测和舆论引导，提高公众化妆品安全认知水平和风险防范能力。

（作者单位：于海英　李启艳　张良雨，山东省食品药品检验研究院、国家药品监督管理局化妆品原料质量控制重点实验室）

扫码看参考文献

化妆品生产领域的风险管理措施分析及建议

杨飘飘　李丽霞　刘红　刘杰　王思敏

摘要： 随着中国经济稳步增长和人民消费水平的不断提升，化妆品行业快速发展，但基础相对薄弱，化妆品生产的准入门槛也相对较低，大部分生产企业为中小型企业，如何控制风险已经成为企业关切的一个重要问题。化妆品风险存在于整个产业链中，化妆品生产领域的风险需重点关注，有效的生产领域风险管理有助于企业的健康发展。

关键词： 化妆品生产领域　风险管理　分析

随着生活水平的不断提高，化妆品已成为人们生活中不可或缺的产品，中国化妆品行业快速发展，整体呈现上升趋好的态势。但是化妆品生产经营的准入门槛相对较低，且大部分为中小型企业，因此监管难度大，监管信息流转效率低。风险管理是指导和控制组织与风险相关的协调活动，目的是创造和保护价值。化妆品长期直接作用于人体皮肤，关系着使用者的健康，因此需密切关注化妆品风险管理。化妆品风险存在于整个产业链中，包括研发、生产、经营流通和使用等各个领域。化妆品生产领域风险尤其需要关注，严格控制化妆品生产领域的风险有利于保障广大消费者的用妆安全，促进中国化妆品行业的健康发展。

一、化妆品生产领域的风险管理现状

化妆品生产领域风险管理，主要包括企业准入、产品准入、原料使用、生产过程及质量控制、标签标识等方面，中国的现状如下。

企业准入方面，中国对化妆品企业的生产实行生产许可制度，需取得化妆品生产许可证，有效期为5年，化妆品注册人、备案人、受托生产企业应当依照法律、法规、强制性国家标准、技术规范及国务院药品监督管理部门制定的化妆品生产质量管理规范的要求组织生产化妆品。

产品准入方面，化妆品分为特殊化妆品和普通化妆品，对特殊化妆品实行注册管理，对普通化妆品实行备案管理。化妆品注册人、备案人、受托生产企业应当按照化妆品注册或者备案资料载明的技术要求生产化妆品。

原料使用方面，分为新原料和已使用的原料，须符合《化妆品安全技术规范（2015年版）》和《已使用化妆品原料名称目录（2015年版）》等法规文件要求，实行严格的清单管理制度，对风险程度较高的防腐、防晒、着色、染发、祛斑美白等功能化妆品新原料实行注册管理，对其他化妆品新原料实行备案管理。

生产过程及质量控制方面，定期对化妆品生产质量管理规范的执行情况进行自查；生产条件发生变化，不再符合化妆品生产质量管理规范要求的，应当立即采取整改措施；可能影响化妆品质量安全的，应当立即停止生产并向所在地省、自治区、直辖市人民政府药品监督管理部门报告。

标签标识方面，根据《化妆品标签管理办法》，在化妆品最小销售单元上，必须要标注中文标签，标签应当符合相关法律法规和标准，内容真实、完整、准确。禁止标注明示或者暗示具有医疗作用、虚假或者引人误解、违反社会公序良俗、法律、行政法规禁止标注的其他内容。

二、化妆品生产领域的风险问题及挑战

（一）企业准入存在的风险问题

企业准入存在的风险问题如企业未取得化妆品生产许可证或超许可范围生产等。如某生物科技有限公司，许可项目为一般液态单元，对购进半成品如保湿乳、补水晚霜等进行灌装，当事人化妆品生产许可证未载明膏霜乳液单元的许可项，视为未经许可从事化妆品生产活动，被罚款20046.45元。

（二）产品准入存在的风险问题

产品准入存在的风险问题主要是普通化妆品未经备案，或者产品未按照

注册或备案的配方进行生产而引发的风险。某化妆品有限公司生产的“IIY定妆色乳”未向有关监管部门备案，其经营单位被罚款189600元。某化妆品厂未按照化妆品备案资料载明的技术要求生产产品，被责令暂停生产、经营，并进行整改。

（三）原料使用存在的风险问题

目前化妆品原料管理面临以下问题：缺乏统一的质量标准，尤其是植物提取物方面的原料；化妆品企业对原料带来的风险物质评估有缺陷；验收原料缺乏所需的验收程序、检测设备和人员；供应商原料审核缺乏系统化管理。

（四）生产过程存在的风险问题

生产过程是形成化妆品特性的关键环节，因此产生安全隐患的可能性最大。生产过程中的风险主要集中在生产工艺与备案、注册工艺不一致；企业未严格执行生产工艺规程；使用的部分物料无标签标识或标识不清晰，多种原材料、包装材料、散装产品和成品发生混淆；环境、人员健康卫生问题带来产品的污染；生产设备及生产环境清洁消毒不达标等。

（五）质量控制存在的风险问题

质量控制的目的是确保原料和产品在符合质量标准的前提下放行。质量管理方面的风险主要表现为企业质量管理体系未能有效运行，未按管理制度执行并做记录，例如微生物实验室的条件不满足检验要求；生产过程、检验过程原始记录缺失，无法追溯；仪器未按周期检定、无使用记录；未按规定进行文件受控管理等。

（六）标签标识存在的风险问题

标签中存在的风险：①必须标注的警示用语未标注，如含水杨酸及其酯类成分的产品，未标注“含水杨酸，3岁以下儿童勿用”；②夸大宣传产品使用效果、明示或暗示医疗内容、通过宣称所用原料的功能暗示产品实际不具有或者是不允许宣称的功效，上海屈臣氏因明知其所售“悠妮烟酰胺原液”为普通化妆品，仍宣传其本身并不具有的“防晒黑能力”，误导消费者，最终被上海市黄浦区市场监督管理局判断为虚假宣传，并罚款6540元；③标签标识的成分不全，如标签标识中未标注水杨酸，但被检出等现象；④进口化妆品的批准文号与产品不符，或无中文标识。

（七）违法添加存在的风险问题

企业为了满足消费者追求“见效快”心理，盲目追求短期效益，在化妆品中添加禁用原料或超量添加限用原料，消费者在不知情的情况下使用，给消费者健康造成威胁。

国家药品监督管理局（简称国家药监局）发布的化妆品不合格通告中，面膜、宣称祛痘类、美白祛斑等类别的产品违法添加首当其冲，激素、抗感染类药物、西咪替丁等原料违法添加较多；染发剂、防晒剂超量添加，或添加标签批件以外的染发剂、防晒剂情况严重。这些不合格产品在使用中给消费者带来严重的安全隐患。

三、化妆品生产领域的风险管理的建议及对策

（一）生产企业依法准入，加强学习培训

企业作为第一责任人，从事化妆品生产活动，依法取得化妆品生产许可证，在生产许可证范围内规范生产，及时学习更新相关的法律法规内容，加强对法规的理解，适应新的监管要求。

（二）严格进行化妆品原料管理，从化妆品生产源头防控风险

化妆品原料管理要做好化妆品原料审查，供应商审核，明确关键原料供应商，建立原料验收标准及关键原料目录，对其验收、贮存、标识，对原料本身及可能带入的风险物质需进行风险识别及评估，对关键原料留样等。

为了控制原料带来的风险，建议企业按规范和质量文件要求对原料进行验收、贮存、发放，保证产品质量。监管部门细化完善原料信息报送制度，便捷化妆品企业填报原料安全信息，提升信息追溯性；同时保留对原料企业的检查职权；增设对新原料3年监测期管理，强化使用安全。

（三）做好生产过程中的风险管理，保证产品安全可靠

生产过程风险管理控制措施是做好空气净化、工艺用水系统、生产工艺及设备、电子化系统验证工作，同时对企业要求建立并有效执行生产后物料平衡管理制度，明确各类化妆品生产工艺如配制、灌装等关键控制点，规范生产过程操作行为，严格掌控化妆品生产车间卫生监督的关键因素，降低混淆和交叉污染的风险，不断提升各岗位员工的技术操作水准，确保产品质量安全可靠等方面。

（四）强化质量控制，保障生产过程可控

质量控制是保障产品安全的重要措施，企业强化质量控制管理能力，一方面要加强硬件投入，配置符合要求的生产设备及相关检验设备，规范管理，制定详尽的操作规程，严格执行并登记，确保原始数据可追溯；另一方面要加强对人员的培训，制定合理的年度培训计划并落实到位，培养经验丰富的检验人员。

（五）完善标签标识管理制度，构建化妆品安全社会共治格局

为了控制标签标识不规范带来的风险，一是企业完善化妆品标签标识管理制度，建立健全化妆品标签标识长效监管机制，通过化妆品标签标识监督检查增强企业质量安全主体责任意识；二是加大标签标识知识的宣传力度，调动广大公众积极参与标签标识的监督，构建化妆品安全社会共治格局。

（六）严格监管，保障公众用妆安全

监管部门对违规行为严厉打击和治理，深挖其背后交易渠道链条，追根溯源。优化行政监管、畅通行刑衔接、提高预期惩罚成本，形成有力的监管体系。面向企业，组织开展化妆品安全生产相关知识培训，强化企业主体责任意识，落实化妆品质量责任人制度，净化行业秩序，保障公众用妆安全。面向广大消费者，加大用妆安全知识科普，构建化妆品社会安全共治格局，保障中国化妆品产业健康蓬勃发展。

化妆品生产领域的风险管理是化妆品风险管理中的重点风险，是决定化

妆品生产企业生死存亡的关键，也是保持企业核心竞争力的重要保证。化妆品生产领域风险管理贯穿产品整个生产过程，有效的生产领域风险管理有助于企业和行业健康发展。

（作者单位：杨飘飘　李丽霞　刘红　刘杰　王思敏，
湖北省药品监督检验研究院）

扫码看参考文献

化妆品抽样检验异议复检工作研究应用

王胜鹏

摘要： 为进一步提升化妆品质量安全治理水平，本研究结合国家化妆品抽样检验工作实践，采用实证研究方法，针对化妆品抽样检验异议复检不同情形下的工作要点提出相应思考与建议。异议复检的“起点”在于企业举证自证，化妆品生产经营者应合理区分、正确运用异议复检工作制度，树立在规定时限内申请和提出有效的证明材料的守法意识。“重点”在于监管部门全面、规范和准确地实施审查和调查。核查处置部门审查样品真实性异议，应结合企业提交的证明材料、生产环节现场检查和经营环节溯源等情况综合判断；审查检验方法和标准适用异议，应重点关注证明材料真实、完整和准确程度。“难点”在于高效利用监管资源，提高异议审查效率，让守法者获益，让违法者受损，应综合运用检查、稽查、投诉举报等监管资源，便捷化妆品注册备案信息共通共享，加强监管部门间协作，严惩重处违法者。

关键词： 化妆品　抽样检验　异议　复检　安全风险　研究应用

《化妆品监督管理条例》（简称《条例》）颁布实施以来，中国化妆品监管进入了新时代，2022 年，中国首部专门针对化妆品生产经营管理的部门规章《化妆品生产经营监督管理办法》正式实施。化妆品抽样检验作为上市后产品监管的重要技术手段，亟需完成工作环节中各项制度调整，以适应新形势下的化妆品监管实际。为此，2020 年 9 月和 2022 年 6 月，国家药品监督管理局（简称国家药监局）先后两次就化妆品抽样检验管理的规范性文件公开征求意见，2023 年《化妆品抽样检验管理办法》（简称《抽检办法》）正式发布，自 2023 年 3 月 1 日起施行。办法系统化重塑不符合规定产品核查处置工作要求，细化异议复检工作以加强对生产经营者合法权益的保护，进一步提升化妆品质量安全治理水平。

一、贯彻《条例》立法精神和要求

（一）落实《条例》制度要求，维护生产经营者合法权益

《条例》将省级以上人民政府药品监督管理部门组织化妆品抽样检验，负责药品监督管理的部门依情形开展专项抽样检验作为药品监督管理部门的化妆品监管职责。化妆品生产经营者对检验结论有异议的，可以提出复检申请，复检机构在国家药品监督管理部门公布的复检机构名录中随机确定。2021 年，国家药监局公布首批 18 家化妆品抽样检验复检机构名录。

《抽检办法》中将异议复检作为独立章节，明确了化妆品生产经营者可以异议申请和复检的情形，规定了申请、受理、审查、实施、结果通报的具体规则。《抽检办法》规定复检机构实施复检，应当使用与初检机构一致的检验方法和判定依据进行检验和判定。涉及对检验方法、判定依据等方面存在异议的，不适用复检而采用异议工作程序。

（二）异议复检工作制度对比分析

异议复检作为抽检工作中保障企业合法权益的重要制度设计，在产品适用、工作目的和工作时限等具有相似性。在适用情形、申请主体、受理主体等方面存在显著差异（表 1）。

表 1　异议复检工作制度对比分析

项目	类型	异议、复检
相同点	（1）产品适用	抽样检验发现的不符合规定产品
	（2）工作目的	对送达的抽样检验发现不符合规定产品，化妆品生产经营者按程序提出异议复检，以履行法律义务、维护企业合法权益
	（3）工作时限	异议复检有明确的工作时限要求。化妆品生产经营者在收到检验报告等材料和抽样检验结果告知书之日起 7 个工作日内提出

续表

项目	类型	异议、复检
不同点	（1）适用情形	①异议情形包括化妆品注册人、备案人、受托生产企业对样品真实性有异议的情形，以及化妆品生产经营者对样品的检验方法、标准适用有异议的情形；②复检情形包括被抽样产品的化妆品生产经营者对检验结论有异议的情形
	（2）申请主体	①样品真实性异议，由化妆品注册人、备案人、受托生产企业提出；②样品的检验方法、标准适用和检验结论有异议，可由化妆品生产经营者提出异议复检
	（3）受理主体	①样品真实性异议，向送达抽样检验结果告知书的核查处置部门提出异议申请；②样品的检验方法、标准适用异议，向实施抽样检验的部门提出异议申请；③检验结论有异议，应当向实施抽样检验的部门或者其上一级负责药品监督管理的部门提出复检申请
	（4）不予复检情形	有下列情形之一的，不予复检：①微生物检验项目不符合规定；②特殊原因导致复检备份样品无法复检；③样品超过使用期限；④逾期提交复检申请；⑤法律法规规定的不予复检的其他情形

在异议受理后，负责药品监督管理的部门应当自受理异议申请之日起 20 个工作日内完成异议审查。在复检受理后，复检机构应当自收到复检备份样品之日起 20 个工作日内，向复检受理部门提交复检报告。

二、提高监管效能，促进化妆品行业高质量发展

（一）提升抽样检验效率，保障生产经营者权益

《条例》要求，化妆品生产经营者应当依照法律、法规、强制性国家标准、技术规范从事生产经营活动。化妆品注册人、备案人、受托生产企业应当按照化妆品注册或者备案资料载明的技术要求生产化妆品。对于化妆品使用原料，国家药监局公布《已使用化妆品原料目录》，已经公布的《化妆品禁用原料目录》收录了不得作为化妆品原料使用的物质。

【抽检案例 1】根据《国家药监局关于更新化妆品禁用原料目录的公告》（2021 年第 74 号），2021 年 5 月 28 日起《已使用化妆品原料目录》（2021 版）中 17 个原料新纳入禁用组分管理，分别为甲醛、硼酸、硼砂、2- 氯对苯二

胺、2-氯对苯二胺硫酸盐、大麻仁果、大麻籽油、大麻叶提取物、万寿菊花提取物、乙酸乙烯酯等。在2021年第74号公告前，以上17种原料部分属于限用组分、部分属于准用组分、部分属于已使用原料，企业生产、进口产品配方中可能使用该原料，但在目录生效后，生产企业应严格按照公告要求，不得在生产、进口产品配方中使用上述禁用原料的化妆品。

【抽检案例2】根据《国家药监局关于将油包水类化妆品的pH值测定方法等21项制修订项目纳入化妆品安全技术规范（2015年版）的通告》（2023年第41号），《化妆品中地氯雷他定等51种原料的检验方法》为修订的检验方法，替换《化妆品安全技术规范（2015年版）》中原有检验方法。自2024年3月1日起，化妆品注册、备案及抽样检验相关检验应当采用该通告发布的检验方法。新增化妆品禁用组分“本维莫德”，新增化妆品禁用组分苯的管理限值（2mg/kg），纳入《化妆品安全技术规范（2015年版）》化妆品禁限用组分，自发布之日起实施。

原料目录的调整、《化妆品安全技术规范（2015年版）》检验方法调整、限值规定的调整均可能对化妆品抽样检验工作产生影响。因为该监管技术调整具有明确的生效日期，为提高监管效率，对于在抽样现场无法有效判定产品生产日期的情形，有必要继续抽样，并采用适当的检验方法和判定依据进行检验，以更加全面地发现产品可能存在的问题。对产品生产日期和监管技术标准生效日期间的判定，可以异议复检的方式开展。

（二）落实化妆品生产经营者主体责任，严格产品标签管理

化妆品生产经营者在化妆品生产经营中应当落实化妆品质量安全主体责任，诚信自律，加强管理，保证化妆品质量安全。

【抽检案例3】在国家化妆品抽样检验等各级抽检工作中均有发现，被抽样产品中水杨酸项目检验结果不符合《化妆品安全技术规范（2015年版）》规定，化妆品生产经营者以产品中水杨酸使用目的为非防腐剂为由，而对检验的判定依据提出异议。

《化妆品安全技术规范（2015年版）》中，对于产品中不同使用目的的添加水杨酸有不同的监管要求。①对于驻留类产品和淋洗类肤用产品中最大允许浓度为2.0%，淋洗类发用产品中最大允许浓度为3.0%，均不得用于3岁以下

儿童使用的产品（香波除外），水杨酸为化妆品限用组分，化妆品标签上应明确标识“含水杨酸；3岁以下儿童勿用”，同时还应注明水杨酸的功能。②使用目的为化妆品准用防腐剂时，产品中水杨酸及其盐类最大允许浓度为总量0.5%（以酸计），不得用于3岁以下儿童使用的产品（香波除外）。化妆品标签上应明确标识“含水杨酸；3岁以下儿童勿用”。水杨酸盐类系指钠、钾、钙、镁、铵和醇胺的盐类。

抽样检验中，监管部门发现部分产品标签未标注水杨酸，但检出水杨酸成分，标签未标注功能和使用目的，水杨酸检验项目判定依据选择存在争议。经企业提异议并提供佐证材料证明水杨酸使用目的，如注册备案资料中清晰标注水杨酸成分功能，可以判定产品存在标签问题。

（三）打击违法企业虚假否认，维护守法生产者商誉

委托生产在化妆品生产行为中占比较高，《条例》对化妆品注册备案人和受托生产企业的法律责任有清晰的界定。在抽检发现产品不符合规定后，常出现标签标示注册人、备案人、境内责任人“声称假冒产品、否认生产或者进口”的情况，即对样品真实性提出异议。这其中，有些经调查后可以认可异议，但也有些属于隐瞒真实情况、虚假否认生产或者进口的。

【抽检案例4】根据《国家药监局通报7起化妆品违法案件信息》，2023年3月，广东省药品监督管理局根据国家化妆品抽样检验发现的线索，对广州市天科化妆品有限公司开展调查。经查，该企业生产经营未经注册的特殊化妆品“天科染发膏（自然黑）”等，且在调查过程中提供虚假证明材料否认生产过上述产品，故意逃避调查，隐瞒其生产不符合规定化妆品的事实。

【抽检案例5】根据国家药监局抽检通告信息，广州温达精细化工有限公司对被抽检不符合规定产品提出样品真实性异议申请；经广东省药品监督管理局审查，被抽检不符合规定产品确为广州温达精细化工有限公司生产。该企业提供虚假信息、隐瞒真实情况的行为属于《条例》规定的情节严重的情形，查实后将依法从重从严处罚。

三、工作建议

（一）及时有效申请是异议复检工作“起点”

化妆品生产经营者应树立在规定时限内申请和提供有效证明材料的守法意识。①准确适用异议复检情形，收到样品检验结论的化妆品生产经营者，对于样品真实性、检验方法和判定依据存在异议的，可以提出异议申请，对于检验结论存在异议的，可以提出复检申请。因判定依据存在异议，提出复检申请的，复检机构一般不予受理。②有效举证自证。化妆品注册人、备案人、受托生产企业提出样品真实性异议，否认检验结论为不符合规定产品是其生产或者进口的，应当提交证明该产品不是其生产或者进口的异议申请证明材料。③在工作时限内提出申请。需要强调的是，同一样品的复检申请仅限一次，被抽样产品相关的生产经营者应当协调一致后由一方提出。

（二）全面、规范、准确审查和调查是做好异议复检“重点”

实施异议复检审查和调查应全面、规范和准确。①审查检验方法和标准适用异议，应重点关注证明材料真实、完整和准确程度；关注所提供材料与异议申请事项的一致性；关注所提供材料与强制性国家标准、技术规范、化妆品注册或者备案资料载明的技术要求的一致性。②核查处置部门审查样品真实性异议，应审查企业生产产品与被抽样产品在产品性状、外包装、生产日期标注、组分组成等方面存在差异，结合提交的证明材料、生产环节现场检查企业原料购销存情况、委托生产情况以及经营环节溯源等情况综合做出判断。③审查检验结论异议，应关注检验项目、复检样品状态和数量、复检机构资质条件以及样品递送，做好复检相关文书的出具。

（三）高效利用监管资源，进一步突破异议复检“难点”

实施异议复检审查和调查应综合运用检查、稽查、投诉举报等监管资源，提高异议复检监管效能，让守法者获益，让违法者受损。①加强监管部门间协作。对于样品真实性异议，化妆品经营者所在地监管部门应当开展逐级溯源工作，对于履行进货查验记录等义务的化妆品经营者免于处罚，推进化妆品经营流向清晰可追溯，同时将溯源资料和结果及时共享化妆品生产者所在地监管部门；对于复检，组织抽样检验的部门、初检机构和复检机构，共同做好复检申请的受理、复检样品传递和复检报告的出具。②便捷化妆品注册备案信息共通共享。以化妆品注册人备案人信息档案建设为契机，借助信息化手段，推动化妆品注册备案信息的共通，化妆品检查信息的共享和化妆品生产经营者信用信息的共用。③严惩重处违法者。化妆品注册人、备案人、受托生产企业提供虚假信息或者隐瞒真实情况，造成无人为化妆品违法行为买单导致监管失准，造成暂停生产销售等风险控制措施无法实施而导致处置失序，造成违法者获益而导致市场失衡，对于经调查核实的化妆品注册人、备案人、受托生产企业，核查处置部门应当对其依法从重从严处罚，在抽样检验结果公开等信息公开时予以重点曝光。

四、结语

《抽检办法》系统化重塑不符合规定产品核查处置工作要求，以独立章节细化异议复检工作制度，以加强对生产经营者合法权益的保护，进一步提升化妆品质量安全治理水平。为有效开展异议复检工作，化妆品生产经营者应落实化妆品质量安全主体责任，强化企业质量安全责任意识，规范化妆品质量安全管理行为，保证化妆品质量安全。监管部门间应当加强协作，借助信息化手段让监管信息高效流转，让监管措施扎实有效，让违法者敬畏，让守法者心安，促进化妆品产业高质量发展。

（作者单位：王胜鹏，中国食品药品检定研究院）

我国与国外部分国家 / 地区牙膏上市前监管概况比对

张华 陈亚飞 宋钰 李琳

摘要： 随着我国大众口腔健康意识的不断增强，消费者对牙膏品质的要求也在不断提升，我国牙膏行业进入高质量发展阶段，我国牙膏监管工作也迎来了新挑战。本文总结了我国牙膏上市前的监管现状，梳理了美国、欧盟、日本等国外部分国家或地区牙膏上市前的监管概况，对比分析其与我国的异同，有助于对我国牙膏上市前监管创新提供可借鉴的经验方法，加快推进我国牙膏监管体系和监管能力现代化建设。

关键词： 牙膏 上市前监管 现状 概况

牙膏是洁牙制品的一种，在人类文明历史上有着很悠久的历史，是现代人日常生活必不可少的口腔清洁用品，对保持牙齿美观和健康起着重要作用。随着科学技术的不断发展，我国牙膏生产工艺和设备不断优化，牙膏的生产规模大幅增加，产品种类也更加丰富，牙膏行业进入蓬勃发展的机遇期。同时，我国牙膏上市前监管工作也迎来了新挑战，如何科学、有效、持续地推进牙膏上市前监管创新，完善牙膏上市前监管体系，提升牙膏上市前监管能力，对保障我国牙膏产品质量安全、加快我国牙膏行业发展速度、促进我国牙膏行业健康发展有着至关重要的作用。

一、我国牙膏上市前监管现状

中华人民共和国成立以来，由于政治、经济、文化等历史原因，我国牙膏上市前监管的立法执法一直处于相对滞后的状态，行业缺少明确、统一的法律支撑。近几年，我国牙膏行业迎来了立法上的重大变革，陆续发布了《牙膏监督管理办法》《牙膏备案资料管理规定》等系列上市前监管法规，极大地完善了牙膏上市前监管的法规体系。

（一）监管机构及核心法规

我国牙膏由国家药品监督管理局（简称国家药监局）及各省级药品监督管理部门负责监督管理。牙膏的具体管理办法由国务院药品监督管理部门拟订，报国务院市场监督管理部门审核、发布。2024 年，国家药监局新成立了化妆品标准化技术委员会，专门负责化妆品标准（含牙膏）的制修订工作，其中牙膏通用要求分技术委员会秘书处设在北京大学口腔医院，牙膏检验检测分技术委员会秘书处设在江苏省产品质量监督检验研究院。我国牙膏上市前监管的主要法律依据是《化妆品监督管理条例》（简称《条例》）、《牙膏监督管理办法》《牙膏备案资料管理规定》《化妆品标签管理办法》等相关法规。

（二）监管政策

近几年，我国陆续出台了系列牙膏相关的上市前监管法规，牙膏行业迎来强监管，进入规范化管理阶段。2021 年 1 月 1 日，《条例》实施，明确规定，牙膏参照《条例》有关普通化妆品的规定进行管理，即统一实行备案管理。2023 年 11 月 22 日《牙膏备案资料管理规定》正式发布，进一步明确牙膏备案资料提交要求。所有在我国市场销售的牙膏，在产品上市或进口前均需要进行产品备案。国产牙膏应当在上市销售前向备案人所在地省级药品监督管理部门备案，进口牙膏应当在进口前向国家药监局备案。牙膏备案与普通化妆品备案所需提交的材料相类似，企业需登录“国家药品监督管理局普通化妆品（牙膏）备案管理系统”提交备案资料。

二、国外部分国家 / 地区牙膏上市前监管概况

国外牙膏政策法规的发展始于 20 世纪初。随着牙膏工业的兴起，牙膏产品的安全性和有效性越发引起人们的关注，一些国家开始制定相应的法规，建立适合自己国情的牙膏上市前监管政策。

（一）美国

1. 监管机构及核心法规

为确保牙膏法规的实施，美国设立了食品药品管理局（Food and Drug Administration，简称 FDA），负责对牙膏产品进行上市前的审批和监管。美国在 1938 年颁布了《食品药品化妆品法案》（Food，Drug and Cosmetic Act），对牙膏的生产、销售和成分进行了严格规定，是美国牙膏上市前监管的主要法律依据。此外，按照化妆品管理的牙膏，还需要符合《联邦法典》（Code of Federal Regulations）、《良好包装和标签法》（Fair Packaging and Labeling Act）、《着色剂修正案》（Color Additive Amendment）等相关化妆品法规。按照药品管理的牙膏，则还需要符合《药品修正法案》（Drug Amendment Act）、《通用药品申请法规》（Abbreviated New Drug Application Regulation）等相关药品法规。

2. 监管政策

在美国，牙膏上市前按照功效宣称的不同进行分类管理。宣称清洁、美白等功效的牙膏，按照化妆品管理，实行自愿备案。宣称抗龋齿、缓解口腔不适、保护齿龈健康等功效的牙膏，按照药品进行管理。美国非处方药（over the counter，OTC）药物专论涵盖了 4 种口腔护理产品，包括抗龋齿药品、缓解口腔不适药品、抗菌斑和抗齿龈炎药品以及口腔伤口治疗药品。按药品管理的牙膏，其活性成分如果被美国 OTC 药物专论收录，按非处方药管理，实行自愿备案；其活性成分如果没有被美国 OTC 药物专论收录，按新药管理，需要进行新药注册（new drug application，NDA）流程。在美国，按照化妆品、OTC 和药品管理的牙膏统一在 FDA 网站内进行注册备案。

（二）欧盟

1. 监管机构及核心法规

按照化妆品监管的牙膏，欧盟管理机构有欧盟消费者安全科学委员会（Scientific Committee on Consumer Safety）和欧洲化妆品协会（Cosmetics Europe）。消费者安全科学委员会是欧盟委员会的独立风险评估机构，负责对食品之外的消费产品和服务的健康及安全风险进行评估；欧洲化妆品协会则代表行业发声，规范欧盟化妆品行业管理。按照医疗器械和药品监管的牙膏，欧盟管理机构主要是欧洲药品管理局（European Medicines Agency）。欧洲药品管理局是欧洲联盟的机构，负责协调各成员国的医疗器械和药品的监管，对申请上市的产品进行技术审评和监督管理。欧盟按化妆品监管的牙膏，核心法规是《欧盟化妆品法》[（EC）No 1223/2009]。按医疗器械监管的牙膏，核心法规是《欧盟医疗器械法》（MDR EU2023 745）。按药品监管的牙膏，核心法规主要是 EudraLex 卷 1 中收录的包含市场准入要求和程序的第 2001/83/EC 号法令和第 726/2004 号法规。

2. 监管政策

欧盟牙膏上市前同样实行分类管理。宣称清洁、赋香、改善外观、保护、保持良好状态、修正体味的牙膏，按照化妆品管理，需要在上市前进行电子备案，强制要求企业必须对产品进行安全性评价。修复受损部位缓解牙本质敏感的脱敏牙膏按照医疗器械管理。持续缓解或治疗牙本质敏感及疼痛，用于治疗牙龈疾病的牙膏，按照药品管理。

（三）日本

1. 监管机构及核心法规

在日本，牙膏的监管主要由厚生劳动省负责，该部门制定了一系列的化妆品和药品法规，涵盖了牙膏上市前监管。在日本，牙膏监管的主要法律依据是《有关医药品、医疗机器等质量、有效性及安全性确保等的法律（昭和35 年法律第 145 号）》（简称药机法）。按照化妆品管理的牙膏，还需要符合《化妆品成分》、《化妆品标准》（厚生省公告第 331 号）等化妆品相关法规。按医药部外品管理的牙膏，还需要符合《医药部外品成分标准》《医药部外品简称制定指导规范》等医药部外品相关法规。

2. 监管政策

日本牙膏上市前监管分为注册制和备案制。宣称一般性清洁且不含规定活性成分的牙膏，按一般化妆品管理，需要进行告知性备案。有相关医疗宣传且含有活性成分的牙膏，按照医药部外品管理，需要按照医药部外品进行产品注册，产品包装上须带有“医药部外品”字样。按照化妆品进行管理的牙膏要向地方的卫生局备案，按照医药部外品进行管理的牙膏需要在上市前进行产品注册，符合药用牙膏标准的产品由县卫生局批准，不符合标准的则由厚生劳动省审批。

（四）韩国

1. 监管机构及核心法规

韩国牙膏主要由韩国食品医药品安全部（Ministry of Food and Drug Safety）以及各地方厅负责管理。韩国牙膏上市前监管的主要法律依据是《药事法》（第 11690 号法）、《医药外品标准制造规范》、《医药部外品审批、申报、评价规定》和《医药部外品标签规定》等相关法规。

2. 监管政策

韩国政府对牙膏的上市前管理主要分为两个方面，一是制造者和制造销售者的登记管理，二是产品上市前的审批。有助于治疗牙齿、牙龈疾病的牙膏，或者氟含量超过 1500mg/kg 的牙膏属于医药品，按照医药品相关要求进行审评审批；其余对人体影响极小或无直接影响的牙膏，则属于医药外品，按照医药外品相关要求进行许可管理。

三、我国牙膏上市前监管现状与其他国家 / 地区的比较

（一）牙膏的定义和分类

在美国、欧盟、日本和韩国，牙膏被归类为化妆品、医疗器械或药品等不同类别进行上市前监管。不同于其他国家或地区，我国牙膏没有被归类为化妆品、医疗器械或药品等多种类别，而是单独被列为一类进行上市前监管。此外，我国在《牙膏监督管理办法》中，对牙膏的定义作出了明确阐释，指出，牙膏是指以摩擦的方式，施用于人体牙齿表面，以清洁为主要目的的膏状产品。

（二）牙膏与化妆品的关系

美国、欧盟、日本均将一般性清洁、改善外观等风险较低的普通牙膏归类为化妆品，参照化妆品相关规定进行上市前监管；韩国对牙膏的管理相对较为严格，完全未纳入化妆品进行管理，而是根据其功效和氟含量分为医药品或医药外品，参照医药品或医药外品相关规定进行上市前监管；我国牙膏原则上参照普通化妆品相关规定进行上市前管理，并针对牙膏的特殊性，制定了单独的牙膏管理规章，牙膏备案人在按照法规要求进行功效评价后，可以宣称防龋、抑牙菌斑、抗牙本质敏感、减轻牙龈问题等功效。

（三）牙膏监管系统

因体制和文化的不同，各国牙膏上市前监管系统也不同。美国实行的是邦州共治制，由联邦政府制定核心法规，各州可根据自身监管的要求发布实施区域性要求；欧盟实行的是成员国委员会制，由委员会制定区域性法规制度；日本、韩国、中国实行的是中央政府部门主导法规的制修订，地方政府分工协作、保障法规的落地执行。

（四）牙膏市场准入制度

在美国、欧盟和日本，牙膏上市前按照归类的不同和风险的高低，对产品进行注册制和备案制管理，风险较高的产品实行注册制，注重上市前监管，风险较低的产品则实行备案制，注重事后监管；在韩国，牙膏则按照药品和医药外品的相关规定进行上市前审批，实行严格的注册制管理；在中国，牙膏则统一实行备案制管理，简化上市前监管流程，强调备案人主体责任。

（五）牙膏监管法规

各国的牙膏上市前监管法规不尽相同，但各国在很大程度上都对牙膏的成分与配方、质量标准、功效宣称、安全评估、标签和包装等方面给予了重点关注。比如，各国均对牙膏中的氟化物含量进行了限制，对牙膏中的防腐剂种类和含量作了严格规定，禁止使用有害物质等；各国对牙膏的物理性质、化学性质、微生物指标等均作了明确规定；各国对牙膏的功效宣称都进行了严格限制，要求宣称须真实、有充足的科学依据、不得夸大产品效果、不得误导消费者等；各国通常会要求进行毒理学测试、过敏性测试等，以评估产品安全性；各国对牙膏包装上的信息标注进行了规定，要求牙膏包装上必须含有配方表、使用方法、净含量、使用期限等信息，以便消费者了解产品信息。

四、未来我国牙膏上市前监管趋势

（一）侧重安全性和有效性

总体来看，各国针对牙膏的监管理念和监管方式各具特色，可供我国监管部门参考。尽管各国牙膏监管的具体内容和实施方式有所不同，但各国监管的宗旨都是为了保障消费者使用牙膏的安全性和有效性。因此，安全性和有效性是牙膏上市前监管的重中之重，也是未来我国牙膏上市前监管关注的核心。

（二）与时俱进，突出创新

创新是引领发展的第一动力。牙膏行业日新月异，新业态层出不穷，我国牙膏行业要实现高质、高速且可持续的健康发展目标，必须与时俱进，突出创新。一方面，了解国际牙膏上市前监管概况，借鉴其他国家或地区的成功经验，创新监管体系，加快推进我国牙膏监管体系现代化建设。另一方面，总结我国牙膏上市前监管的经验教训，跟上时代步伐，不断创新监管理念和监管方式，加快推进我国牙膏监管能力现代化建设。

（三）抓好落实，稳步推进

2023 年以来，我国牙膏上市前监管相关政策文件密集出台，我国牙膏进入监管变革期。切实把握政策精髓，强化保障抓好落实，稳步推进牙膏监管，是我国牙膏监管走向成熟的必经之路。一方面，强化法规宣传培训，培养专业人才，加快构建一支专业素质过硬、实践能力强、经验丰富的牙膏监管队伍，为政策落地保驾护航。另一方面，持续加强各职能部门间沟通合作，密切跟进法规执行情况，不断完善工作机制和政策措施，确保政策落到实处，取得预期成效。

（作者单位：张华　陈亚飞　宋钰　李琳，
中国食品药品检定研究院）

扫码看参考文献

化妆品中的塑料微珠治理研究报告

章为　王晓炜　邱颖姮　曹菲斐　殷帅　刘雁鸣

摘要： 塑料微珠引起的环境问题已被很多国家和地区所关注，其造成的影响及危害也受到了业界的高度重视。本文总结了当前化妆品中塑料微珠治理情况进展，并探索性地提出建议，以期帮助企业进一步了解塑料微珠相关政策，同时也为相关部门深化治理工作提供参考。

关键词： 化妆品　塑料微珠　危害　治理

一、化妆品中塑料微珠使用与监管现状

（一）化妆品中塑料微珠的定义

塑料微珠（plastic microbeads）是一类广泛运用于个人护理产品和化妆品中的人工合成聚合颗粒，属于初生微塑料，即生产出来时就是微小的塑料颗粒。化妆品中塑料微珠的特征可归纳为：呈固态；粒径小于或等于 5mm；不溶于水；不可降解；塑料材质。在我国，GB/T 40146—2021《化妆品中塑料微珠的测定》中明确了塑料微珠的定义：尺寸小于或等于 5mm 且不溶于水的固体塑料颗粒。此外，在《相关塑料制品禁限管理细化标准（2020 年版）》中则明确了“含塑料微珠日化产品”为起到磨砂、去角质、清洁等作用，有意添加粒径小于 5mm 的固体塑料颗粒的淋洗类化妆品（如沐浴剂、洁面乳、磨砂膏、洗发水等）和牙膏、牙粉。

（二）化妆品中塑料微珠的成分与功能

联合国环境规划署在《保护海洋环境免受陆地活动影响全球行动计划（GPA）》的研究报告《Plastic in Cosmetics》中总结了常用于个人护理产品和

化妆品中的塑料成分及其功能，详见表 1。化妆品中塑料微珠的主要成分包括聚乙烯、聚甲基丙烯酸甲酯、聚丙烯、尼龙、聚对苯二甲酸乙二醇酯、聚氨酯和聚碳酸酯等；主要功能和应用包括：①在产品中起到磨砂、去角质、清洁等物理摩擦作用，主要应用于淋洗类产品（去角质膏、洁面膏、沐浴露等）和牙膏；②在彩妆、防晒等驻留类产品中，起到填充、乳化和改善肤感等作用；③以彩色微球、闪粉、亮片等形式出现在彩妆类产品中，起到美化修饰等作用。

表 1 个人护理产品和化妆品中塑料成分及其功能

成分	功能（不完全详尽）	成分	功能（不完全详尽）
尼龙 -12	膨胀 / 填充、黏度控制、乳浊	聚四氟乙烯	膨胀剂 / 填充剂、滑度调节、黏合剂、皮肤调理
尼龙 -6	膨胀 / 填充剂、黏度控制	聚氨酯类物质	成膜剂
聚对苯二甲酸丁二醇酯	泡沫形成剂、黏度控制	聚丙烯酸酯类物质	黏度控制
聚异对苯二甲酸乙二醇酯	膨胀 / 填充剂	丙烯酸（酯）类共聚物	黏合剂、头发定型剂、成膜剂、悬浮剂
聚对苯二甲酸乙二醇酯	黏合、成膜、头发定型、黏度控制、美化	硬脂酸烯丙酯 / VA 共聚物	头发定型剂、成膜剂
聚甲基丙烯酸甲酯	传送活性成分的吸附剂	乙烯 / 丙烯 / 苯乙烯共聚物	黏度控制
聚（对苯二甲酸季戊四醇）	成膜剂	聚乙烯 – 乙烯 – 丙烯酸甲酯共聚物	成膜剂
聚对苯二甲酸亚丙基酯	乳液稳定剂、皮肤调理	乙烯 / 丙烯酸酯共聚物	防水防晒中的成膜剂、凝胶剂
聚乙烯	磨料、成膜、黏度控制、粉末黏合剂	丁烯 / 乙烯 / 苯乙烯共聚物	黏度控制
聚丙烯	膨胀剂 / 填充剂、增黏剂	苯乙烯 / 丙烯酸（酯）类共聚物	美化或彩色微球
聚苯乙烯	成膜剂	三甲基硅烷氧基硅酸酯	成膜剂

（三）国际上关于塑料微珠治理的政策情况

根据强制程度的不同，世界各国和地区实施的关于塑料微珠治理的政策可分为3种情况：一是明令禁止生产和销售含有塑料微珠的化妆品，国家和地区包括中国、美国、欧盟、加拿大、法国、新西兰、英国、瑞典、韩国、葡萄牙、阿根廷等；二是已起草立法或提议禁用含有塑料微珠的化妆品，包括芬兰、挪威、巴西等；三是正呼吁倡导业界自觉淘汰含有塑料微珠的化妆品，包括日本、澳大利亚等。部分国家和地区对塑料微珠治理具体情况，详见表2。在产品类型方面，大部分国家和地区主要集中在含塑料微珠的淋洗类化妆品及牙膏，如面部磨砂膏、身体去角质类产品等，欧盟则通过设定不同类型产品的合理过渡期，逐步实施在全品类化妆品中禁止塑料微珠的使用。

表2　部分国家和地区塑料微珠治理情况

国家及地区	文件	产品类型	生效时间和措施
美国	《2015年无微珠水域法案》（Microbead-Free Waters Act of 2015）	含塑料微珠的淋洗类化妆品和个人护理产品（包括牙膏）	2017年7月1日起禁止生产 2018年7月1日起禁止引进和销售
		含塑料微珠的被视为非处方药品的淋洗类化妆品和个人护理产品（包括牙膏）	2018年7月1日起禁止生产 2019年7月1日起禁止引进和销售
韩国	《化妆品安全标准等规定》（Regulation on Safety Standards etc of Cosmetics）	含塑料微珠的清洁和去角质产品	2017年7月1日起禁止生产 2018年7月1日起禁止销售
加拿大	《洗护产品塑料微珠法规》[Microbeads in Toiletries Regulations（SOR/2017-111）]	含塑料微珠的洗护产品（用于毛发、皮肤、牙齿和口腔清洁或去角质的产品）	2018年1月1日起禁止生产和进口 2018年7月1日起禁止销售
		含塑料微珠的天然保健品和非处方药	2018年1月1日起禁止生产和进口 2019年7月1日起禁止销售

续表

国家及地区	文件	产品类型	生效时间和措施
新西兰	《2017年废弃物最小化（微珠）条例》[Waste Minimisation (Microbeads) Regulations 2017]	含塑料微珠的淋洗类化妆品	2018年6月7日起禁止生产和销售
英国	《2017年环境保护（微珠）（英格兰）条例》[The Environmental Protection (Microbeads) (England) Regulations 2017]	含塑料微珠的淋洗类个人护理产品	2018年1月9日起禁止生产 2018年6月19日起禁止销售
	《2018年环境保护（微珠）（苏格兰）条例》[The Environmental Protection (Microbeads) (Scotland) Regulations 2018]		2018年6月19日起禁止生产和销售
	《2018年环境保护（微珠）（威尔士）条例》[The Environmental Protection (Microbeads) (Welsh) Regulations 2018]		2018年6月30日起禁止生产和销售
	《2018年环境保护（微珠）（北爱尔兰）条例》[The Environmental Protection (Microbeads) (Northern Ireland) Regulations 2018]		2018年9月起禁止生产和销售
欧盟	REACH法规附录XⅧ	淋洗类化妆品（塑料微珠主要起去角质、抛光或清洁作用）	2027年10月17日起禁止投入市场
		驻留类化妆品，除唇部化妆品、指甲油、彩妆以外	2029年10月17日起禁止投入市场
		唇部化妆品、指甲油、彩妆或含有微珠的化妆品	2035年10月17日起禁止投入市场

（四）我国塑料微珠治理政策情况

我国塑料微珠治理分为以下几个阶段。一是初步列入管理：我国于2018年1月将添加塑料微珠的化妆品和清洁用品列入《环境保护综合名录（2017年版）》。二是明确淘汰时间：2019年发布《产业结构调整指导目录（2019年本）》，规定“含塑料微珠的日化用品”为第三类淘汰类产品，要求“到2020年12月31日禁止生产，到2022年12月31日禁止销售”。三是全面部署阶段：2020年1月印发的《关于进一步加强塑料污染治理的意见》，对塑料污染治理进行了全面部署。四是细化治理对象：2020年7月印发《关于扎实推进塑料污染治理工作的通知》，首次明确了我国现阶段“含塑料微珠的日化产品”细化标准。五是强调政策落实与措施实施：《“十四五”塑料污染治理行动方案》要求积极推动塑料微珠生产源头控制。2023年印发的《关于进一步做好塑料污染治理2023—2025年重点工作的通知》和《塑料污染治理2023年工作要点》等文件，要求加强塑料污染全链条治理。

二、化妆品中塑料微珠使用危害及痛点挑战

（一）化妆品中塑料微珠使用的危害

塑料微珠排放入海洋后产生的危害体现在以下多个方面。一是对生态环境破坏：塑料微珠不溶于水且难以降解，它们在海洋中大量累积，形成所谓的“海洋垃圾带”，微生物和附生动植物吸附塑料微珠形成生物膜，不利于藻类的光合作用，对海洋生态系统造成长期破坏；二是对海洋生物健康影响：塑料微珠作为有害物质的载体，能够吸附持久性污染物和有毒重金属等，被海洋生物摄取后可在其体内累积，导致其营养不良、器官损伤甚至死亡；三是对人类健康风险：人类因为食用摄入塑料微珠的鱼类、贝类等海产食品，而致使塑料微珠在体内蓄积，不同粒径的塑料微珠会被不同的器官吸收，最终进入人体淋巴系统和循环系统，引发各种健康问题。如免疫系统异常、内分泌系统紊乱等，有些甚至可以通过胎盘进入胎儿体内；四是对全球经济影响：塑料微珠污染对渔业和旅游业等海洋产业造成负面影响，降低海洋资源的经济价值。清理和治理塑料微珠污染需要大量的资金投入，增加了环境保护的成本。

（二）化妆品中塑料微珠治理的痛点挑战

1. 化妆品中塑料微珠替代品推广的局限性

根据塑料微珠在不同类型化妆品中的作用，替代品的应用情况可分为两种。一是淋洗类化妆品和牙膏产品中的塑料微珠替代品，主要来源于天然矿

物和天然植物。其中，天然成分类别的替代品如天然蜡颗粒、植物来源颗粒等已广泛用于淋洗类化妆品中，而天然矿物微球类替代品如水合硅石主要广泛用于牙膏中。二是彩妆、护肤类驻留产品中的塑料微珠替代品，该类型替代品在改善肤感和成膜性等方面表现较差，且成本较高，在化妆品领域的推广应用进程较缓慢。

2. 化妆品中塑料微珠检测方法的局限性

由于化妆品中塑料微珠的尺寸范围较大、形状材质多种，国内外关于化妆品中塑料微珠的检测方法较为缺乏。目前已有的检测方法均为定性方法，且前处理手段对于部分化妆品基质存在不适用情形，以上局限性也阻碍了化妆品中塑料微珠治理的进程。近年来，国内外针对化妆品中塑料微珠的检测方法研究的热点为：①产品的前处理如何有效分离、提取、富集塑料微珠；②如何区分和定性不同成分塑料微珠混合体；③开发产品中塑料微珠定量方法；④解决目前检测方法适用范围局限性等问题。

三、我国化妆品中的塑料微珠治理发展趋势分析

（一）政策的认知和执行情况

笔者团队对我国日化企业有关塑料微珠的使用情况进行调研，结果显示：在对塑料微珠治理政策的认知方面，约 90% 企业是清晰的；在对塑料微珠治理政策的执行方面，企业在生产淋洗类产品和牙膏时已不再使用塑料微珠，天然来源和可降解的替代品被广泛应用，但彩妆、护肤类的驻留产品因替代品受开发技术的限制，短期内尚无法实现塑料微珠的完全替换。

（二）市售产品的检测情况

笔者团队先后对 2020—2021 年市售淋洗类化妆品和牙膏产品中塑料微珠进行了检测，结果显示塑料微珠检出为 35%，将检出产品按生产时间排序，可以看到检出的塑料微珠情况由单一塑料微珠颗粒向单一塑料微珠混有植物性颗粒过渡的趋势，这也反映出治理过程中，塑料微珠被逐步替代的趋势。2022—2023 年，笔者团队再次开展市售淋洗类化妆品和牙膏类产品塑料微珠的检测，结果表明所有检测产品均未检出塑料微珠。上述结果说明，我国淋

洗类化妆品和牙膏中，天然来源和可降解的塑料微珠的替代品的应用情况良好，在生产源头就可有效地控制塑料微珠的有意添加。

（三）化妆品中塑料微珠的检测方法情况

目前，我国化妆品中塑料微珠测定的方法主要为GB/T 40146—2021《化妆品中塑料微珠的测定》，该方法原理为采用傅里叶变换红外光谱法和傅里叶变换显微红外光谱法定性检测，适用范围为化妆品中塑料微珠的测定，牙膏、香皂和洗衣液等均可参照使用，不适用于彩妆类化妆品中塑料微珠的测定。此外，国外可借鉴的权威方法包括加拿大环境与气候变化部（Environment and Climate Change Canada，ECCC）于2023年修订发布的《洗护用品中的微珠：方法623.1》（Microbeads in toiletries：Method 623.1）该方法原理为采用傅里叶变换红外光谱法定性检测，适用范围为消费品，特别是洗护用品（用于毛发、皮肤、牙齿和口腔清洁或去角质的产品）。

四、总结与展望

（一）政策层面

新形势下，我国需密切关注国际关于塑料污染治理的动态并结合我国国情，优化完善我国化妆品中塑料微珠治理的相关政策。值得一提的是，欧盟已将驻留类化妆品纳入了限制范围，涉及彩妆、香水和唇部护理等产品，并设置了4~12年的过渡期。根据行业调研情况，目前驻留类化妆品中使用的塑料微珠尚未找到合适的替代材料，我国后续是否也要针对驻留类产品发布塑料微珠治理政策还需进一步研究。

（二）监管层面

为提升我国化妆品中塑料微珠治理的监管能力，建议：①相关的监管部门有必要深入调研化妆品、牙膏中塑料微珠的使用情况，组织开展化妆品、牙膏中塑料微珠风险监测和评估工作，摸底统计相关塑料微珠治理的成效。②加强日常管理和监督检查，落实禁止生产、销售我国现阶段含塑料微珠的日化产品的政策措施，对实施不力的责任主体，通过依法查处、公开曝光、约谈等方式督促整改。同时，探索实施企业法人守信承诺和失信惩戒，将违规行为列入失信记录。③加大政策宣传和引导。一方面让基层执法人员熟悉相关法律要求，做到执法有据；另一方面通过多渠道的科普宣传，使更多公众知晓化妆品中塑料微珠的危害以及治理理念，成为自觉推进塑料微珠治理的宣传者、实践者、推动者。

（三）标准层面

目前，化妆品中塑料微珠测定的方法存在较多局限性：例如适用范围不包括彩妆类产品、定性测定方法未规定检出浓度、可参考的塑料微珠成分标准图谱有限等。因此，各级科研机构、高等院校、相关企业应持续开展塑料微珠的检测方法和标准物质研究，以完善我国化妆品中塑料微珠的检测方法。同时，还可以对塑料微珠纳入《化妆品禁用原料目录》的必要性进行深入探讨。

（四）企业层面

一是企业要严格执行有关法律法规，生产销售符合相关规定要求的产品。二是主动履行绿色发展责任，推行绿色制造化妆品，加大可循环、可降解材料关键核心技术攻关和成果转化，特别是对天然替代品的研发和使用，有效增加绿色原料供给。三是加强行业自律，充分发挥行业协会作用，积极开展化妆品、牙膏中禁用塑料微珠政策宣贯和企业教育培训，树立和推广优秀企业案例，挖掘和推行绿色商业模式，并通过专业研讨、志愿活动等，广泛凝聚共识，营造全社会共同参与的良好氛围。

（作者单位：章为 殷帅 刘雁鸣，湖南省药品检验检测研究院；
王晓炜 邱颖姮 曹菲斐，深圳市药品检验研究院）

扫码看参考文献

基于高分辨质谱的非靶向筛查技术在化妆品安全风险物质监管中的应用及展望

郭栋　方继辉　梁静文　李杨杰　尹胜

摘要： 化妆品中的安全风险物质可能危害人体健康，因此对其进行严格的监管至关重要。传统分析方法主要依赖于靶向分析，难以有效地发现未知物质。基于高分辨率质谱的非靶向筛查技术以其高灵敏度、分辨率和精度，可全面快速检测未知风险物质。本文介绍了非靶向筛查方法在化妆品风险物质监管中的技术优势、工作流程、应用案例以及未来发展趋势。可以预见，非靶向筛查方法的进一步发展和应用将大幅提高化妆品的安全性，为消费者的健康和安全提供更加可靠的保障。

关键词： 非靶向筛查　高分辨质谱　化妆品　安全风险物质

化妆品作为现代生活不可或缺的一部分，其安全性问题备受瞩目。安全性风险物质，即指由化妆品原料、包装材料、生产、运输及存储的过程中所产生或带入的，暴露于人体可能对人体健康造成潜在危害的物质。此外，一些不良商家可能在化妆品产品中非法添加药物，如糖皮质激素、抗生素类和抗组胺类药物等。因此，对化妆品中的安全风险物质进行筛查和监管是保证消费者健康的重要措施。

为了保障化妆品的安全性，中国政府实施了严格的化妆品安全法规，如《化妆品安全技术规范（2015 版）》和《化妆品安全评估技术导则（2021 年版）》等。现行法规框架重在风险物质评估，其中靶向分析作为主流方法，利用高精度技术检测预设的风险物质及其浓度。然而，该类方法难以监管未知风险物质。为应对这一难题，基于高分辨质谱技术的非靶向筛查方法提供了新的思路。该方法凭借其高灵敏度和适用性，全面检测样品中所有质谱响应物质，通过分析碎片离子信息有效地识别未知风险物质。

本文将详细介绍基于高分辨率质谱技术的非靶向筛查方法在化妆品安全风险物质监管中的技术优势、工作流程、应用案例以及未来应用趋势，旨在提高公众对非靶向筛查方法的理解，为监管机构提供更为有力的技术支持，确保化妆品安全风险物质监管工作的科学性和效能。

一、非靶向筛查方法在安全风险物质监管中的技术优势

高效色谱与高分辨率质谱技术的结合为非靶向筛查提供了强大工具，能在未知与已知化合物检测中保持无偏见。目前，高分辨率质谱主要包括飞行时间质谱、静电场轨道阱质谱、磁质谱以及傅里叶变换离子回旋共振质谱等。近年来，这些技术的显著优势使得非靶向分析方法在药物分析、环境污染物监测及代谢组学等领域展现巨大潜力。非靶向筛查方法优势主要集中在以下方面。

（1）全面分析能力 高分辨质谱具备更广阔的扫描动态范围，无需预设化合物列表，在复杂混合物中也能检测到多种目标化合物。

（2）高灵敏度 离子源、离子化以及离子束等技术的进化，使其成为一种在微量或痕量水平上检测风险物质的高效分析工具。

（3）高分辨率和高精度 高分辨质谱超越 10000 的高分辨率及低于 5ppm 的质量精度，确保了化合物间的精确区分。

（4）快速分析能力 高分辨质谱宽泛的质荷比扫描能力，使其可一次性检测多种样本成分，加速分析过程。

二、安全风险物质非靶向筛查工作流程

非靶向筛查方法可检测可疑化合物并鉴别未知化合物，其中高分辨质谱技术主要负责结构推断，其工作流程主要包括样品制备、数据采集、数据分析和结构注释以及分离纯化和结构确证等环节。图 1 给出了非靶向筛查的工作流程图。

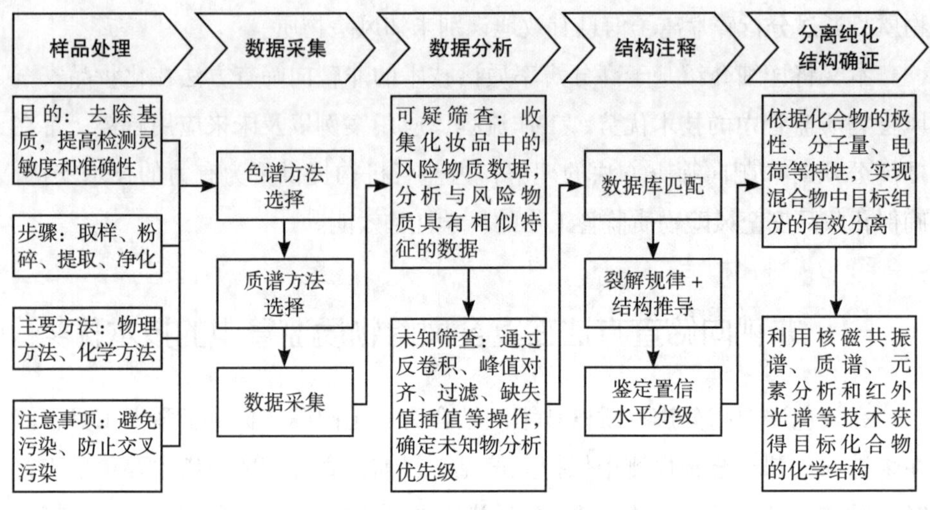

图 1　非靶向筛查工作流程

1. 样品制备

样品制备是非靶向筛查的关键步骤，旨在减少基质干扰并富集分析目标。得益于高分辨质谱的高灵敏度、高分辨率和高精度等优点，常用制备方法是使用如水、甲醇或乙腈等进行稀释，随后进行数据收集。但这种方法存在基质效应未改变和降低仪器性能等问题。为了避免这些问题，去除基质干扰的同时避免分析物损失，多种先进技术已被开发和应用，包括液体萃取、液液萃取、固相萃取和气相萃取等。

2. 数据采集

数据采集涉及优化色谱条件、电离模式及数据采集模式，以增强分子信息的深度与广度。色谱分离条件常采用反相 C_{18} 色谱柱，也可根据化合物特性选择其他类型柱。电喷雾电离为常用电离方式，而大气压化学电离适用于小分子非极性物质。质谱采集模式包括数据依赖型和数据非依赖型采集，前者针对选定离子采集碎片，后者则全面采集所有前体离子碎片。在实际筛查过程中灵活选用这两种模式，依据样品特性平衡，以确保分析的准确性和可靠性。

3. 数据分析和结构注释

非靶向筛查无法覆盖可疑与未知化合物，依靠综合信息识别风险物质，如保留时间、精确质量以及二级质谱图等。分析未知化合物时，先进行数据处理，包括反卷积、峰值对齐、过滤和加合模式识别等，以确定化学组分的优先等级。然后使用数据库如 Massbank、Drugbank 和 Human Metabolome Database 等，结合 MINE 预测工具，通过二级谱图比对鉴定化合物，并优化结构推测。最后，使用 Schymanski 的五级置信度标准评估鉴定结果的准确性，确保风险物质注释的可靠性。

4. 分离纯化和结构确证

在非靶向筛查中，分离纯化和结构确证是识别可疑化合物的关键后续步骤。首先，通过萃取、色谱法等方法从复杂样品中获得目标化合物。其中，色谱法因其高效精准而广泛应用，尤其适用于处理组分繁多、性质各异的样品。其次，利用核磁共振谱、质谱和红外光谱等技术进行结构确证。简而言之，利用分离纯化技术提取目标化合物，再利用结构确证手段确定其化学结构。

三、非靶向筛查方法在安全风险物质筛查中的应用案例

非靶向筛查是一种全面评估化妆品安全风险的有效手段，它能够详细检测化妆品中的各种潜在安全风险物质。然而，目前关于非靶向筛查在化妆品安全风险物质筛查中的应用研究还相对有限。相关研究主要集中在对糖皮质激素类化合物、大环内酯类化合物以及全氟或多氟烷基物质的检测与识别。

1. 糖皮质激素类化合物

糖皮质激素，作为治疗炎症性疾病的常用药物，虽有效但长期使用可能引发皮肤萎缩以及皮炎等不良反应。《化妆品安全技术规范》明确禁止在化妆品中添加此类物质。研究者们通过非靶向筛查技术，成功检测出糖皮质激素。简龙海等利用 LC-Q-TOF-MS 方法识别出氯倍他索乙酸酯；黄佳颖等运用相同方法筛查出甲基泼尼松；杨飘飘等借助 UHPLC-LTQ-Orbitrap-MS 技术，筛查出氯倍他索乙酸酯。

2. 大环内酯类化合物

大环内酯类化合物，如他克莫司和吡美莫司，是皮肤科常用药物，但可能引起皮肤局部不适等。牛水蛟等研究人员利用 LC-Q-TOF-MS 技术通过非靶向筛查方法，成功检出疑似他克莫司，并通过定量方法确认了其存在。

3. 全氟或多氟烷基物质

全氟或多氟烷基物质（PFAS）因潜在的健康风险，已被视为化妆品中的关注物质。Harris 等研究者首先通过靶向筛查方法检测了 38 批次化妆品中的 27 种已知 PFAS，随后利用非靶向筛查方法成功识别出包括 6∶2~12∶2 FTCA、FTUCAs、H-PFCAs 和 PFPIAs 等 PFAS 物质，揭示了化妆品中 PFAS 的潜在风险。

四、未来应用趋势

虽然高分辨率质谱技术的非靶向筛查方法在科学领域广泛应用，且在化妆品安全风险监管中初见成效，但在该领域的应用仍需进一步推广和实践。本文提出了未来的发展趋势和应用方向，以促进该技术在化妆品安全监管中更广泛地应用。

（一）非靶向筛查方法与其他技术的集成和交叉应用

通过整合非靶向筛查方法与多种分析技术，例如结合计算机视觉和人工智能等前沿技术，可以显著提升对风险物质的检测和鉴定能力。近年来，质谱分子网络技术的出现为未知化合物的发现和鉴别提供了新思路和新方法。该技术利用高分辨质谱获得化合物的详细质谱信息，结合全球天然产物社会分子网络（Global Natural Products Social Molecular Networking，GNPS）云平台，计算二级碎片相似度将具有相似质谱特征的化合物聚集成簇，构建化合物之间的分子网络图。其中，可视化网络图谱中每一个分子簇中的每一个节点代表一个化合物，根据已知化合物的质谱数据库，快速、高效鉴别出复杂组分中的已知或未知化合物。Nothias 等归纳了具体方法流程见图 2。

质谱分子网络技术已广泛应用于天然产物、药物代谢和生物体内代谢产物的分析。例如，卫瑞等采用该技术实现了对两种芦笋茎皮中化学成分的快速鉴定。Farag 等研究者通过 LC-MS/MS 结合分子网络技术，在人肠道微生物群体外培养实验中，共鉴定出咖啡豆的 36 个代谢产物。熊倩等该技术成功鉴别了血浆中的多种代谢物，包括氨基酸、脂肪酸、糖类和脂质等 187 种代谢物。这些应用显示，质谱分子网络技术对于化妆品中风险物质的非靶向筛查同样具有重要意义，能够快速准确地分析化妆品中的复杂成分，识别潜在的健康威胁。

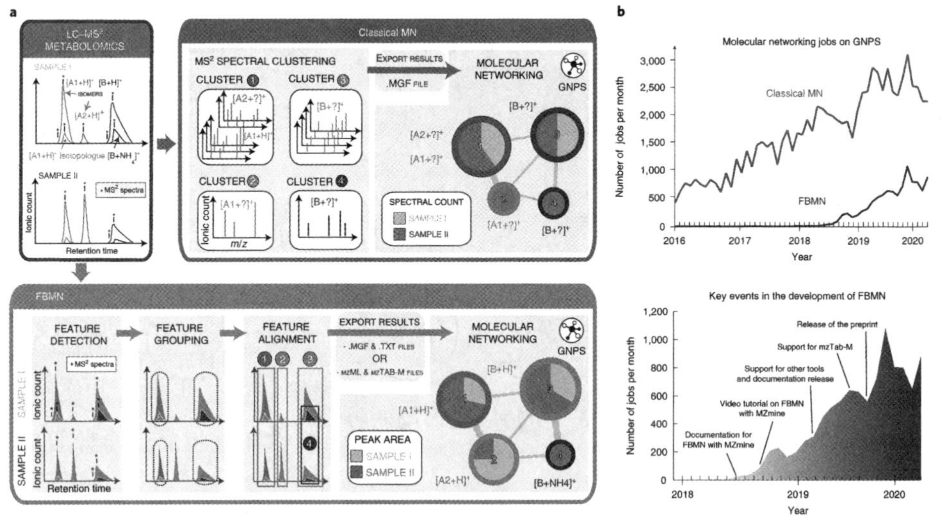

图 2 GNPS 云平台构建分子网络流程

（二）基于非靶向筛查方法开展风险物质的全生命周期监管

在化妆品的全生命周期监管中，非靶向筛查方法发挥着关键作用。Bozza 等总结了这一连续性任务贯穿了生产、流通、使用和监督等多个阶段（图 3）。在生产环节，企业需要严格控制产品、原料和包装材料的质量，特别是警惕未知或未充分研究的毒性成分及包装材料中可能含有的有害物质。在流通和使用过程中，环境因素可能对产品产生不利影响，而引入未知风险。鉴于此，为确保化妆品在此环节中的安全和质量，有必要建立适用于不同的运输和贮存条件的非靶向筛查方法。

在监督管理层面，政府和监管机构应利用高分辨质谱技术等先进工具，对化妆品进行非靶向筛查，全面检测安全风险物质。同时，完善相关法规、标准和监测计划，确保化妆品市场的安全性。总之，化妆品安全风险物质的全生命周期监管是一个复杂而系统的过程。通过借助高分辨质谱技术和非靶向筛查方法，可以实现对安全风险物质的全面和有效监管，从而保障消费者的健康和权益。

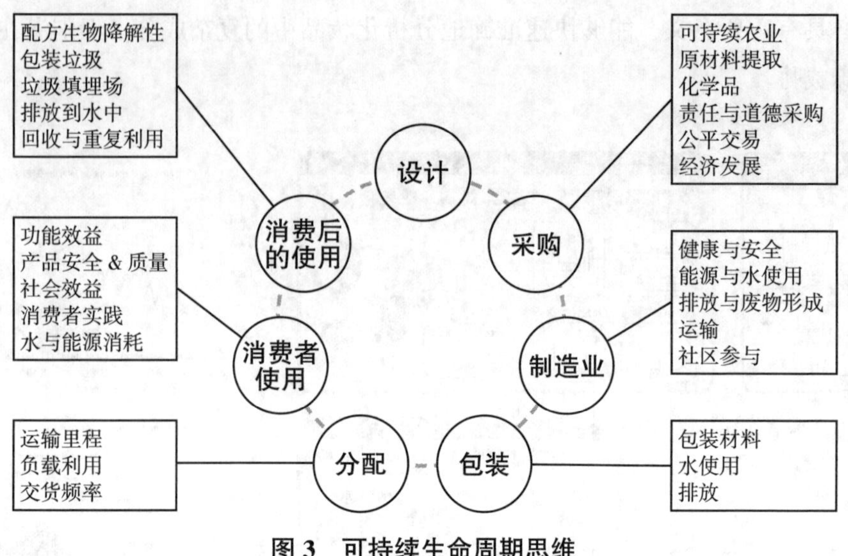

图 3　可持续生命周期思维

五、结论

本文深入探讨了基于高分辨质谱的非靶向筛查技术在化妆品安全风险物质监管中的应用前景。通过详细分析该技术的技术优势、工作流程和应用案例，本文指出非靶向筛查技术以其全面分析能力、高灵敏度、高分辨率和高精度等特点，为化妆品中未知风险物质的检测提供了强有力的工具。该技术不仅能够提高化妆品的安全性和可靠性，还可有效应对传统靶向分析方法的局限性。展望未来，非靶向筛查技术的进一步发展和应用将极大地推动化妆品安全风险物质监管工作的科学性和效能，为消费者的健康和安全提供更加坚实的保障。

（作者单位：郭栋，广东省药品检验所、中山大学药学院；
方继辉　梁静文　李杨杰，广东省药品检验所；
尹胜，中山大学药学院）

扫码看参考文献

科技创新篇

国货美妆的崛起与全球创新趋势概述

赵洪伟

摘要：本文通过国货美妆崛起的概况、对行业产生重要影响的领域以及全球创新的最新趋势潮流，尝试给行业参与者提供一种有关机遇和挑战的见解，强调行业在新的科学发现、新的技术应用和新的社会模式契合等方面的重要性，并对国货美妆的未来发展给出了自己的建议。

关键词：国货美妆　科学技术　全球创新　认知

一、概况：国货美妆崛起的背后

中国化妆品行业正面临着新时代的历史机遇，国货品牌也正处于新时代的崛起之势。特别是在最近的 10 年里，国货美妆市场规模持续飙升，以年均 13.18% 的复合增长率，证明了自己的独特魅力和强劲实力，远超中国化妆品整体市场大盘 5.86 个百分点，展现了国货之光的闪耀时刻。其中，2023 年国货美妆就以 50.4% 的市场份额超越外资品牌美妆，并且在线下 CS 渠道和短视频平台成为行业领跑者，分别占比 55.60%、39.33%。

中国化妆品行业的发展和市场增长是行业科研创新等主要能力提升的结果，既有新的科学发现，也有新的技术应用，还有应新的社会模式和消费潮流而变的与时俱进。国货品牌在产品研发、设计、包装等方面不断创新，以满足消费者多样化的需求。同时，国货品牌还积极引进国际先进技术和管理经验，提升自身竞争力。

据公开财报显示，巨子生物、华熙生物、贝泰妮、福瑞达 2019 年至 2023 年的复合增长率平均高达 28.49%，而同期中国美妆行业的年复合增长率为 6.72%。这说明以功效性护肤品为主营业务，通过“产学研医检”全产业链论证产品功效的企业，在过去 5 年表现出了极强的阿尔法属性（超额收益）。

同时，我国化妆品行业还出现了“透明质酸效应”，即用新技术让化妆品行业在全球展现出了中国化妆品的高科技，尤其是目前中国透明质酸在全球的市场占有率已经超过 80%，有着极大的话语权。

特别是根据相关数据显示，我国本土主要化妆品企业研发平均费用率要远高于跨国公司。比如，以中国本土排名前十的美妆公司和部分代表性企业为例，2023 年平均研发费用率为 3.1%，比跨国公司平均高 0.8 个百分点。其中，华熙生物和贝泰妮的研发费用率远高于行业平均水平，前者甚至达到了 7.13%。而在原料创新方面，这两家企业都走在行业前列。

同时，近 10 年，我国化妆品相关企业注册量呈整体增长态势。其中，2023 年我国化妆品相关企业注册量达 560.63 万家，同比增长 51.33%。

此外，整个行业也愈发重视未来趋势和科技研发，一起共同致力于未来发展的沟通交流。比如，在 2024 年 618 前夕的 5 月 25~26 日，由中国香料香精化妆品工业协会主办的 2024 中国化妆品科学技术大会、2024 中国香料香精科学技术大会在无锡成功召开。这是迄今为止最能体现出香料香精化妆品行业新科技、新前沿、新发现、新趋势与新发展的标志性行业大会，聚集了政企学研社等各界人士，从院士论坛到专家学者论坛再到科学家论坛，从嘉宾主题分享到人工智能（AI）科技论坛再到企业分论坛，从优秀论文分享到相关职业技能大赛演练 / 预赛再到化妆品法规事务交流等，立足科学技术大视野，引导、鼓励和传播行业科技研发的意识和力量，对探讨与推动行业高质量发展，都具有重要的现实意义。

总的来说，随着国家鼓励和支持开展化妆品研究、创新的政策引导和消费需求的迭代升级，我国香妆行业的科技创新能力显著增强，包括行业企业研发投入逐年提高、新原料备案数量逐年提升、论文数量显著增长等，这些都促进了行业的发展和市场的增长。

二、重点：影响行业的三大领域

科技是第一生产力，加强科技创新和产业创新深度融合是发展新质生产力的本质要求。对于中国化妆品行业来说，科学和技术的进步与创新，是高质量发展的最大驱动力之一。化妆品行业不仅事关自然科学，也与社会科学息息相关。同时，计算机与信息科学等领域的新技术，也正在带来新的变革。这些都关系到科技创新。

未来对化妆品行业产生重大影响至少有三大领域：自然科学、社会科学以及计算机与信息科学等。化妆品创新的最大驱动力之一就是自然科学。学术领域的一种看法是，“虽然化学对于开发化妆品中使用的新配方和有趣分子至关重要，但分子生物学和遗传学等生命科学学科是活性成分新作用模式的基础，也是营销故事的灵感来源”。比如 DNA（遗传学）与化妆品、细胞（皮肤微生物组）与化妆品等。这些方面如何获得有价值的数据至关重要。我国化妆品行业在有价值的数据研究与数据库建构方面，还需全行业的积极行动和加倍努力。

对于化妆品行业来说，计算机与信息科学领域的新技术，包括 AI、增强现实（AR）和 3D 打印等，是机会与威胁并存。在这方面，美妆企业在继续做好营销创新的同时，要以面向未来之魄力，积极研究与应用产品与新技术的深度融合，站在整个行业的前沿和行业演变潮头之上，以未来做当下，看见新技术带来的新红利。

实际上，化妆品领域已经开始出现与新技术深度融合的新产品与新应用的潮流趋势，新的小工具可以分析人的皮肤和头发状况，解决特定的问题。例如，智能镜子可以分析肤色、晒伤、毛孔和皱纹，从而推荐合适的产品。测量皮肤水分和色素沉淀的手持设备。例如，保护皮肤免受电脑和智能手机发出的高能可见光。

随着大数据的发展以及消费者对健康生活方式的重视，特别是更年轻消费者的出现，期待化妆品市场能提供个性化的服务。需要特别注意的是，他们可能不会再单方面相信企业与品牌方对产品功能的信息宣传，不会再对品牌产生“迷信”；不是说产品功能宣传与品牌打造不重要，只是他们又多了一个必选项：他们需要“效果”——更准确地说，他们希望能够提供可见、可测量的效果，产品安全是可追溯的。

众所周知，化妆品的演变从古代延续到各种文明，再到现在。在每个历史时期，化妆品都反映了文化、社会和美容标准的变化，但直到20世纪，科学和技术才被大量融入化妆品工艺中，推动了真正的变革，并开创了如今大家所熟知的化妆品行业。这一时期标志着化妆品开发、功效和安全性的前后变化：采用新化合物的合成和使用技术增强化妆品的配方及其应用，这些进步使得化妆品市场能够提供根据消费者特定需求定制的创新产品。

随着化妆品行业的蓬勃发展，监管力度也不断加大，如何确保所用成分的安全性和质量，以及化妆品的正确标签等，这些都事关行业的健康、可持续发展，需要在新的科技发现、新的技术应用和新的社会模式契合等方面“下功夫”。

三、趋势：全球创新的行业潮流

化妆品行业正在通过最新技术驱动而被探索重塑和重新定义，从新成分的研发到先进制造技术的实施，技术创新使得更有效（仿生肽、高级抗氧化剂、益生菌）、更安全、更吸引消费者的产品成为可能。

比如，利用AI进行基因分析或皮肤评估，可以打造个性化产品。通过替代动物试验的方法以及开发更具可持续性的产品（从使用天然成分到可生物降解或可回收包装），产品安全性也有所提高。

再比如，随着生物技术在化妆品配方原料采购中的作用越来越突出，有一批先锋企业正在颠覆化妆品原料行业。化妆品原料行业正在发生着巨变。总部位于波尔多的法国生物科技公司维奥利斯，为化妆品行业开发和生产活性成分。这家公司特别关注的领域是通过生物技术过程制造的活性植物细胞，即植物细胞培养。这家公司推出的产品包括一种可持续护肤成分，利用智能细胞刺激来恢复皮肤活力并减少皱纹。

一份《化妆品趋势与初创企业报告》概述了十大化妆品趋势和20家有前途的初创公司——对化妆品行业最新美容技术趋势和初创企业进行了广泛研究，分析了全球2484家初创企业和规模扩张企业。该报告表示，十大化妆品趋势主要体现在绿色化妆品、沉浸式美容、个性化护理、抗衰老和年轻化、智能皮肤分析、零残忍化妆品、区块链之美、3D 打印、人工智能、化妆品纳米技术等方面。

其中，自 2023 年开始，绿色化妆品致力于通过最大限度地减少生产过程中的资源消耗和使用环保成分来提供可持续的护肤解决方案。沉浸式美容和个性化护理趋势旨在通过定制体验加强客户关系。抗衰老和年轻化趋势引入了预防衰老和减少皱纹的创新解决方案。区块链技术提高了化妆品供应链的透明度。此外，3D 打印和基于人工智能的解决方案通过实现按需和按需制造提供高效的生产方法，降低库存过剩的风险。而关于最新的美容技术，该报告显示：北美是化妆品初创企业和规模扩张最活跃的地区，拥有 1106 家公司，数量令人印象深刻。欧洲紧随其后，有 733 家初创公司，而亚洲则以 474 家初创公司表现强劲。值得注意的是，拉丁美洲、中东和非洲也有大量化妆品初创企业。

一个突出的趋势是越来越重视可持续性和生态友好性，众多致力于利用天然或有机成分创造环保产品的初创公司就证明了这一点。

此外，技术在提高产品功效和个性化方面发挥着至关重要的作用。许多化妆品初创公司正在利用人工智能和机器学习的力量来开发定制产品，以满足个人客户的独特需求。这种技术集成可实现更加个性化和量身定制的美容体验，从而提高客户满意度和参与度。

总体来说，整个行业的发展正呈现出以下 3 个特点。

第一，随着科技的不断进步和创新，美妆行业也将迎来更多的科技创新和产品升级。一方面，美妆产品将融合更多新技术、新材料和新工艺，比如生物科技、纳米技术等，使得产品的配方和功效进一步提升和改善，为消费者带来更加安全、高效、便捷的使用体验。另一方面，通过利用人工智能、大数据等技术手段，品牌可以更加精准地了解消费者的需求和偏好，从而推出更加符合市场需求的产品。

第二，随着全球对环保问题的关注度不断提高和消费者对环保意识的不断增强，绿色环保将成为美妆行业发展的重要趋势。未来，美妆企业将更加注重产品的环保性和可持续性发展，包括采用更加环保的包装材料和生产方式，并加强环保宣传和教育以提高消费者的环保意识，切实参与到绿色低碳的愿景中去。同时，政府也将加强对美妆行业的环保监管和处罚力度以推动行业的可持续绿色发展。

第三，随着消费者需求的多样化和个性化趋势的加强，美妆行业也将面临更多的跨界合作和多元化发展机会。可以预见的是，未来美妆产品将更加注重个性化、定制化和服务化的发展趋势，很多品牌会通过与时尚、艺术、文化等领域的合作，推出更加具有创新性和时尚感的产品和服务。同时，品牌还将拓展到其他相关领域，如健康、医疗等领域，实现多元化发展和增加品牌附加值。

四、建议：加强创新与重新认知

综上可见，包括化妆品行业在内的香料香精化妆品工业，是科技行业，是创新行业，不再属于过去传统意义上的没有科技含量和创新含量的行业。当代的香妆行业，越来越是多学科交叉融合的行业，越来越是包括合成生物、人工智能、大数据以及 AI 应用等在内的高科技行业。从成分到功效，从中国特色植物原料到东方美学的表述，从科学技术的不断突破到产品、渠道和品牌的全营销，香妆行业越来越考验企业家精神，即如何通过创新来实现新的突破和增长。按照德鲁克的说法是，创新才是企业家精神的具体体现，同时创新的目的是给客户带来新的价值。

过去的 40 多年中国香妆行业现代化的历程，至少历经了 4 个阶段：仿制阶段、渠道阶段、营销阶段、流量阶段。如今，正在科技阶段，即新的科学发现、新的技术应用以及新的社会模式变迁阶段。在这个新时期和新阶段，考验企业家如何创新的最关键的地方就在于重新认知的能力——按照中国香料香精化妆品工业协会理事长颜江瑛此前的观点就是：认知时代、认知行业和认知自己。

第一个需要认知的是时代。当今世界，伴随科技革命与产业变革深入推进，先进生产力对经济全球化竞争日益起决定作用。一个是宏观环境，全世界本就是处于一个政经形势多变的大周期之中；另一个是微观环境，几乎所有的行业都处于“变化时刻”——“卷”只是表象，真相则是都在寻求增量空间。如果说过去数十年全球主要都是依赖“二战”前后的科技进步所带来的红利的话，下一个科技进步的红利正在量变着，而目前恰恰是介于从量变到质变之间的时点上。在这个时点上，世界的时局就会不确定，也是百年未有大变局。固有的经验和模式可能不再复制利用了，而是需要重新开始，需要重新洞察，特别是以未来做当下的选择、判断和设计，要有韧性，要有定力，要有长期主义。

第二个需要认知的是行业。既要看到行业的基本面（平稳增长的同时也面临着蜕变中的阵痛），也要看到行业的大分化和大转型，以及市场的变化。一是行业不是淘汰赛，而是没有止境的循环赛。二是行业遇到了“市场空间的瓶颈”，而且背后则是行业的总能力遇到了“瓶颈”，既需要技术、原料等能力方面的创新突破，也需要组织 / 人才 / 管理等能力方面的创新突破。在香妆现代化第五个阶段之际，没有研发 / 技术能力的企业和企业家，一定会遭遇洗牌。这就非常考验创新的“总能力”：从原料到产品，从市场到用户，从安全合规到个人化需求实现，从人才培养到组织进化与管理标准等。这些最终都是价值的创造。没有价值创造能力的企业肯定不会行稳致远，企业家精神也无从谈起。

第三个需要认知的是自己。每一代企业家都有自己的使命。这个使命就是自己领导企业不断地通过创新（无论是微创新还是大创新）形成新的突破和增长，推动行业的发展，致力于行业的整体繁荣。心怀“国之大者”，不畏风险、勇于开拓，敢于“有所为有所不为”。同时，将“不确定”和“变化”视为机会，更需要学习如何重新成为创业者。

总之，“革命尚未成功，同志仍需努力。”我们在为国货崛起、化妆品行业新发展而感到高兴的同时，也必须同时认识到现在还没到“举杯庆功”的时候。面对化妆品行业千帆竞发之势，我们应当以敬畏未来的态度创造未来，基于新的社会变革、新的技术浪潮和新的科学发现，谱新章、创新局，这首先需要的就是化妆品企业对待科学和技术的真态度、真投入和真行动。

（作者单位：赵洪伟，中国香妆融媒体）

扫码看参考文献

美妆公司以研发创新为驱动力，发展新质生产力的探讨

——2023年中外化妆品企业科研投入和产出对比研究报告

刘李军

摘要:［**目的**］通过回顾和总结最近3年中外化妆品企业在研发方面的投入和产出情况，探讨中国化妆品企业以研发创新为驱动力，发展新质生产力的机会和方法。［**方法**］以中外主要化妆品上市公司为分析样本，通过对比2021—2023年各公司的研发投入、费用化率、专利授权数量等数据，明晰中外化妆品企业在研发方面的真实情况，寻找中国化妆品企业的机会点。［**结果**］最近3年，中外化妆品企业都在增加研发投入，中国企业呈现研发费用率高、研发费用增长快，在部分细分领域开始占据优势的特点；外资企业则呈现出研发费用率低、绝对金额大，研发布局广等特点。［**结论**］中国化妆品企业应该持续加大研发投入，从细分领域切入，形成局部优势，从而带动产业整体升级。

关键词: 化妆品研发　专利　营销　生物科技

"自然科学知识每8年增长200%。"拜尔斯道夫公司全球官网上的这句话仿佛是在说：在知识大爆炸的时代，如果企业的研发没有跟上这样的发展速度，就会与时代和市场脱节。

近几年"科研"几乎成了所有化妆品企业的必提"关键词"，不过有一部分怀疑的声音认为，这可能只是一种营销潮流，会很快过去。但如果深入洞察化妆品行业"科研热"形成的底层动因就会发现，虽然有借势营销的成分，但也有更深层次的原因。这些底层因素不发生逆转，化妆品行业的科研热还

会持续下去，对此企业应该持续给予高度重视。甚至有效借助这股风潮，以研发创新为驱动力，发展新质生产力。

一、美妆行业持续形成“科研热”的四大底层动因

（一）消费习惯整体改变

根据2020年第七次人口普查的数据，中国每10万人中拥有大学受教育水平的人数由2010年的8930人上升到了15467人。这表明，中国的高等教育普及率在过去10年几乎翻了一番。

根据中国互联网信息中心的数据统计，过去10年间，中国网民数量从2010年的4.57亿人增长至2020年的9.86亿人，增幅超过1倍。

消费者知识水平的提高外加互联网带来的信息传播的便捷性，使得消费者对消费品的“求知欲”出现了“大爆炸”。对于化妆品里到底有哪些成分，功效如何实现等问题产生了强烈的求知欲。

消费者选择护肤品的关注点也随之发生了改变。

根据艾瑞咨询的一项调查（图1）显示，2021年有81.9%女性消费者和74.9%的男性消费者表示最关心护肤品的“成分与功效”；另有76%的女性消费者和70.8%的男性消费者将“安全性”列为仅次于“成分与功效”的关注点。综合比较，有79.3%的消费者表示在2019年至2021年的3年间，对护肤品的关注焦点发生了显著转变，其中女性护肤观念改变者占比高达

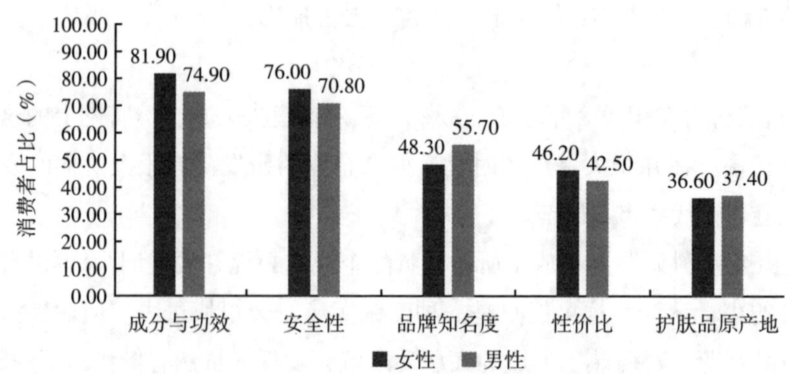

图1　2021年艾瑞咨询对消费者的调研结果

样本 N=1000；于2021年9月通过iClick线上问卷调研获得。

80.3%——高于男性护肤观念改变者 76.8% 的占比。具体表现为对护肤品成分、功效和安全性的重视程度已经远超对品牌知名度和性价比的关注程度。

（二）全新监管体系逐步成型

2020 年 6 月 29 日，国务院发布《化妆品监督管理条例》，对化妆品行业的基本法进行了全面修改。

接着，围绕功效评价、标签管理、新原料及产品的注册备案、生产许可、安全评价等众多方面，进行了系统性的新法规建设。据不完全统计，仅 2023 年全国 26 个省、自治区、直辖市和国家监管部门全新发布的，与化妆品相关的监管条例和法律法规就多达 192 条，涉及化妆品产业的各个方面（表 1）。

法规的整体进步和不断细化，为化妆品行业的整体高质量发展奠定了制度基础，同时也对化妆品企业的研发能力提出了更高要求。

表 1　2023 年 26 省市化妆品相关法规和文件数量汇总

发布案源	2023年发布文件总数（份）	发布案源	2023年发布文件总数（份）
中国食品药品检定研究院	65	河北	2
国家药品监督管理局	40	广西	2
广东	27	四川	2
浙江	8	国家市场监督管理总局	2
江西	4	新疆	1
山西	4	安徽	1
上海	4	云南	1
河南	4	宁夏	1
西藏	4	海南	1
重庆	3	福建	1
陕西	3	北京	1
黑龙江	2	湖南	1
湖北	2	吉林	1
山东	2	青海	1
江苏	2	汇总	192

（三）国际公司的研发持续本土化

随着市场竞争加剧，尤其是中国本土企业的不断发展壮大，导致国际公司在中国市场的增长压力倍增，国际公司开始掀起自2000年以来的第二轮研发投资热潮。

由表2可知，从2020年开始，资生堂、汉高、LVMH、雅诗兰黛等国际公司开始陆续升级其在中国的研发创新中心，并以在中国建成全球第二大研发创新中心为战略目标。

表2　2020年后国际公司在中国建立的部分实验室

公司名	实验室名称	规模面积（平方米）	投入使用年份	总投资（亿元）
资生堂	东方美谷研发中心	—	2021年	—
宝洁	大中华区智能技术创新中心	—	2021年	7
雅诗兰黛	全球创新研发中心	11868	2022年	2.5
LVMH	美妆亚洲研发中心	2200	2023年	—
拜尔斯道夫	拜尔斯道夫创新中心	7500	2021年	约1
汉高	亚太消费品研发基地	2500	2024年	约1
娇韵诗	娇韵诗中国实验室	500	2020年	未披露

注：数据来源媒体公开报道。—表示无相关内容。

为了更贴近中国消费者的需求，这些国际公司的中国研发中心承担的职责也开始升级。从只承担配方和肤感调整等应用性研究不断向新原料、新技术等基础研究深入。这在一定程度上形成了对中国市场的技术转移，中国市场的前沿技术也开始向全球输出。

（四）市场的积极反哺

随着消费者对护肤品成分、功效和安全性的关注度持续上升，一部分企业敏感地抓住这一需求，跳出传统的品牌营销方式，从“学”“研”“检”“医”“产”5个维度出发，形成了一套全新的护肤品功效真实性和有效性的科学论证体系，并得到了消费者的认可（表3）。

表 3 论证和实现功效真实性的五大重要环节

环节	学	研	检	医	产
核心内容	和产品相关的学术论文；科研成果；发明专利等	将理论转化成产品；达到优于同行效果的方法和路径（配方、核心原料）	对产品所希望达到的功效的第三方检测数据	通过临床实验对产品的真实功效进行实证	产品从中试到量产，对产品质量的控制能力，生产效率，供应链综合实力（智能工厂）
社会性资源	生物工程系、化学系、化妆品系强的全球大学和实验室	原料商、新材料开发商、CRO 实验室	第三方检测机构	三甲医院等	OEM 代工厂

注：表中信息由 FBeauty 未来迹整理。

受这一创新模式的驱动，一部分企业在过去 5 年获得了远超行业的高速增长。公开财报（表 4）显示，巨子生物、华熙生物、贝泰妮、福瑞达在 2019 年至 2023 年的复合增长率平均高达 28.49%，而同期中国美妆行业的年复合增长率为 6.72%。这说明以功效性护肤品为主营业务，通过“产学研医检”全产业链论证产品功效的企业，在过去 5 年表现出了极强的阿尔法属性（超额收益）。

表 4 部分美妆企业近 5 年复合增长率

公司名	2019年营收（亿元）	2023年营收（亿元）	5年复合增长率（%）
巨子生物	9.57	35.24	29.79
华熙生物	18.86	60.76	26.36
贝泰妮	19.44	55.22	23.22
福瑞达	2.2	24.16	61.49
平均	12.52	43.85	28.49

注：数据来源于公开财报。

在消费习惯改变、监管政策优化、国际公司研发本土化以及市场对科技创新型企业的积极反哺之下，从 2020 年开始中国化妆品产业掀起了持续的“科研热”。加大研发投入日渐成为全球美妆企业的共识。

二、2023 年中外主要化妆品企业的研发投入

（一）中国主要化妆品上市公司 2023 年研发投入情况

1. 研发投入持续保持双位数增长

已公开的财报数据（表 5）显示：2023 年，上海家化、珀莱雅、华熙生物等 11 家中国主要美妆上市企业的研发投入持续保持双位数增长，同比平均增加 13.97%。虽然整体增幅较 2021 年和 2022 年有所下降，但总投入金额创历史新高，11 家上市公司 2023 年研发投入共计 17.02 亿元。其中华熙生物以 4.46 亿元的年投入位居第一。

表 5　中国主要化妆品上市公司研发投入

序号	公司名	2021年		2022年		2023年	
		研发投入（亿元）	同比增长（%）	研发投入（亿元）	同比增长（%）	研发投入（亿元）	同比增长（%）
1	上海家化	1.63	13.07	1.6	–1.98	1.47	–8.36
2	珀莱雅	0.77	6.07	1.28	67.15	1.74	35.59
3	贝泰妮	1.12	78.47	2.55	124.96	2.99	17.32
4	华熙生物	2.84	101.43	3.88	36.52	4.46	14.98
5	福瑞达	1.19	53.90	1.34	12.77	1.53	14.52
6	巨子生物	0.25	86.40	0.44	76.50	0.74	70.20
7	上海上美	1.05	35.30	1.1	5.30	1.26	14.10
8	丸美股份	0.5	0.67	0.53	4.83	0.62	17.69
9	敷尔佳	0.05	254	0.15	194	0.32	112.90
10	逸仙电商	1.42	113.60	1.27	–10.70	1.12	–12

续表

序号	公司名	2021年		2022年		2023年	
		研发投入（亿元）	同比增长（%）	研发投入（亿元）	同比增长（%）	研发投入（亿元）	同比增长（%）
11	水羊股份	0.66	38.70	0.89	34.66	0.77	–13.81
12	投入均值	1.04	51.70	1.36	30.77	1.55	13.97

注：数据来源于公开财报。

2. 研发人员工资及委外研发项目是最大支出

从各大公司研发资金的主要去向来看，研发人员的工资和股权激励是研发费用整体支出中占比最大的板块。公开财报披露的数据（表6）显示：上海家化等国内主要美妆上市公司2023年研发人员的工资支出平均占比总研发支出的43%。委外研发项目在所有研发支出中占比第二，2023年国内主要上市公司平均支出为3184万元，占比总研发支出的18.33%。

表6 2023年部分中国上市公司研发费用支出情况

序号	公司名	费用化研发投入（万元）	资本化研发投入（万元）	研发人员工资（万元）	研发人员工资占比（%）	委外研发项目（万元）	委外研发费用占比（%）
1	上海家化	14700	2342	6665	45.34	4576	31.13
2	珀莱雅	17400	0	8789	50.51	4992	28.69
3	贝泰妮	29900	3662	11447	38.28	6252	20.91
4	华熙生物	44600	0	17952	40.25	2429	5.45
5	福瑞达	15300	1217	6614	43.23	2418	15.80
6	丸美股份	6200	0	1942	31.32	1252	20.19
7	敷尔佳	3200	0	333	10.41	2625	82.03
8	水羊股份	7700	0	5874	76.29	932	12.10
9	平均值	17375	902	7452	43.00	3184	18.33

注：数据来源于公开财报。表中所列“占比”为该项费用占研发总投入的比值。

（二）主要跨国化妆品集团 2023 年研发投入情况

1. 跨国公司研发投入金额巨大，且在持续增加

由表 7 可知，以欧莱雅为代表的 12 大跨国化妆品集团公司，最近 3 年正在全球范围内持续增加研发投入，并平均保持着每年接近 6% 的增速。

2023 年全球研发投入最高的为宝洁公司，按当前汇率计算总投入约 144.3 亿元；其次为欧莱雅公司，全球研发投入超过 100 亿元。12 大跨国化妆品集团公司 2023 年的研发投入均值高达 39.9 亿元。

表 7　近 3 年主要跨国化妆品集团公司研发投入

序号	公司名	2021年		2022年		2023年	
		研发投入（亿元）	同比增长（%）	研发投入（亿元）	同比增长（%）	研发投入（亿元）	同比增长（%）
1	欧莱雅	79.9	6.70	88.4	10.60	100.1	13.30
2	宝洁	137.1	5.50	144.3	5.26	144.3	0
3	联合利华	65.8	5.90	70.5	7.20	73.7	4.50
4	雅诗兰黛	17.5	6.60	22.2	26.30	24.8	12.10
5	拜尔斯道夫	20.4	8.90	22.67	10.65	24.9	10.20
6	资生堂	12	–5.10	11.5	–3.90	12.2	5.90
7	花王	27.7	0.80	28.4	2.70	29.3	3.30
8	爱茉莉太平洋	5.6	15.99	5.2	–6.60	5*	—
9	LVMH	11.42	5.76	13.36	17.00	15.7	17.40
10	科蒂	6.97	—	7.03	0.82	7.59	8.10
11	Natura&Co	3.18	—	2.3	–27.73	3.74	62.65
12	Puig	1.76	—	2.22	26.08	2.58	16.14
	投入均值	32.44	5.67	34.68	5.70	39.9	13.96

注：数据来源于公开财报，为方便比较，所列研发费用按当前汇率进行了换算。* 表示估算值。—表示无相关内容。

2. 跨国公司研发费用率平均为 2.3%，投入后劲十足

尽管跨国公司在研发方面的投入基数大且正在持续增加，但与这些集团公司庞大的销售额相比，研发费用在总营收中的占比并不高。

根据各大公司发布的财报数据（表 8），除欧莱雅、拜尔斯道夫、花王 3 家公司最近 3 年的研发费用率持续保持在 3% 以上之外，全球营收排名前十的其他跨国公司的研发费用率均不足 3%，2023 年平均约为 2.33%。

表 8 近 3 年主要跨国美妆企业研发费用率

序号	公司名	研发费用率（%）			序号	公司名	研发费用率（%）		
		2021年	2022年	2023年			2021年	2022年	2023年
1	欧莱雅	3.19	3.00	3.13	7	花王	4.16	3.91	4.10
2	宝洁	2.50	2.49	2.44	8	爱茉莉太平洋	2.14	2.16	—
3	联合利华	1.62	1.51	1.59	9	LVMH	2.22	2.22	2.44
4	雅诗兰黛	1.50	1.73	2.17	10	科蒂	2.08	1.83	1.89
5	拜尔斯道夫	3.46	3.31	3.39	11	Natura&Co	0.58	0.45	0.99
6	资生堂	2.47	2.30	2.68	12	Puig	0.88	0.79	0.77
均值		2.23	2.12	2.33					

注：数据来源于公开财报；为方便比较，所列研发费用按当前汇率进行了换算。研发费用率 = 研发费用 / 营收 ×100%。—表示无相关内容。

相对来说，中国本土主要化妆品企业虽然研发投入绝对值不高，但平均费用率要高于跨国公司。为了方便比较，同样以中国本土排名前十的美妆公司和部分代表性企业共 12 家代表性企业为例，2023 年平均研发费用率为 3.1%，比跨国公司平均高 0.8 个百分点（表 9）。

表 9 近 3 年中国主要美妆企业研发费用率

序号	公司名	研发费用率（%）			序号	公司名	研发费用率（%）		
		2021年	2022年	2023年			2021年	2022年	2023年
1	上海家化	2.27	2.50	2.58	3	贝泰妮	2.99	5.55	6.07
2	珀莱雅	1.65	2.00	1.95	4	华熙生物	5.75	6.10	7.35

续表

序号	公司名	研发费用率（%）			序号	公司名	研发费用率（%）		
		2021年	2022年	2023年			2021年	2022年	2023年
5	福瑞达	1.05	1.16	3.62	9	敷尔佳	0.30	0.82	1.86
6	巨子生物	1.60	1.86	2.12	10	逸仙电商	2.40	3.40	3.30
7	上海上美	2.89	4.12	3.00	11	毛戈平	0.87	0.79	0.83
8	丸美股份	2.83	3.06	2.80	12	水羊股份	1.32	1.88	1.70
均值		2.16	2.77	3.10					

注：数据来源于公开财报。研发费用率 = 研发费用 / 总营收 ×100%。

通过中外主要化妆品企业研发费用率的对比，一方面可以看出中国企业正在奋起直追，通过大力度增加研发费用的方式，提升研发能力；但另一方面也可以看出，跨国公司在研发方面后劲十足，在经费上还有很大的可上升空间。中国企业不应该放松对科研的关注，有必要保持长期地、持续性地投入。

三、2023年中外主要化妆品企业的研发成果

（一）2023年中国主要化妆品上市公司研发成果

1. 发明专利持续增加，基础研究进入“深蹲期”

国家知识产权局公布的数据结合各公司财报数据（表10）显示，中国本土12家主要美妆企业新获发明专利授权数量从2021年的161项提升到2023年的329项，增长超过100%。

表10　近3年中国主要美妆企业专利授权情况

序号	公司名	2021年			2022年			2023年		
		发明专利	新型实用	外观专利	发明专利	新型实用	外观专利	发明专利	新型实用	外观专利
1	上海家化	36	8	38	43	4	40	80	3	51
2	珀莱雅	19	3	5	15	17	14	15	9	17
3	贝泰妮	6	14	9	12	21	20	14	25	4

续表

序号	公司名	2021年			2022年			2023年		
		发明专利	新型实用	外观专利	发明专利	新型实用	外观专利	发明专利	新型实用	外观专利
4	华熙生物	36	13	11	87	8	11	74	11	11
5	福瑞达	29	56	10	35	81	51	37	32	32
6	巨子生物	7	0	0	13	0	2	8	0	1
7	上海上美	11	3	35	16	4	22	24	1	35
8	丸美股份	16	39	5	39	14	7	58	8	2
9	敷尔佳	0	0	0	0	1	2	5	0	3
10	逸仙电商	0	0	19	0	0	8	0	3	18
11	水羊股份	0	0	3	9	13	38	12	24	31
12	毛戈平	1	1	2	1	1	10	2	1	1
13	汇总	161	137	137	270	164	225	329	117	206

注：1. 数据来源于公司财报及国家知识产权局专利查询网站。
2. 仅包含该年份本公司获得的国内授权专利。

按照《中华人民共和国促进科技成果转化法》的界定，科技成果大致可以分为基础研究、应用研究、技术开发和产业化成果三类。其中专著、论文、专利、学术报告和学术方案等均属于基础研究成果。

授权专利数量，尤其是含金量更高的发明专利数量的增加，表明中国美妆企业的整体基础研究能力正在稳步上升，研发开始进入“深蹲期”。

2. 专利质量持续提升

经过持续不断的研发投入，中国化妆品企业所获得的发明专利不仅数量在增加，质量也在持续提升。

检索数据（表 11）显示：全球范围内，2021 年至 2023 年间所申请的 67997 条化妆品相关专利中，被引用最多的前十大专利，其中 8 个来自中国企业。

表 11　2021—2023 全球被引用最多的化妆品相关专利 TOP10

专利号	标题	公开（公告）日	当前申请（专利权）人	关键技术方向	国家
CN113621052A	一种重组Ⅰ型人源化胶原蛋白多肽及其制备方法和用途	2021 年 11 月 9 日	山西锦波生物医药股份有限公司	合成生物、发酵技术	中国
CN113509413A	一种植物提取物复合抑菌剂及其应用	2021 年 10 月 19 日	广州艾卓生物科技股份有限公司	天然防腐剂替代产品	中国
CN113185604A	一种重组人XⅦ型胶原蛋白制备方法和应用	2021 年 7 月 30 日	江苏创健医疗科技股份有限公司	合成生物、发酵技术	中国
CN113230172A	一种化妆品或皮肤病学组合物及其制备方法和应用	2021 年 8 月 10 日	泉州达浔生物科技有限公司	新型透皮传递给药技术	中国
CN112980892A	一种具有护肤功效的复合益生菌发酵产品及其制备与应用	2021 年 6 月 18 日	青岛元达生物科技有限公司	皮肤微生态	中国
KR102265811B1	具有优异分散性和稳定性的源自积雪草的外泌体的纯化方法及化妆品组合物	2021 年 6 月 16 日	ABIO MATERIALS CO LTD	超分子技术与外泌体化妆品开发	韩国
CN113337545A	裂褶菌发酵产物及其制备方法、护肤品、裂褶菌培养基	2021 年 9 月 3 日	广东丸美生物技术股份有限公司	新一代发酵技术	中国
CN114467997A	一种复合双网络零反式低饱和脂肪酸油凝胶的制备及应用	2022 年 5 月 13 日	江南大学	更绿色健康的新一代原料	中国
CN112891241A	一种靶向线粒体皮肤抗衰纳米组合物及其制备方法和应用	2021 年 6 月 4 日	武汉百思凯瑞生物科技有限公司	纳米组合物在皮肤抗衰老中的应用	中国

续表

专利号	标题	公开（公告）日	当前申请（专利权）人	关键技术方向	国家
KR1020230005041A	一种用于改善皮肤皱纹的护肤化妆品组合物	2023年1月9日	AQUALEX, MIRAE BUYER CO LTD	纳米组合物在皮肤抗衰老中的应用	韩国

注：数据来源于智慧芽全球专利检索。

这些专利主要集中在合成生物、发酵技术、天然防腐剂替代、透皮传递给药技术、皮肤微生态、超分子技术、纳米技术等全球前沿技术领域。这充分说明，中国化妆品企业在新技术领域的视野已经颇为宽广，研发纵深也在不断扩大。

3. 研发架构日益完善，开始形成各有侧重的科研成果转化体系

根据《2022年中国专利调查报告》和《中国科技成果转化年度报告2022》的数据，中国高校发明专利实施率为16.9%，其中产业化率仅为3.9%。如何提高科研成果转化效率，是关乎企业是否有动力持续增加基础研究投入的重要课题。

从目前中国本土美妆企业实践摸索的经验来看，有两点对于企业提高科研成果的转化率至关重要。

一是建立完善的基础研究和应用基础研究体系。以目前中国本土企业中，持有有效授权专利数量最多的华熙生物为例，其曾在财报中表示：公司极为注重基础研究和应用基础研究。“基础研究”是科学基础，实现物质发现的0~1;“应用基础研究”是承接科学研究的技术平台，主要作用是完成物质发展的1~10、10~100。为此，华熙生物成立了由微生物发酵平台、合成生物学研发平台、应用机理研发平台构成的三大基础研究平台；以及由中试转换平台、交联技术平台、配方工艺研发平台构成的应用基础研究平台。以此为基础，华熙生物2023年上市了9种生物活性物原料新产品，其中包括3款医药/医疗器械级原料，4款个人护理原料产品和2款食品级原料。科研成果的转化效率明显优于同行。

二是实现研发方向的相对聚焦。如果说“建立完善的基础研究和应用基础研究体系”是打造了一把“枪”，那么研发方向的相对聚焦，则是完成开

枪方向的“瞄准”。从结构上来看，绝大多数中国本土上市公司已经建立了从基础研究到应用基础研究的完整产学研转化体系，并开始各有侧重地进行产业化布局。比较有代表性的是华熙生物、福瑞达、巨子生物、贝泰妮、上美股份等企业。

由表 12 可知，以巨子生物为例，作为在全球范围内率先完成重组胶原蛋白原料产业化的企业之一，目前拥有相关授权专利 93 项。魔镜洞察的相关数据显示：2023 年主力品牌可复美 68.5% 的销售额来自含有“重组胶原蛋白”成分的相关产品。

表 12　中国部分上市公司研发侧重点及市场转化情况

企业名	研发侧重点	2023年主要研发成果销售情况	5年复合增长率（%）
华熙生物	以透明质酸为代表的生物活性物	主力品牌润百颜 38.2% 的销售额来自含有透明质酸、依克多因的产品	26.36
巨子生物	以重组胶原蛋白为代表的生物活性物	主力品牌可复美 68.5% 的销售额来自含有重组胶原蛋白成分的产品	29.79
贝泰妮	云南特殊动植物提取物在敏感肌护理中的应用	主力品牌薇诺娜 45.6% 的销售额宣称敏感肌适用	23.22
上美股份	肽类活性物在抗衰老中的应用	主力品牌韩束 51.1% 的销售额来自含有肽类成分的产品	7.84
福瑞达	以透明质酸为代表的生物活性物	颐莲品牌 88.3% 的销售额来自含有透明质酸的产品	61.49

注：数据来源于魔镜洞察，以 2023 年 1~12 月抖音平台销售额为样本。

华熙生物主力品牌润百颜大约 38.2% 的销售额来自含有透明质酸、依克多因、麦角硫因等生物活性物的产品；贝泰妮的主力品牌薇诺娜 45.6% 的销售额来自敏感肌适用的产品；上美股份的主力品牌韩束 51.1% 的销售额来自含有肽类成分的产品；福瑞达的主力品牌颐莲 88.3% 的销售额来自和透明质酸相关的产品。

4. 新原料研发取得一定进步，原料功效特定宣称暴涨

从底层技术的角度分析，化妆品的原料过去主要来自化学合成，但是近年来随着新技术的不断出现，化妆品的原料来源不断丰富。目前已经形成了

化学合成、动植物提取、生物发酵、合成生物四大主流技术来源的化妆品原料。尤其是生物工程和基因工程技术等基础科学的突破，给化妆品行业带来更多的新原料。中国从 2021 年开始放开新原料注册备案，国家药监局公布的数据显示：截至 2023 年 12 月 31 日，中外企业共在国家药监局注册备案新原料 117 个，其中 72 个来自中国本土企业。新原料的研发和注册备案在中国企业中一时呈现百花齐放的局面，72 个新原料的申请主体多达 48 家公司，其中除了华熙生物、深圳维琪、水羊股份、贝泰妮等化妆品企业外，还有东阿阿胶、燕之屋等保健品企业也参与其中。上游新原料注册备案数量的增加传导到成品端，集中表现为带有“原料功效特定宣称”的产品和品牌数量暴增。

美修大数据（表 13）的统计显示，2021 年至 2023 年带有“原料功效特定宣称”的品牌数从 1859 个增加到了 19271 个，3 年复合增长率高达 221.97%；相关产品更是从 5751 个增加到 126408 个，3 年复合增长率 368.83%。

表 13 功效宣称下品牌数量统计

功效宣称	使用此宣称商品的品牌总数	新增备案商品品牌数量				近3年复合增长率（%）
		2024年*	2023年	2022年	2021年	
保湿	56382	13601	34863	35692	20191	31.40
清洁	35458	5395	18585	19872	10917	30.48
特定宣称（原料功效）	24450	9252	19271	4745	1859	221.97
美容修饰	18126	3244	9872	9419	5188	37.94
芳香	14367	2694	8545	7424	2500	84.88
护发	13895	2377	7809	7526	3174	56.85
紧致	13789	3273	8717	5721	2299	4.72
舒缓	13519	2944	8301	5797	2252	91.99
抗皱	13145	3262	8612	5807	1826	117.17
卸妆	7199	889	3233	3003	1744	36.15

注：数据来源美修大数据，* 表示 2024 年数据仅包含 1~6 月。

（二）2023 年主要跨国化妆品公司研发成果

1. 专利授权数量呈下降趋势，研发竞赛难度直线提升

由表 14 可知，从获取专利授权的数量来看，主要跨国公司除科蒂、资生堂和欧莱雅外，最近 3 年整体呈现下降趋势。研发资金投入最多的宝洁公司，2023 年在全球范围内共获得授权专利 1999 项，和 2021 年相比减少了 37.55%；联合利华减少 20.46%、雅诗兰黛减少 17.84%，拜尔斯道夫、Puig、Natura&Co 减少均在 60% 左右。12 家跨国公司 2023 年获得授权的专利总数相比 2021 年下降 18.28%。

表 14　近 3 年主要跨国公司全球范围获授权专利数量

序号	公司名	专利数量（项）			2023年相比2021年变化幅度（%）
		2021年	2022年	2023年	
1	欧莱雅	1390	1345	1777	27.84
2	宝洁	3201	2077	1999	-37.55
3	联合利华	1686	1519	1341	-20.46
4	雅诗兰黛	342	335	281	-17.84
5	拜尔斯道夫	172	75	68	-60.47
6	资生堂	327	329	464	41.90
7	花王	1976	1796	1496	-24.29
8	爱茉莉太平洋	527	475	460	-12.71
9	LVMH	176	142	138	-21.59
10	科蒂	60	43	67	11.67
11	Natura&Co	31	21	12	-61.29
12	Puig	59	35	26	-55.93
13	总数	9947	8192	8129	-18.28

注：数据来源各公司财报，创新研究公司 GreyB。

这与跨国公司最近几年持续增加的研发投入似乎不成正比，综合起来主要原因大概来自以下几个方面。第一，研发投入和产出之间有一定的时差，

根据各大公司研发效率的高低，时差会长达数年；第二，专利申请和专利授权之间平均最少有接近3年的时差，而根据全球专利搜索数据库“智慧芽”的统计，2021年为近年来全球化妆品相关专利申请数量最少的一年，这将对2023年能获得授权的专利数量造成直接影响；第三，全球化妆品行业专利的授权量在申请量中的占比，从2016年开始正在呈现断崖式下滑。根据“智慧芽”的统计，全球化妆品行业授权专利在申请专利中的占比已经从2016年的接近80%下滑到了2021年的8.57%。这意味着化妆品行业的研发竞赛开始进入一个全新的阶段，专利的获取难度正在直线上升。

2. 从研发端响应ESG，“绿色”“精准”和“多元”成为核心关键词

受消费者对美妆产品安全性和有效性关注度的持续提升，以及ESG理念在全球普及的影响，跨国公司普遍开始从研发端响应ESG理念。

首先是对生物技术的重视空前。通过最前沿的新技术来减少碳足迹和环境的污染与破坏。欧莱雅集团在官网上明确指出：生物技术是集团研发和创新的核心。为此欧莱雅在全球重塑了研发创新体系，一方面对其在全球20多个研究中心的科研人员进行了升级；另一方面，通过投资基金在全球范围内对生物技术领域的创新项目进行股权投资（表15）。

表15 欧莱雅投资的部分生物技术和创新项目

序号	被投资公司名	核心技术
1	深圳杉海创新技术有限公司	利用超分子技术开发新原料
2	Debut Biotechnology	利用合成生物技术开发可持续美妆活性成分
3	Future Origins	用生物技术开发棕榈油等大宗原料的替代产品
4	Carbios	为塑料和纺织聚合物的生物降解回收提供创新的生物工艺
5	Timeline	利用生物技术延长人类寿命
6	Gjosa	利用新技术开发节水产品
7	Global Bioenergies	利用天然植物资源生产化妆品原料和可持续能源
8	Microphy	从天然藻类中提取化妆品活性成分

注：信息来源于FBeauty未来迹根据公开报道整理。

值得注意的是，投资虽然已经超出了传统“研发”的范畴，但产业投资

理念的发展，通过投资的方式对和公司主营业务相关联的前瞻性技术进行布局，正在成为国际公司所构建的“研发生态”的重要构成部分。

其次是通过涵盖不同肤色不同人种的大样本数据研究和临床，提升产品的“包容性”，并倡导多元价值观。这也是跨国公司从研发段回应ESG理念的一个重要动作。此外，跨国公司在动物替代实验、3D打印技术、功效测试等方面的投入也在增加。

最后则是精准性。跨国公司正在通过对AI人工智能和数字化技术的大量应用，进行大规模的数据样本搜集。构建专业的企业数据库，以提高产品活性成分和靶点之间的匹配度，从而开发出功效精准的、能适应多元化人群的产品。

（三）中外企业的差距和机会点分析

尽管中国企业在研发方面正在取得长足的进步，但和顶尖的跨国公司相比仍然有不小的差距。结合王丽娜等对国内外化妆品技术的对比分析，中国企业目前已经拥有和国际企业旗鼓相当的化妆品配方技术以及很强的包装设计和生产能力，但在原料和生产设备、创新乳化和制剂技术、功效和安全评估、动物替代实验等方面仍然显得落后。由表16可知，目前在透明质酸、维生素、重组胶原蛋白等少数功效原料领域已经拥有一定的话语权，如果中国企业对研发持续保持高密度投入，将有很大的机会进入世界前列。

表16　中外化妆品企业技术对比

比对项目	中国	欧洲	日本	美国
化妆品配方技术	化妆品配方主要是物理混合，配方技巧并无代差	—	—	—
化妆品基础原料	总体较弱，尤其是产量较小的专用精细原料很弱	很强	很强	一般
化妆品功效原料	个别功效原料（如透明质酸、维生素）很强，但品种有限，竞争激烈；缺乏基础研究，缺乏原创，复制和生产为主	很强	较强	较强
创新乳化和制剂技术	一般	较强	很强	一般
化收品包装设计，模具	很强，但国内客户要求不高	很强	很强	一般

续表

比对项目	中国	欧洲	日本	美国
化妆品包装材料生产	很强	一般	很强	一般
化妆品生产设备	较弱至一般	很强	中等	一般
动物替代实验	较弱（公布8个替代方法，目前人造皮肤，基因芯片，类器官等国内较少，未认证或标准化）	很强	一般	很强
化妆品体内测试（功效，安全评估）	一般（目前功效评估设备/软件基本进口，主要缺方法）	很强	一般	较强
化妆品体外测试（功效，安全评估）	较弱（专业第三方公司相对较少）	很强	一般	很强
硬件仪器和化妆品结合能力	较弱	较强	很强	较强
产品和4G+结合能力	较强	很强	一般	较强
互联网推广和销售能力	很强	很强	很强	很强

注：—表示无相关内容。

从宏观环境上来说，对中国企业有利的因素在增加。

1. 受新技术冲击，专利集中度在不断下降，新兴企业的机会增加

受新技术冲击以及专利保护到期等诸多因素影响，近20年，全球化妆品及护肤品领域专利CR10的集中度已经从最高24%下降到了8%左右，传统企业的垄断地位正在不断受到挑战，新兴企业的机会在增加（图2）。

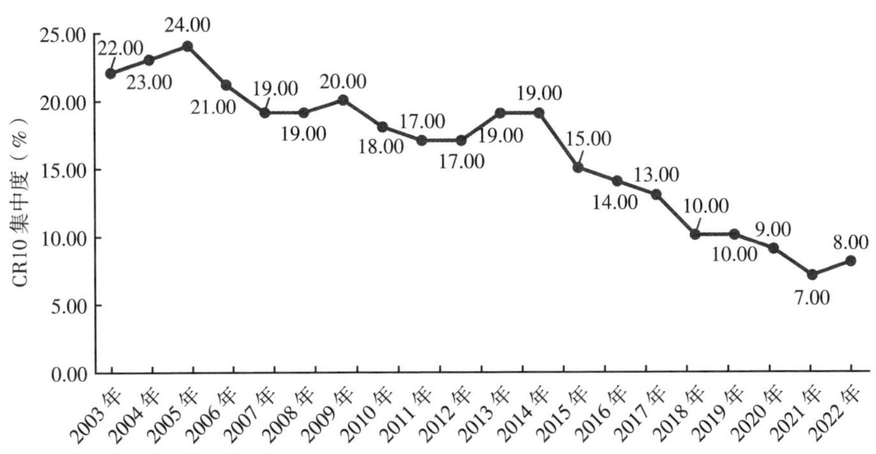

图2 近20年化妆品及护肤领域专利CR10集中度变化

2. 全球创新高地向中国转移，中国成最大专利申请“受理国”

“智慧芽”的检索数据显示，2021年至2023年的3年间，全球范围内所申请的和化妆品相关的专利数量为67997项，涉及全球170多个国家和地区。按受理国划分，中国已经成为第一大受理国，过去3年间共接到26214项和化妆品相关的专利申请，占全球总量的38.55%，其次为世界知识产权组织（WIPO）、韩国、日本和美国等（表17）。

表17　2021—2023全球化妆品相关专利受理机构TOP10

排名	受理机构	受理数量（项）	排名	受理机构	受理数量（项）
1	中国知识产权局	26214	6	印度专利局	3793
2	世界知识产权组织	6933	7	欧洲专利局	2815
3	韩国知识产权局	6768	8	法国专利局	1269
4	日本专利局	6008	9	墨西哥专利局	1131
5	美国专利及商标局	5198	10	澳大利亚专利局	973

注：数据来源于智慧芽全球专利检索。

与此同时，以中国为发源地的专利技术也开始向全球输出，其中美国、日本、欧洲和韩国是中国专利输出最多的3个国家，最近3处输出相关专利数量分别为169、124、112、38项。

3. 开设化妆品相关本科专业的高校持续增加，人才基础更为深厚

除了化学和生物学等基础学科外，最近几年教育部已在24所高等院校批准设立了“化妆品技术工程”“香料香精技术与工程”等化妆品相关本科专业，见表18。高等院校本科专业的增加，从长远看有利于夯实中国化妆品基础人才的基础，并逐渐培育起高端人才体系。不过，从短期来看中国企业仍然需要投入巨大的精力来进行高端人才的争夺。

表18　2018—2023年新设立化妆品相关本科专业的学校

年份	学校名称	专业	年份	学校名称	专业
2018年	上海应用技术大学	化妆品技术与工程	2020年	徐州工程学院	化妆品技术与工程
	云南农业大学	香料香精技术与工程		齐鲁医药学院	化妆品技术与工程

续表

年份	学校名称	专业	年份	学校名称	专业
2018年	广东药科大学	化妆品科学与技术	2020年	武汉纺织大学	化妆品技术与工程
	厦门医学院	化妆品科学与技术		湖北科技学院	化妆品技术与工程
	肇庆学院	化妆品科学与技术		柳州工学院	化妆品技术与工程
2019年	北京工商大学	香料香精技术与工程	2021年	厦门医学院	化妆品科学与技术
	湖南理工学院	化妆品技术与工程		云南经济管理学院	香料香精技术与工程
	洛阳师范学院	化妆品技术与工程		齐鲁师范学院	化妆品技术与工程
	安康学院	化妆品技术与工程		郑州轻工业大学	化妆品技术与工程
	广东财经大学华商学院	化妆品科学与技术	2022年	南昌工程学院	香料香精技术与工程
2020年	河南农业大学	化妆品技术与工程		广东医科大学	化妆品科学与技术
	大连工业大学	化妆品技术与工程		临沂大学	化妆品科学与技术
	长春工业大学	化妆品技术与工程	2023年	郑州轻工业大学	香料香精技术与工程

注：数据来源于教育部普通高等学校本科专业备案和审批结果。

4. 本土企业研发人才建设有长足进步，但仍有很大优化空间

随着中外企业持续提高对研发的重视程度，人才的争夺尤其是高端人才的争夺成为重点。其中高端人才的争夺主要围绕“博士及以上学历的专业人才”“拥有国际大公司研发负责人履历的核心人才”以及“知名高等院校相关专业的学术带头人”展开。为此，大部分上市公司和具有一定规模的美妆企业都聘请了一名或者多名首席科学家，作为研发部门的“门面”。

不过值得注意的是，并非所有的首席科学家都会在受雇企业中承担具体的研发任务。一部分企业的首席科学家更像是研发部门的形象代言人兼顾问；

另一部分企业的首席科学家则是企业委外研发项目的负责人。

全职研究人员的人才争夺，焦点则是研究生及以上学历的高知人群。由表 19 可知，从研发人员的学历构成来看，受雇于本土企业的全职研发人员以本科学历为主，在统计范围内的 8 家上市公司中，占比 45.77%；其次则是研究生学历，占比 34.93%。

表 19　2023 年和 2021 年中国主要上市公司研发人员学历构成

公司名	2023年				2021年			
	博士及以上	研究生	本科	专科及以下	博士及以上	研究生	本科	专科及以下
上海家化	8	45	88	38	12	48	107	45
珀莱雅	8	126	152	36	3	48	90	18
福瑞达	1	139	204	67	—	—	—	—
敷尔佳	0	15	12	0	—	—	—	—
水羊股份	0	83	171	41	0	39	143	43
丸美股份	7	20	44	22	6	25	45	21
贝泰妮	14	156	285	43	4	60	125	47
华熙生物	29	377	303	217	13	258	178	122
汇总	67	961	1259	464	38	478	688	296
占比（%）	2.44	34.93	45.77	16.87	2.53	31.87	45.87	19.73

注：数据来源于公开财报。—表示无相关内容。

公开财报显示，2023 年中国主要的美妆上市公司中，研究生及以上学历研发人员占比最高的是华熙生物，占比 43.8%。其他公司均以本科学历研究员为主。与 3 年前（2021 年）相比，本土美妆企业研究生学历的研发人员在明显增加，本科学历的研发人员基本持平，专科及以下学历的研发人员明显下降。

中国企业无论是从人才的学历结构还是数量上都取得了长足进步。但和国际一流化妆品集团公司相比仍然有很大的优化空间。欧莱雅北亚及中国研发和创新中心副总裁马斯明曾在接受媒体采访时透露，欧莱雅中国研发创新中心的科研人员，70% 的拥有研究生及以上学历。本土美妆企业仍然需要持续加大研发人才投入，持续提高研发人员的学历构成。

四、美妆公司以研发创新为驱动力，发展新质生产力的探讨

从以上种种数据可以看出，新一轮的全球研发竞赛已经全面展开。而在这一轮竞赛中中国正在成为主战场。

按照国际美妆公司所开辟的品牌塑造路径，“研发”在美妆公司经营中的重要性并没有那么显著，没有必要将研发的权重无限放大。但中国本土企业需要更进一步思考的是，我们是否有必要对跨国公司的成功经验进行批判性吸收。在当前整个美妆行业的底层技术从以化工技术为主逐渐向以生物技术转变，以及与人工智能正重构一切的重要阶段，中国本土企业是否要以新技术为先导走出一条截然不同的品牌建设之路？这是一个到目前为止还无法给出正确答案的问题。但在消费者对护肤品的功效追求越来越高的情况下，我们已经能感受到传统美妆公司正在和生物医药公司“杂交”。

此外，虽然从研发投入的绝对值来看，中国本土美妆企业和跨国化妆品集团之间存在巨大的差距。但跨国化妆品集团的研发投入同时也具有范围广、相对分散等特征。以爱茉莉太平洋为例，虽然从全球层面来看，其全年研发投入超过5亿元，但具体到中国市场，根据其在ESG报告中披露的数据，2020年至2022年的研发投入分别为3000万元、3340万元和3003万元，中国区研发人员分别为53人、60人和53人。这就给了中国企业将有限的研发资金集中使用，聚焦到某些细分领域，从而实现弯道超车的机会。比较典型的案例是以合成生物学为基础，对重组胶原蛋白、透明质酸、依克多因等功效性原料的生产和应用。

尽管30多年前，中外科学家就同时在研究使用重组DNA制备胶原蛋白的技术，并且第一个重组胶原蛋白的表达系统也是在1994年由国外专家率先完成。但真正将重组胶原蛋白在中国完成产业化的却是以巨子生物、锦波生物等为代表的本土企业。2023年，欧莱雅、资生堂等跨国集团公司开始进入重组胶原蛋白市场，都不得不和中国企业合作，采用来自中国企业的核心技术。

据世界知识产权组织的统计，全球企业研发支出中，生物医药行业的研

发费用率约为18.8%；而爱美客、昊海生物等医美上市公司，研发费用率也在8%以上。如果以新技术的创新为驱动力的“生物美妆公司”模式能走通，意味着其研发投入还将持续增加，直到对传统美妆公司形成“压倒性优势”。

（作者单位：刘李军，FBeauty 未来迹）

扫码看参考文献

国内外化妆品专业学科建设与人才培养的比较研究

何秋星 杨裕娴 陈冠文 叶慧晶 舒雯

摘要：随着化妆品产业的蓬勃发展，对化妆品专业人才的需求逐渐增加，化妆品专业学科建设与人才培养逐渐成为高等教育领域的重要议题。本文通过对中国、欧美、日韩及东南亚的化妆品专业学科建设与人才培养的情况进行概述，提出对国内化妆品专业教育的建议。

关键词：化妆品 学科建设 人才培养

随着人们对生活质量和容貌的关注，化妆品行业蓬勃发展，我国已跃居全球第二大化妆品消费市场。伴随高品质化妆品需求的激增及行业法规的完善，行业的准入门槛持续提高，专业人才需求激增，行业出现了“人才荒”现象。为应对这一挑战并推动行业创新，国内外众多高校纷纷设立化妆品相关专业，旨在满足市场需求。然而，由于历史、文化、经济及社会背景的多样性，国内外在化妆品专业学科建设与人才培养上存在显著差异。

一、国内院校化妆品专业建设

（一）本科院校

20 世纪 70 年代末的“日用化工”专业是国内最早开设与化妆品相关的本科专业，后历经“轻工有机合成”“精细化工”“化学工程与工艺”“应用化学”等一系列专业。高校专业设置需经教育部备案和审批，但专业下属方向可由高校自主确定，因此有部分高校曾在上述化学相关专业下开设化妆品方向。（北京工商大学 1979 年即设化妆品方向）

以上情况至2016年后发生改变，教育部分别设立“香料香精技术与工程”（2016年）、“化妆品技术与工程”（2017年）与“化妆品科学与技术”（2018年）专业。上海应用技术大学是首个开设“香料香精技术与工程”与“化妆品技术与工程”本科专业的高校，而广东药科大学是首个开设“化妆品科学与技术”本科专业的高校，首次实现我国高等教育目录化妆品专业人才培养“零的突破”。2016年以后，相继有24所本科高校获批开设了化妆品相关专业。具体情况见表1。

表1　本科院校开设情况

专业名称	开设院校	主修课程
化妆品技术与工程 专业代码：081705T 学科门类：轻工类	北京工商大学、上海应用技术大学、大连工业大学、郑州轻工业大学、武汉纺织大学、长春工业大学、徐州工程学院、齐鲁师范学院、厦门医学院、洛阳师范学院、湖南理工学院、肇庆学院、安康学院、柳州工学院	化妆品微生物学、皮肤生理学、化妆品原料、化妆品配方与工艺、化妆品安全与功效评价、化妆品感官评价、化妆品质量检验技术、化妆品管理法规、表面活性剂化学、化妆品工艺学、化妆品配方设计等
化妆品科学与技术 专业代码：100708T 学科门类：药学类	广东药科大学、厦门医学院、临沂大学、广东医科大学、湖北科技学院、齐鲁医药学院、广州华商学院	美容皮肤科学、生物化学与分子生物学、化妆品微生物学、化妆品毒理学、表面活性剂化学、化妆品制剂学、香精香料化学、美容药物学、化妆品质量检验技术、化妆品安全性与功效评价等
香料香精技术与工程 专业代码：081704T 学科门类：轻工类	北京工商大学、上海应用技术大学、河南农业大学、云南农业大学、南昌工程学院、郑州轻工业大学	香料感官评价、天然香料学、香料化学与工艺学、化妆品工艺学、调香学、日化香精工艺学、食用香精工艺学、现代仪器分析等

化妆品专业课程注重理论与实践结合，除基础化学、生物化学、皮肤科学外，还设化妆品分析与品控、配方设计等实用课程。针对行业法规政策和市场变化，部分高校还开设化妆品法律法规、质量检测和功效评价等课程。

（二）专科院校

据不完全统计，全国有超50所专科院校设立化妆品相关专业，具体见

表 2，内容涵盖化妆品质量、技术、营销、设计与创新等方面，满足行业多元化人才需求。广东食品药品职业学院是中国最早成立化妆品专业且全国化妆品类相关专业最全的专科院校，该学校设有化妆品与艺术设计学院，分别设置适合技术、质量、安全等不同职业方向的专业。

表 2 专科院校开设情况

专业名称	开设院校	主修课程
化妆品技术 专业代码：480101 学科门类：轻化工类	广东食品药品职业学院、广东轻工职业技术学院、常州工业职业技术学院、甘肃有色冶金职业技术学院、汕头职业技术学院、长春医学高等专科学校、云南国防工业职业技术学院、重庆化工职业学院、宜宾职业技术学院、潍坊职业学院、中山火炬职业技术学院、江西应用技术职业学院、汉中职业技术学院、咸阳职业技术学院、江苏工程职业技术学院、江阴职业技术学院、广东职业技术学院、南京科技职业学院、南通职业大学、湖南化工职业技术学院、河北化工医药职业技术学院、茂名职业技术学院、揭阳职业技术学院、西安海棠职业学院、山东药品食品职业学院、中山职业技术学院、广东岭南职业技术学院、广东科贸职业学院	表面活性剂技术、仪器分析、化妆品微生物技术、化妆品原料、化妆品配方与制备技术、化妆品质量检验技术、化妆品安全与功效评价、化妆品法规与监管等
化妆品经营与管理 专业代码：490217 学科门类：药品与医疗器械类	广东食品药品职业学院、山东药品食品职业学院、四川国际标榜职业学院、福建生物工程职业技术学院、湖南食品药品职业学院、重庆化工职业学院、淮南联合大学、安徽国际商务职业学院、马鞍山师范高等专科学校、江西工业职业技术学院、湖南化工职业技术学院、皖西卫生职业学院、河南应用技术职业学院、广西工业职业技术学院、漳州职业技术学院、山西铁道职业技术学院、咸阳职业技术学院、江苏城市职业学院、河北化工医药职业技术学院、私立华联学院、西安海棠职业学院、广州华商职业学院、重庆能源职业学院、漳州科技职业学院	化妆品法律法规、化妆品市场调查、化妆技术、统计与数据分析基础、美容化妆品制备技术、美容药物基础、化妆品产品策划与开发、化妆品市场营销等

续表

专业名称	开设院校	主修课程
化妆品质量与安全 专业代码：490218 学科门类：药品与医疗器械类	广东食品药品职业学院、安庆医药高等专科学校、中山职业技术学院、潍坊理工学院	化妆品法律法规、仪器分析、化妆品原料、化妆品配方设计与制备工艺、化妆品微生物检验技术、化妆品生产质量管理、化妆品安全性评估、化妆品功效性评价等
香料香精技术与工艺 专业代码：480110 学科门类：轻化工类	广东食品药品职业学院	辨香与评香、天然香料加工与提取、香料合成技术、香料生产过程与设备、香精调配与数字调香、加香技术、香料香精分析与检测等

专科院校的化妆品类专业修业年限 3 年，主修无机化学、有机化学等基础课程，化妆品原料、化妆品工艺学、化妆品安全与检验等核心课程，辅以实验室实践与企业实习，旨在培养既具扎实理论又具实践能力的化妆品专业人才。

（三）研究生院校

北京工商大学是全国最早获得化妆品科学与技术硕士研究生授权点的高校（代码：0817Z1），而其他学校较多在相关专业设置方向。具体见表 3。

表 3　研究生院校开设情况

院校	专业名称	专业方向
北京工商大学	化妆品科学与技术	化妆品科学与技术
上海应用技术大学	生物与医药	化妆品技术与工程 香料香精技术与工程
	轻工技术与工程	化妆品科学与技术 香料化学与香精技术
	香料香精技术与工程	香精、香精制备技术与应用 香料香精质量评价

续表

院校	专业名称	专业方向
江南大学	化学工程与技术	化妆品科学与技术
中国药科大学	生物与医药	化妆品与皮肤健康
沈阳药科大学		化妆品研发技术
广东药科大学		制药与化妆品
华东理工大学	轻工技术与工程	精细化工

注：上述国内统计均暂不含台湾地区。

硕士课程强调深度与广度，结合专业前沿与理论实践，设基础课程与专业选修，满足学生个性化需求。教学采用讲座、研讨会、项目驱动等形式，激发学生兴趣与主动性。

研究生阶段实行导师制度，导师负责学术、思想、职业规划等方面指导。学校注重实践教学，学生可以通过实验室实践、企业实习等方式，将理论知识应用于实际问题解决中。同时，学校积极开展与企业、研究机构等的合作，推动产学研合作项目的开展，为学生提供更多实践和就业的途径。部分院校与国外院校进行联合培养，例如重庆医科大学与美国辛辛那提大学 James L. Winkle 药学院联合培养化妆品硕士，其学制为单学位 2 年或双学位 3 年。

二、国外院校化妆品专业建设

（一）欧美院校

欧美院校的课程涵盖了化学、生物学、皮肤科学等相关知识，同时还包括市场营销和品牌管理等商业元素，这种综合教学方式使学生能够全面了解化妆品行业各个方面，有助于未来职业发展。具体情况见表 4。

表 4 欧美院校开设情况

国家	院校名称	专业名称	主修课程
英国	伦敦艺术大学 LCF 学院	本硕连读专业、普通专业	化妆品科学导论、应用生物学、配方科学、彩妆与皮肤保养、化妆品产品项目开发全过程等

续表

国家	院校名称	专业名称	主修课程
英国	英国德蒙福特大学	—	配方化学、制药工艺和技术、微生物学、细胞生物学和化学、药物配方、药理学、化学分析、质量和稳定性、化妆品科学和产品等
	桑德兰大学	化妆品科学硕士	配方质量控制、安全和声明证实测试、监管框架和商业技能
	格林威治大学	配方科学、理学硕士	—
	物浦约翰摩尔斯大学	美容科学硕士	—
美国	托莱多大学	药学、化妆品配方科学和配方设计学士	—
	Fairleigh Dickenson	科学硕士	化妆品科学
	长岛大学	制药学硕士	化学、药理学、毒理学、微生物学和药学等
	曼哈顿学院	美容工程硕士、曼哈顿学院的美容工程计划	—
	罗格斯大学	MBS 个人护理科学计划项目	个人护理（化妆品）相关的基本技能和工具
	辛辛那提大学	药学科学硕士	在线学位课程，专注化妆品的设计、评估和控制
	南密西西比大学	药理学硕士 / 博士	—
	南加州大学	工业物理制药以及化妆品科学	—
	杜肯大学	物理制药和化妆品科学	—
	罗德岛大学	药剂学硕士	—
意大利	博罗尼亚大学	高级化妆品科学（ACS）硕士	应用生物化学、化妆品生物材料、化妆品配方设计学、颜料与防晒剂、皮肤科学、自然产物、香气与香料化学、化妆品成分分析与质量

续表

国家	院校名称	专业名称	主修课程
意大利	米兰大学	化妆品工业科学	化妆品无机和有机科学、皮肤科学、化妆品制剂学、化妆品制造和包装材料学、微生物风险评估和毒理学的替代方案、化妆品质量评估和稳定性监测、化妆品营销和商业管理
法国	法国凡尔赛大学ISIPCA国际香水、化妆品和食品芳香高等学院	职业学士学位	香精香料的应用、化妆品的应用、化妆品配方的艺术和科学
		欧洲香水和化妆品硕士、EFCM计划	香氛设计与创作、天然化妆品原料、化妆品配方与应用、香料专业知识配方与应用
澳大利亚	莫纳什大学	药学学士	制作、设计和评估化妆品
加拿大	塞内卡学院	生命科学创新中心（SCILS）	强调从原材料到成品的配方化学概念和策略，包括产品开发过程、全球法规、销售和营销、生物系统和感官评估等
德国	汉堡大学	化妆品科学硕士、化妆品和洗涤剂科学技术	—
西班牙	巴塞罗那大学	皮肤药理和美容硕士	—

注：—表示无相关内容。

欧美院校的人才培养模式呈现多样化特色，并着重培养学生的创新能力和批判性思维。除了跨学科学习外，实践环节在人才培养中占据重要地位。一些学校设立实验室或研发中心，为学生提供创新创业的平台和资源，支持学生进行化妆品研发、测试等实践活动。学校与企业合作，为学生提供实习机会，让学生在实际工作环境中进行实践。

在欧美国家，教育体系注重培养与国际市场接轨的人才。学校会引入国际先进的教育理念和技术，鼓励学生积极参与国际交流活动，从而开拓国际视野。同时，一些学校还与国际化妆品企业展开合作，共同开展科研项目和人才培养计划，以提升学生的国际竞争力。

（二）日韩院校

韩国高校本科化妆品专业课程设置全面，包含基础学科以及专业知识，并与化妆品企业合作，引入实习与就业创业支持体系，如建国大学提供就业升学辅导，助力学生职业规划。硕士课程则侧重与化妆品专业交叉的学科，适应行业创新需求，培养研发人才。

相较之下，日本高等教育中化妆品专业少见，多是融入如九州大学等综合大学的化学专业领域，侧重基础研究，无专门的化妆品制作课程。而专门学校则提供与化妆品行业相关的课程和实践，强调实践技能与就业导向，如东京医药专门学校，专注于化妆品制作技能的培养。具体见表5。

表5　日韩院校开设情况

国家	院校名称	专业名称	学习课程
韩国	建国大学	硕士：化妆品工程、化妆品科学	化学和物理、皮肤工学、化妆品历史学、色彩学、化妆品工学实习和实验
	大邱韩医大学	硕士：化妆品科学	—
	成均馆大学	硕士、博士：生物化妆品跨学科专业	机器学习和深度学习、高级免疫学、皮肤生理学、天然香料、化妆品法规和制度、细胞免疫学、新药开发理论、高级分子遗传学、动物生殖工程等
	仁川大学	化妆品科学与技术	—
	庆南大学	化妆品学	—
	汉城大学	硕士：化妆品产业	—
	韩国中部大学	生物化妆品学	美容学概论、化妆品学、生理学、皮肤美容学、有机化学与实验、化妆品制造与实验、药用植物学与实验、美容教育论、香料学、皮肤药理学、化妆品法规等
	湖西大学	化妆品科学	—
	光州女子大学	本科、硕士、博士：美容科学	皮肤科学、化妆品学、美容仪器学、美容医学、美容心理学等
日本	东京医药专门学校	化妆品	化妆品基础、香水化学、化妆品制作开发等

注：—表示无相关内容。

在人才培养上，韩国通过设立化妆品职业资格证书，全面评估学生专业技能，明确职业发展路径，提升职业素养。化妆品专业毕业生可考取化妆品调配管理证书等多项专业认证。日本专门学校毕业生虽无学位，但获专门称号，就业竞争力强，如东京医药专门学校毕业生 100% 就业率，就业于资生堂、Kanebo、DHC 等名企；东京工科大学则拥有国家级化妆品研发实验室，专注于功效化妆品与皮肤科学研究，培养紧跟时代的创新型技术人才。

（三）东南亚院校

近年来，东南亚美妆市场繁荣，需求激增，推动化妆品业发展。但专业教育滞后，高校和职业学院开设少，处于起步阶段，学科建设待完善，仅泰国、新加坡、马来西亚有所布局。东南亚化妆品独具特色，受气候、文化影响，专业教育融入本土元素，例如，泰国皇太后大学成立了纯天然及植物化妆品研究组，深度挖掘本土植物资源，应用于化妆品研发中，以高效防晒与清爽为特色，精准契合当地市场的高标准需求。具体情况见表 6。

表 6　东南亚院校开设情况

国家	院校名称	专业名称	主修课程
泰国	皇太后大学	本科：美容科技、化妆品科学； 硕士、博士：化妆品科学	基础科学知识、高级医学、化妆品技术等
新加坡	新加坡理工学院	化妆品科学与香水、化妆品科学	—
马来西亚	马来西亚大学	硕士：化妆品	化妆技术、彩妆色彩学、化妆品行业研究、化妆品营销、护肤品行业研究、护肤品营销、化妆品科学、化妆品安全、化妆品法规、化妆品质量控制等

注：—表示无相关内容。

三、对化妆品专业教育的建议

通过对国内外化妆品专业学科建设与人才培养的比较，可以看出国内在化妆品专业教育方面仍有一定的提升空间。为提升我国化妆品专业教育水平，提出几方面措施。

1. 加强跨学科融合，完善学科体系

化妆品专业是多学科交叉的系统性学科，由化学、药学、生物学等基础学科发展而来，将化妆品与其他学科或前沿技术相结合，促进创新。例如将化妆品与生物技术进行融合，推出系统的教学方案，帮助学生深入学习生物技术对传统化妆品带来的变化以及创新，增强人才培养的全面性。

2. 优化课程设置，注重前沿性与实践性

学校需调整和完善课程设置，加强原料、配方设计、工艺技术等课程建设，引入国际先进教育理念和技术，提高课程系统性和前瞻性。同时，加大实践教学比重，通过实验室建设、企业实习、产学研合作等方式，提供更多实践机会，提升学生实践能力。

3. 加强师资队伍建设，提升教学质量

建设高素质、专业化师资队伍是提升化妆品专业教育质量的关键。高校和高职院校应加强教师专业培养，通过培训、研讨等活动提升素养和教学能力，并引进具有丰富实践和深厚理论的优秀教师，为提升教育质量提供保障。

4. 深化校企合作，促进产学研融合

加强产学研合作，推动化妆品专业教育与行业深度融合。通过校企合作、共同科研、共建实训基地等方式，实现资源共享和优化配置，促进教育创新发展。

（作者单位：何秋星　杨裕娴　陈冠文　叶慧晶　舒雯，
广东药科大学）

AI 在化妆品领域中的应用与展望

张莉露 赵菁菁 刘李军

摘要:[**目的**]通过梳理人工智能(AI)在化妆品领域的应用现状，探讨其存在的局限性和未来发展趋势。[**方法**]以论文检索和新闻检索结合实地调研获得的信息和素材为基础，通过归类分析了解现状和局限性。[**结果**]AI 在化妆品领域的应用已经深入产业链的方方面面，尤其是在研发、生产和营销环节的应用最为广泛。但也呈现出“浅尝辄止”，不够深入的问题。[**结论**]AI 在化妆品领域的应用还处于“初级阶段”，但其被大面积深入应用的趋势是不可逆的，美妆企业应该保持高度关注和相应的投入。

关键词:人工智能 化妆品 化妆品配方 功效评价 包装设计

一、美妆行业正全面加速进入 AI 时代

人工智能(artificial intelligence，AI)是指由人造设备或系统展现出的智能行为。它能够通过学习、推理、适应，以及自我改进等方式处理复杂的计算任务和问题解决。人工智能可以分为不同的类型，包括但不限于：机器学习(machine learning)、深度学习(deep learning)、自然语言处理(natural language processing，NLP)、计算机视觉(computer vision)等。

2017 年 7 月 8 日，国务院印发并实施了《新一代人工智能发展规划》(简称《规划》)。该《规划》明确指出要加快推进产业智能化升级和大力发展智能企业。推动人工智能与各行业融合创新，支持和引导企业在设计、生产、管理、物流和营销等核心业务环节应用人工智能新技术，构建新型企业组织结构和运营方式，形成制造与服务、金融智能化融合的业态模式，发展个性

化定制，扩大智能产品供给。

《规划》还明确了我国新一代人工智能发展的战略目标：到 2025 年，人工智能基础理论实现重大突破，部分技术与应用达到世界领先水平，人工智能成为我国产业升级和经济转型的主要动力，智能社会建设取得积极进展，人工智能核心产业规模将超过 4000 亿元，带动相关产业规模超过 50000 亿元；到 2030 年，人工智能理论、技术与应用总体达到世界领先水平，成为世界主要人工智能创新中心，人工智能核心产业规模将超 10000 亿元，带动相关产业规模超过 100000 亿元。

根据 InsightAce Analytic 的研究报告，预计 2030 年全球 AI 美容化妆品市场规模将达到 133.4 亿美元（图 1）。2021 年至 2030 年复合年增长率高达 19.7%。

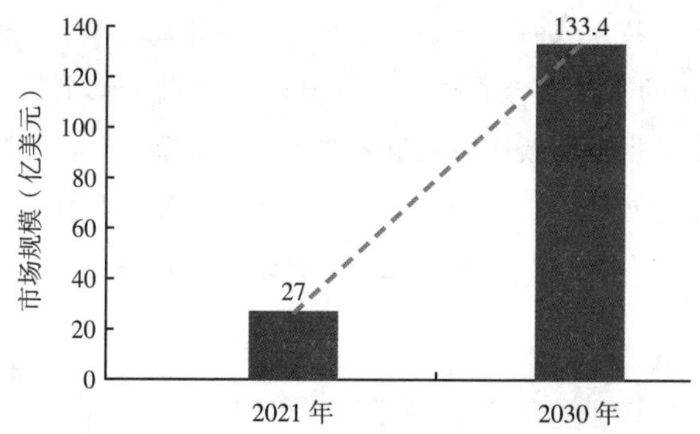

图 1　全球美容与化妆品领域 AI 市场规模

目前，人工智能在美妆领域的应用，从深度上来说，已经深入从“基础研究”“新原料研发”等上游环节一直延伸到产业下游的“市场营销和零售”等各个环节。从广度上来说，无论是欧莱雅、宝洁等跨国公司，还是上海家化、伽蓝集团等国内龙头企业，甚至包括很多初创公司，都在全面或者部分引入人工智能技术介入公司的日常经营和管理。可以说，美妆行业正在全面、加速进入 AI 时代。

二、AI 在化妆品研发环节的应用已经非常广泛和深入

在化妆品产业链中，研发环节的知识密集程度最高，目前 AI 在此领域的应用亦最为广泛和深入。据《FBeauty 未来迹》的调查与归纳，AI 技术已渗

透至研发的多个关键领域，包括但不限于活性物质筛选、原料靶点的发现与挖掘、新原料研发、配方设计、功效评估、安全性与稳定性评估、质地分析、香料调配、色彩开发、包装新材料研发以及产品备案等 10 多个重要领域。但归纳起来，AI 在化妆品研发环节的突出能力，目前主要表现在如下几个方面。

1. 高通量、大样本虚拟筛选能力突出，极大提升了新原料开发的效率

传统的原料开发，在正式验证之前需要大量的信息收集和小试验证，而“AI 开发”可能会颠覆传统方式。

在 AI 介入研发环节之前，新原料和新成分的开发面临的最大挑战是如何在“海量已知和未知的活性物”中找到真正能和“起效靶点”产生反应的活性成分。整个过程就像在几千把钥匙中找到能开锁的那一把一样，耗时漫长且成功率不高。而 AI 的高通量、大样本虚拟筛选能力，在实际应用中可以根据研发目标，对大量已知和未知的分子进行快速且相对准确的筛选，进而获得候选的功能单体分子。在此基础之上，研发人员再进行实验室试验，最终完成整个研发过程。

通常来说，人们将这种通过 AI 进行虚拟筛选的过程称为干实验法，而研发人员在实验室进行液体和生物样本处理的实验称为湿实验法。而“干湿”实验的结合，正在极大地提高研发效率。

曾在全球知名原料公司德之馨任职的上海拜思丽实业有限公司第十四章品牌创始人兼公司负责人梅鹤祥表示：“按照传统的方式，找一个成分，可能要 10 至 15 年。现在通过 AI 建模，用湿干法去筛选 100 个成分，可能就是一个月、一个星期甚至是一天就能完成。”

另据《FBeauty 未来迹》了解，亚什兰（Ashland）公司推出的首款利用人工智能开发的原料——Santalwood（INCI：辛基十二醇、檀香木提取物），整个研发过程只用了 18 个月；除了亚什兰，国内的清华长三角研究院也利用 AI 技术研发出了能有效缓解黑眼圈问题的 Biocorrectide DC 以及具有抗衰修护作用的 Retinotide EQ9，两款原料的研发共用时 1 年。

2. 对复杂反应体系的起效机理梳理有较强辅助能力，有利于“传统草本成分”“绿色植物原料”的开发应用

传统中草药成分、绿色植物提取物、发酵产物等很多原料本身是由多种活性物组成，比如由伽蓝集团研发的超级酵母喜默因就含有 601 种小分子成

分，其中包含18种氨基酸、8种矿物质和多种维生素等。这么多种活性物究竟如何和人体产生反应并产生功效，其起效机理的梳理同样是一个复杂工程。

在传统的研发环境中，只能理清单一成分和单一靶点之间的关系，但随着AI的引入，结合知识图谱、神经学、生物信息学等多学科知识，理清多种活性成分和多个靶点之间的复杂起效原理成为可能。这不仅有利于提升化妆品配方研发的精准度和科学性，对开发中国传统草本成分，特色植物原料同样具有很大的帮助。

例如，将中医中草药在化妆品中的应用作为公司研发核心方向之一的上海家化就通过引入AI，结合成分组和数据库信息，从青蒿提取物的153种成分、1080个活性靶点中，找到了64个舒缓相关蛋白，对应88个成分，涉及调控炎症相关的蛋白。进一步，通过体外类湿疹3D模型以及动物实验，确认了青蒿提取物可有效抑制TSLP表达，促进FLG表达，以及优越的止痒效果。这项最新的研究成果被发表在国际知名传统医学期刊《Journal of Ethnopharmacology》上，在国际学术领域得到认可，为“青蒿”这种传统中草药成分在化妆品中的科学应用，奠定了学术基础。

3. 全面介入配方研发，提升化妆品配方的精准度和科学性

在配方开发过程中，化妆品工程师需要对产品的稳定性、安全性、功效性进行一系列的评价并进行配方调整。但一款化妆品的配方中往往含有几十种原料和成分，这些成分混合在一起，和皮肤以及人体之间究竟会发生什么反应，这其实是非常复杂的。工程师在进行实验设计时，需要考虑的影响因子过多，如果想要得到最优解，就会面临不可计量的实验。

利用AI深度学习技术构建深度网络神经结构，就能在一定程度上缓解这种矛盾。

早在2018年，德之馨就与IBM Research合作开发人工智能香水学徒Philyra。据了解，Philyra的算法涵盖了4个主要类别：配方中原料的补充或替代品、原料用量、人对香味的反应、香味的新奇度。在对这些数据进行分析的基础上，Philyra可以得到现有香水配方在不同性别、年龄等条件下的受欢迎程度，结合大数据算法，输出一个新的香水配方，调制出最符合目标客户喜好的香水。

2019年，香精香料公司奇华顿也推出了一款名为Carto的人工智能调香系统。

本土新锐品牌“C 咖”也曾提及利用人工智能技术辅助配方开发工作。以面部的黑头问题为例，通过系统梳理黑头相关的调控通路，综合评价和筛选去黑头控油的功效活性成分进行配方研究，助力产品研发。与此同时，还可利用 AI 技术帮助修正人工配方上的误差，提高配方精准度。

由此可见，AI 在化妆品配方研发领域的应用已经较为普遍，不仅跨国集团公司在使用，中国本土创业公司也已经在使用。

4. 提升功效评价和安全性评估的科学性，减少主观干扰

化妆品在进行评价时，因使用主体是人，评价基准会带有一定的主观性。因此客观科学的评价标准的建立是一项非常重要的任务。AI 的介入，也正在一定程度上提升功效评价和安全性评估的科学性，减少主观干扰。

比如在功效评价实验中，可以通过卷积神经网络（CNN）对面部不同区域进行自动分割，然后创建二值掩膜图（binary mask）来辅助区域识别和分析。这种方法可以精确处理图像，提取感兴趣的区域，或在处理过程中限制操作的范围，从而达到更精确地处理图像的目的。以这一技术为基础，可以通过微笑打分、皱纹分类、脑电波监测等多种方式，将化妆品的功效表现，包括消费者使用后的主观感受全部量化，以达到更科学的功效评价目的。

还有，在配方安全性评估方面,AI 也有一定的用武之地。2024 年 4 月 22 日国家药品监督管理局发布了《国家药监局关于发布优化化妆品安全评估管理若干措施的公告》。其中“完整版安评”是困扰化妆品生产企业和化妆品原料商的难点，毒理学评价的基准是其中的痛点。AI 在毒理学评价方面目前也有一定的应用。

计算毒理学又叫预测毒理学，是指借助 AI 技术，基于多学科知识和相关毒理性测试数据，估算化合物对人体或环境的潜在风险和（或）最高暴露浓度。计算毒理学是近年来快速发展起来的一门新兴多学科交叉前沿学科，涉及解剖生理学、病理学、药理学、毒理学等医药学科，生物化学、分子生物学、细胞生物学、系统生物学等生物学科，以及化学、数学、物理学、计算机科学等非生物学科。计算毒理学可以充分利用已存在的海量毒性相关数据，构建毒性预测模型，从而预测新化合物的潜在毒性。计算毒理学具有成本低廉、快速准确、绿色低碳等优势。常见的毒理学预测工具有 SwissADME、pkCSM、ProTOX-Ⅱ、ADMETlab 等。

5. 利用 AIGC 技术结合 CMF 实验室，提高包装设计的效率和质量

随着消费者对产品颜值和情绪价值的追求，包装设计的重要性同样在提升。而基于 AI 技术发展起来的人工智能生成内容（AIGC）技术可以仅仅根据“关键词”提示，就能在几分钟之内设计出包装图案，并生成效果图甚至视频，完成通过人工几天才能完成的工作量，极大地提高包装设计的效率。

CMF［即色彩（color）、材料（material）以及表面处理（finishing）］实验室是工业设计的一个基本部分。它的核心是确定最合适的色彩、材料以及表面工艺来确保最佳的产品性能。随着化妆品产业的竞争日益激烈，当产品本身在技术、品质、功效等方面的差距不断缩小的时候，通过 CMF 在色彩、材质、设计等方面实现差异化就成为增强产品竞争力的一种重要手段。

AIGC 技术和 CMF 实验室的结合正在持续不断地为化妆品包装设计的创新，提供视觉方案和新材料。据了解，目前上海家化、花西子、欧莱雅等国内企业均在这方面有较大的投入。其中花西子就通过 AI 与 CMF 实验室结合，将白陶、苏绣、苗银、皮雕等中国非物质文化遗产工艺复刻应用到了化妆品包材中，设计出了很多独具中国传统文化特色的畅销产品。

三、AI 在化妆品生产和流通环节的创新在不断增加

除了在研发领域，AI 在化妆品生产和流通领域的应用同样广泛，但目前主要集中在精益质量控制、智能化合规管理、引入数字员工和打造智能供应链 4 个方面。

1. 利用 AI 开发全新的质量控制技术

从精益质量控制方面来说，除了传统数字化技术带来的精确性和可视化管理，AI 的介入也正在带来新的解决方案。

比如，科丝美诗（Cosmax）就正在开发“人工智能化妆品质地测定标准技术”。其核心是通过输入大量的图像和相关数据，让计算机可以学习和理解不同质地之间的差异。一旦训练完成，计算机就能够根据输入的图像或数据，准确地识别和描述化妆品的质地特征。

据了解，这项技术首先可以提高化妆品行业的生产效率。传统的质地测定方法需要大量的人力和时间，而人工智能化妆品质地测定技术可以在短时

间内处理大量的数据，从而加快产品开发和上市的速度。其次，它可以提高产品的质量和一致性。通过准确地测定质地特征，化妆品制造商可以确保每个产品的质地都符合标准，提供给消费者更好的使用体验。

2. 利用 AI 替代部分文案和法规工作，实现智能合规

随着监管部门不断完善和更新化妆品的相关法律法规，化妆品在生产和研发环节的合规管理正在成为一项新的挑战。尤其是在注册备案方面，不仅需要有丰富的经验，还要精通最新的法律法规。对于企业来说是一件需要重复进行耗时耗力，并且需要持续进行资金投入的事情。

AI 技术介入之后，目前市面上出现了很多智能化软件，可以帮助化妆品企业实现法规、原料、配方信息的数字化管理。据《FBeauty 未来迹》了解，目前市面上的这类智能化软件核心功能主要包括配方自动检查纠错、备案文件自动生成、备案资料一键上传食药监局系统、包装标签禁用语检查、全流程透明化管理和一站式交互以及产品资料自动存档管理六大功能。

3. 引入数字员工，独立承担部分职责或者成为部分岗位的“智能助理”

无论在生产还是流通环节，都有大量机械性、重复性和记忆性工作，这也是生产企业劳动密集度高的原因之一。随着人工智能技术的发展，部分化妆品工厂开始引入数字员工执行一部分机械性、重复性工作，甚至充当一部分重要工作岗位的“智能助理”，以提高生产效率。在这方面，比较典型的代表是宝洁公司。

据了解，天津工厂已经先后引入了三代“数字员工”。第一代数字员工 Ada 主要从事重复性和规则性的工作，以处理生产环节的各种数据为主；第二代数字员工 Alan 则集成了 8 个机器学习模型的算法盒子，以其强大的数据分析能力为工厂的生产管理提供支持；到第三代数字员工 Altman，是一位基于生成式 AI 技术的“领航员”。他是工厂运作班长的得力助手，Altman 负责分析每日工厂的运作情况，生成每日工厂的运作任务，并根据资源最优原则将任务进行分配。

4. 利用 AI 打造智慧供应链

随着电商的高度发达，供应链的重要性正在不断提升，企业需要通过不断调整，在效率和服务质量之间找到最优解。最近几年，已经有很多化妆品企业开始利用大数据、云计算技术协助供应链的采购、仓储、制造、需求管

理、运输物流等环节的工作。其中比较有代表性的同样是宝洁公司。

公开资料显示，宝洁先后对供应链进行了数字化和智能化改造。2017 年 9 月，宝洁在广州成立了中国数字创新中心，该中心帮助宝洁在建立数据管理平台（DMP）的基础上全面搭建包括供应链业务在内的数字化运营的整体架构，使得宝洁供应链实现了最初的数字化升级。此后，宝洁进一步通过智造新基建从点到面地深入推进供应链的智能化升级。

宝洁公司目前在中国有 8 个工厂，有接近 40 家合作制造商，200 多家供应商合作伙伴以及全球制造和研发网络。要将整个链条上的所有环节实现精细化管理和协同，是一件非常困难的事情。并且，由于电商的发展，企业需要面临同时向 B 端大宗发货和向 C 端分散发货，还要应对“618”“双 11”等大型促销节日的脉冲式生产和发货。对供应链的智能化和柔性化能力需求很高。

通过引入一系列 AI 技术，宝洁最终打造出了一个像孙悟空一样拥有 72 般变化，“千场千链”高度灵活的供应链体系。通过对消费者需求和供应场景的精准画像，以需求拉动供给，实现在全渠道、全链路、全周期中，整个供应链的最优解。2020 年“双 11”，面对超 150 倍的订单井喷，宝洁天猫旗舰店仍实现了平均 3.5 天的发货时效，消费者下单 8 分钟后，产品已经离开工厂送往消费者手里，爆款产品订单当 / 次日达比例高达 90%。

AI 在美妆营销领域也正在被大量应用，主要集中在卖点挖掘、广告投放、文案撰写、提升体验、智能客服、私人订制等方面。

综上可见，AI 在美妆产业相关环节的应用已经非常广泛，且正在持续深入，相信随着技术的进步和大数据的积累，AI 的新应用案例会大量出现。在这一背景下，美妆制造业正逐步摆脱产品同质化、重营销轻研发的传统思维模式，转向以科技创新为核心的高质量发展路径。

四、AI 在美妆应用的局限性和未来展望

综合评估，AI 在美妆领域的应用目前仍然处于初级阶段。这主要是因为：第一，AI 在美妆领域的应用历史并不长，相关专业领域的数据积累量仍然有限，这导致能供人工智能训练的“语料”不够，其智能化程度也就有限。比如，在化妆品配方和香水的开发中，相对于专家们人工开发出的成果而言，

就还存在很大的差距；第二，AI 技术本身也还处于发展阶段，目前仍然存在无法在需要专业领域知识或背景理解的领域中高效执行等缺陷，因此导致其在很多需要创造性和专业性知识的领域的应用还只能“浅尝辄止”；第三，AI 的相关人才目前仍处于短缺状态，化妆品企业在应用 AI 技术时，大部分时候只能使用市面上的通用模型，对企业的个性化需求目前还很难满足；第四，受以上因素的影响，目前化妆品企业在 AI 方面的投入资金也还有限。

2024 年，“人工智能 +”首次被写入政府工作报告。报告提出，要深化大数据、人工智能等研发应用，开展“人工智能 +”行动，打造具有国际竞争力的数字产业集群。我国人工智能的蓬勃发展正在为各行各业带来全新赋能，为企业与个人的发展带来新机遇。各行各业在设计、生产、管理、物流和营销等核心业务环节应用人工智能新技术的趋势不可逆转。

随着 AI 技术的进步，尤其是在工业领域的应用技术被持续突破，其在美妆领域的应用也势必会持续深入。化妆品产业本身就是一个多学科交叉的前沿产业，企业应该对前沿的 AI 技术保持高度关注和相对应的投入。

［作者单位：张莉露　赵菁菁，纳通医用防护器材（天津）有限公司；
刘李军，FBeauty 未来迹］

化妆品合规数字化管理的发展现状及展望

方维亚　贾逸丹

摘要：随着《化妆品监督管理条例》及配套法规的逐步实施落地，企业主体责任加强，企业合规重要性凸显。然而，传统的合规管理方式面临着信息处理效率低下和数据准确性不足等挑战。本文通过梳理当前企业数字化合规的应用功能、应用方式，探讨数字化工具在合规领域中应用的当前挑战，畅想新兴发展的人工智能（AI）大语言模型在化妆品合规管理中的应用前景，展现数字化如何为化妆品行业的合规管理带来革命性变革，推动行业向更高效、更安全和更智能化的方向发展。

关键词：化妆品　数字化　系统 AI 大语言模型

一、化妆品合规数字化转型的背景

（一）化妆品法规政策革新

伴随着 2021 年《化妆品监督管理条例》（简称《条例》）正式实施，我国化妆品的合规标准正在经历一场全面的革新。《条例》明确了化妆品注册人、备案人的企业主体责任，并通过对企业质量管理体系等细节要求，强调了企业应对产品全生命周期的合规进行管控。与此相配套的在《条例》中细化了违法情形，加大了违法惩处的力度。2022 年全国查处化妆品案件总数同比增长 23.86%，其中移送司法机关案件数同比增长 83.75%。化妆品强监管时代背景下，化妆品行业规范化发展方向越明晰，企业内部合法合规管控工作的必要性和紧迫性日益凸显。

（二）专业合规人才危机加剧

《条例》的实施对化妆品注册备案和质量管理提出了更高的技术要求，对化妆品专业人才的需求凸显。化妆品合规人才是需要首先对化妆品的全生命周期有一定的了解，再赋能法规知识的学习，才能更好地应用到实际业务中。没有专业对口的人才，意味着当前大部分合规人员都是靠在企业工作中积累经验。现有的化妆品专业人才现状与化妆品可持续科学发展的需求严重不平衡，在很大程度上制约了化妆品合规化成效。国内有 20 多所院校开设化妆品相关专业，如化妆品工程与技术、香精香料技术等，侧重于化妆品原料配方、生产检测等环节，缺少化妆品法规的综合学习。同时，受制于产学研的相对脱节，化妆品相关专业的师资力量不足，理论与实践脱节，校内使用的多数教材偏理论和基础，与化妆品行业发展现状不匹配，对于化妆品法规的新要求知之甚少。

（三）传统合规效率低易出错

化妆品市场是一个充满活力和变化的市场，也是一个庞大的、多样化的市场。在数字经济高速发展的时代背景下，传统的合规工作方式已不能满足化妆品合规行业的新质生产力需求。传统的化妆品合规包括检索、比对、核查、撰写等环节，所有合规过程环节基本依赖人工进行，与数字化智慧化合规工具相比，人工合规容易出现合规效率偏低、数据准确性不足、信息孤岛、灵活性偏弱等不足，任何环节产生的微小纰漏，都有可能是对企业合法合规的一次重大挑战。与此同时，广大合规人员，无论是行业资深的合规专家，还是初入职场的合规新手，每天都需要耗费大量时间在处理基础的重复性的日常文书工作，鲜有时间投入法律政策的学习研究和产品合规的长期风险规划。

二、化妆品合规数字化的现状

（一）当前合规数字化的核心功能

1. 信息检索

合规工作涉及大量的法律、法规、标准等国家或行业机构发布的文件信息。数字化的工具或系统可以帮助企业结构化梳理所有合规标准文件，搭建合规智慧大脑，便于合规人员快速并准确地查阅到相关的法规要求。

2. 智能审查

由于合规工作有较强的知识性、标准性，在审核上主要基于大量的客观信息作出判断，所以数字化非常适合合规配方、包装等文书的审核。帮助减少人员的主观判断、降低对初级合规人员的经验要求、减少漏判错判情形。

利用“规则 + 标准”的审核逻辑，当产品的合规标准满足审核的规则明确、审核的标准固定两个条件时，系统就能够很好地实现自动化审核。以产品配方合规为例，企业需要对配方中的成分与添加量进行审核，判断配方构成是否满足某个国家或地区或企业内部的合规要求。配方的审核规则基本可以抽象为以下 4 种情形：黑名单，即配方中成分不允许出现在该名单内；白名单，即配方中成分必须出现在该名单内；限量校验，即配方中成分的添加量需不超过限量；信息提示，即配方中的特定成分有特殊要求，需要提示人工结合其他资料判定。

当我们将规则抽象出特定类型后，只需要整理导入对应规则的法规数据库，即审核的标准固定，机器系统就可以自动化替人工进行审核判断。同时，借助光学字符识别（optical character recognition，OCR）识别技术，可以将审核功能拓展到源文件为 pdf、jpg、png 等多种图片格式的包装风险词审核等场景。

3. 自动撰写与生成

化妆品合规过程中会涉及较多的文本报告撰写与表格整理生成，例如产品备案配方表、检验配方表、安全评估报告等。这些资料都存在法规标准或者企业内标固定的格式要求，且同一信息重复出现在多项资料中。采用“模版 + 数据库 + 参数”的形式搭建数字化工具，可以快速生成标准格式文件，减少同一信息的重复录入，在提效的同时又降低了文本的出错率。可有效减少安评人员的编辑撰写工作，从而将有限的专业人才投入难度更高更为专业的评估工作细节中。

4. 项目与流程管理

化妆品产品的注册备案合规资料审核与编撰是一项典型的合规工作。即便在非注册备案监管制的国家或地区，企业也会在产品上市前内部需要批准留存一套合规标准文件。这期间会涉及需要协同多个工作部门，收集、审核、编撰整理产品的合规资料（图 1）。

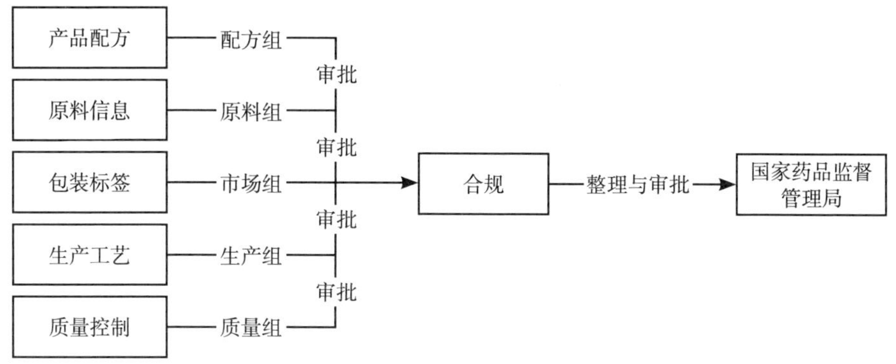

图 1 化妆品数字化项目与流程管理

数字化项目与流程管理系统在 3 个方面提升企业内部的合规管理。

（1）权限管理 产品合规信息往往涉及产品的“核心机密”，包括最终上市配方、所采购的原料、产品制成的生产工艺等。在当下行业卷产品力的时代，保护产品信息资产显得尤为重要。系统可以为企业内部的信息保密标准所服务，管控到最细颗粒度的查看与编辑权限。

（2）流程推进与管理 可通过系统设置各类角色的标准任务与任务截止期，系统自动触发任务提醒，以确保在跨部门协作时，能够有效地整合信息。在设定自动的流程推进同时，还可根据业务需要设置相应的审批管理，以确保产品上市前的各关键环节、关键指标是经过企业内部审批批准的，并可留存审批记录便于回溯。

（3）数字化合规资产 将产品合规资料数字化在系统中留存后，一方面便于资料的版本管理。产品上市后，在销售流通过程中仍然有多个环节需要再次验证或调用合规资料。另一方面数字化信息可以便于企业快速检索关键信息，并生成相关报表。

（二）合规数字化应用的典型方式

伴随着近几年化妆品法规的重大迭代更新，企业的合规压力加大，行业内的合规数字化配套工具与系统逐渐丰富。

1. 工具型

工具指代以实现单次功能为主，通常不存储用户实际业务数据。主要功能为化妆品法规信息查询、配方审核、包装审核、简易资料生成。优点在于用户注册简易、上手使用快捷、服务费用低。但工具型软件，通常无法部署在企业端服务器，采用的是服务商的公共服务器。而工具使用时，可能会涉及产品配方、原料信息的核心敏感数据，工具型软件的安全性和隐私性会是企业级用户所顾忌的方面。更适合个体用户或对成本敏感、企业内部数字化程度较低的 3 人内小型合规团队。

2. 系统型

系统软件通常结合了合规数字化工具，并且能够存储用户的业务数据，并在更广泛的维度上进行项目数据与流程管理，更适合企业级用户。企业可选择将数据部署留存于企业服务器，加强信息的保密管理；并且通过设置标准的使用流程，系统可在提供辅助审核的同时，帮助管理大量的企业合规数据，标准化工作流程，从而提供整体的内部协同效率。

系统型软件的整体搭建成本较工具型的较高，企业内部开发一套产品备案信息管理系统成本可达十几万至 30 余万不等，且企业定制化的系统无法较快适应随时处于变革的合规环境下。SaaS 订阅制系统软件能够更好地降低使用门槛，并提供快速的响应和调整能力以匹配新的法规要求。

（三）当前合规数字化转型的主要挑战

1. 数字化转型未深入企业的战略规划

中国化妆品企业的主要决策者和经营者对于数字化转型的目的、意义、挑战、方法等理解还不够全面、不够准确、不够深刻、不够坚定。如果仅把数字化转型作为一个技术问题，只是引入一些数字化工具，而没有深入理解业务，从商业模式和业务战略维度去考虑，数字化转型智能只会流于表面。尤其当企业领导人认为合规工作是一项成本开支，不产生业务营收，更容易忽视其数字化转型的意义。

2. 数据孤岛和数据安全挑战

合规工作贯穿产品的全生命周期，需要多部门整合多数据类型协作。在数字化转型的工作中，企业容易前期缺少前瞻性和系统性的规划，导致各部门的不同种类数据在企业内部无法有效整合与共享。产品的合规资料往往涉及企业的产品力命脉，数据保护措施的不健全，会致使企业的核心信息被恶意篡改或泄露。并且在数字化转型的过程中，往往存在多种数据对接、数据共享情形，对于数据的所有权和使用权如果没有明确的界定，容易产生严重的数据纠纷。

3. 复合型人才挑战

根据清华大学全球产业研究院 2022 年对国内 14 个行业门类企业的问卷调查，人才缺乏是目前企业数字化转型的最大障碍。该调查中，63.4% 的受访企业表示在目前推进数字化转型工作时缺乏数字人才。合规业务是一项专业度高、领域垂直的工作类型，且合规数字化较企业内的其他数字化起步晚，人才缺口更为明显。

三、AI（LLM）赋能合规工作的展望与畅想

（一）AI（LLM）赋能合规工作

大语言模型（LLM）是一种基于深度学习技术的人工智能算法，它可以生成自然语言文本。以往的在线翻译算法主要是基于规则和统计模型，需要大量的人工定义和手工调整。而大语言模型算法则是基于深度学习技术，不需要手工定义规则，可以自动学习和理解自然语言的结构和语义。大语言模型算法的输出更加自然、流畅，可以更好地满足用户的语言需求。

随着数字化时代的到来，各行各业都面临着越来越多的合规风险和挑战，如何在信息爆发的时代让大语言模型技术 AI（LLM）更好地为行业所用，法律行业在近些年的数字化技术发展具备非常强的参考意义。

1. AI 在法律合规中的主要应用

（1）合规监控和风险管理　AI 工具可以通过自然语言处理（NLP）技术自动扫描和监控内部文件、外部法规、新闻来源和社交媒体，实时识别法律和法规的变化，跟踪新的执法行动，及时提醒企业潜在的合规风险。

应用畅想：化妆品企业可以利用此项技术洞察国内外化妆品法规的最新动态，并且结合市场上化妆品行政处罚案例，及时做到内审自查，避免因为法规变化给企业带来负面的影响。AI 还能帮助管理企业内部文档，确保所有文件符合最新的监管要求，从而避免人为错误。

（2）法律文本分析　通过分类、信息抽取和文本生成等技术，AI 能够处理和分析大量法律文本。这些技术不仅可以帮助识别和分类法律文档，还可以生成摘要，辅助法律专业人士高效地处理复杂的法律信息。

应用畅想：由于中国化妆品行业的法规，行业标准信息量大，对于监管人员或是企业内部的合规人员和质量管理人员来说，翻阅法规和相关标准的时间消耗大。如借助 AI（LLM）工具，以提问的方式快速获得已经整理成体系的问题的答案，可以大大减轻合规人员在信息搜索上的时间成本。此外，除了外部的信息，AI（LLM）工具还可以对企业内部的产品信息进行归纳整理，以确保信息的准确性以及企业内部通过问题式的发问可以快速调取关键信息用于相关工作。

（3）自动化法律服务　包括合同审查、文件准备、法院文件递交等。AI 系统如 ChatGPT 可以提供 24/7 的法律咨询服务，提升法律服务的可及性和一致性。

应用畅想：以目前化妆品产品的注册备案资料的制作为例，企业合规人员在制作卷宗的过程中，由于大部分资料为人工制作，会面临着信息填写不正确，导致备案被审核退回而备案周期延长的情况。如果利用好 AI 工具，自动化生成相关卷宗资料，在很大程度上可降低因为人工操作而产生的失误，结合机器自动化技术（RPA），将重复的信息填写工作为计算机所替代，这对企业备案准确性和效率无疑是一次革新性的提升。

2. 药品行业在 AI 合规领域中的应用

（1）监管合规　AI 技术在制药行业中可以显著提升监管合规性。通过机器学习和自然语言处理，AI 能够自动分析海量数据，发现潜在的合规问题。例如，AI 可以处理和分析药品临床试验数据，快速识别异常或不一致之处，提前发现风险。

应用畅想：从化妆品监管层面，可以利用人工智能技术加速化妆品产品的合规性审查流程，确保产品符合法规要求。人工智能可以加速合规性审查流程，帮助监管机构更快速地识别并解决潜在问题。并且集成数据分析、风险评估和监控功能，提升监管机构的效率和应对能力。尤其是此能力在不良反应监测工作中的应用，可以大大提升海量不良反应监测的数据处理效率，及时识别风险产品和原料，为行业的产品安全保驾护航。

（2）在安全评估中的应用　在制药领域，欧洲药品管理局（EMA）发布的 AI 监管文件《人工智能在医药产品生命周期中的应用思考》中提到：“人工智能和 ML 工具有可能有效支持整个医药产品生命周期的数据采集、转换、分析和解释。”人工智能建模方法虽不能完全替代动物实验，但是可以协助完善相关模型的使用；包括能够通过指向性较高的特征选择对应的患者等。

应用畅想：在化妆品行业的安全性评估中，皮肤、眼部刺激性等实验能够借助 AI 进行相应的模型搭建，减少在实验过程中可能会存在的问题或偏差，并生成相应的数据统计及报告，在后期能够进行持续性的追踪，并以此作为基础数据进行更新优化。基于大数据和机器学习算法，可以预测化妆品成分的毒性和可能的健康风险，提前识别潜在的有害成分。同时，也要进行人工监管和干预，防止算法偏见、模型错误输出等问题出现。

（二）大语言模型的应用挑战

1. 大模型“幻觉”

根据当前研究大模型会“产生与某些来源无关的荒谬或不真实的内容”的倾向，大模型的开发者们将这一现象叫做幻觉（hallucination）。幻觉现象的存在会影响在医疗和法律等需要高度严谨回答的领域中的广泛应用。“四大模型的幻觉现象介绍”中提到合规人员在运用大模型工具时，应保持谨慎的态度，不可避免需要人为的复核检查，从而影响效率的提升效果。

2. 数据偏见

大模型在对海量数据的学习过程中，可能会吸收人类反馈中的意识形态偏见。陈慧敏等在“五大语言模型时代的社会机遇与挑战”中提到，如果在训练的过程中，恶意引入预设的偏见立场，AI 就会提供错误的或者误导性的法律文件或判定结果，放大司法系统数据中可能存在的偏见。

3. 数据隐私

大模型训练离不开大量的有效数据，但合规工作的数据通常是企业的敏感数据，是否共享数据、选用哪些数据用于模型训练，是企业需要审慎考虑的。企业如果仅采用自己内部的合规数据进行训练，那么大部分中小型企业就没有相关的技术能力或经济实力开展训练工作。

［作者单位：方维亚 贾逸丹，
恩特科信息科技（杭州）有限责任公司］

原料制造篇

◎ 中国化妆品原料产业发展现状、挑战与突围之路

◎ 中国化妆品原料产业化样本洞察报告
——"透明质酸效应"打造更多化妆品产业中国名片

◎ 国内外化妆品原料供应及技术指标对比分析

中国化妆品原料产业发展现状、挑战与突围之路

姚永斌　黄志东

摘要：［**目的**］探讨分析中国化妆品原料产业的发展现状、开发应用及发展趋势、市场竞争格局、国际化妆品原料企业发展历程对中国的启示、存在问题及挑战，提出突围建议。［**方法**］通过市场发展、应用与市场竞争格局分析、数据分析，进行系统研究分析。［**结果**］中国化妆品原料市场80%以上依然被国际知名原料商垄断，原料产业技术创新和研发能力需要加强，科技人才队伍建设需要加强。［**结论**］在消费者需求不断变化的前提下，在完整版安全评估加持下，中国化妆品原料产业面对低碳绿色、可持续发展、全球化竞争等三大挑战。提高品牌效应，加强市场监管力度，通过科技创新驱动发展绿色经济，特别是中国特色植物原料突破走向全球，是中国原料突围与可持续发展的根本出路。

关键词：发展现状　研发应用　竞争格局　发展启示　挑战与突围

化妆品原料是指化妆品配方中使用的天然、合成或者提取的各种成分，具有保湿、滋润、抗衰老、抗氧化、美白等功效。根据化妆品原料的用途与功能，可以将组成化妆品的原料分为基质原料（大料）、辅助原料和功能性原料三大类。

作为化妆品产业链的“源头活水”，原料就是化妆品的“芯片”。原料，是化妆品的根基所在，是化妆品实现功效与竞争力的保障。谁掌控了原料，谁就掌控了产业链的主动权和话语权、定价权。

一、中国化妆品原料产业发展现状

以前，中国化妆品原料主要来源于植物、动物和矿物，特别是植物原料，有着比较广泛的应用。直到近代，中国才引进西方的化妆品原料与技术。而到了现代，中国化妆品原料随着科技的不断发展，进入了一个全新的发展阶段。

与欧美日韩发达国家相比，中国化妆品原料行业起步较晚，在技术、人才、产品等方面都还有非常大的差距。但近些年来，在国家、各地方政府积极培育并扶持下，不少企业持续加大研发创新投入，中国化妆品原料产业发展取得长足进步。目前，中国化妆品原料产业发展现状如下。

1. 产量和需求量

欧睿咨询数据显示，2022 年中国化妆品原料产量和消费量分别为 93.66 万吨和 91.92 万吨，国产原料市场规模达到 122.38 亿元，其中护肤品领域原料占比超 50%。预计 2023 年中国化妆品原料需求总量将达到 99.38 万吨。

2. 市场规模

瑞旭集团（CIRS）预计，2023 年中国整体化妆品原料市场需求规模超过 500 亿元（含从国外进口）。这一数据表明，中国化妆品原料行业将继续保持活力，并有望成为全球化妆品市场的重要推动力。根据欧睿咨询数据，基质原料（大料）消费量占比 65% 左右，辅助原料占比 25% 左右，功能性原料占比 10% 左右。

3. 备案情况

国家药品监督管理局（简称国家药监局）化妆品原料备案信息平台显示，2023 年化妆品新原料备案数量达 69 个，比 2021 年（6 个）和 2022 年（42 个）的总和还多 21 个。自 2021 年 5 月中国化妆品新原料备案“开闸”以来，3 年累计备案数量达 117 个。其中，以多肽为核心的维琪科技以 8 个新原料备案数夺得桂冠，随后华熙生物（4 个），东阿阿胶、贝泰妮、水羊生物各 3 个。

维琪科技是中国皮肤活性原料行业领跑者，也是目前中国化妆品新原料获批备案数量最多的企业之一，创新研发多肽 50 多项，申请 60 多项发明专利与多项国际专利合作条约（PCT）专利，20多项国家软件著作权。

进入2024年，中国新原料备案再一次启动“快捷键”，截至5月17日累计已经备案36个新原料。其中，贝泰妮以5个新原料（植物原料）“领跑”。

原料企业、品牌企业、代工企业等纷纷加入新原料“备案潮”。国货美妆相关企业集体觉醒，共同打响原料“造芯”大战，中国原料未来可期。

4. 应用情况

截至2023年底，尽管新原料备案数量已达117个，但仅有46个新原料被应用，备案商品数量仅有1798个，应用率为39.32%。由此可见，新原料在应用推广方面还处在瓶颈期，超过60%的新原料未能实现应用价值。

在《已使用化妆品原料目录（2021年版）》中，收录了8965种在我国境内生产、销售的化妆品已使用原料及其使用信息，其中3400多种为植物原料。相比欧盟30000多种、美国29000多种，中国化妆品可使用原料数量差距甚大。因此，中国化妆品在新原料研发备案、应用推广方面还有非常大的上升空间，中国化妆品原料产业发展道阻且长。

5. 细分市场表现

尽管跨国企业垄断着中国化妆品原料行业，但在一些细分市场具有产量、市场份额比较优势，或处于全球领先地位，如透明质酸、防晒剂、维生素、重组胶原蛋白、植物提取物、表面活性剂等。

二、中国化妆品原料开发应用及发展趋势

化妆品新原料开发，首先是为了得到更温和、安全、有效的原料，能够为消费者带来更好的产品体验；其次是适应环保和可持续发展的需要，需要更多绿色、可降解的原料；最后是通过技术创新、工艺提升，得到更高性价比的原料。

总体来说，新原料的研发和应用，一是可以推动化妆品行业的技术创新和产品升级，促进行业竞争、健康发展，为消费者提供更具吸引力、更高性价比、更大附加值的产品和服务，对提高产品体验和创新服务具有积极的意义；二是可以提升企业创新能力和市场竞争力，创造更多的商业机会和收益；三是可以推动行业向健康、可持续、高质量发展。

当然，化妆品原料的研发和应用周期较长，需要进行大量的实验和临床试验。功效检测需要依靠科学的手段和方法，才能够确保结果的准确性和可靠性。

因此，企业在研发费用投入上是一个持续的过程。有研究报道指出，国内外美妆护肤行业的平均研发投入比例为2%~3%，而中国许多头部企业研发投入比例都高于行业平均水平。其中，如华熙生物、自然堂、贝泰妮等，是中国美妆行业研发投入比较高的企业。财报数据显示，2021年至2023年，华熙生物研发费用率分别为5.75%、6.10%和7.35%。

目前，中国化妆品原料开发应用主要集中在生物原料、植物原料。而在原料生产技术上，天然植物萃取技术和生物发酵技术是目前行业主流，而“万物皆可合成”的合成生物学是未来发展趋势，有专家预计将迎来爆发式增长。相关数据显示，2022年“中国成分”化妆品市场规模为545.7亿元，预计5年内将翻倍至1000亿元。2021—2023年成功备案的28个生物技术新原料，其主体原料都是发酵产物及其滤液。其中，β-烟酰胺单核苷酸备案7次，*N*-乙酰神经氨酸备案3次。

根源中国、兼具文化价值与科技含量的特色植物原料，是这些年来中国化妆品原料开发应用的“主阵地”。2022—2023年，成功备案16个植物新原料，进一步推动着“了不起的中国成分（原料）”崛起与发展。

“自研”“独家”原料，是近几年中国国货企业（品牌）形成核心竞争力、差异化营销“出圈”的重要举措，而产生这一现象的背后，是“卷功效”“卷原料”“卷成分”等市场竞争的反映与表现（表1）。

表1 国货“自研”“独家”原料创新应用（代表品牌）

企业/品牌	成分名称	核心功效	代表产品
华熙生物	玻尿酸	保湿	润百颜次抛精华系列
	Bioyouth™-EGT Pure 超纯麦角硫因	抗氧化、抗衰	—
福瑞达	微分子寡聚透明质酸	保湿	贝润寡聚玻尿酸原生水光次抛精华液
	人源化Ⅲ型重组胶原蛋白	抗衰	珂谧 KeyC 重组胶原蛋白益护御龄精华

续表

企业/品牌	成分名称	核心功效	代表产品
自然堂	超级酵母喜默因	抗老、修护	自然堂第五代小紫瓶精华
韩束	环六肽 -9	抗衰	小蓝瓶精华
珀莱雅	环肽 -161	抗衰	红宝石面霜
谷雨	光甘草定	美白	谷雨光感美白修护精华霜
巨子生物	重组胶原蛋白	抗衰	可丽金赋能紧致系列
	稀有人参皂苷	抗衰	可复美胶原棒与胶原乳
HBN	Complex-ATRA® 复合维 A 醇	淡纹紧致、抗衰	HBN 双 A 晚霜
	A 醇	抗衰	HBN 视黄醇紧塑赋活晚霜
欧诗漫	珍白因 pro	美白	欧诗漫珍白因水乳
安敏优	青蒿油 AN+	舒缓修护、调节微生态	安敏优次抛、舒缓维稳水乳
花皙蔻	超 A 牡丹肽	抗老	花皙蔻牡丹盛世美颜淡纹紧致精华霜

注：—表示无相关内容。

这些年，国货“自研”“独家”原料的企业不少，综合行业反响与营销成绩，国货品牌在原料创新与应用相对比较成功的品牌主要有华熙生物、福瑞达、珀莱雅、韩束、谷雨、自然堂、巨子生物、HBN、欧诗漫、安敏优、花皙蔻等（表 1）。

2023 年珀莱雅与韩束的超级单品、超级品牌，都是“肽”（抗衰）成就；谷雨与美白成分光甘草定的深度绑定，成为年度经典成功案例；巨子生物依托重组胶原蛋白这个王炸成分，一举奠定了企业在行业的龙头地位，而且利润颇丰。当然，薇诺娜的马齿苋提取物、青刺果油，林清轩的清轩萃、稀物集的松茸提取物、瑷尔博士的褐藻、美肤宝的光果甘草、麦吉丽的麦肤因、植物医生的石斛兰提取物等“自研”“独家”原料，同样获得了消费者的品牌“成分认同”，并且实现了较好的营销业绩。

通过对中国化妆品原料开发应用综合分析，结合全球化妆品市场发展趋势，以及国家各种监管举措，我们可以窥见中国原料的一些发展趋势。

（1）功能性原料是目前中国化妆品原料开发与应用的主要阵地　进入“无功效、不护肤”时代，为了满足消费者如抗衰、防敏、防晒、美白祛斑、祛痘等功效护肤需求，中国化妆品原料开发与应用“主旋律”均围绕这一需求展开。这一发展趋势，主要满足化妆品“有效”这个核心评价指标。

其中，利用天然植物萃取技术和生物发酵技术，开发与应用生物原料、植物原料是中国化妆品原料开发与应用主要阵地，并将持续发展。特别是国家在政策上给予特色植物原料研发相应支持后，中国特色植物资源化妆品原料的开发与应用必将成为企业“抓手”。

（2）多肽类、重组胶原蛋白原料研发与应用，持续引领风潮　在合成生物学新技术的赋能下，多肽类、重组胶原蛋白原料取代玻尿酸，引领中国原料研发与应用风潮。目前，华熙生物全产业链布局，领跑合成生物赛道。当然，还有巨子生物、锦波生物、丸美股份、暨源生物、江山聚源、创健医疗、福瑞达等一批实力战将。

（3）绿色可持续原料成为化妆品高质量发展的“新匹配”　享受健康、环保的低碳生活，已经成为国内越来越多消费者的共识。同时，为了实现环境、社会及治理（ESG）创新引领的“美丽与责任”可持续发展。因此，化妆品原料开发与应用上追求自然、有机、绿色、环保、可持续成为必然发展趋势。目前，这一原料发展趋势，中国与全球同步。

三、中国化妆品原料市场竞争格局分析

受益于中国化妆品行业的迅猛发展，化妆品原料市场也得到了快速发展。与国外发达国家相比，中国化妆品原料行业起步较晚，发展仍处于初级阶段。因此，从市场竞争格局来看，目前中国化妆品原料中小企业多且分散，完整的产业链尚未形成，市场集中度低，行业市场竞争力整体不高，规模效应有待提高。

各种新闻表明，一直以来，中国化妆品原料80%左右都依赖于国际进口，其中从欧美和日本进口居多（表2）。目前，中国化妆品原料市场上的主要竞争者包括两大阵营：一是国内原料研发生产企业，二是外资原料研发生产企业（包括在中国投资设厂生产）。所以，国货化妆品品牌产品“卡脖子”

现象时有发生，其背后主要原因就是国际贸易环境的变化，进口化妆品原料断货、提价等供应问题导致。

欧美日化妆品原料巨头生产的基质原料（大料）、辅助原料和功能性原料都有销售，但在功能性原料（活性原料）上工艺技术与生产水平高、综合实力强，所以拥有绝对的话语权、定价权。

表 2　中国化妆品原料市场，国际知名原料供应商（参考）

国家	原料商	核心产品
日本	日清奥利友	合成性油脂，如异壬酸异壬酯、氢化聚癸烯等
	日光化学	油溶性维生素 C 衍生物、乳化剂、油脂等
	味之素	氨基酸类表面活性剂、保湿剂、酯类润肤利剂、PCA 锌、精氨酸等
	信越	硅油类产品、硅油乳化剂
	住友	丙烯氧化物（丙二醇的原料）、室内外杀虫剂
	帝国化学	二氧化钛、氧化锌
德国	巴斯夫	各种防晒剂、Tinosorb M、Tinosorb S
	赢创	表面活性剂、乳化剂、EM90 硅油包水乳化剂、神经酰胺系列
	德之馨	Symwhite377、德敏舒、表外防腐剂馨鲜酮、红没药醇
	默克	依可多因、改性云母、色粉
	瓦克化学	硅油乳液、有机硅成膜剂
美国	陶氏化学	基础原料、有机硅、高分子增稠剂、调理剂
	路博润	洗护表活、卡波、阿基瑞林（乙酰基六肽 -8）
	森馨	表面处理色粉：有机硅、卵磷脂等
	亚什兰	头发调理剂和防腐剂、增稠剂、包裹体
	国际香精香料	香精香料
法国	赛比克	305（乳化增稠剂）、海茴香提取物、积雪草提取物
	嘉法狮	活性物、欧洲水青冈提取物
	仙婷	奥婷敏
英国	英国禾大	活性多肽和植物提取物、乳化剂：吐温 -20 和吐温 -80

续表

国家	原料商	核心产品
瑞士	科莱恩	绿色原料、舒缓原料 CalmYang
	奇华顿	香精香料
荷兰	帝斯曼－芬美意	维生素、烟酰胺、防晒剂、Pentavitin（锁水磁石）、香精香料

日本是“瓜分”中国化妆品原料80%左右市场的主要国家之一。提起化妆品原料研发生产，日本在全球有着举足轻重的地位，拥有如日清奥利友、日光化学、信越、味之素、住友、帝国化学等一批卓越企业，缘于日本在化学、生物、医药领域全球领先，所以日产原料在全球范围内备受推崇。如味之素，是世界上最大的氨基酸供应商之一；日清奥利友，是百年历史的综合性油脂龙头企业。

日产原料具有天然资源、先进的科研技术、严格的质量管理、丰富的产品种类等优势。但是，受“核废水”事件影响，2023年“日系”化妆品品牌在中国市场业绩集体下滑，同时也殃及日本化妆品原料供应商。日产原料遭遇“辐射检测”，为了让消费者购买安心，大批日本原料被中国化妆品企业弃用（替换）。

除日本外，欧美一帮国际原料巨头（全球十大全部包含在此）控制着中国化妆品原料的供应。如德国（巴斯夫、赢创、德之馨、德国默克、瓦克化学）、美国（陶氏化学、路博润、森馨、亚什兰、IFF）、法国（赛比克、嘉法狮、仙婷）、瑞士（科莱恩、奇华顿）、英国（禾大）、帝斯曼－芬美意（荷兰、瑞士双总部）等。

全球知名化妆品原料供应商，大多来自德国和美国，比如巴斯夫，是全球最大有机化妆品原料供应商，全世界一半的化妆品品牌都是其客户。数据显示，2021—2023年全球营养与护理部门（化妆品个护、家庭护理原料）销售额分别为64.42亿欧元、86.54亿欧元、72.86亿欧元，占集体销售额比重分别为8.19%、9.91%、10.57%。因此，巴斯夫在全球化妆品原料销售额至少500多亿元，目前中国化妆品原料企业难以望其项背。

这些欧美企业大部分在中国“安营扎寨”（亚太或中国总部基本在上海）、

投资建厂。目前，巴斯夫，在大中华区拥有30个生产基地；赢创，在中国拥有16个生产基地和办公室；陶氏公司，在中国共有8个生产基地。

拥有领先的研发、先进的工艺技术和生产水平，这些欧美化妆品原料企业在中国不断地“攻城掠池”。中国是巴斯夫最大的海外市场。财报数据显示，2022年、2023年巴斯夫在中国区域整体销售额分别为110.22亿欧元、88.93亿欧元，其中营养与护理（化妆品个护、家庭护理原料）销售额没有公布具体数据，仅说明占比低于10%。若以9%占比推算，巴斯夫在中国化妆品原料销售额至少60亿元。按照2023年中国化妆品原料500亿元整体市场规模推算，巴斯夫在中国销售额占比约12%。

在欧美日等国际原料巨头控制下，中国大部分化妆品原料企业只能靠“性价比”在中低端、小范围竞争生存，共同去争抢中国化妆品原料市场的20%。其中，以华熙生物、科思股份、聚源生物、赞宇科技、丽臣实业、天赐材料、新和成等一批“中国力量”正在崛起，并在一些原料细分赛道处于领先地位（表3）。

表3 具有比较优势或全球领先的中国化妆品原料

原料类别	代表企业/重点企业
透明质酸	华熙生物、焦点生物、阜丰生物、安华生物、山东众山
美容多肽	浙江湃肽、深圳维琪、深圳健元、深圳瑞德林、合肥国肽
防晒剂	科思股份、美峰（MFCI）
表面活性剂	赞宇科技、丽臣实业、晨化股份、天赐材料
植物提取物	晨光生物、莱茵生物、重庆骄王等
重组胶原蛋白	聚源生物、东宝生物、锦波生物、巨子生物
香精香料	新和成、爱普股份、亚香股份、新化股份、科思股份、华业香料
维生素C	上海比莱化工、斯拜科、上海珈凯

（1）透明质酸（玻尿酸） 以华熙生物（688363）、福瑞达（600223）引领的透明质酸（玻尿酸），就是中国化妆品原料创新研发、产业化、国际化的一面旗帜。中国是全球最大的玻尿酸原料生产销售国，研究报告显示，2022年占据全球82.7%市场份额。华熙生物、福瑞达焦点生物、阜丰生物、安华

生物、山东众山等生产主力均为山东企业。

财报显示，全球玻尿酸龙头企业华熙生物2023年原料业务收入11.29亿元，同比增长15.22%。其中，出口原料销售达5.17亿元，同比增长21.47%，占原料业务线收入的比重达到45.81%，接近半壁江山，远销全球70余个国家和地区。

（2）防晒剂　科思股份（300856）深耕行业20余载，已经成为全球防晒剂制造龙头企业，防晒剂产品的总销售量和市场份额在行业内处于领先地位，防晒剂产品市场份额占全球的20%以上，其防晒剂原料出口额近90%。当然，科思防晒剂的“标杆”竞争企业是全球“龙头大哥”巴斯夫。

财报显示，科思股份2023年化妆品活性成分及其原料产量2.49万吨，销量1.95万吨，实现收入20.70亿元；合成香料产量1.06万吨，销量0.72万吨，实现收入3.08亿元。

（3）植物提取物　中国是全球植物提取物原料供应第一大国。目前我国从事植物提取物进出口的企业超过2000家，出口额1000万美元以上的有50多家。中国医药保健品进出口商会提供的数据显示，2023年我国植物提取物出口额为238.8亿元，全球市场份额超过20%、居世界第一。晨光生物（300138）、莱茵生物（002166）等“龙头”企业，引领中国植物提取物发展与出口。但是，在植物提取物化妆品“专利”申请数量上，中国企业“重视程度”远不如日本、韩国。

研究报告数据显示，截至2021年9月，全球植物提取物行业专利申请数量TOP10申请企业分别是诺薇雅150项、一丸134项、花王133项、资生堂112项、狮王91项、爱茉莉太平洋82项、欧莱雅66项、LG生活健康57项、宝丽55项、高丝51项。

（4）重组胶原蛋白　目前，重组胶原蛋白在中国市场如火如荼，目前该原料主要生产企业有聚源生物、锦波生物、巨子生物、创健医疗，这4家企业产品占据国内市场份额的98%。根据新闻宣称，聚源生物已成为全球最大的重组胶原蛋白供应商之一，年产重组胶原蛋白高纯度粉末原料20吨，折合重组胶原蛋白溶液5000吨。

重组胶原蛋白是近2年资本追捧的宠儿，是合成生物技术的新势力，其行业关注热度，远超透明质酸、多肽等其他生物原料。但是，市场声音两极化，有人认为重组胶原蛋白是机遇，是中国化妆品弯道超车的好契机；也有人认为重组胶原蛋白是智商税，质疑其功效真实性及含金量。

（5）维生素　前瞻产业研究院数据显示，中国是维生素 C 和维生素 E 出口大国。2021 年中国维生素 C 产量达到 21.3 万吨，占到全球产量的 75% 以上，且 70% 以上的产量出口到美、日、德等发达国家。据国金证券报道，上海比莱化工、斯拜科、上海珈凯三大厂商的维生素 C 乙基醚（维生素 C 衍生物，是化妆品中常用的美白剂）产量占全球大约 40% 的份额。其中上海比莱化工是全球最大维生素 C 乙基醚生产商，年产 200 吨。

（6）表面活性剂　目前，我国已成为全球表面活性剂生产和消费大国，国产表面活性剂产量规模已经基本可以满足中国化妆品生产所需。根据中国表面活性剂产业联盟统计数据，2022 年表面活性剂行业 67 家规模企业全年表面活性剂总产量达到 426.2 万吨，销量 420.9 万吨，分别同比增长 3.6% 和 2.1%。中国已成为表面活性剂产品的"世界工厂"。

其中，赞宇科技、丽臣实业为"龙头"企业，分列行业第一、第二。2023 年，赞宇科技表面活性剂（含洗护用品）销量达 57.72 万吨，实现营收 33.98 亿元；2023 年，丽臣实业表面活性剂年产能 40 多万吨，营业收入为 29.97 亿元。当然，晨化股份、天赐材料在表面活性剂的研发生产上也表现优秀。

（7）美容多肽原料方面　受益于生物科技的突破，中国企业也取得了非常不错的业绩，其中 TOP5 企业为浙江湃肽、深圳维琪、深圳健元、深圳瑞德林、合肥国肽，分别占据 6.9%、5.6%、3.2%、1.9% 和 1.8% 的市场份额。因此，目前中国美容多肽原料市场集中度低，竞争格局较为分散。

（8）香精香料（化妆品）方面　新和成、爱普股份、亚香股份、新化股份、科思股份、华业香料等中国企业在集体追赶奇华顿、德之馨、IFF、帝斯曼－芬美意这四大巨头（它们占据全球 60% 以上市场份额）。其中，新和成是中国香精香料的带头大哥，2023 年新和成以 32.74 亿元的香精香料业务营收规模，继续排名中国第一。

四、国际化妆品原料企业发展历程对中国的启示

纵观巴斯夫、赢创、亚什兰、德之馨、帝斯曼等全球知名的十大化妆品

原料企业，它们成立的时间都非常早——清朝道光至中华民国期间。其中，历史最悠久的是德国赢创，自1843年成立至今已经有180多年；而“最年轻”的是美国道康宁，由陶氏化学（1897年成立）与康宁公司（1851年成立）合资成立于1943年，至今也已经有80多年，现为全球硅胶技术和创新领域的全球领导者。

全球知名的十大化妆品原料企业，都凭借科技、资本、营销等成为多元化发展、全球跨国经营的集团企业。如今，这些传统化工巨头，化妆品原料只是其中小部分业务，但不妨碍它们成为世界顶级的化妆品原料供应商，如巴斯夫，其化妆品业务虽然只占集团销售额10%左右，但其依然是全球最大的有机化妆品原料供应商。

通过国际化妆品原料企业发展历程，就它们共同的发展战略，结合中国化妆品原料企业发展现状，以标杆企业巴斯夫为样本、为核心，分析总结出对中国企业通往做大、做强发展之道的启示及建议。

1. 多元化与产业链延伸发展战略

该战略是巴斯夫逐渐成长为全球化工行业巨头的核心。巴斯夫从单一染料产品，经历六大发展时期（阶段），逐渐扩大到化学品、材料、工业解决方案、表面技术、营养与护理、农业解决方案六大领域，最终成为全球化工帝国，靠的就是多元化与产业链延伸发展战略。

同理，中国化妆品原料企业如果仅靠单一的化妆品原料研发、生产，是无法做大做强企业的。事实上，化妆品原料市场规模有限。如玻尿酸龙头企业——华熙生物，其近几年营收迅猛增长，是原料、医疗终端、功能性护肤品、功能性食品四大业务合力的结果。2023年，华熙生物营收60.76亿元，其中原料营收11.29亿元，占比为18.58%，营收核心贡献还是功能性护肤业务，占比达61.83%。

如果仅靠化妆品原料，华熙生物不可能迅速做大；如果仅靠单一玻尿酸原料，华熙生物原料业务也做不大。因此，华熙生物不断砸下科研重金，押注合成生物学，将原料拓展至蛋白质、多肽、氨基酸、核苷酸、天然活性化合物等，有助于生命健康的生物活性物开发和产业化应用。

2. 国际化战略与跨国经营

通过国际化战略，巴斯夫形成了全球化网络。1965年以来，公司走上跨国企业发展之路，通过并购和合资等方式进入欧洲、北美、亚太和非洲等地，最终成长为全球知名的化工巨头。

中国化妆品原料企业如果要做大做强，必然需要实施国际化战略与跨国经营。目前，中国化妆品原料企业国际化就是产品“出海”。通过“出海”战略，华熙生物原料出口营收接近半壁江山，远销全球 70 余个国家和地区；科思股份，防晒剂原料出口额近 90%；维生素 C，70% 以上的产量出口到美、日、德等发达国家；植物提取物出口，全球市场份额超过 20%，居世界第一。

当然，如果中国化妆品原料企业想要成为国际集团公司，在全球市场形成竞争力，光靠产品“出海”肯定不够，需要在国际化销售的基础上，提升为跨国经营，在全球重点市场布局科研、生产、市场、营销组织与服务团队。其中，资本运营与兼并重组，是跨国经营的核心。当然，实施国际化、跨国经营，企业必须要有全球视野与全球化人才。中国企业在实施本地化战略时，应充分了解当地市场需求和文化特点，制定合适的发展策略。

3. 基地化和一体化发展战略

该战略是巴斯夫实现利益最大化的保证。一体化体系是巴斯夫产品组合的基础与优势，主要包括实体（生产）、技术、市场、数字一体化。在巴斯夫的一体化基地，生产装置与技术平台智能互联，从而能够高效地使用资源和发挥专长。凭借 6 个一体化基地和 241 个其他生产基地，巴斯夫几乎能为世界上任何国家和地区的客户与合作伙伴提供服务。一体化体系集成了生产、市场及技术平台，将各项业务紧密相连。

当中国化妆品原料企业发展成为国际化与跨国经营集团后，巴斯夫实体（生产）、技术、市场、数字一体化战略非常值得学习与借鉴。在国际化战略布局上，自 2012 年起在美国建立子公司后，华熙生物相继成立了法国、日本、韩国、新加坡子公司。未来，华熙生物要想进一步成为全球化妆品原料巨头，可以学习和借鉴巴斯夫基地化和一体化发展战略。

4. 业务平台整合，科技创新驱动

巴斯夫全球六大业务的整合与运营，都是通过各大业务平台实现、贯通。巴斯夫以位于总部路德维希的中心实验室为核心，在全球范围内设有欧洲、北美和亚太地区的多个研究中心，通过科技创新驱动，推动企业高质量发展。

在这个发展战略上，中国化妆品原料企业目前做的比较好的是华熙生物。

为了解决设备连接、数据分析、智能制造、供应链管理等问题，华熙生物已经初步建设完成工业互联网平台；为了实现全产业链研发，加快科研成果的产业转化和市场转化，华熙生物目前已建成合成生物学研发平台、微生物发酵平台、应用机理研发平台、中试转化平台、交联技术平台、配方工艺研发平台在内的六大研发平台。

除了以上“长期主义”发展战略的启示及建议，中国化妆品原料“初级阶段”企业当然还可以学习国际化妆品原料企业发展历程中的基础共性：那就是在原料多元化中，一定要相对专业化经营，即在某一品类形成核心竞争力，并实现精细化运营，实现规模经营。

五、中国化妆品原料产业发展挑战与突围之路

（一）中国化妆品原料产业发展挑战

在全球化和技术快速发展的背景下，以及消费者需求的多变、快变、升级下，中国化妆品原料企业面临着多方面的挑战，如市场竞争、成本控制、供应链、质量控制、数字化、智能化、可持续发展等。这里，主要探讨分析完整版安全评估、新原料研发备案、可持续发展等三大挑战。

1. 完整版安全评估对化妆品原料企业的挑战

化妆品完整版安全评估标准，是一体化的全流程安全评估，更强调了安全性的风险评估和评估后效果的监控，大大降低了安全风险的概率，实现了化妆品行业安全控制的全方位覆盖，其专业性、科学性极强。但是，完整版安全评估对行业而言，无疑是个巨大的挑战，特别是原料企业会感到“头疼”。

与简化版安全评估相比，完整版安全评估需额外提供原料毒理学信息，即配方中每个原料都需提供毒理数据，而可采用的证据类型不包括“本企业的历史使用浓度”和“化妆品监管部门公布的原料最高历史使用量”。这意味着企业需查找国际上权威的评估报告、文献资料来证明产品中这个原料的使用量是合规安全的，否则，就需开展一些测试进行评价，既费钱又耗时间。更大的难题与挑战在于，至少有 60% 的原料缺乏毒理数据，尤其是植提、发酵以及生物合成的一些原料，需要加测毒理学试验。

面对完整版安全评估，品牌、工厂大多倾向于选购毒理数据齐全的原料，

或将以上这些难题直接“踢到”原料供应商。而为了市场，为了企业持续发展，原料供应商只能接受这个挑战，为企业提供毒理数据齐全的原料。

2024年4月22日，国家药监局官宣：化妆品完整版安全评估延期到2025年5月1日实施。但是，延期并非不执行。原料安全评估、成品安全评估、投放市场后监测数据的评估，是确保产品安全的有效手段，是确保消费者“安全用妆”的关键保障。

2. 新原料研发备案对化妆品原料企业的挑战

前面已经提到，与欧美相比，中国可使用的化妆品原料种类太少，这是制约中国化妆品发展的一个重要原因。因此，国家也注意到这个问题，中国化妆品新原料备案在2021年5月“开闸”了。

但是，化妆品新原料研发资金投入大、时间周期长，难度比较大。另外，中国新原料安全认证周期长、费用高，报批一个普通的化妆品新原料需要100万~150万元。因此，这对于化妆品原料企业是一个非常大的挑战。

因此，全国政协委员、复旦大学上海医学院副院长朱同玉建议：中国新原料备案尽快采用“负面清单制”。其中涉及中草药等我国优势资源的原料，可以在明确原料来源和原料安全相关信息后，优先审批。“中国成分”要解决原料“卡脖子”的问题，也离不开来自国家政府层面的支持。

3. 可持续发展对化妆品原料企业的挑战

从环境、社会以及公司治理角度，推动企业发展的可持续性，是化妆品产业可持续发展的必由之路。化妆品产业可持续发展，必须实行“美丽与绿色”相结合的发展道路。

对于化妆品原料企业，可持续发展举措主要集中在绿色原料、技术的研发和应用上。面对绿色可持续原料高标准、高要求，一方面需要具备相当的科研实力，另外一方面需要具备创新的思维和方法。低碳绿色、安全和有效、可持续发展，这给广大化妆品原料企业带来了巨大挑战。

为了可持续发展，国际原料巨头早已经在可持续化妆品活性原料、植物原料、有机原料等方面进行了布局与研发生产。绿色生物发酵技术、天然植物萃取技术，以及目前的合成生物学新势力，共同推动着可持续原料的创新研发与应用。

（二）中国化妆品原料产业突围之路

在面临诸多挑战，特别是完整版安全评估、新原料研发备案、可持续发展等三大挑战下，中国化妆品原料企业的“出路”，必须依靠原料创新突围。中国企业需要开发更多具有功效性的核心原料突出重围、走向全球，实现可持续发展。

1. 科技投入、研究与创新应用突围

根据行业人士透露，中国原料被“卡脖子”主要有两大原因：一是与国际企业相比，中国化妆品原料企业研发能力和创新能力差距较大；二是原料供给不足，很多高质量和专利原料需要从欧美日等国家进口。

除了玻尿酸原料实现了产业化、全球化外，中国仅有低端合成护肤油脂、保湿剂、单体活性物（提取）、防晒剂这几类原料具有过硬的生产实力，但同时也存在相关技术没有很好地应用在国内化妆品领域的尴尬境地。

破解产业“卡脖子”，从“芯”入手。因此，持续的科技研发投入、研究与创新应用，是中国原料突围、可持续发展的唯一路径。科技创新，一是不断提升“自研”“创新”核心力量；二是加强与高校、研究机构和创新团队战略合作，借助外智与技术强“筋骨”。

因此，突破化妆品原料核心技术与工艺难关，将话语权掌握在自己的手中，已成为中国化妆品原料企业迈上新台阶的重中之重。

2. 中国特色植物原料，是企业重要突破口

在《化妆品监督管理条例》中，明确提到“鼓励和支持运用现代科学技术，结合我国传统优势项目和特色植物资源研究开发化妆品”。近年来，在政策指引下，中国特色植物成分逐渐成为化妆品行业原料创新的主要突破口。

随着天然、绿色、微生态功效性护肤的热门，以及植物原料提取技术的快速发展，植物化妆品得到了许多品牌与广大消费者的青睐。依托市场需求、发展前景和产品的天然功效与差异化，植物原料开发成了中国及国际原料企业共同的行动。

中国的植物种类有3万余种，仅次于全世界高等植物最丰富的马来西亚和巴西，居世界第3位。中国特色植物资源代表了中国原料的希望，挖掘特色植物本身的价值属性和功效特色，把中国特色植物资源原料化，开发出更

多更好的植物原料，让中国原料走出国门、走向世界。

3. 转型升级，在低碳绿色发展中实现突围

推动经济社会发展绿色化、低碳化是实现高质量发展的关键环节。扛起生态环境保护的责任，加快发展方式绿色转型，推进生态优先、节约集约、绿色低碳发展，是企业向“绿”向“新”转型升级的关键。

在全球化妆品产业，跨国企业在社会责任方面表现积极，关注环境保护、可持续发展等。近些年，欧盟限制使用和禁用多种化妆品原料与包材的成分，欧盟化妆品的监管突显了他们对化妆品原料安全监管的收紧，以及对可持续发展的愈发重视。

中国化妆品原料企业需要与国际接轨，响应国家低碳绿色发展号召，积极履行社会责任，研发更多绿色、环保、安全的可持续发展原料。同时，这是中国原料企业能够参与国际竞争的根本保障。

实际上，引爆行业关注、热议的完整版安全评估，就是国家引导中国化妆品行业转型升级，在低碳绿色发展中实现突围的“指挥棒”。绿色化妆品及原料、可持续性发展，已成全球市场趋势和挑战。当然，中国化妆品原料企业在实施低碳绿色发展中突围，必将遭遇研发技术、生产工艺、原料成本、性价比等挑战。但为了绿色及环境友好、可持续发展，只能忍受短暂的阵痛，主动去接受这个挑战，勇敢去突围。

六、结论

通过中国化妆品原料产业发展现状、研发应用、竞争格局等综合分析，发现中国化妆品原料企业在发展过程中面临着诸多挑战，特别是在完整版安全评估、新原料研发备案、可持续发展等三大挑战下，必须依靠原料创新突围。企业需要开发更多具有功效性的核心原料突出重围、走向全球，实现可持续发展。

中国化妆品原料企业突围核心有三大路径：一是科技投入、研究与创新应用突围；二是中国特色植物原料，是企业重要突破口；三是转型升级，在低碳绿色发展中实现突围。

中国化妆品原料企业如果要想做大做强，可以学习借鉴国际化妆品原料企业发展历程，实施多元化与产业链延伸发展战略，国际化与跨国经营战略，基地化和一体化发展战略，通过业务平台整合，科技创新驱动，实现全球网络布局，逐步成为全球知名企业。

（作者单位：姚永斌，中国香料香精化妆品工业协会；
黄志东，美妆头条）

扫码看参考文献

中国化妆品原料产业化样本洞察报告
——“透明质酸效应”打造更多化妆品产业中国名片

姚永斌

摘要:［**目的**］通过济南两家透明质酸龙头企业样本的洞察与分析，总结透明质酸作为中国原料案例成功的原因。［**方法**］通过透明质酸的背景条件、发展现状、行业成果、未来趋势、示范作用等几个维度，综合分析中国透明质酸取得的成绩、原因及核心竞争力。［**结果**］中国透明质酸占据世界透明质酸市场的84%市场份额，处于绝对垄断地位。［**结论**］透明质酸效应可以在化妆品行业里复制，成就更多的中国优势原料，占领全球市场。

关键词: 中国原料　透明质酸效应　中国样本　中国名片

所谓透明质酸效应，是指济南的福瑞达、华熙生物聚焦透明质酸原料，经过30多年深耕科研，突破应用边界、产业边界，不仅成功占领全球市场，还带动了国内以透明质酸为核心的化妆品、药品、医疗器械、食品等关联产业，拉动了整个产业链的发展和社会经济增长。

“既有新材料的科技创新，又有经济价值和环保效益。”颜江瑛表示，济南“透明质酸效应”是新质生产力的具体体现。

一、“透明质酸效应”产生的背景与条件

（一）透明质酸的发现与发展

透明质酸最早于1934年被发现。美国哥伦比亚大学的Karl Meyer和John W. Palmer从牛眼玻璃体（vitreous body）分离出一种含糖醛酸（uronic acid）

和氨基糖的高分子多糖，并将其命名为“hyaluronic acid”，该词由“hyaloid”（透明的、玻璃状的）和“uronic acid”组合而成，中译名为“透明质酸”（英文简写 HA，俗称玻尿酸）。在随后的 10 年间，Karl Meyer 等先后从关节滑液、皮肤、脐带、公鸡冠等组织中发现 HA。至今，透明质酸已经走过 90 年历史。

（二）透明质酸在中国的发展历程

至 20 世纪 80 年代，国外对透明质酸的研究发展已经“如火如荼”，中国对透明质酸的研究才刚起步。系统性的研究和应用基本处于“空白”状态。开展透明质酸理论性研究和应用性开发，快速高效提取透明质酸，实现透明质酸的产业化生产和医学临床应用，成为当时国内迫切需要解决的重大科研课题。

1980 年，山东医学院（后改名为山东医科大学，后并入山东大学）的中国生化药学专家张天民教授带领科研团队开展透明质酸的研究课题，率先在国内从人的脐带及鸡冠中成功提取透明质酸，他的学生凌沛学、郭学平为代表的科研人员在山东省药学科学院（原山东省生物药物研究所）平台之上经过不断研究探索，研制了多款透明质酸应用产品并创办了国内第一家透明质酸应用产业化公司——山东福瑞达制药有限公司。1993 年，中国第一款眼科手术用 HA 注射液获得国家卫生部批准文号并投放市场，开创了透明质酸在医药领域的应用先河，迈出了中国透明质酸研究史上的关键一步，为我国透明质酸研究及临床应用奠定了重要基础，40 多年过去了，今天中国透明质酸无论科研水平和产业化应用、产业规模等方面均在全球处领先位置。

1990 年凌沛学、郭学平等注意到国外开始用发酵法生产透明质酸，专业的敏锐性和强烈的研究欲望让以前从没接触过发酵技术的郭学平开始研究用微生物发酵生产透明质酸。历经两年时间苦心钻研和无数次的试验，郭学平带领科研团队终于在 1992 年成功完成发酵法生产透明质酸小试研究，填补了我国该项技术空白。

发酵技术的成功研制，彻底改变了我国从动物组织中提取透明质酸且相关应用产品主要依靠进口的落后局面，为中国在 21 世纪成为全球透明质酸生产和消费大国奠定了基础。这是国内首次实现微生物发酵法规模化生产透明质酸，使透明质酸的生产成本降低了数十倍至上百倍，同时提升了产率和产品质量，打破了国外垄断。据悉，发酵产率从最初不足 3g/L，提高到 2019 年的 12~14g/L，中国透明质酸产业迎来飞速发展，走到了世界前列。

30 多年来，郭学平带领科研团队不断突破。2011 年全球首创酶切法规模化生产小分子和寡聚透明质酸技术，能准确地控制和规模化制备透明质酸分子量大小。目前华熙生物和福瑞达能够生产出世界上分子量最大（超过 4000kD）和最小（400D）的透明质酸。2019 年，“酶切法制备寡聚透明质酸盐的方法及所得寡聚透明质酸盐和其应用”技术专利获得第 21 届中国专利金奖。

随着透明质酸技术和产业化水平的不断提高，中国透明质酸原料的市场占有率领先世界。据弗若斯特沙利文报告显示，2023 年中国透明质酸原料的总销量占全球总销量的 84% 以上，全球透明质酸原料市场集中度较高。其中华熙生物、福瑞达、阜丰生物、安华生物、山东众山 CR5（行业前五位企业集中度）为 80%。

以合成生物为“武器”的第四次产业革命，为中国透明质酸产业发展再次按下加速键。自 2020 年，华熙生物开始采用合成生物技术，通过细胞工厂生产透明质酸，其实验室产率达到 73g/L，进一步降低了成本，且更加低碳环保。

“透明质酸效应”已成为中国透明质酸产业的重要标志。这一效应源于华熙、福瑞达等企业长期对透明质酸原料开展深入研究和科研投入，不仅在科研上取得了显著突破，更成功拓宽透明质酸的应用领域和产业边界，在全球市场上占据主导地位。

（三）透明质酸在山东的发展与成就

透明质酸成绩的取得离不开政府、科研机构与企业的联合共创。业界常说，“世界透明质酸看中国，中国透明质酸看山东”。中国透明质酸的发展离不开山东的两家头部企业——华熙生物和福瑞达，两家企业合计占全球透明质酸原料市场的份额约 60%，山东企业占全球的 80% 以上。而华熙生物的前身是山东福瑞达生物化工有限公司。两家企业的发酵法制备透明质酸技术均来自于山东省药学科学院（原山东省生物药物研究所）。福瑞达最早就是为转化药科院的科研成果而成立的，形成了“以技术孵化企业，以企业反哺科研”的良性机制。药科院在全国首创微生物发酵制备透明质酸技术，福瑞达和华熙将其实现量产化和规模化，推动中国透明质酸产业从无到有、从有到优。

山东省是农业大省，也是工业大省。山东具有良好的化妆品原料资源优势，是中国化妆品原料大省，主要原料包括透明质酸（玻尿酸）、海藻酸盐、聚谷氨酸、香兰素、牡丹、玫瑰、牛蒡、灵芝、银杏、金银花环糊精、维生素、活性肽等。其中，透明质酸（玻尿酸）全球生产、销量均占第一。

中国从 1983 年开始从鸡冠、牛眼、猪眼中制备玻尿酸用于化妆品，到如今称“霸”全球、供应全球市场，山东的确作出了卓越贡献。玻尿酸之所以成为山东（济南）一张“闪耀全球”的产业名片、科技名片，主要有三大原因：①得益于张天民、凌沛学、郭学平这样的科学家、企业家，几十年来坚持不懈进行技术研发与创新，以专利技术与自主创新应用推动透明质酸跨越式发展；②得益于华熙、福瑞达两大龙头企业的引领带头作用，打造了强大的透明质酸产业集群，实现了集聚效应；③得益于山东省强大的产业发展为生产透明质酸提供了稳定的原材料供应。透明质酸是以葡萄糖作为碳源发酵液，加入菌种发酵制得。而葡萄糖的工业生产原料——淀粉，则必须从红薯、玉米、高粱等农作物中获取。

二、“透明质酸效应”在化妆品行业的体现

（一）中国透明质酸化妆品发展历程

在 20 世纪 80 年代，中国制备出了化妆品级别的透明质酸原料，在 20 世纪初出现了专研透明质酸的护肤品品牌。

在 2010 年之后，随着透明质酸发酵技术的进步，大规模量产使成本降低，大幅提高了透明质酸在化妆品中的使用率，透明质酸逐渐成为化妆品中一种保湿的活性物原料。

2018 年之后，中国消费者化妆品消费意识的崛起、国家监管政策的引导、电商直播与种草营销的推动，为透明质酸化妆品发展创造了“天时、地利、人和”的条件。诸多化妆品企业顺应趋势，加强透明质酸原料与产品研发，提升制造能力，完善供应链体系和营销渠道，透明质酸化妆品蓬勃发展，“透明质酸效应”在化妆品领域逐渐显现。

随着消费者对科技护肤的认知增强，成分与功效已成为研究护肤品的风向标。透明质酸以其强大的保湿、修复等能力，成为护肤品界长盛不衰的热门成

分。根据天猫国际发布的《2023年全球超级成分趋势白皮书》数据显示，在面膜、面部精华、乳液/面霜、爽肤水、眼部护理、洁面、防晒品类的成分排名中，透明质酸以绝对优势大幅领先，稳坐“第一成分”宝座。

可以看到，透明质酸在应用端的市场规模是原料端的几何倍数放大，而化妆品成为中国透明质酸的最大市场。

（二）中国化妆品行业“透明质酸效应”的驱动因素

透明质酸化妆品的爆发式增长，主要是在2018—2023年，来自外部环境的消费力、政策力、渠道力驱动，以及企业内部的科技力、制造力、全产业链驱动，构成了化妆品行业“透明质酸效应”的“6力”驱动。

在20世纪80年代，中国就制备出了化妆品级别的透明质酸原料。透明质酸化妆品的规模化发展，不仅在于技术的革新，更有赖于21世纪之后，中国消费者化妆品消费意识的崛起、国家监管政策的引导、互联网销售渠道与新媒体营销手段的发展，以及化妆品企业的产品创新，为透明质酸化妆品创造了“天时、地利、人和”的条件。

1. 消费力驱动

随着人们消费水平的提高，对美的精神需求更加旺盛。据统计，2015—2023年，中国化妆品行业市场规模由3188亿元增长至万亿元规模，复合年均增长率达到10.3%，远高于全球同期2.7%复合年均增长率。近年来，中国化妆品行业增速虽有所放缓，但市场总量仍持续增加。

“Z世代”成为消费主力，在化妆品消费偏好上，年轻消费者民族自豪感、文化自信提升，对国货化妆品品牌，特别是新锐国货品牌接受度高。《2023年中国化妆品年鉴》显示，2023年国货美妆销售额同比增长21.2%，市场份额达50.4%，首次超过外资化妆品品牌。

同时，新一代消费者在购买化妆品时，对产品成分、功效的关注度不断提升，化妆品“成分党”兴起。根据弗若斯特沙利文报告数据，按零售额计，中国功效性护肤品市场2023年已突破千亿元。透明质酸吸湿性强的特性，以及中国透明质酸原料在国际上的领先地位，契合了消费者注重成分功效及文化自信的心理，迎来发展机遇。

2. 政策力驱动

2021 年中国《化妆品监督管理条例》正式实施，在原料和产品注册备案、功效评价、安全评估、生产监督管理等方面，出台一系列法规和指导性文件。化妆品行业监管力度加大，加快了淘汰劣质企业的进程，倒逼化妆品企业完善自身建设，使注重科研投入、有科技基础的化妆品企业得到良好发展。

新《化妆品监督管理条例》要求功效宣称要有科学依据。透明质酸属于长效保湿剂，而天然保湿因子为即时保湿剂。新法规的实施，促进了透明质酸原料在化妆品中的科学应用，将天然保湿因子与透明质酸结合使用，提高产品的长效保湿效能。同时，不能只进行概念性添加，还要保证功效的科学配比使用。

3. 新电商与新媒体驱动力

2016 年，淘宝直播正式上线。2018 年，抖音、快手大力发展直播电商业务。直播电商快速兴起，内容种草和渠道运营相互配合，重塑了化妆品运营模式，由“人找货”转变为“货找人”，通过消费者洞察，倒推产品研发，以带来更好的市场转化。

一些电商主播、美妆博主等关键意见领袖（KOL），成为消费者获取信息、进行消费决策的关键环节，发挥了教育消费者的作用，不仅教他们认识化妆品原料成分与功效，还教他们如何进行科学护肤。在此过程中，透明质酸成分为更多的消费者所熟知，并成功建立起“透明质酸＝保湿”的消费者心智。

4. 科技力驱动

透明质酸化妆品紧跟市场趋势与消费需求，技术不断迭代，产品不断创新。

在原料创新方面，以华熙、福瑞达为代表的企业在透明质酸分子量维度上深入研究，通过酶切的方式做到精准调控，分别实现了大于 1000kD 的高分子量透明质酸、中分子量、低分子透明质酸，以及小于 10kD 的寡聚透明质酸的量产。在透明质酸衍生物上，福瑞达推出专利成分硅烷化透明质酸，在传统透明质酸的结构上增加了硅烷醇基团，实现了更强大的修复能力和抗皱功效、更强的透皮率、清爽的肤感。

在产品创新方面，以福瑞达、华熙为代表的企业定位透明质酸护肤，对各种剂型、品类和功效的化妆品进行探索，实现了对透明质酸的应用几乎全覆盖，如护肤品的膏霜、乳液、化妆水、精华液、面膜、洗面奶等，以及彩妆的唇膏、粉底液、粉饼等，将透明质酸用作保湿剂或成膜剂，并根据不同的功效使用不同分子量的透明质酸。特别是2008年次抛剂型的创新运用，引爆化妆品领域超级爆品的诞生。

5. 制造力驱动

中国美妆企业的制造能力、产品品质不断提升，国货美妆逐渐摆脱以往低端、廉价的形象，以更高的性价比获得消费者的青睐。“不是大牌买不起，而是国货美妆更有性价比”，成为众多消费者心理的写照。

在制造能力建设上，福瑞达打造了中国化妆品行业第一个透明工厂，华熙推行透明生产流水线工业旅游，把生产全流程展示给消费者观看，体现了对企业制造能力、品控体系的自信。以透明工厂+透明工业旅游为载体，邀请媒体、美妆博主到工厂溯源，开展直播，不仅增强了主播带货信心，也让更多消费者关注产品背后的科研、制造、品控等，更加理性地选择化妆品。受此影响，越来越多的美妆企业开始重视透明工厂建设，国货美妆迈向高端制造和高质量发展。

6. 全产业链驱动

透明质酸化妆品产业链不断完善。一方面，以华熙、福瑞达为代表的企业，研产销全产业链布局，核心原料一体化研发、生产，具有透明质酸原料与终端化妆品一体化优势，有利于产品创新、成本控制与品牌打造。另一方面，上海、广州、济南等多地政府积极推进美妆产业园建设，打通研发、生产、包装设计、检测、营销策划、品牌推广等全产业链，培育化妆品产业集群。

在“透明质酸效应”的带动下，以济南为中心的山东成为中国美妆产业新高地、第三极。

三、“透明质酸效应”是未来发展趋势，是可持续发展之路

（一）生物制造的绿色产业升级

合成生物学为生物制造插上了腾飞的翅膀。合成生物技术在产业端最大的特点是能够改变传统物质的生产方式（如固有的石化基来源及动物提取、

植物提取、化学提取等方式），这将颠覆农业、生物医药、能源与新材料的生产方式，并大幅降低企业生产成本、缩短产品周期，实现可持续发展。

以透明质酸为例，最早通过鸡冠等动物组织提取，需要 200 千克鸡冠（约 2 万只鸡）才能提取 1 千克透明质酸，提取率低、纯度低、能耗大、易污染环境。华熙生物在国内率先通过微生物发酵技术规模化生产透明质酸，将透明质酸的发酵产率提升到 16~17g/L，不需要动物组织原料。现在通过合成生物学生产，实验室发酵产率已经达到 73g/L，更加低碳环保，资源消耗大幅减少。

2018 年，华熙生物开始布局合成生物赛道。目前已初具规模，是国内少有的“合成生物研发创新能力、中试和产业化能力、市场转化能力”三力合一的合成生物全产业链企业。

合成生物令新原料及其生产技术创新备受关注，化妆品产业首先成为焦点。“合成生物是化妆品领域今后发展过程中重要的技术手段，”颜江瑛理事长表示，“原料是化妆品的生命，很多的原料未来都会通过合成生物技术来获取。”

通过合成生物技术，华熙生物已经在 γ– 氨基丁酸、5– 氨基乙酰丙酸、依克多因、麦角硫因、人乳寡糖、硫酸软骨素、肝素、胶原蛋白等众多前景物质上逐步实现产业转化，部分成分已用于相关产品中。

华熙生物 2023 年年报显示，公司进行原料及合成生物研发项目 132 项，已上市超纯麦角硫因、透明质酸“微真”、重组Ⅲ型人源化胶原蛋白、脂肽等原料产品，红景天苷、肌肽、人乳寡糖完成中试。

展望未来，合成生物支撑的生物制造是全球重要的发展趋势，也是提速新质生产力的关键引擎。

凭借已成熟的“透明质酸模式”，华熙生物、福瑞达等头部企业将借助合成生物平台，不断扩大生物活性物原料版图，满足不同市场需求，促进产业的多元化发展，也为中国化妆品行业持续注入新活力。

（二）造福人类的深度拓展

透明质酸的研究方向一直在不断扩展、基础研究上，高产工程菌株构建、分子量精准调控、结构末端修饰等方面还需加大投入；应用研究上，根据透明质酸的结构特点，链接不同的成分来达到更多的可能性，在超玻因、透明质酸锌、维生素 C 透明质酸等新产品方面前景广阔，在靶向药物递送、组织工程、农业提质增效、造纸、纺织等领域，将对产业产生颠覆性替代，造福人类生活的吃、穿、住、用。

（三）透明质酸应用端国际化道路任重道远

与透明质酸原料端的国际领先优势相比，我国的透明质酸化妆品、药品和医疗器械产品等，主要还是满足国内市场的需求，目前出口产品比较少。根据弗若斯特沙利文的统计，全球化妆品级透明质酸终端产品销售额近年来呈增长趋势。2021 年透明质酸化妆品市场规模增长至约 993 亿美元，预计 2026 年将增长至 1205 亿美元，突破千亿美元级别。面对广阔的市场空间，需要我们加强终端产品的研发，立足于科技，并解决产业链的问题，研发出可以与国际大牌比肩的化妆品产品，打造国际领军的化妆品企业和民族品牌。

四、“透明质酸效应”是新质生产力的具体体现

（一）“透明质酸效应”是科技创新推动产业创新的新质生产力

“透明质酸效应”的形成，始于中国科学家打破西方垄断的梦想，基于透明质酸原料核心关键技术的突破与全球竞争格局的重塑，成于“政产学研”联合共创，以科技创新推动产业创新，突破应用边界、产业边界，打造了从科研，到上游原料，到下游化妆品、药品和健康食品等的完整产业链，拉动了产业裂变增长。正如颜江瑛理事长在 2024 美妆山东新质生产力峰会上所说，“既有新材料的科技创新，又有经济价值和环保效益，‘透明质酸效应’是新质生产力的具体体现”。

（二）“透明质酸效应”具备可复制性

透明质酸是生物细胞外基质的主要成分，与人类生命健康息息相关。对透明质酸这个物质的基础研究越深，它的应用领域的拓展就越广。

如今，中国在全球透明质酸领域已实现了科研、技术、产业化和市场份额等维度的全方位领跑，并成功塑造了“透明质酸效应”。

近年来，中国重组胶原蛋白、多肽等新原料技术与产品的发展，与透明质酸从原料创新到产业裂变的发展具有相似性。

比如重组胶原蛋白领域，重组胶原蛋白技术并不是中国独有，但在巨子生物找到了肌肤修复的应用场景之后，海外市场才逐渐意识到重组胶原蛋白的价值。在此过程中，中国企业已走在全球重组胶原蛋白研究和技术的前列。公开数据显示，2022 年中国重组胶原蛋白市场规模为 185 亿元，2017—2022 年年均复合增长率为 65.3%，预计到 2027 年，市场规模将达到 1083 亿元。近年来，国家药品监督管理局先后颁布多项行业标准及政策，分别对重组胶原蛋白生物材料命名、产品监督管理及质量控制等作出规范要求，行业的规范化将助推重组胶原蛋白产业的高质量发展。

五、结论

原料是化妆品的“生命”，国内原料企业和品牌企业加大对原料的投入，功能原料出现“电动汽车”效应。以济南为中心的山东已经占据全球透明质酸原料市场绝对垄断地位，很多国际国内知名企业都在使用，造就了化妆品行业中的“透明质酸效应”。在新质生产力的推动下，相信会有更多的“透明质酸效应”出现，为中国化妆品、生物医药等行业带来增长新动能。

中国在透明质酸领域的权威地位，极大地增强了中国化妆品行业的世界影响力。“透明质酸效应”已经并还将助推更多代表行业创新力量的中国成分和中国化妆品品牌走向世界。中国原料未来在“透明质酸效应”的带动下将会涌现出更多中国样本引领全球潮流，成为新时代的中国名片。

（作者单位：姚永斌，中国香料香精化妆品工业协会）

国内外化妆品原料供应及技术指标对比分析

陈庆生　陈亮

摘要：本文深入探讨了国内外化妆品原料供应情况及技术指标的对比分析，旨在揭示国内化妆品原料行业的竞争态势与面临的挑战，并提出针对性的发展建议。通过对全球化妆品原料供应商的3个梯队进行详细阐述，包括欧美、日本以及韩国和中国的主要企业，本文分析了这些企业在技术研发、产品线、市场影响力等方面的特点。同时，通过对比国内外主要化妆品原料供应商的基本情况、技术能力及市场规模，发现国内企业在成立年限、技术研发实力、知识产权及市场运营能力等方面与国际企业存在一定差距。在技术指标对比方面，本文选取了具有代表性的化妆品原料，如吡罗克酮乙醇胺盐（OCT）、椰油酰胺丙基甜菜碱、月桂酰两性基乙酸钠等，对比了国内外产品的纯度、功效性能及杂质含量等关键指标。基于以上分析，本文提出了国内化妆品原料产业的发展建议，包括明确发展战略、完善原料标准、加强人才引进培养等，以加快推动国内化妆品原料行业的高质量发展。

关键词：化妆品原料　技术指标　国际竞争　发展建议　战略制定

通过开展国内外化妆品原料行业及供应现状对比分析、选取部分国内外企业同类原料开展关键技术指标对比分析，研究国内化妆品原料行业存在的短板，提出国内化妆品原料的发展建议，以期加快推动国内化妆品原料行业的高质量发展。

一、化妆品原料供应情况的全球布局和情况综述

目前全球化妆品原料供应商可分为 3 个梯队。

第一梯队为欧美原料公司，包括美国的 Ashland（亚什兰）、Lubrizol（路博润）、DOW（陶氏）等，欧洲的 BASF（巴斯夫）、DSM（帝斯曼）、Clariant（科莱恩）、Evonik（赢创）、Symrise（德之馨）等，这些公司的共同特点包括成立时间非常早，历史悠久；科学家人才资源丰富，有前沿的基础研究和强大的技术研发实力；资本雄厚、产能巨大，有丰富的产品线，涉及多个市场领域，同时掌握上下游资源；市场化程度高，已形成强大的品牌效应。

第二梯队为日本原料公司，包括 Nisshin Oillio（日清奥利友）、Nikkol Chemicals（日光化学）、Shin-Etsu（信越）、Ajinomoto（味之素）、Sumitomo（住友）、Tayca（帝国化学）等，日本原料公司的共同特征是发展比较稳健、谨慎；精细化工发展程度高，对原料来源的透明性重视程度高；对于指标的控制追求极致；非常重视研发理论文献的权威性和专利性，注重原料产品的独家性；对原料的安全性把控得非常严格；对功能型原料的研发能力较强。

第三梯队为韩国和中国原料公司，包括韩国 SK（百朗德）、KCC、Kelon 和中国本土的华熙生物、福瑞达、蓝星、丽臣、天赐、新和成等。其共同特点是在天然原料的研发和生产方面有较多优势和特色，原料产品的性价比较高。

二、国内外主要化妆品原料供应情况对比分析

（一）国内外主要化妆品原料供应商介绍

国际主要化妆品原料供应商，普遍成立于 20 世纪，具备丰富的技术储备，产品结构基本覆盖了所有化妆品原料种类。国内主要化妆品原料供应商，基本成立于 21 世纪，与国际巨头原料生产企业相比，中国本土化妆品原料企业在国内化妆品原料市场起步相对较晚，在产品种类以及品牌影响力等方面存在较大差距。具体见表 1。

表 1　国内外化妆品原料主要供应商基本情况

国际化妆品原料供应商	基本情况	国内化妆品原料供应商	基本情况
德国 BASF（巴斯夫）	成立时间 1865 年，全世界最大的化学品公司。生产产品包括表面活性剂（SLES，APG）、油脂、乳化剂、防晒剂、活性成分、色粉色料等，基本上涵盖了化妆品原料各个方面	华熙生物	成立于 2000 年，全球最大的透明质酸研发、生产及销售企业，主要产品包括透明质酸钠、Ectoin、麦角硫因、氨基丁酸、各类发酵产物
		福瑞达	成立于 1993 年，是以化妆品和医药为核心业务的健康产业集团，主要产品包括透明质酸钠、薰衣草精油、富勒烯、防腐剂等原料
德国 Evonik（赢创）	赢创的前身是德固赛，成立于 1873 年，主要产品包括表面活性剂、乳化剂（明星产品 EM90 硅油包水乳化剂）、神经酰胺系列 SK-INFLUX、水杨酰植物鞘氨醇等	天赐材料	成立于 2000 年，主要产品包括两性 / 氨基酸表面活性剂、阳离子调理剂、有机硅、卡波姆
德国 Symrise（德之馨）	德之馨由德威龙公司（成立于 1919 年）与 H&R 公司（成立于 1874 年）合并的一家国际香料公司，主要产品包括化妆品活性成分、防晒剂、防腐剂以及香精等	南京中狮	成立于 2003 年，主要产品包括氨基酸表面活性剂、防腐剂、绿色螯合剂、保湿剂
美国 DOW（陶氏化学）	成立于 1943 年，是一家由陶氏化学公司和康宁公司均等持股的合资公司，是美国最大的化学品公司。主要产品包括有机硅、阳离子调理剂、流变调节剂、防腐剂等	新和成	成立于 1999 年，主要产品包括维生素和香精香料，主打维生素 E、维生素 A、维生素 D_3、覆盆子酮、虾青素、芳樟醇等

续表

国际化妆品原料供应商	基本情况	国内化妆品原料供应商	基本情况
美国 Ashland（亚什兰）	成立于1924年，是一家全球领先的特种材料公司，主要产品包括头发调理剂，防腐剂，增稠剂包括合成聚合物、天然聚合物、生物功能性原料、防腐和多功能添加剂	东方淼森	成立于2014年，主要产品为化妆品特色植物组方功效原料
美国 IFF（国际香料）	成立于1889年，全球最大香原料生产商，涉及香精、营养、健康与生物科学、制药等行业。主要产品为香精香料、天然香精原料等	深圳维琪	成立于2011年，主要产品为生物多肽类等功效成分
美国 Sensient（森馨）	成立于1882年，美国森馨，全球主要的色粉厂家之一，主要产品包括未处理和各种表面处理的色粉，包括有机硅处理、卵磷脂处理等	南京科思	成立于2000年，主要产品包括防晒剂等化妆品活性成分、合成香料等
法国 Seppic（赛比克）	成立于1943年，业界很有影响力的原料商，产品范围包括乳化剂、流变改性剂、表面活性剂以及活性成分等	华恒生物	成立于2005年，主要产品包括生物基绿色原料。涵盖保湿剂、美白剂、氨基酸/有机酸等
美国 Lubrizol（路博润）	成立于1928年，卡波姆的发明者。在化妆品领域，路博润在个护、洗护、护肤等方面均有自己的核心技术，在肽类、合成小分子、生物技术和植物活性成分等方面都有自己的专长。产品包括各种表面活性剂、流变改性剂、调理剂、油脂、多肽等	湖南丽臣	成立于1956年，国内最早的表面活性剂生产厂家，也是国内最大的表面活性剂生产企业之一。产品分为5类，30多种，以棕榈油为原料的AES，以石油产品为原料的磺和AOS；牙膏建材类的固体K12和AOS粉；新型氨基酸表活系列；其他辅助类的6501/POB等

续表

国际化妆品原料供应商	基本情况	国内化妆品原料供应商	基本情况
瑞士 Clariant（科莱恩）	1995 年从山德士（成立于 1886 年）剥离而成立。全球处于领先地位的特种化工产品公司致力于绿色化妆品原料，主要产品包括乳化剂、表面活性剂、防腐剂以及活性成分等	浙江湃肽	成立于2015年，主要产品：多肽。具有全固相合成多肽开发与生产工艺，是目前国内专业提供多肽产品生产规模较大，品种较全的企业
荷兰皇家 DSM（帝斯曼）	成立时间 1902 年。主要产品包括维生素及其衍生物、防晒剂、维生素 E、维生素 C、活性物以及 A 醇相关产品	上海奥利	成立于 1991 年，主要产品包含光甘草定美白系列、透润神经酰胺活性添加剂系列、水解贝壳硬蛋白、活性物抗坏血酸衍生物、熊果苷美白活性添加剂系列、细胞磷脂粉体等
英国 Croda（禾大）	成立于 1925 年，化妆品原料界的巨头之一。主要产品包括乳化剂、调理剂、活性物、润肤剂、无机防晒剂、合成和植物来源的活性成分	南京斯拜科	成立于 2000 年，是国内化妆品原料领先企业。产品主要包含“绿色化学、多肽合成、植物提取、生物发酵”四大系列
日本 Nikkol Chemicals（日光化学）	成立于 1946 年，化妆品原料行业的世界领导者，主要产品包括乳化剂、增溶剂、分散剂、活性物等	广州星业	成立于 1997 年，主要产品有各种温和的表面活性剂、合成油脂、洗涤增效剂、增稠剂、乳化剂及其他精细化学品

注：数据资料来源原料企业提供信息及企业官网信息。

（二）化妆品国际原料供应商与国内原料供应商的技术能力及市场规模对比

针对化妆品配方的重要原料，包括吡罗克酮乙醇胺盐（OCT）、鲸蜡基 PEG/PPG-10/1 聚二甲基硅氧烷等，选取具有代表性的国际化妆品原料生产企业和国内生产企业进行对比调查和差距分析。

由表 2 可知，国内化妆品原料主要生产企业相较于国外企业在企业实力、成立年限、技术研发实力、研发投入、知识产权、市场运营能力等方面存在较大差距。国际公司多起步于19世纪，经过多年的发展，已经形成巨大的企业规模，生产基地和研发中心遍布全球，国内企业大部分是成立于21世纪，目前的主要生产布局集中在国内。从企业的研发投入来看，国内外化妆品原料公司的研发投入占比相当，总体较重视研发投入，也说明国内企业重视产品的创新以及具备长远的发展视野，但国际公司配备了更多的研发人员，专利数量远超国内企业。相比之下，国内企业的研发实力明显弱于国外企业。从市场规模来看，国际公司仍然占据着主要的市场份额，且业务遍布全球，已打造出强大的品牌效应和影响力，而国内公司目前相对于国际公司，整体产品的市场占有率较低，业务群体主要集中在国内市场，国外的市场占有率较低，品牌影响力还不及国际公司。

表2 横向对比原料供应商信息

化妆品原料厂商	国家及地区	成立时间	研发人员（人）	研发投入占销售额比例（%）	专利情况（项）	市场规模（销售额）	销售区域
L	瑞士	1995年	860	3.50	超4900	43.72亿瑞士法郎	超100个国家
F	中国山东	2002年	20	3.50	51	6亿元人民币	超30个国家
E	德国	1873年	1000	2.1	3529	185亿欧元	超100个国家
T	中国广州	2000年	380	3.41	206	200亿元人民币	68个国家

注：数据资料来源供应商介绍资料、网站公开信息。

（三）国内外主要化妆品原料供应情况分析

目前市场上的主流化妆品原料品类包括表面活性剂、防晒剂、合成油脂、天然植物油脂、植物提取物、防腐剂、有机硅、乳化剂、香精香料、化工合成功效成分、生物合成功效成分、功能粉体、天然流变剂、合成流变剂、保湿剂等。

中国本土企业主要集中在表面活性剂、植物提取物、防晒剂、生物合成功效成分等品类上，实现了技术突破、本土化生产，在产能、地理位置、性价比等方面极具优势。中国本土企业在这些品类上已经占据了一定的市场份额，甚至有的市场份额远远大于国际公司。譬如在表面活性剂领域，天赐材料、南京中狮、湖南丽臣、赞宇科技占据国内表面活性剂龙头地位；在生物合成功效原料领域，以华熙生物、福瑞达、安华生物等为代表的山东企业，玻尿酸总销量在全球占比超过 80%；在防晒剂领域，深圳证券交易所上市企业南京科思股份在全球的防晒市场份额超 30%；以及近年备受资本热捧的合成生物学技术，重组胶原蛋白领域诞生了诸如巨子生物、锦波生物、暨源生物、创建医疗、聚源生物等多家知名企业。

与此同时，在乳化剂、有机硅、香精香料、高端表面活性剂、合成油脂、天然植物合成油脂、功能粉体、流变剂、保湿剂等原料品类上，国内企业正在积极发展、寻求突破，但在一定程度上存在着技术壁垒或者是受限于上游原材料，中国本土企业还未能够突破技术难题或者供应限制，即便可以生产出来，但是在品质和性能上与国际公司仍存在一定差距。

三、国内外化妆品原料技术指标对比与差异分析

（一）国内外化妆品原料技术指标对比

通过选取国际公司、国内公司生产的吡罗克酮乙醇胺盐（OCT）的糠秕马拉色菌最小抑菌浓度、人体功效评价试验的去屑性能的对比测试；通过选取国际公司、国内公司生产的椰油酰胺丙基甜菜碱、月桂酰两性基乙酸钠开展原料急性眼刺激试验、原料杂质含有的测试对比开展原料关键技术指标的对比。

1. OCT 原料功效性能对比

（1）OCT 纯度及对糠秕马拉色菌的最小抑菌浓度（MIC）对比结果见表 3。

表 3　OCT 纯度及抑菌检测结果

厂家	国际公司A	国内公司B
纯度（%）	99.9	99.4
MIC（μg/ml）	62.5	62.5

注：数据来源第三方检测机构。

（2）OCT 去屑效果对比见表 4。

表 4 样品去屑功效检测结果

OCT供应商	测试项目	测试时间	统计值
国际公司 A	头屑评分	第 0 天	21.4 ± 7.4
		第 14 天	17.5 ± 6.2
		第 28 天	13.6 ± 5.0
	头屑面积（mm^2）	第 14 天	1.18 ± 2.64
		第 28 天	0.62 ± 0.69
国内公司 B	头屑评分	第 0 天	18.5 ± 6.5
		第 14 天	17.2 ± 6.4
		第 28 天	12.8 ± 6.1
	头屑面积（mm^2）	第 14 天	1.33 ± 2.29
		第 28 天	1.00 ± 2.93

注：数据来源第三方检测机构。依据《化妆品去屑功效测试方法》中“第一法 人体功效评价试验方法”开展“头屑评分和头屑面积”计算。

2. 椰油酰胺丙基甜菜碱、月桂酰两性基乙酸钠原料急性眼刺激性、杂质含量对比（表 5）

表 5 2 种原料急性眼刺激性、杂质含量对比

INCI中文名称	生产厂家	测试浓度（水稀释，实际有效物浓度）	急性眼刺激性结果	一氯乙酸含量（mg/kg）	二氯乙酸含量（mg/kg）	磺基乙酸
椰油酰胺丙基甜菜碱	国际公司 C	2.00%	微刺激	＜ 1.0	2.4	未检出（检出限 5mg/kg）
	国际公司 D	2.00%	微刺激	＜ 1.0	＜ 1.0	未检出（检出限 5mg/kg）
	国际公司 E	2.00%	无刺激	＜ 1.0	＜ 1.0	未检出（检出限 5mg/kg）
	国内公司 X	2.00%	轻刺激	＜ 1.0	2.65	0.956%

续表

INCI中文名称	生产厂家	测试浓度（水稀释，实际有效物浓度）	急性眼刺激性结果	一氯乙酸含量（mg/kg）	二氯乙酸含量（mg/kg）	磺基乙酸
月桂酰两性基乙酸钠	国际公司 S	1.5%；3.2%	1.5%：无刺激；3.2%：无刺激	＜1.0	63.35	未检出（检出限5mg/kg）
	国际公司 C	5.00%	微刺激	＜1.0	3.4	未检出（检出限5mg/kg）
	国内公司 X	5.00%	轻刺激（2次结果）	＜1.0	＜1.0	1.145%

注：数据来源第三方检测机构。

（二）国内外化妆品原料技术指标差异分析

（1）对比国际公司 A 及国内公司 B 所生产的去屑剂吡罗克酮乙醇胺盐发现，国内公司 B 的去屑剂纯度为 99.4%，略低于国际公司 A 的 99.9%。分别进行体外抑菌实验后发现，两个厂家的样品对于糠秕马拉色菌的 MIC 均为 62.5μg/ml。在去屑功效测试时发现，两者的去屑效果相当。

依据《化妆品去屑功效测试方法》中“第一法 人体功效评价试验方法”，通过头屑评分或头屑面积对化妆品去屑功效进行评价，发现国际公司 A 的去屑剂吡罗克酮乙醇胺盐的去屑评分较国内公司 B 略差，但头屑面积指标方面国际公司 A 略优于国内公司 B。综合糠秕马拉色菌的 MIC 试验，国际、国内公司的去屑剂的去屑效果相当。

（2）对比 3 家国际公司及国内公司 X 所生产的椰油酰胺丙基甜菜碱实际有效物浓度一致，急性眼刺激性方面国内公司 X 呈现为轻刺激；一氯乙酸和二氯乙酸等杂质含量也具有差异。国内公司 X 所生产的月桂酰两性基乙酸钠所含风险物质二氯乙酸低于两家对比的国际公司，但磺基乙酸含量偏高，急性眼刺激性也呈现为轻刺激，低于国外原料的表现。

（3）综合选取的 3 款原料整体指标来看，国内化妆品原料与国外化妆品原料除存在个别指标差异外，在关键指标、原料功效等方面都比较接近，说明国内优秀化妆品原料生产企业已经具备一定的实力，在个别优势领域可以与化妆品原料生产企业开展竞争，且部分国产化妆品原料完全可以替代国外化妆品原料用于化妆品生产。但国际公司在原料的技术指标控制上更为全面稳定。

四、国产化妆品原料产业发展建议

通过对国内外化妆品原料的供应情况和部分原料技术指标的对比，我们对国产化妆品原料产业发展提出以下几点建议。

（1）建议制定化妆品原料发展的战略，优先发展目前我国已有优势的原料和具备传统优势的原料（如植物原料）。

（2）逐步建立、完善化妆品原料标准，缩短国产原料与进口原料在品质、性能等方面的差距。同时规范化妆品原料常见的风险物质管控标准，确保化妆品原料的质量安全。

（3）加快人才引进培养，鼓励新技术、新材料等专业人才向化妆品原料领域发展，引导企业在新兴领域大胆创新，开展重点难点项目攻关，为化妆品原料行业的发展注入新活力。

（作者单位：陈庆生　陈亮，广州环亚化妆品科技股份有限公司）

品牌建设篇

2023 年国货美妆上市企业财报综述

陈其胜

摘要：2001 年，随着上海家化的上市，美妆企业登陆股市（包括 A 股、港股、美股等）的序幕就此拉开。20 多年来，国货美妆上市企业（仅统计以美妆品牌为主营业务的企业）已达十几家。期内，它们大概经历了 3 个时期：先是日化企业唱主角；2017 年起，珀莱雅、丸美股份等美妆品牌企业陆续登场，掀起上市热；2021 年，随着贝泰妮的上市，美妆千亿市值企业批量诞生。轮替更迭。2023 年，国货美妆上市企业再次迎来新的格局：珀莱雅以 89.05 亿元的营收登顶，冲破了国货美妆体量天花板；随着上美股份 / 巨子生物实现量级突破，国货美妆“40 亿俱乐部”和“30 亿俱乐部”分别再添一名成员；此外，TOP10 门槛已提升至 22 亿元。新格局诞生的背后，是美妆行业的迭代和进化。

关键词：国货美妆　上市　迭代　进化

一、国货美妆企业上市历经 3 个阶段

2001 年至今，国货美妆企业上市大概历经 3 个时期（图 1）。

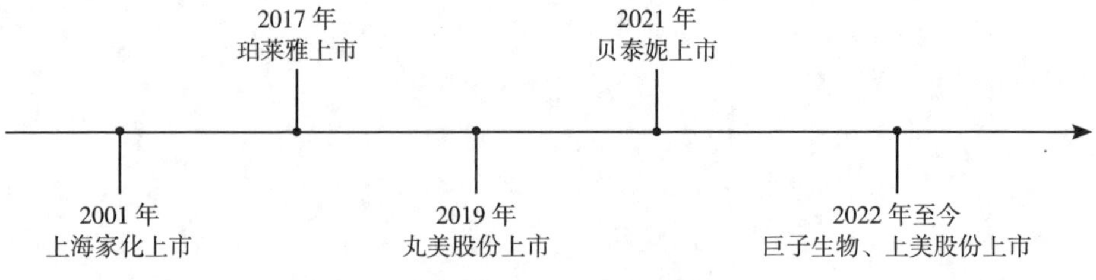

图 1　国货美妆企业上市历经 3 个阶段

第1个时期（2001年至2016年），日化/个护企业唱主角。这一时期，除上海家化、索芙特外，两面针、霸王集团、青蛙王子等企业也顺利登陆资本市场。

这一时期上市的企业，除上海家化外，大部分企业在经历辉煌后跌入低谷，或市值表现不佳，或已退市，如索芙特等。2023年，广州浪奇正式剥离日化业务，并更名为“红棉股份”，让不少业内人士感慨“一个时代的终结”。

第2个时期（2017年至2020年），美妆品牌企业陆续登场，掀起上市热。2017年起，珀莱雅、水羊股份（原名御家汇）等企业先后登陆A股，上市首日市值均冲至数十亿元；2019年，丸美股份顺利敲钟，仅在3个月内便突破300亿元，创下彼时的新纪录，也打开了美妆企业在资本市场的想象空间。

第3个时期（2021年至今），美妆千亿市值企业批量诞生。2021年，贝泰妮上市首日便突破历史，以690亿元市值登顶，1个多月后，其总市值破千亿。同样，华熙生物的市值也于这一年创下新高，成功迈过千亿——其虽早于2019年上市，但在2020年才正式发力美妆品牌的打造（此前处于孵化阶段），并于2021年诞生首个10亿级品牌（润百颜），由此拉高了资本的期待。

2022年年底，巨子生物、上美股份陆续登陆港股。这一年起，整个资本市场环境“向下”，美妆企业（不单是美妆企业）上市愈发艰难。2023年，美妆品牌企业里仅敷尔佳上市；而后，多家企业主动撤回首次公开募股（IPO），比如毛戈平、涅生科技、创尔生物、湃肽生物等。2024年，毛戈平正式转战港股。

二、2023年，国货美妆上市企业迎来新格局

2001年至2022年间，上海家化稳坐国货美妆上市企业营收TOP1；至2023年，上海家化被珀莱雅赶超，让出第一位置（表1）。

（一）营收层面

1. 珀莱雅断层领先，冲破国货美妆营收天花板

2023年，珀莱雅以89.05亿元的销售额首次登顶，并与第二名拉开了23

亿元的差距（表1）。这是一次历史性的跨越——国货美妆上市企业营收首次突破80亿元。

表1 2021年至2023年国货美妆上市企业10强榜单

TOP10	2021年		2022年		2023年	
	公司名称	营收（亿元）	公司名称	营收（亿元）	公司名称	营收（亿元）
1	上海家化	76.46	上海家化	71.06	珀莱雅	89.05
2	逸仙电商	58.40	珀莱雅	63.85	上海家化	65.98
3	水羊股份	50.10	华熙生物	63.59	华熙生物	60.76
4	华熙生物	49.48	贝泰妮	50.14	贝泰妮	55.22
5	珀莱雅	46.33	水羊股份	47.22	水羊股份	44.93
6	贝泰妮	40.22	逸仙电商	37.06	上美股份	41.91
7	上美股份	36.19	上美股份	26.75	巨子生物	35.24
8	丸美股份	17.87	巨子生物	23.64	逸仙电商	34.15
9	敷尔佳	16.50	福瑞达	19.69	福瑞达	24.16
10	巨子生物	15.52	敷尔佳	17.69	丸美股份	22.26

注：统计维度为以拥有美妆（日化）品牌为主、已上市的企业，表格中的福瑞达仅统计化妆品业务，据不完全统计，数据来源各企业财报。

2. 上美股份 / 巨子生物实现量级突破

2023年，上美股份营收41.91亿元，这是其自上市（有数据披露）以来，营收首次突破40亿元；同期，巨子生物营收首次迈过35亿元（表1）。至此，国货美妆“40亿俱乐部”和“30亿俱乐部”分别再添一名成员。

3. TOP10 门槛提升至22亿元

2021年至2023年，位居国货美妆上市企业第十名的分别是巨子生物、敷尔佳、丸美股份，在这3年内，TOP10门槛也从15.52亿元提升至22.26亿元（表1）。

除上述已上市企业外，不少正在冲IPO的企业里（如毛戈平、植物医生等），营收体量亦不容小觑。以毛戈平为例，其2023年的营收达到28.86亿元，可以排进前九。

同时，自然堂、橘宜、花西子等企业/品牌的营收，在国货美妆里亦属于头部。据时尚产业媒体WWD报道，2023年，自然堂、橘宜、花西子销售额分别为6.674亿美元、4.525亿美元、4.016亿美元。

（二）盈利层面（净利润）

1. 珀莱雅、巨子生物领先

2023年，这两家企业净利润均突破10亿元，增速均超40%。目前，巨子生物净利润最高，为14.52亿元（表2）。

这一影响市值表现的关键指标，也助推巨子生物、珀莱雅在市值上领跑。截至5月6日收盘，巨子生物总市值517.4亿港元；珀莱雅总市值458.5亿元。

表2 2023年国货美妆上市企业11强业绩概览

TOP11	公司名称	营收（亿元）	同比增长（%）	净利润（亿元）	同比增长（%）
1	珀莱雅	89.05	39.45	11.94	46.06
2	上海家化	65.98	−7.16	5	5.93
3	华熙生物	60.76	−4.45	5.93	−38.97
4	贝泰妮	55.22	10.14	7.57	−28.02
5	水羊股份	44.93	−4.86	2.94	135.42
6	上美股份	41.91	56.64	4.61	213.45
7	巨子生物	35.24	49.05	14.52	44.88
8	逸仙电商	34.15	−7.86	−7.48	8.29
9	福瑞达	24.16	22.71	—	—
10	丸美股份	22.26	28.52	2.59	48.93
11	敷尔佳	19.34	9.29	7.49	−11.56

注：上美股份、巨子生物净利润一栏为股东应占溢利，福瑞达仅统计化妆品业务，来源各企业财报。—表示无相关内容。

2. 水羊股份、上海家化等降收但增利

去年，这两家企业虽然收入下滑，但净利润有所上涨，水羊股份净利润上涨超135%（表2）。

3. 上美股份、丸美股份等企业的净利润实现大涨

其中，上美股份的净利润大涨超 213%（表 2）。

三、国货美妆上市企业实现突破的关键点

头部国货美妆企业不断实现新突破的背后，是行业一场关于品牌建设、产品打造、渠道更迭、营销创新的大跃迁。

（一）品牌建设

截至 2023 年，多家企业的多品牌矩阵已基本成型。

譬如珀莱雅集团，目前已形成以护肤、彩妆、个护领域为雏形的品牌矩阵。2023 年，不仅主品牌珀莱雅突破 70 亿元体量，第二品牌彩棠也顺利迈过 10 亿元；潜力品牌 OR（Off&Relax）和悦芙媞的营收分别达到 2.15 亿元、3.03 亿元，已具备一定规模。

又如贝泰妮。2023 年，除主品牌薇诺娜首次突破 50 亿元体量外，薇诺娜宝贝也持续高增，达到 1.5 亿元。此外，贝泰妮还拥有瑗科缦（AOXMED）、贝芙汀（Beforteen）、姬芮（Za）以及泊美（PURE&MILD）等品牌，这些品牌具有不同的市场定位、能够覆盖不同的消费群体。其中，姬芮和泊美两个品牌补齐了公司大众线护肤及彩妆版图；瑗科缦则被其定义为“国货首个高端专业抗老科技品牌”；贝芙汀开拓了 AI 科技与大健康产业融合的新领域，同时开启了“AI+ 护肤”的新时代。

（二）产品打造

1. 从爆品时代向大单品时代转变

可以说，珀莱雅的成功，离不开大单品策略的实施。2019 年，珀莱雅的泡泡面膜爆火，打破天猫美妆历史，并获“抖音美容护肤榜”第 1 名；但珀莱雅并未因此而大行爆品之道，反而在次年（2020 年），开始全力推行大单品策略。

近 4 年来，珀莱雅相继推出了双抗、红宝石、源力、能量等系列大单品。借鉴珀莱雅品牌的经验，彩棠也搭建了面部彩妆品类大单品矩阵。2023 年，

珀莱雅持续夯实“大单品策略”，针对“双抗系列”和“红宝石系列”的核心大单品进行全方位升级，搭建独家成分壁垒；期内，彩棠新推“蜜粉饼（干皮）”，打造定妆类大单品。

在大单品策略大行其道的当下，成功的不止珀莱雅，华熙生物同样依靠这一策略突围。2022年，华熙生物旗下各大品牌均完成了一个或多个大单品或大单品系列的打造，尤其是第一个年收入（含税）过4亿元单品——Bio-MESO肌活糙米焕活精华水的出现，标志着品牌成长天花板被进一步打开。这一年，旗下润百颜、夸迪均成功迈入“10亿俱乐部”。

2023年，华熙生物旗下各大品牌通过对大单品及大单品系列的持续打造，通过对连带产品的持续推新拓展品牌外延。例如，润百颜大单品系列屏障修护系列占比已超过润百颜整体销售收入40%；夸迪推出的眼周结构性抗松垮的大单品夸迪臻金蕴活轻龄眼霜，进一步聚焦抗老赛道核心品类的差异化塑造。

2. 产品研发上加大投入

由表3可知，2023年，十大国货美妆企业去年的研发费用高达15.49亿元。其中，华熙生物、贝泰妮在研发投入上领跑——这两大企业去年的研发费用分别为4.46亿元和2.99亿元。

与此同时，敷尔佳、巨子生物在研发上的费用同比增长最快，分别达到112.88%及70.50%。另外，珀莱雅、贝泰妮、上美股份、丸美股份在研发费用上也有双位数增长。

表3　2023年十大美妆上市企业研发费用概览

TOP10	公司名称	研发费用（亿元）	同比增长（%）
1	华熙生物	4.46	14.98
2	贝泰妮	2.99	17.32
3	珀莱雅	1.74	35.59
4	上海家化	1.47	–8.36
5	上美股份	1.26	14.10
6	逸仙电商	1.1	—

续表

TOP10	公司名称	研发费用（亿元）	同比增长（%）
7	水羊股份	0.77	-13.81
8	巨子生物	0.75	70.50
9	丸美股份	0.62	17.69
10	敷尔佳	0.33	112.88

注：数据来源各企业财报。—表示无相关内容。

（三）渠道更迭

1. 抖音成品牌最大增量场

Euromonitor 统计数据显示，美妆及个护行业电商渠道销售占比从 2012 年的 9.9% 快速增长至 2023 年的 43.6%，已发展成为占比最高的单一销售渠道。

顺应这一趋势，2023 年，珀莱雅、上美股份、丸美股份、敷尔佳在线上渠道的增速分别达到 42.96%、78.92%、50.40%、28.53%。

去年，美妆主要线上平台里，仅抖音保持高增。第三方数据显示，抖音美妆去年增速超 46%，商品交易总额（GMV）达 1665.36 亿元。由此，抖音成为大部分企业 / 品牌实现增长的主要渠道。

以上美股份为例，2023 年，旗下品牌韩束在抖音平台的 GMV 约 33.4 亿元，同比增长达 374.4%；其中，韩束的主力爆品红蛮腰礼盒，在抖音多个排行榜位列第一。上海家化于 2023 年在兴趣电商渠道保持超过 100% 的快速增长。水羊股份去年在抖音平台的销售（自营）达到 11.34 亿元，同比增长 60.56%。丸美股份在抖音平台同样实现 106.29% 的营收增长，5A 人群资产池 1.67 亿。

2. OTC 渠道潜力爆发，单品牌即将在这一渠道突破 10 亿体量

2023 年，贝泰妮线下渠道增长达 48.87%，主要归功于非处方药（OTC）等分销渠道：期内，贝泰妮 OTC 分销渠道销售模式实现主营业务收入 8.16 亿元，约占主营业务收入 14.83%。按照增速来看，贝泰妮或将于今年在 OTC 渠道首破 10 亿元。

同样，巨子生物也在财报中提及，2023 年，其线下直销收入 0.89 亿元，

同比上升39.6%，该增长系巨子生物持续增大连锁药房和化妆品连锁店等线下直销客户的门店数量和产品覆盖。

3. 百货渠道亦是品牌们重点攻克/优化的对象

2023年，上海家化通过新零售业务的增长，线下渠道新零售业务占比接近30%，其中，百货渠道继续策略性闭店缩编，2023年共关闭82家专柜及门店，截至年底现存专柜及门店数合计574家。珀莱雅2023年对百货渠道的主要目标是优化门店结构，淘汰换低产低潜力的店铺，并推动头部系统转为直营模式。水羊股份旗下品牌EDB，2023年于杭州武林银泰华丽开启中国区首家专柜，进一步开拓高奢百货、高奢酒店SPA等渠道。

（四）营销创新

1. 优化营销内容，“科技”是重要输出点

珀莱雅在2023年围绕“年轻感”与“科技力”两大品牌关键词，秉承“发现精神”，看到具体的人，看到具体肌肤问题的多面成因，开展品牌营销事件。去年8月，珀莱雅打造“科学配方 肌肤的科学之选”光影科技展，运用数字科技交互技术、动态体验装置，诠释“科学配方”科学护肤理念。

福瑞达以科学与文化营销展现科技自信、“国潮”魅力，强化福瑞达“中国玻尿酸产业缔造者和领跑者”的整体形象。

丸美股份优化营销内容，强化消费者对品牌的科技认知，例如通过召开第三届重组胶原蛋白科学家论坛等多种形式推进科学传播；又如加强达人研发生产溯源覆盖，强化品牌信任。

2. 短剧等成新晋顶流

去年，韩束与千万粉丝达人深度共创多部短剧，多部短剧播放量破10亿。同样，丸美以大单品为链，在抖音平台推出了“许你光芒万丈”等系列短剧，吸引年轻用户。

四、国货美妆上市企业存在的痛点和面临的挑战

随着国际大牌加强中国市场布局及本土新兴品牌的不断涌现，我国美妆行业已呈现出充分竞争的市场面貌：品类/品牌丰富、营销/渠道多元、新品/

创意层出不穷……在这样的市场背景下，国货美妆面临着诸多风险与挑战。

（一）组织能力跟不上企业快速发展的步伐

一方面，战略调整降低发展速度。例如，华熙生物曾在财报中表示，去年业绩下滑的原因在于，之前粗放的内部组织结构和运营管理模式需要进一步升级，公司主动进行的战略调整一定程度上拖累了业绩增长。

另一方面，人才流失。丸美股份在财报中提及了大部分企业共同面临的问题：日化行业完全竞争，优秀的管理团队、核心技术人才和核心营销人才是确保企业长期稳定不断发展的重要基石；虽然部分公司努力采取有效的薪酬体系和激励政策吸引和保留优秀人才，但仍面临着优秀人才流失的风险。

（二）单一品牌占比过高

虽然珀莱雅、丸美股份等已成功划出第二增长曲线，但单品牌占比过高亦是隐忧。如珀莱雅集团旗下，珀莱雅品牌占比超 80%；贝泰妮旗下，薇诺娜品牌占比超 94%；上美股份旗下，韩束品牌占比超 73%；巨子生物旗下，可复美品牌占比超 72%；丸美股份旗下，丸美品牌占比超 70% 等。

为了破解这一隐忧，大部分企业开启多品牌布局。值得注意的是，对于新品牌的孵化，企业同样面临风险。比如，在新品牌孵化过程中，营销投入大、业绩不达预期，会导致项目夭折。

（三）行业发展挑战

新材料和新产品涌现带来的竞争压力。在行业不断向前发展的过程中，如果出现革新性的原料或产品，并在多个维度更具优势，会使得现有企业核心产品存在被新产品替代、淘汰的风险。

新渠道和新营销手段频出所带来的挑战。一方面，线上渠道的变革非常迅速，新型电商渠道不断崛起，对传统电商平台持续分流，流量成本亦持续走高，超级头部主播势能下降；另一方面，新兴社交媒体对品牌营销的形式和内容都提出了更高的要求。如果美妆企业未能及时布局，都将面临市场份额和赢利能力下滑，甚至被淘汰的风险。

五、国货美妆上市企业的未来预期和发展建议

对于国货美妆而言，2024 年或将成为新的分水岭。

（一）未来预期

1. 营收方面

2024 年，或有两大国货美妆冲刺百亿。根据多家证券机构预测数据（取 5 家企业平均值），珀莱雅企业营收或将于今年成功突破 110 亿元（表 4），迈入“百亿俱乐部”。这一体量的突破，将打破国货美妆此前无百亿企业的纪录。

表 4 4 大美妆企业 2024 年及 2025 年营收预测

公司名称	营收预测（亿元）	
	2024年	2025年
珀莱雅	112.13	137.53
上海家化	73.92	82.03
华熙生物	76.19	89.64
贝泰妮	79.72	97.51

注：数据取自各家企业最新 5 家机构预测数据的平均值。

上美股份旗下品牌韩束，2024 年一季度在抖音的 GMV 已近 20 亿元，实现跨越式增长，按照这一数据推演，韩束 GMV 或可在今年冲破百亿。

2. 盈利方面

巨子生物、珀莱雅净利润有望在不久的将来率先突破 20 亿元。目前，这两家企业的净利润分别为 14.52 亿元、11.94 亿元。如果这两家企业的净利润能实现新的突破，市值表现也有望再翻一番。

（二）发展建议

目前，不少国货美妆企业在发展上存在较为明显的短板，想要向上发展，仍需在多方面发力，比如组织建设、品牌搭建等。

1. 在组织能力建设上，可学习珀莱雅等企业

在外部市场环境快速变化的情况下，珀莱雅不断进化到6*N战略，并打造了扁平化、平台化、自驱协同的高效组织。

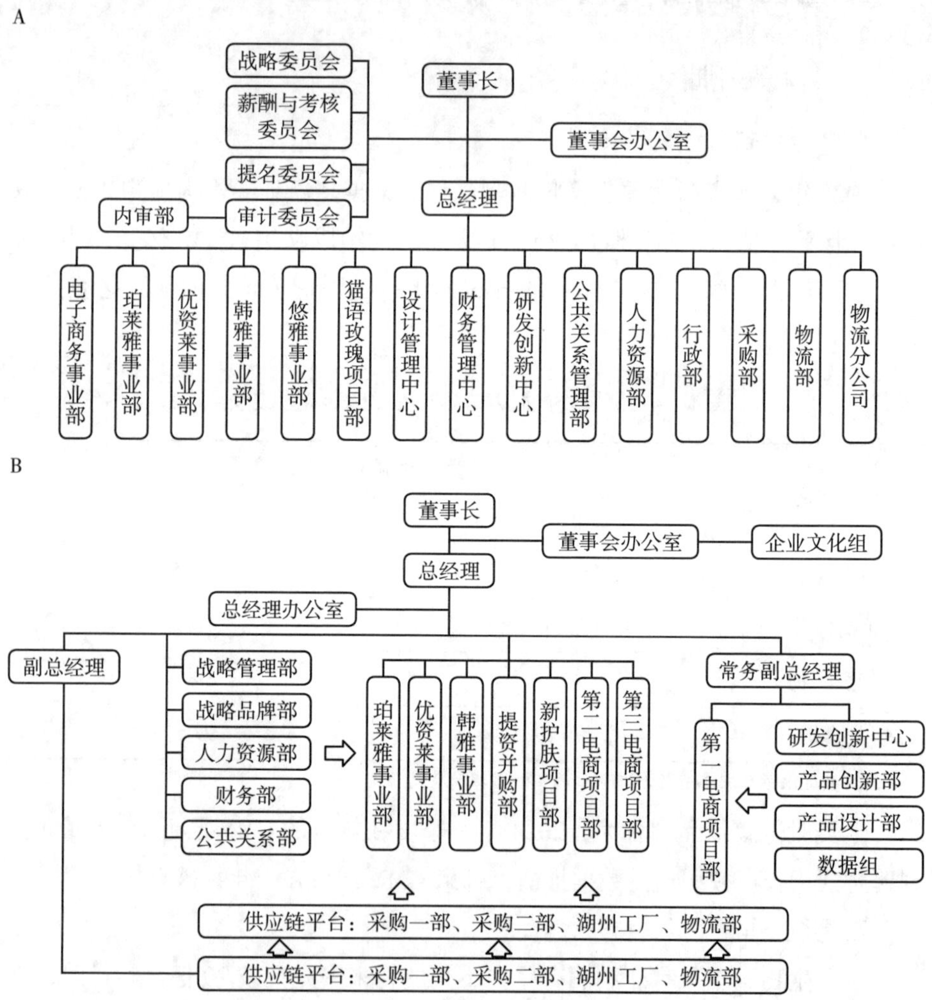

图2　珀莱雅公司原组织架构（A）和调整后组织架构（B）变化一览

资料来源：A图资料来源于公司招股书，华安证券研究所；B图资料来源于公司可转债说明书，华安证券研究所。

华安证券在相关研报中指出，珀莱雅调整组织结构，学习互联网的垂直型管理结构，实现组织结构的扁平化，降低各部门的沟通成本。即在新组织架构中，珀莱雅采用事业部制，开发产品时，运营、内容、研发会形成一个

项目组；在后期，“内容、运营、投放”也会组合在一起，形成一个三角形关系（图 2）。不同人员共创机制的建立，让珀莱雅能更加精准地洞察行业和产品的发展趋势，紧跟流量的变迁，让珀莱雅能更快适应不同时代的发展需求。

2. 在多品牌搭建上，可学习华熙生物、贝泰妮、逸仙电商等企业

譬如，在自主孵化品牌上，可学习华熙生物的策略。目前，华熙生物旗下有四大美妆主力品牌：润百颜、夸迪、BM 肌活、米蓓尔。自打造之初，这四大品牌的定位各不相同，其中，润百颜专注玻尿酸科技修护美学；夸迪专注精准护肤硬核抗老；BM 肌活专注油皮护肤；米蓓尔专注深耕敏感肌。这样的品牌定位，让四大品牌可以协同发展。

如果想要通过投资并购等方式搭建品牌矩阵，可学习逸仙电商、贝泰妮等。以逸仙电商为例，其近年来通过收购 Galénic 法国科兰黎、EVE LOM 伊芙珑、DR.WU 达尔肤（中国大陆业务）等品牌，补齐了护肤版块，目前已有成效。财报显示，逸仙电商护肤业务稳健增长，2023 年全年同比增长 11.4%，至 13.8 亿元，占总营收的比例提升至 40.5%。

3. 抓住新市场和新机会

当前的美妆市场瞬息万变，并受到多种因素的影响，包括技术创新、消费者偏好、社会趋势、经济变化和政策法规等。美妆企业必须积极适应市场的变化，及时准确把握目标消费者需求，开发出适销对路的产品，并及时布局新型销售渠道等；同时，也可通过产品差异化、品牌升级及灵活的营销策略，来提高核心竞争力。现阶段，美妆企业可探索和关注的机会有很多，例如，在科研上，合成生物学是头部企业争相布局的重点；在整体发展上，ESG（环境、社会和治理）正加速成为企业的“必答题”。

［作者单位：陈其胜，品观科技（武汉）有限公司］

中国美妆品牌与国际品牌的竞争现状及比较研究

刘李军

摘要：［**目的**］回顾2023年主要中国美妆品牌和国际品牌的市场表现，分析目前中国美妆品牌和国际品牌相比取得了哪些进步，还有哪些不足，并为中国品牌的持续增长提出建议。［**方法**］以2023年线上销售额排名前1000名的品牌为主要研究对象，通过销售额、均价、市场份额等多维度的数据对比，分析中国品牌的进步和不足。［**结果**］中国美妆品牌在大众市场获得了历史性突破，市场份额首次超过了国际品牌；将很快出现年销售额超过100亿元的头部品牌；但是，中国品牌在高端市场的表现和国际品牌仍然有很大的差距；中国企业和跨国集团公司之间，在多品牌运作方面仍然有很大差距。［**结论**］中国企业应该通过收购、自创等多重并举的方式，进一步完善品牌结构，并在人才组织、研发投入、文化挖掘等多方面努力，提升多品牌集团化经营的能力，扩大其在高端市场的份额。

关键词：高端品牌　多品牌　集团化　国风

2023年，珀莱雅以89.05亿元的营收成为中国本土规模最大的化妆品集团公司，创造了新的历史。与此同时，综合天猫、淘宝、京东、抖音、快手五大线上主要销售平台的数据后发现，销售额排名前30名的品牌中共有10个品牌出现同比下滑，其中8个为跨国品牌，下滑幅度最大达到32%。而中国品牌则有8个实现增长，同比增幅最大超过200%（表1）。从这些账面数据上来看，国际品牌和中国本土品牌之间似乎正在呈现“此消彼长”的局面，中国品牌正在迎来前所未有的高光时刻。

表 1　2023 年五大线上主要销售平台上销售额 TOP30 的中国品牌

序号	品牌名	同比2022年增长（%）	销售额排名
1	韩束	223.68	8
2	可复美	187.55	25
3	谷雨	65.43	27
4	卡姿兰	58.11	23
5	HBN	53.44	24
6	欧诗漫	45.30	12
7	珀莱雅	43.67	3

注：数据来源魔镜洞察、FBeauty 未来迹，增幅按商品交易总额（GMV）计算。

一、2023 年中国品牌的整体市场表现

1. 历史性突破，国货总体量占比过半

2023 年中国本土化妆品企业的营收从总体量上来说实现了历史性的突破。《FBeauty 未来迹》引用魔镜洞察的数据，经过综合计算发现：如果以线上销售额排前 1000 名的品牌为数据样本进行统计，2023 年中国品牌的销售额占比达到 52.22%（2022 年为 47.40%），这意味着 2023 年国产品牌首次超越国际品牌，成为中国化妆品市场的主力（表 2）。其中，中国品牌 2023 年相比 2022 年，整体同比增长 20.50%，美国、日本、韩国和意大利同比变化幅度分别为 –1.56%、–9.6%、–12.52%、–14.78%。泰国、澳洲和德国品牌成为在中国市场增长最快的外国品牌。

表 2　2022—2023 中国市场销售额占比 TOP10 国家

排名	国别	2023年商品交易总额（亿元）	占比（%）	同比2022年增长（%）
1	中国	2132.20	52.22	20.50
2	法国	674.54	16.52	6.33
3	美国	533.22	13.06	–1.56

续表

排名	国别	2023年商品交易总额（亿元）	占比（%）	同比2022年增长（%）
4	日本	341.64	8.37	–9.60
5	韩国	200.80	4.92	–12.52
6	德国	57.00	1.40	13.64
7	泰国	35.55	0.87	53.36
8	意大利	35.29	0.86	–14.78
9	英国	31.84	0.78	8.67
10	澳洲	13.20	0.32	37.21

注：数据来源魔镜洞察、FBeauty 未来迹。

2. 单品牌营收破“百亿”在望

2022 年 4 月 6 日，工信部发布《消费品工业数字“三品”行动方案（2022—2025 年）（征求意见稿）》，提出至 2025 年，要在食品、家用电器、化妆品、服装、家纺、电子产品等消费品领域培育 200 家智能制造示范工厂，打造 200 家百亿规模知名品牌。从 2023 年的统计数据来看，在中国市场单品牌实际营收能接近或者超过百亿的化妆品品牌只有巴黎欧莱雅、兰蔻和雅诗兰黛 3 个品牌，且全部都是国际品牌。不过，按照目前的市场趋势，《FBeauty 未来迹》预计珀莱雅和韩束将有望在 2025 年之前突破单品牌营收过百亿元的目标。

公开财报数据（表 3）显示，2023 年珀莱雅品牌的营收为 71.78 亿元，这意味着只要保持 20% 的增幅，到 2025 年珀莱雅单品牌的营收将超过 100 亿元。财报显示，2024 年上半年珀莱雅单品牌的营收达到 39.81 亿元，同期增长 37.61%。按照这样的趋势，珀莱雅单品牌在 2025 年营收过百亿已经是大概率事件。而韩束则表现出更为惊人的爆发力。财报显示，2023 年韩束品牌全渠道营收为 30.9 亿元，同比增长 143.8%。2024 年韩束持续保持高爆发，上半年营收再次激增 184.7%，达到 29.27 亿元，几乎追平去年全年的营收。按照这样的增长速度，2025 年韩束和珀莱雅大概率将携手见证“单品牌营收百亿”的历史时刻。

表 3 2024 年上半年珀莱雅和韩束品牌营收

品牌名	2024年上半年营收（亿元）	同比2023年上半年增长（%）
珀莱雅	39.81	37.61
韩束	29.27	184.70

注：数据来源于企业财报。

3. 呈梯队整体壮大，和国际品牌的营收差距快速缩小

最近几年，中国品牌的长足进步不光表现在珀莱雅、韩束等头部品牌上，根据《FBeauty 未来迹》的走访调研和梳理，本土品牌正在呈 3 个梯队整体向前跃进。

由表 4 可知，第一梯队以珀莱雅、韩束、薇诺娜、自然堂、欧诗漫为代表。这些品牌 2023 年全渠道营收在 30 亿元至 70 亿元之间，按照目前的发展趋势 5 年内营收达到 100 亿元至 150 亿元之间不是没有可能。第二梯队则以百雀羚、卡姿兰、可复美、HBN 等品牌为代表，目前营收规模在 15 亿元至 30 亿元之间，未来 5 年营收过 50 亿元的概率很大。第三梯队则数量更为庞大，2023 年营收规模在 10 亿元至 15 亿元之间的中国品牌大约有 20 个，这些品牌也有很大的机会在未来 5 年内年营收过 30 亿元。

表 4 2023 年中国品牌的三大梯队

分类	代表性品牌	市场规模（亿元）	5年战略目标（亿元）
第一梯队	珀莱雅、薇诺娜、韩束、自然堂、欧诗漫	30~70	150
第二梯队	百雀羚、卡姿兰、花西子、HBN、可复美、谷雨、同仁堂、毛戈平、溪木源、瑷尔博士、彩棠、丸美、六神	15~30	50
第三梯队	润百颜、夸迪、橘朵、优时颜、至本、珂拉琪、肌肤未来、舒客、完美日记、敷尔佳、逐本、颐莲、且初、酵色、半亩花田、PL 恋火、相宜本草、Fanbeautydiary、佰草集、玉泽	10~15	30

注：以上梯队划分，品牌罗列可能有遗漏，仅为举例。

2023 年中国市场排名前十的国际品牌，GMV 最高的为欧莱雅品牌，全渠

道 GMV 预计在 170 亿元左右，兰蔻、雅诗兰黛均在百亿元以上，其他品牌在 40 亿元至 80 亿元之间（表 5）。

表 5　2023 年 TOP10 跨国品牌全渠道销售额预估

排名	品牌名	商品交易总额（亿元）
1	欧莱雅	170
2	兰蔻	120
3	雅诗兰黛	110
4	玉兰油	80
5	SK- Ⅱ	72
6	海蓝之谜	63
7	赫莲娜	55
8	资生堂	53
9	圣罗兰	48
10	修丽可	42

注：数据来源于 FBeauty 未来迹，以上 GMV 统一按照线上线下 8:2 的比例推算。

尽管短期内中国品牌想超越欧莱雅会有一定难度，但是当中国品牌的第一梯队越来越多地跨过百亿元规模，第二梯队向 50 亿元目标不断迈进，中国品牌和跨国品牌在中国市场的营收差距将会不断缩小。这可能和竞争环境的变化以及中国企业核心能力的提升有关。

二、中国品牌持续增长的关键因素分析

南澳大学营销学教授 Byron Sharp 在《How Brands Grow》这本书中曾提出一个观点：品牌持续增长的本质在于“心智的显著性（Mental Availability）”和“购买的便利性（Physical Availability）”。

这是一个目前被营销界广为认可的基础理论，在营销实践中人们将“心智的显著性”归纳为品牌要能随时让消费者“想得起”，而“购买的便利性”则可以理解为让消费者产生需求的时候能随时“买得到”。并进一步抽离出

一个公式：品牌持续增长的本质 = 品牌独特性资产 × 营销大渗透 × 渠道大渗透（表 6）。其中，品牌独特性资产打造的核心又在于如何从物理价值和情绪价值两方面为消费者某一问题的解决提供优质方案；营销大渗透的核心则在于生产出能打动消费者的优质内容并调动媒体进行大面积传播；渠道大渗透的核心是占领优质货架和高效获取流量。由以上推导可见，在当前的社会环境下，决定品牌能否持续增长的关键能力可以简化为研发能力、设计能力、内容生产能力和投放效率、对消费需求的敏感度洞察能力以及渠道建设能力和商务开拓能力六大核心能力。

表 6 品牌持续增长的本质及关键要素

理论要点	心智的显著性	购买的便利性
公式化表达	品牌独特性资产 × 营销大渗透	渠道大渗透
核心要素	产品的物理价值和情绪价值；生产能打动消费者的内容并调动媒体资源进行大面积传播	在保证秩序的情况下，尽可能多占领优质货架；高效率获取线上流量
关键能力	研发、设计、内容的生产与投放、对消费需求的敏锐洞察等	渠道建设能力，商务开拓能力等

一开始，中国本土企业和跨国公司相比，在这六大能力方面有明显的短板，导致中国品牌心智不强，只能在下沉市场等局部渠道进行销售。尤其是在以电视为主要传播途径，线下以百货和超市为主体，线上以天猫、淘宝等货架电商为主体的时代，跨国公司可以从渠道资源和媒介资源两方面对中国本土企业实现全面压制。因为在这种社会环境下，优质的货架和优质的媒体内容是非常有限的，跨国公司可以凭借较高的营销预算，对优质资源实现相对垄断，从而获取超额收益。

但是，2020 年之后社会环境发生了颠覆性变化。首先是传播环境巨变。第三方数据显示，电视开机率一路从 70% 多下跌到了 2023 年的 29.8%。微博、微信、抖音、小红书彻底取代电视，成为主流传播媒介。可互动的、极致碎片化的传播环境，让任何一家公司或者团体都再难以形成相对垄断。其次是渠道环境的巨变。货架电商持续下滑，社交电商不断增长，渠道平衡再次被打破。综合魔镜洞察、蝉妈妈等第三方机构的数据，2023 年抖音、快手等社交电商在美妆销售中的占比已经接近 20%。

渠道环境和传播环境的双重改变，让中外品牌的竞争环境出现了不可逆的变化。这种变化重点体现在 3 个方面：一是跨国公司已经很难再在渠道和媒体两方面同时形成绝对优势，从而获取超额收益；二是从消费者到渠道，对国货的“偏见”已经消失，除了在高端和超高端市场，跨国品牌不再自带光环；三是中国本土企业通过持续增加研发投入，开始补齐最后一块短板。

至此，关乎品牌持续增长的研发能力、设计能力、内容生产能力和投放效率、对消费需求的敏感度洞察能力以及渠道建设能力和商务开拓能力这六大核心能力方面，中国本土的顶尖品牌和跨国品牌之间的差距被不断缩小，本土企业在消费需求的洞察、设计、内容的生产和投放等方面，反而因为更贴近中国消费者，公司体制更灵活而占据了一定优势。正是得益于竞争环境的这种改变，以及核心能力的提升，中国本土企业才有了取得较大突破的机会。

三、中国品牌和跨国品牌之间的真实差距

（一）打造和运营高端品牌的能力欠缺

如果以 2023 年销售额前 1000 名的品牌为研究蓝本，按照不同的市场地位将其划分为顶级品牌、头部品牌、品类龙头和新锐品牌四大类就会发现，排名前 50 名的品牌中跨国品牌有 32 个，仍然占多数。并且前 50 名的品牌平均单产也要比跨国品牌低。尤其是前 10 名的品牌，中国品牌的平均单产约为 61.63 亿元，比跨国品牌低 14.82 亿元（表 7）。

表 7　2023 年 TOP1000 化妆品品牌分级分析

分类	国货				外资		
	个数	商品交易总额（亿元）	商品交易总额占比（%）	平均单产（亿元）	个数	商品交易总额（亿元）	平均单产（亿元）
顶级品牌（1~10 名）	3	184.89	25.68	61.63	7	535.14	76.45
头部品牌（11~50 名）	15	339.36	37.19	22.62	25	573.07	22.92

续表

分类	国货				外资		
	个数	商品交易总额（亿元）	商品交易总额占比（%）	平均单产（亿元）	个数	商品交易总额（亿元）	平均单产（亿元）
品类龙头（51~100 名）	28	302.77	56.19	10.81	22	236.09	10.73
新锐品牌（101~1000 名）	645	1323.58	69.61	2.05	255	577.77	2.27

注：数据来源于魔镜洞察、FBeauty 未来迹。

造成这种差距主要从市场结构上来看，其核心在于高端市场和奢侈市场。2023 年排名前 10 的品牌中高端品牌和奢侈品牌共有 5 个，分别为兰蔻、雅诗兰黛、SK-Ⅱ、海蓝之谜和赫莲娜，全部为跨国品牌。

目前在全球范围内，关于何为高端品牌或者奢侈品牌，并没有一个严格的学术定义，但大部分研究倾向于认为：高端品牌或者奢侈品牌是一种特殊的商品，其零售价格明显高于同类的普通商品，有着高于一般消费品的品质和丰富的文化美学内涵，满足了人们的精神需要，带来更多的愉悦和享受，彰显了财富、身份和地位。由此可见，高端品牌和奢侈品牌是典型的高价格、高品质、高精神价值的产品。

具体到美妆领域，从 2023 年各品牌的成交均价来看，按照当前的购买力，以护肤品为主要销售类别，成交均价在 400 元及以上的品牌；以及以彩妆为主要销售类别，成交均价在 300 元以上的品牌，均可称之为高端品牌。

以中国企业目前的生产和制造能力，作出符合高端品牌要求的高品质产品并不难，最大的障碍在于消费者对中国品牌附加值的认同度并不高，国货到目前为止绝大多数时候仍然是“平价”的代名词。这一点，从 2023 年轰动一时的“79 元眉笔事件”就可见一斑。

（二）中国企业打造高端品牌的两条有效路径

参照跨国企业的成功经验，中国企业仍然有两条路径来补齐高端品牌这个短板。

1. 收购

纵观各大跨国公司的成长历程，收购是公司发展到一定阶段之后，迅速成长的必经之路。2023 年中国市场销售额排名前 10 的高端护肤品品牌中，兰蔻、SK- Ⅱ、海蓝之谜、赫莲娜、修丽可、娇兰、奥伦纳素 7 个品牌，均是以收购方式获得（表 8）。

表 8　2023 年中国市场 TOP10 高端护肤品品牌基本信息

排名	品牌名	成立时间	2023年成交均价（元）	品牌获得方式	所属集团公司
1	兰蔻	1935 年	404	收购	欧莱雅集团
2	雅诗兰黛	1946 年	396	自创	雅诗兰黛集团
3	SK- Ⅱ	1975 年	776	收购	宝洁公司
4	海蓝之谜	1946 年	1000	收购	雅诗兰黛集团
5	赫莲娜	1902 年	1185	收购	欧莱雅集团
6	修丽可	1997 年	508	收购	欧莱雅集团
7	娇韵诗	1954 年	497	自创	娇韵诗集团
8	肌肤之钥	1982 年	416	自创	资生堂集团
9	娇兰	1928 年	520	收购	LVMH
10	奥伦纳素	1927 年	815	收购	尔若纳素

中国公司也已经在通过全球收购，培育高端品牌。到目前为止，逸仙电商已经先后收购了英国高端护肤品牌 Eve Lom、法国高端护肤品牌科兰黎；水羊股份则收购了法国高端护肤品牌伊菲丹；新奢集团则对英国护肤品牌欧臻廷、法国沙龙香水品牌佩枪朱丽叶进行了多数股权投资。魔镜洞察的数据显示，2023 年伊菲丹在天猫、淘宝、京东和抖音的总 GMV 已经超过 5 亿元；2023 年科兰黎的线上 GMV 也在 6 亿元以上，Eve Lom 在 2 亿元左右。

事实上，中国企业收购国外高端品牌并成功运营的经验在其他行业已经非常丰富，比如安踏已经先后收购了斐乐和始祖鸟；吉利收购沃尔沃；如意集团收购法国轻奢品牌 SMCP 等。随着中国的美妆企业在资本运作和企业管理上的不断成熟，类似的收购可能也会持续增加。

2. 自创

从高端品牌和奢侈品牌的定义不难看出，和大众品牌相比，其最大的区别在于不仅需要向消费者提供物质价值（功效、品质等），还需要向消费者提供精神价值（向往感、满足感、追随感、成就感等）。中国企业目前在打造产品的物质价值方面，已经拥有世界一流水平，但在打造产品的精神价值方面普遍存在不足。尤其是在美妆领域，处于消费者不认可，企业不敢讲的尴尬境地。

纵观国际高端品牌的成长史，其打造产品精神价值的方法大致可以归纳为以下几点。

首先是价值观或者生活方式的输出。这在所有的高端品牌和奢侈品牌中都是必备的一环。比如爱马仕会始终对外强调它“当代手工艺术家”的身份，来传递精致生活主张；赫莲娜会不断强化“打破束缚，追求自我价值实现的先锋女性精神”；兰蔻会持续强化其在消费者心智中“时尚优雅的法式浪漫”形象等。细品这些品牌的价值主张，未必有多么高深的哲学价值和艺术价值，但有一个共同特点：都是普通人在日常生活中很难轻易获得的生活状态。

其次是稀缺性的专业背书。每一个高端品牌，几乎都有一个拥有特殊专业背景的创始人作为精神图腾。用具有唯一性和稀缺性的创始人背书，作为整个品牌精神价值的起点。

再次是持续进行对传统文化的挖掘与复新，持续赞助艺术项目，这是大多数高端品牌的常规操作，但归纳起来具体实施方法无非以下几种。一是品牌创始人个人 IP 如果影响力足够大，通过致敬创始人推出限量款商品。比如 2023 年香奈儿就曾推出一款售价高达 1380 元的高端口红，品牌方自称设计灵感来源于品牌发源地——康朋街 31 号。这款口红还一度在中国卖断货。二是和知名文化 IP 联名。比如兰蔻在 2023 年就曾和卢浮宫联名，推出限定款。三是携手文化名人，举办艺术展等活动。比如赫莲娜就曾携手法国新浪潮时代影像艺术家卢克·福诺尔（Luc Fournol），共同呈现赫莲娜百年历史的古董珍品以及奥黛丽赫本的珍贵影像集。四是成为艺术项目的赞助商。这一方式最近几年在时尚圈正日渐流行。2023 年赫莲娜就赞助了 EDC China 雏菊电音嘉年华。

最后则是做消费人群的区隔和从上至下的缓慢渗透。高端品牌的成长普遍需要较长时间的沉淀,2023 年在中国市场销售额排名前 10 的高端护肤品牌，最年轻的是成立于 1997 年的修丽可，距今已经有 27 年。这主要是因为，高端品牌的消费人群主要由富裕人群和中产构成，为了维持消费者对品牌的向往感，必须经历一个先在富裕人群中持续渗透，然后向中产下沉破圈的过程。

根据贝恩咨询的一项调研（表 9）显示，全球奢侈品和高端产品消费中，人均消费金额在 2500 欧元以上消费人群（含重度消费人群、高消费人群、超高消费人群和骨灰级消费人群），虽然只占总消费人数的 4.51%，但贡献了 46.4% 的消费金额；而人均消费在 150 欧元到 500 欧元之间的入门级消费人群和初次消费人群虽然人数占总消费人数的 87%，但却只贡献了约 36.5% 的消费金额。

表 9　不同消费群体对高端产品消费的贡献率

消费者群体		人数占比（%）	人均消费金额（千欧元）	贡献市场规模占比（%）
忠实消费者	骨灰级消费人群	0.05	100	6.8
	超高消费人群	0.27	25	10.3
	高消费人群	1.17	10	17.8
	重度消费人群	3.02	2.5	11.5
	经常性消费人群	9	1.25	17.1
	入门级消费人群	32	0.5	24.0
普通消费者	初次消费人群	55	0.15	12.5
合计		3.3 亿人	0.66 千欧元	2170 亿欧元

这意味着高端品牌和奢侈品品牌并不能像大众品牌一样，追求消费人群的“大渗透”。并且一旦品牌消费人群下沉过猛，中产之下的消费人群占比过大，品牌的高端属性就会消失。这也是所有高端品牌每年都会涨价的原因，目的是进行消费人群区隔。也因此，高端品牌在渠道选择、营销方式、定价体系等诸多方面，都需要和大众品牌保持区隔。这也是很多做大众品牌起家的中国企业，投了大量资金做原创高端品牌却难以成功的原因。

（三）中国原创高端品牌的发展现状

根据《2023 高端品牌发展蓝皮书》的梳理，2018 年是中国高端品牌发展的一个重要节点。一方面，大量此前定位中高端的品牌果断直接喊出了“高端品牌”的口号。汽车领域的红旗、厨电领域的方太、服装领域的波司登、酒水领域的青花郎等，各大消费品领域均开始出现品牌的高端化升级；另一方面，高端原创品牌也开始不断出现，电动汽车领域的理想、家电领域的 COLMO、香氛领域的观夏等。华为的高端手机也是在这一年开始直逼苹果。

随后几年美妆领域的原创高端品牌也开始持续增多。观夏、闻献、第十四章、东边野兽、瑷科缦等品牌纷纷成立（表 10）。值得注意的是，这股风潮很快引发了跨国公司的注意，2023 年欧莱雅旗下的产业投资基金先后对观夏和闻献进行了股权投资，雅诗兰黛旗下的投资基金则对 melt season 进行了少数股权投资。毫无疑问，如果中国的原创高端品牌持续发展壮大，一场资本和实业层面的双重争夺势必会激烈展开。

表 10　2018 年后成立的部分原创高端美妆品牌

排名	品牌名	成立时间
1	观夏	2018 年
2	闻献	2020 年
3	第十四章	2020 年
4	melt season	2020 年
5	东边野兽	2020 年
6	瑷科缦	2022 年
7	BIOLAB 听妍	2019 年

（四）多品牌、集团化发展的能力有很大差距

对比中外美妆企业，除了在高端品牌上的差异，中国企业另一个比较明显的短板是“多品牌、集团化”发展的能力。

根据对中外主要日化公司 2023 年在中国市场的 GMV 估算，排名第一的欧莱雅集团在中国市场同时运营超过 20 个品牌，GMV 超过 800 亿元；中国

企业中目前规模最大的珀莱雅股份有限公司，2023年全渠道GMV在120亿元左右（表11）。和欧莱雅、雅诗兰黛、宝洁等跨国集团公司相比，中国企业差距仍然巨大。

表11　2023年各集团公司中国市场规模预估

序号	集团名称	中国市场品牌数量	中国市场规模（亿元）	国别
1	欧莱雅集团	20+	800+	法国
2	雅诗兰黛集团	15+	200+	美国
3	宝洁集团	10+	200+	美国
4	资生堂集团	15+	150+	日本
5	珀莱雅	10+	100+	中国
6	上海家化	10+	100+	中国
7	华熙生物	16+	80+	中国
8	LVMH	15+	80+	法国
9	贝泰妮	6+	70+	中国
10	联合利华集团	10+	50+	英国

注：以上数据根据魔镜洞察对各品牌线上GMV的综合，按照线上线下8:2的比例估算，宝洁、联合利华的GMV不含洗衣粉等家庭清洁用品。GMV并非实际销售额，仅做市场规模比较。

一家公司要想平稳地走向多品牌、集团化发展，可通过了解全球最大的化妆品集团欧莱雅的发展历程，或许能给中国企业一些启发。欧莱雅真正的多品牌、集团化发展历程是从弗朗索瓦·达勒担任总负责人开始的。达勒在启动这一战略之前，重点做了3件事：第一，让欧莱雅上市。这在当时是一件争议极大的事情，因为上市意味着创始人家族将不得不放弃部分权利，所以很多企业很排斥上市。哪怕到今天，在化妆品企业中这仍然是一个有争议的话题。第二，放弃一部分投入大但是收益不高的品牌，其中就包括创始人欧仁·舒奈尔倾注了半生心血的“梦皂”品牌。第三，升级研发部门。将之前从基础研究到产品开发全部自主完成的研发体系改变成以应用研究为主，以提高研发效率，并固定将年营收3.5%左右的资金用于研发。

欧莱雅1963年在巴黎完成上市、1964年收购兰蔻、1965年收购卡尼尔、1970年收购碧欧泉、1980年收购薇姿（表12）。在这一过程中，欧莱雅完成了从一家私营企业向多品牌、集团化上市公司的蜕变，其营收也从 1.5 亿欧元飙升到 30 亿欧元。

表 12　1964—2023 欧莱雅集团收购的部分品牌

时间	收购品牌	时间	收购品牌
1964 年	兰蔻	2002 年	植村秀
1965 年	卡尼尔	2004 年	羽西
1971 年	碧欧泉	2005 年	修丽可
1980 年	薇姿	2006 年	The Body Shop
1985 年	拉尔夫·劳伦香水线	2008 年	YSL 美妆
1988 年	赫莲娜	2014 年	美即
1989 年	理肤泉	2014 年	NYX
1993 年	Redken	2017 年	CeraVe
1996 年	美宝莲	2018 年	3CE
2000 年	科颜氏	2023 年	伊索

在欧莱雅进行集团化之前，主要做对了以下几点。

第一，搭建更有利于获取社会资源的平台，优化公司治理结构。收购最大的障碍在于有没有足够的资金买下来，以及买下来之后能不能将其“消化”。上市对欧莱雅随后发展的积极意义在于：获取了更强的募集资金的能力，为其随后持续地发起并购，奠定了基础；另外，让公司治理结构变得更为公开透明。欧莱雅广为人知的“职业经理人制度 + 继承人培养计划”也是在这一时期确立的。这首先从顶层设计上解决了欧莱雅未来发展的后顾之忧，在保证创始人家族权益的同时，给了职业经理人最大的信任。这也为欧莱雅成功将收购来的品牌进行消化奠定了人事基础。从这一点来说，上市并优化公司治理结构应该成为中国企业开启多品牌和集团化发展的一个重要起点。

第二，效率优先。无论是改革研发部门还是放弃一部分投入大产出低的品牌，都表明多品牌和集团化的前提仍然是效率优先，是为了让公司获得更好的发展，获取更高的利润。管理层和决策层在做选择的时候，一定要从理性出发，不要为情怀和个人偏好买单。

第三，重视研发和创新。研发创新能力始终是企业发展的根本动力之一，从欧莱雅的发展历程来看，其核心在于持久而稳定地投入，以及始终面向消费者需求的务实精神。

欧莱雅从1957年达勒接手，准备启动多品牌、集团化运营开始，一直到1986年成为化妆品世界级的领军企业前后历时30年。当越来越多的中国企业完成原始积累，走向了资本市场，开始站在“多品牌”“集团化”运营的起步区的时候，我们应该有理由相信接下来的30年，将是中国企业更加辉煌灿烂的30年。

（作者单位：刘李军，FBeauty 未来迹）

扫码看参考文献

2023 年中国美妆国货品牌发展洞察

蔡朝阳

摘要：2014 年至 2023 年，中国化妆品市场规模由 2759 亿元升至 7972 亿元，年均复合增长率达到 7.32%，其中国货化妆品品牌市场规模年均复合增长率达 13.2%，市场份额从 47.8% 提升到 50.4%，2023 年首次反超外资品牌。通过对本土化妆品企业经营情况进行分析，能发现研发已经成为本土化妆品企业发展的重要推动力量。通过对各渠道头部国货品牌进行分析，发现目前国货化妆品品牌发展呈现出进一步细化、精准化的发展趋势。

关键词：国货美妆　研发投入　中国成分　一超多强

一、中国化妆品市场进入中国时间

（一）悦己经济助推中国美妆市场蓬勃发展

中国美妆市场在过去 10 年里展现出蓬勃生机与持续增长趋势，这种增长不仅仅是数字的游戏，更是时代变迁与消费观念进步的直接反映。自 2014 年至 2023 年，市场规模由 2759 亿元升至 7972 亿元，年均复合增长率达到 7.32%（图 1），这无疑证明了中国化妆品市场的巨大潜力与未来可期的广阔前景。

在这个增长的背后，是无数品牌与创新者的努力，也是消费者需求与期待的变化。2023 年的数据更是揭示了线上渠道化妆品市场规模高达 4045.9 亿元，同比增长 9.96%，线下渠道同比增长 0.76% 至 3936.1 亿元，进入稳健发展阶段。在数字化驱动的今天，线上市场已然超越传统线下渠道，标志着中国美妆市场的转型升级与新零售革命的兴起。

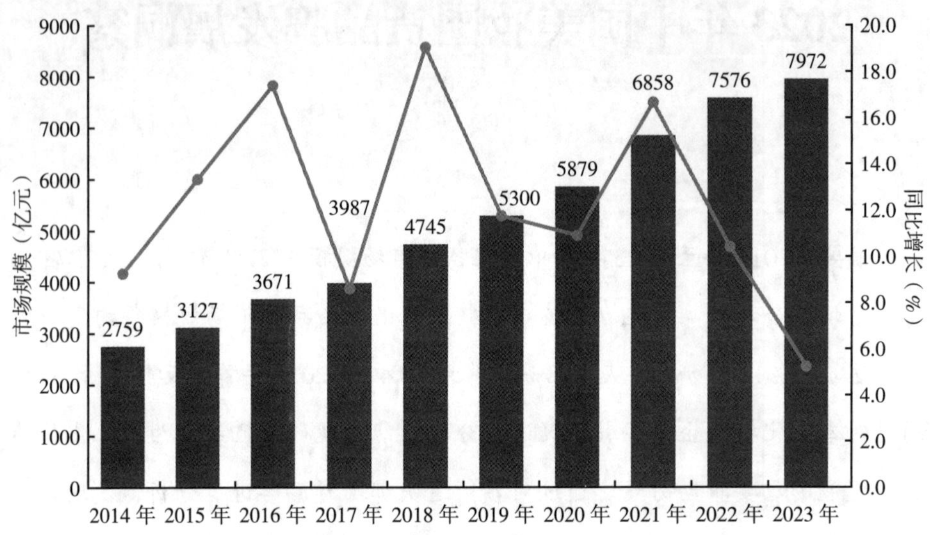

图 1　2014—2023 年中国化妆品市场规模变化

数据说明：

1. 数据来源：青眼情报本文所提到的化妆品是按照《化妆品监督管理条例》的定义，不包含美容仪，美容仪只是作为市场分析之一。

2. 在计算整体市场规模时候已将线上渠道 GMV 数据口径转化为销售额数据口径进行分析。

在深入剖析中国美妆市场的广阔蓝图时，绝不能漠视品类间份额的细微流动与显著变迁。由图 2 可知，2023 年，面膜、精华、底妆、面霜 / 乳液作为核心的二级品类，它们在市场中的占有率都超过了 10%，体现了各自独特的消费者认可度。尽管面膜的市场占比略有下滑，减少了 2.5 个百分点，但其仍稳居高位，精华品类的市场份额与上一年保持一致，显示出一种稳定的趋势，而面霜 / 乳液品类小幅上升，轻轻松松展示了其潜移默化的增长力。引人瞩目的是，底妆打破了平静，以 1.6 个百分点的市场份额增长率，脱颖而出成为 2023 年中国化妆品市场的趋势之星。这不仅意味着消费者对底妆心理需求的逐渐升温，也预示着趋势和美学需求的深层次变革。

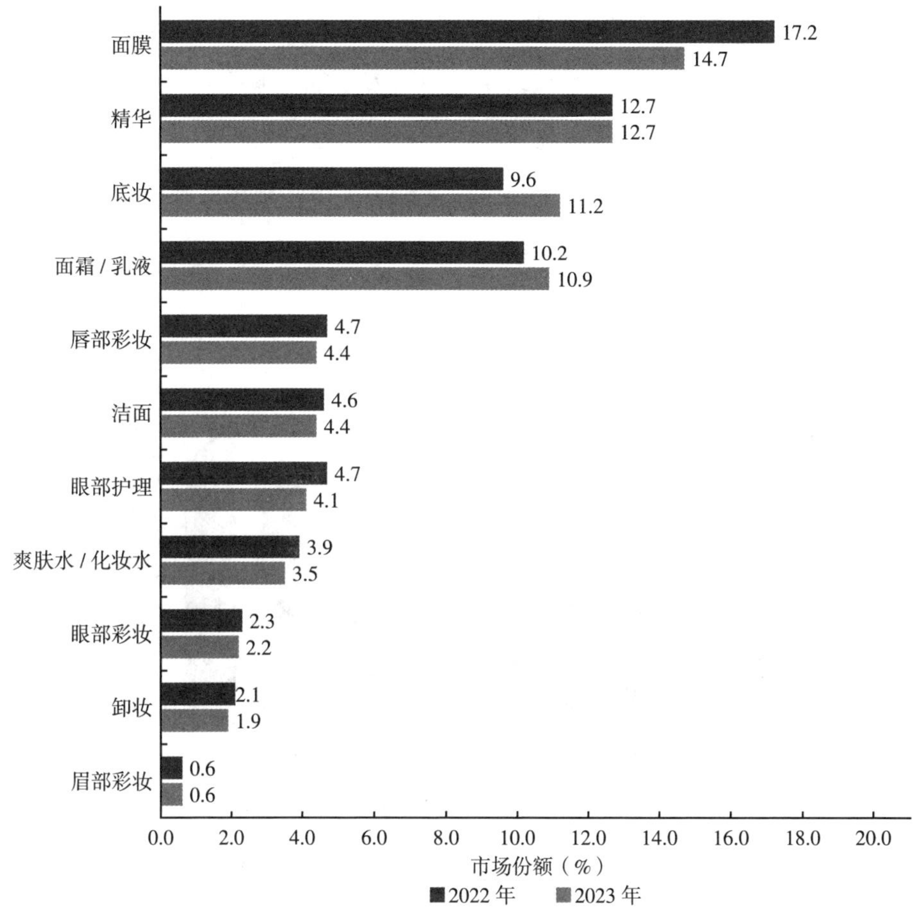

图 2 2023 年 VS 2022 年二级品类市场份额变化

数据说明：

1. 数据来源：青眼情报出品《2023 年中国化妆品年鉴》。
2. 在计算整体市场规模时候已将线上渠道 GMV 数据口径转化为销售额数据口径进行分析。

（二）国货美妆加速发展

由图 3 可知，在最近的 10 年里，令人惊叹的是，国货美妆市场规模从 2014 年的 1318 亿元飙升到 2023 年的 4018 亿元，国货美妆市场以年均 13.18% 的复合增长率，证明了自己的独特魅力和强劲实力，这一增速远超整个中国美妆市场大盘的增长幅度高达 5.86 个百分点，尤其是 2020 年至 2023 年，连续 4 年增速保持在 10% 以上，真正展现了国货之光的闪耀时刻。

青眼通过对全国超500名消费者进行调研发现，70%的新生代消费者（“90后”和“00后”）选择国货美妆，是因为信赖它们的高品质，而46.2%的消费者则被其深植的中式文化所吸引，显示出这一代年轻人对于民族品牌的自豪感和高度认同。随着这批新生代逐渐成为美妆市场的消费主力，国货美妆正在迎来前所未有的发展机遇。

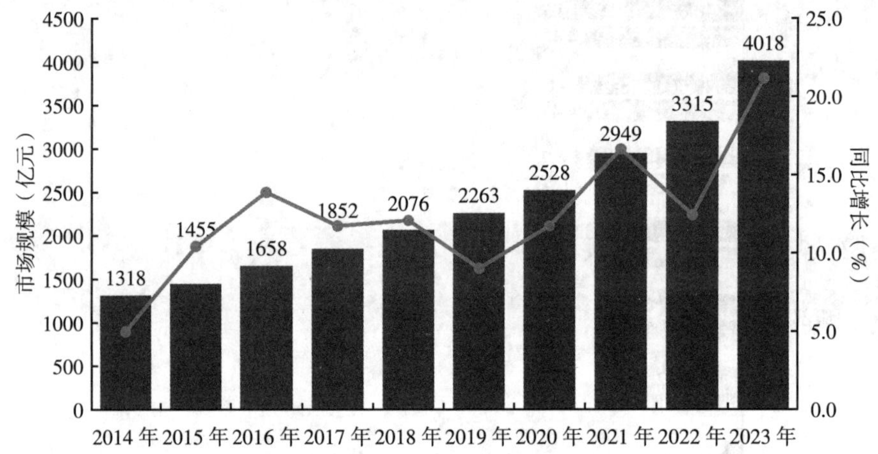

图3　2014—2023年国货美妆市场规模变化

数据说明：

1. 数据来源：青眼情报本文所提到的化妆品是按照《化妆品监督管理条例》的定义，不包含美容仪，美容仪只是作为市场分析之一。

2. 在计算整体市场规模时候已将线上渠道GMV数据口径转化为销售额数据口径进行分析。

（三）国货美妆反超外资美妆

2023年国货美妆完美实现了华丽转身，以50.4%的市场份额超越外资品牌美妆，彰显出无与伦比的魅力和实力。尽管在传统电商领域，外资品牌依旧占据一席之地，但国货美妆已在其他战场，如线下CS渠道和短视频平台，以其独特的风采一跃成为领跑者。

深入洞察，我们还发现了一个引人注目的趋势：传统电商的光芒逐渐黯淡，市场规模有所下降，线下渠道和短视频平台均相较于2022年有着更亮眼的成绩，尤其是短视频平台如星辰般升起，呈现出令人振奋的增长态势（图4）。这证明，国货美妆已不仅仅是中国美妆市场的新贵，更是推动市场蓬勃发展的加速器。

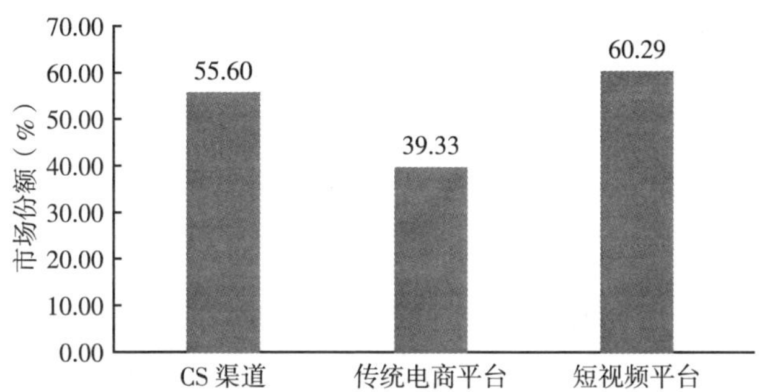

图4　2023年主要渠道国货美妆市场份额

数据说明：

1. 数据来源：青眼情报出品《2023年中国化妆品年鉴》。

2. 本文所提到的化妆品是按照《化妆品监督管理条例》的定义，不包含美容仪，美容仪只是作为市场分析之一。

3. 在计算整体市场规模时候已将线上渠道GMV数据口径转化为销售额数据口径进行分析。

（四）护肤品类是国货美妆的主战场

纵览2023年的消费景象，护肤品类在国产美妆界独占鳌头，市场规模为2679.9亿元，年增率达到14%。彩妆品类亦不甘后人，以765.4亿元的规模和52.1%的同比飙升，位居第二（图5）。这一趋势的背后，反映出消费者对于美与个人护理的重视日增，同时也预示着国货美妆市场正逐步朝向更加多元化和精细化的发展方向迈进。

通过消费者调研，青眼情报洞察到彩妆品之于社交活动的渊源深厚，特别是唇部彩妆，在正式聚会或情侣约会等重要社交场合的应用尤为广泛，约有60%的消费者表示会在这类场合使用唇妆产品（图6）。随着人们社交活动的频繁，彩妆的社交属性无疑将成为驱动国产彩妆快速增长的核心要素。

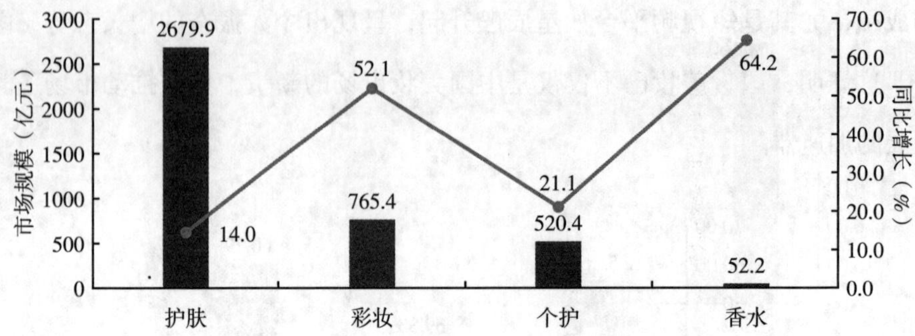

图 5　2023 年不同品类国货美妆市场规模和同比增速

数据说明：

1. 数据来源：青眼情报。

2. 在计算整体市场规模时候已将线上渠道 GMV 数据口径转化为销售额数据口径进行分析。

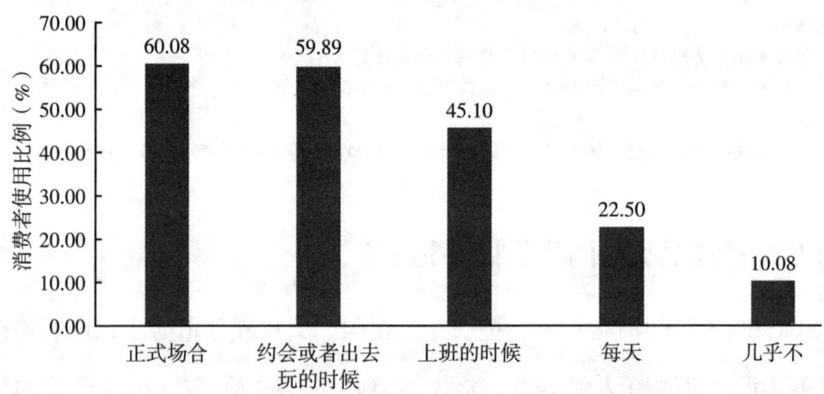

图 6　2023 年消费者使用唇部彩妆的场合

数据来源：青眼情报《2023 年中国化妆品年鉴》。

从市场份额上来看，2020—2022 年护肤品类在国货美妆中的市场份额均领先于其在大盘中的市场份额，2023 年继续延续这一趋势，护肤品类在国货美妆中的市场份额达 66.7%，远超其在整体市场中的份额（图 7）。简言之，护肤品类成为国产美妆的旗舰力量，而彩妆品类，则展现出作为国货美妆未来增长潜力的赛道。

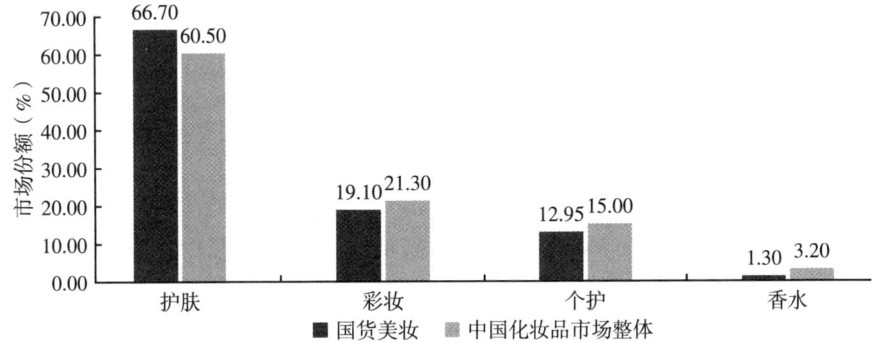

图 7　2023 年国货美妆 VS 中国化妆品市场整体各品类占比

数据说明：

1. 数据来源：青眼情报。

2. 在计算整体市场规模时候已将线上渠道 GMV 数据口径转化为销售额数据口径进行分析。

二、研发成推动国货美妆品牌发展的第一驱动力

（一）行业内卷，品牌不断向专业化拓展

2023 年，据青眼情报不完全统计，化妆品行业共发布 167 项团体标准，涉及 41 个团体协会。这些团体标准涵盖了化妆品的原料、生产、包装、检测等多个环节，为行业的规范化、标准化发展提供了有力的支撑。

从参与的机构 / 企业来看，包含华熙生物、贝泰妮、珀莱雅、福瑞达、上海家化、伽蓝、上美、环特生物、微谱检测、巴斯夫中国、诺斯贝尔中外企业，涵盖了科研院所、原料商、代工企业、品牌方、检测机构等全产业链。从标准分类来看，产品标准类团标占比最多，为 38%。

（二）国货品牌研发投入持续增加

由图 8 可知，2023 年，国内化妆品相关上市企业总研发费用为 35 亿元，同比微增 0.17%。不过，除了品牌商，OEM/ODM 企业、口腔护理企业、零售服务商 2023 年研发费用均同比收窄。具体来看，品牌商研发费用持续上升，

2023 年研发费用同比增长 12.4% 达 18.53 亿元。

青眼情报统计的 14 家品牌商中，超 7 成的品牌商 2023 年研发费用均有所增加，这反映出品牌商对于产品创新和技术升级的高度重视和投入。

同样注重研发的原料商，2023 年这一费用下滑 9.9%。统计的 11 家原料商中也有超 7 成企业 2023 年加大了研发费用，比如科思股份、锦波生物等。

由此可见，国货品牌越来越重视研发的投入，这也成为国货品牌快速发展的主要驱动力。

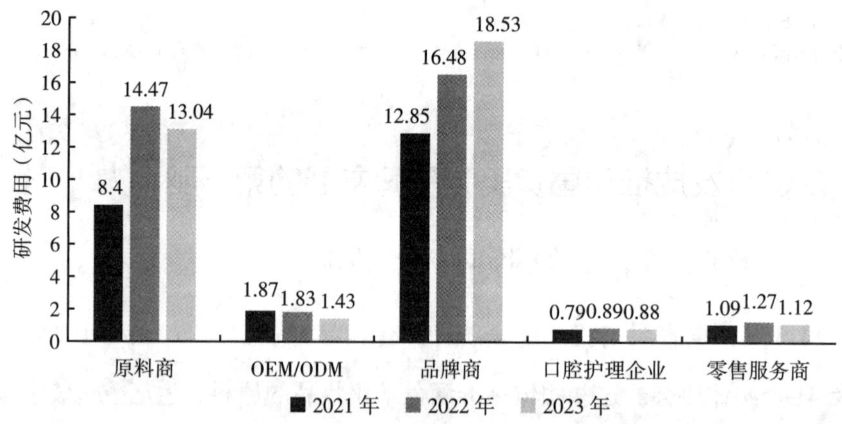

图 8　2021—2023 年化妆品相关企业研发费用变化

数据说明：

1. 数据来源：企业财报、青眼情报整理。

2. 本图中的销售费用为 40 家样本企业销售费用的总和。

三、中国成分助力国货美妆实现弯道超车

“要立足中国大地，讲好中国故事。”化妆品行业也不例外。2022 年市场监督管理总局、国家发展和改革委、工业和信息化部等 18 部门联合发布了《进一步提高产品、工程和服务质量行动方案（2022—2025 年）》的通知，其中就提到要“推动在化妆品、服装、家纺、电子产品等消费品领域……培育一批高端品牌。”

随着政府政策的驱动、行业研发实力的提升、消费者文化自信的增强，中国化妆品品牌正处在弯道超车的关键时刻，而具有中国特色、能反映中国化妆品本土研发实力的中国成分，正是国货美妆实现弯道超车的重要切入点：2023年中国成分化妆品产品销售额达234.11亿元，同比增长9.38%（图9）。

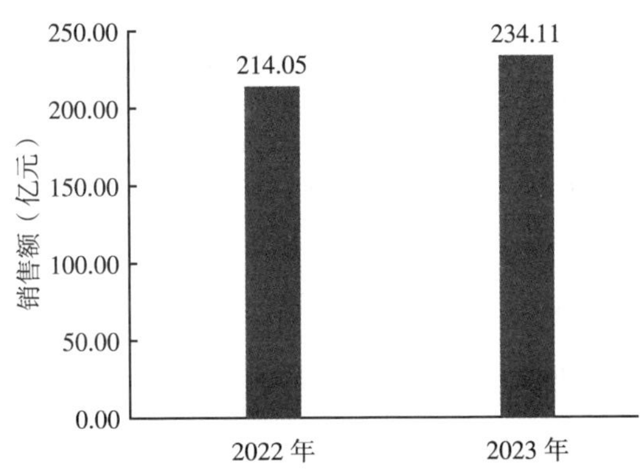

图9 2023年VS 2022年中国成分化妆品销售额变化

数据说明：
1. 数据来源：青眼情报。
2. 数据定义：中国成分产品销售额 = 各渠道中统计筛选含中国成分的产品销售额总和。

四、市场竞争加剧，国货美妆进入多品牌角逐时代

2021年至2023年，国产美妆品牌数增长了14.4%，呈现出稳健上升的趋势。细分来看，护肤品领域的国货品牌增长了11.9%，而彩妆品类更是飙升了16.1%；个护品牌数量上升了15.1%。而香水品类的增速最为惊人，高达81.4%（图10）。这一系列数据显露出一股不可阻挡的趋势，越来越多的国货品牌正踏上美妆市场的战场，展开了一场日趋激烈的竞争盛宴。

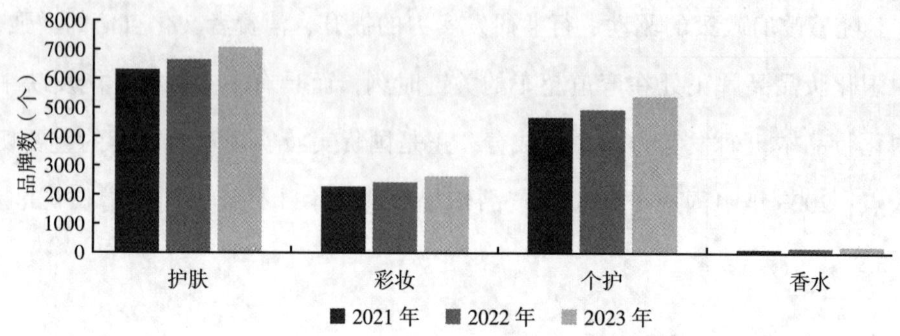

图 10　2021—2023 年各品类国货品牌数变化

数据说明：

1. 数据来源：青眼情报。
2. 取数平台：传统电商平台，短视频平台以及线下渠道。
3. 取数逻辑：品牌数按照 2023 年在各渠道有售的品牌数进行统计，统计数据去重。

通过研究各主要品类市场集中情况能够看出：①国货护肤品赛道市场集中度最低，竞争最激烈，各个国货品牌均有机会在此赛道获得突围机会，比如韩束凭借短视频平台的爆发一跃从第 9 名提升到第 2 名；与此同时，护肤品类市场集中度正在逐步提升，部分品牌已经建立一定竞争壁垒；②国货彩妆赛道市场集中度最高，第一集团梯队已经形成，头部品牌市场竞争力强；值得关注的是，2023 年相较于 2022 年 TOP10 品牌市场集中度下降了 6.7 个百分点，中游品牌对头部品牌冲击较大（表 1、表 2）。

表 1　2023 年 VS 2022 年国货美妆各品类 TOP10 品牌市场份额

品类	市场份额（%）	
	2023年	2022年
护肤	13.3	10.3
彩妆	24.9	31.6
个护	15.4	19.8

注：1. 数据来源：青眼情报。

2. 取数范围：传统电商平台、短视频平台。

表 2 2022 年 VS 2023 年主要品类 TOP10 品牌

排序	2023年			2022年		
	护肤	彩妆	个护	护肤	彩妆	个护
1	珀莱雅	花西子	阿道夫	珀莱雅	花西子	阿道夫
2	韩束	卡姿兰	蜂花	薇诺娜	珂拉琪	舒客
3	薇诺娜	彩棠	滋源	自然堂	完美日记	滋源
4	欧诗漫	AKF	六神	欧诗漫	卡姿兰	南京同仁堂
5	自然堂	橘朵	隆力奇	夸迪	INTO YOU	隆力奇
6	可复美	毛戈平	南京同仁堂	HBN	橘朵	KONO
7	HBN	INTO YOU	高缇雅	百雀羚	彩棠	蜂花
8	谷雨	珂拉琪	KONO	谷雨	柏瑞美	诗裴丝
9	瑷尔博士	柏瑞美	诗裴丝	韩束	毛戈平	六神
10	百雀羚	恋火	水之蔻	润百颜	AKF	半亩花田

注：1. 数据来源：青眼情报。

2. 取数范围：传统电商平台、短视频平台，品牌按照 GMV 从高到低排列。

总体来说，国货美妆已经进入群雄并起时代，头部品牌尽管已经占据一定市场优势，但是仍然面临着后来者强有力的冲击，借助何种渠道快速触达消费者，快速凭借平台流量红利抢占市场成为关键。

［作者单位：蔡朝阳，青眼网络科技（武汉）有限公司］

中国美妆新锐品牌崛起洞察报告

姚永斌　黄志东

摘要：[**目的**] 综合分析中国美妆新锐品牌发展概况、崛起关键因素及可持续发展面临的挑战，提出举措与建议。[**方法**] 通过筛选五大代表性美妆新锐品牌，从精准定位、创新研发、营销传播、沟通互动四大关键因素进行系统研究分析。[**结果**] 这些美妆新锐品牌通过发展战略与策略的综合运营，实现成功爆破、出圈、突围、崛起。[**结论**] 美妆市场竞争越来越激烈，新锐美妆品牌在可持续发展进程中，必须从“流量思维”向“留量思维”转型，警惕掉入“品牌认同陷阱”。

关键词： 美妆新锐品牌　崛起关键因素　可持续发展思考与建议

研究分析中国美妆新锐品牌的成功之道，具有重要的现实意义。因此，本文筛选谷雨、花西子、瑷尔博士、HBN、溪木源等五大代表品牌，探索总结这些美妆新锐品牌崛起的法则，主要包括精准定位、品牌逻辑、核心能力、科技创新等。这些品牌都是在某一功效护肤 / 彩妆细分市场异军突起，超 10 亿级的品牌，且具有引领示范作用。

一、新锐品牌与中国美妆新锐品牌发展概况

《2021 新锐品牌数字化运营白皮书》中，提出了新锐品牌的概念。新锐品牌，也叫新消费品牌，全称是国货新锐品牌。新：一是指 2012 年始成立的新品牌；二是开拓了新的消费场景（需求），形成了细分化的品类。锐：是指新品牌在短期内知名度、营收实现爆发式增长，并且占据了一定的消费者心智。相对传统品牌，新锐品牌是处于导入期及成长期的阶段，兼具市场导入

及爆发式增长阶段。

众所周知，中国美妆传统品牌都是发源于 CS 渠道，众多国货美妆品牌均诞生于 2000 年前后。而最初的美妆“淘品牌”也好，以及如今的“新锐美妆品牌”也罢，皆为互联网产物，它们都是踩中了互联网经济红利的品牌。

表 1 2012—2023 年诞生美妆新锐品牌（参考）

年份	美妆新锐品牌代表
2012 年	润百颜、至本、左颜右色、袋鼠妈妈、蘭（LAN）
2013 年	WIS、可预、尔木萄、滋色
2014 年	夸迪、HFP、彩棠、瓷妆、悠宜、麦吉丽
2015 年	红色小象、敷尔佳、逐本、柳丝木
2016 年	谷雨、RNW 如薇、橘朵、优时颜、可痕、花知晓
2017 年	花西子、一叶子、春夏、完美日记、AKF、方里、吉米、戴可思
2018 年	瑷尔博士、米蓓尔、夸迪、肌肤未来、珂拉琪、凌博士、兔头妈妈、BM 肌活
2019 年	HBN、溪木源、海龟爸爸、PMPM、珀芙研、黛莱皙、可复平、INTO YOU、听研、儒意、且初、润培、LAN 蘭
2020 年	稀物集、KATO-KATO
2021 年	娇润泉、C 咖
2022 年	VC
2023 年	HONEY ZIP 黄春雨

由表 1 可知，行业认为，2016 年至 2019 年，是中国美妆新锐品牌迅速发展期，如谷雨、花西子、瑷尔博士、HBN、溪木源等一批新锐美妆品牌相继成立，这些品牌通过社交媒体、兴趣电商、直播电商，迅速打破原来固有的圈层，实现迭代成长，以“大单品”（爆款产品）的方式迅速崛起。

特别是社交媒体的崛起，让这些新锐品牌只用 3 到 5 年的时间，就完成了传统品牌有可能需要十几年完成的规模和积累。如李佳琦“带大”的花西子，2022 年就完成超 40 亿元的商品交易总额（GMV）；瑷尔博士 2023 年实现营收 13.48 亿元，同比增长 27.33%。

二、中国美妆新锐品牌崛起关键因素

从近些年异军突起的美妆新锐品牌可知，特别是谷雨、花西子、瑷尔博士、HBN、溪木源等品牌（表2），其崛起的四大关键因素为精准定位、创新研发、营销传播、沟通互动，这些战略/策略的综合运营，让它们成功爆破、出圈、突围、崛起。

表2　中国美妆新锐品牌五大代表品牌情况

品牌	所属公司	创立时间	品牌定位
谷雨	广州梵之容化妆品有限公司	2016年	功效型植萃护肤品牌
花西子	宜格美妆集团	2017年	东方彩妆，以花养妆
瑷尔博士	山东福瑞达生物股份有限公司	2018年	微生态护肤品牌
HBN	深圳市护家科技有限公司	2019年	功效型护肤品牌
溪木源	诺德溯源（广州）生物科技有限公司	2019年	敏感肌专业护理品牌

（一）精准定位

新锐品牌崛起的关键因素之一就是精准定位，它是新锐品牌在激烈的市场竞争中脱颖而出的重要策略，精准定位涉及品牌定位、市场定位和产品定位，三者相互关联但又各有侧重。三者都是延续了定位这一理论的本质逻辑，都需要通过资源的运用整合，实现清晰、独特、关联的认知区隔。其中，品牌定位是根本。精准的品牌定位，以确保品牌与竞争对手区分开来，能够帮助品牌占领消费者心智，形成强势品牌烙印，能够吸引目标消费者，实现品牌快速出圈、崛起，并建立稳固的市场地位（表3）。

表3　品牌定位、市场定位和产品定位的概念、目的、支撑

项目	市场定位	品牌定位	产品定位
概念	也叫营销定位，是根据企业选定目标市场，塑造自己独特的地位和形象	通过定位，与竞争品牌实现区隔，并在消费者/顾客心智中形成独特的形象和观念	是围绕品牌目标市场，以独特卖点形成产品差异化，更好地满足消费者需求与体验

续表

项目	市场定位	品牌定位	产品定位
目的	提供差异化的产品或服务，增强市场竞争力	占领消费者心智，最终实现消费者的“指名购买”	吸引消费者，提高产品的销售量和市场份额
支撑	4P/4C/4R 模式	品牌五力模型	超级产品（爆品）逻辑

1. 谷雨

创立于2016年的谷雨，以“专研中国人肤质的功效型植萃护肤品牌”的精准定位，并凭借其对光甘草定的专研与坚持，在消费者心智中形成光甘草定“科学美白”品牌联想，目前已成功在国内美白市场占据一席之地。当然，其精准的市场定位（追求自然美白效果的消费者群体）和产品定位（“光甘草定”为核心的美白产品），也合力为谷雨出圈、崛起作出了很大贡献。谷雨合伙人李安章曾公开表示，2023年谷雨销售额预计达35亿元。

2. 花西子

花西子“掌门人”花满天认为：一个品牌能不能成长为一个大品牌，往往是由它的DNA——品牌定位来决定的。创立于2017年的花西子品牌，定位“东方彩妆，以花养妆”，志在“让东方之美走向世界”。秉承这个品牌理念、定位，花西子从色彩、包装、材料、工艺、字体5个方面围绕“东方美妆”进行了大量原创，通过“东方美学”与“国潮”赋能产品，最终让目标人群产生情感共鸣和精神归属，让花西子在市场上脱颖而出。花西子在2023年首次登上知名时尚媒体WWD发布的《2023年全球百强化妆品企业排名》榜单，排名第78位，2023年销售额约为28.4亿元。

3. 瑷尔博士

瑷尔博士成立于2018年，是福瑞达（600223）旗下护肤品牌。瑷尔博士，是国内首个精准定位为“专研中国人皮肤微生态护肤”的品牌。利用全新“微生态护肤”定位区隔竞品，瑷尔博士是相当大胆与果敢的。但瑷尔博士始终坚信在消费者护肤意识觉醒和成分党的双重影响下，开拓微生态护肤产业必是大势所趋。果然，通过“益生菌”主打系列，让消费者建立了“微生态护肤”心智，此后瑷尔博士“微生态 + 美白 / 敏感 / 防晒”一路开挂。据2023年福瑞达年报数据显示，2021—2023年瑷尔博士营收分别为7.44亿元、10.58亿元、13.48亿元，连续多年稳健增长。

4. HBN

自2019年成立以来，HBN已经成为深圳市护家科技旗下的主打品牌之一。围绕“专注功效抗衰”品牌定位，HBN品牌在市场定位、产品定位目标一致，精准研发一系列A醇（视黄醇）功效护肤产品。如今，HBN品牌已经成为国内“A醇”抗老的开拓者和引领者。网络新闻称，HBN品牌2023年的零售额已经突破50亿元。

5. 溪木源

溪木源成立于2019年，以“功能性自然护肤品牌”的品牌定位，专注于服务亚洲敏感肌人群。所以，溪木源也可以说是“敏感肌专业护理品牌”。溪木源在市场定位、品牌定位、产品定位上做到了三者是高度统一的：创新打造防敏抗敏护肤产品，服务亚洲敏感肌人群。在自然、功效、创新、服务等“合力”下，溪木源迅速出圈、崛起。根据品牌新闻曝光，2023年溪木源全渠道GMV超过20亿元。

总的说来，这些美妆新锐品牌通过精准的市场定位、品牌定位、产品定位，选择聚焦某一细分市场迎合消费新趋势，如个性化、环保、健康等，有效解决目标消费者的痛点和需求，从而在激烈的市场竞争中出圈、崛起，快速在美妆行业占据一席之地。

（二）创新研发

通过近些年异军突起的美妆新锐品牌五大代表分析，新锐美妆品牌在创新研发方面努力的“共性”主要包括自主研发原料、独家原料开发、科研技术创新、功效产品共创、品牌文化创新、独特的产品设计等，通过这些创新研发，旨在提供高品质、创新且具有社会责任感的护肤和美妆产品，以满足消费者美丽健康需求。

1. 谷雨

谷雨品牌在创新研发方面主要表现：一是自主研发原料和产品创新，如独家自研出全新美白成分组“极光甘草”，进一步提高了光甘草定的透皮吸收效果。创新研发系列光甘草定植萃美白产品；二是技术创新，如依托自主研发的突破性熔融结晶技术，将光甘草定纯度提升至99%，达到行业最高纯度；三是科技与文化的融合，谷雨品牌在产品研发过程中，实现了中国文化与科技的有机结合；四是品牌视觉创新，创新推出“文化＋诗意美学”颜值产品，满足年轻一代消费者的现代审美理念。

2. 花西子

花西子的创新研发主要体现在两个方面：一是东方美文化创新，就是东方美学与现代美妆的融合创新，花西子一直致力于传承和发扬东方之美；二是科研创新，就是围绕其首创的“东方美妆研发体系”，它包括东方肌肤肤质肤色研究、中医药理论体系研究、东方原料研究、东方配方研究、东方技术体系研究、东方色彩体系研究、东方材质、东方工艺与现代应用等完整体系，来实现对中国优秀传统文化的承古赋新。

3. 瑷尔博士

瑷尔博士的研发创新主要集中在微生态科学护肤领域：一是瑷尔博士与山东大学福瑞达益生菌协同创新中心合作，开展益生菌创新原料的挖掘与护肤功能机制的研究；二是瑷尔博士与上海应用技术大学东方美谷研究院合作，实现了益生菌发酵褐藻技术的研发与应用，弥补了国内空白，并独家上线了专利成分“褐藻”，成为微生态护肤支撑原料成分；三是瑷尔博士依靠母公司福瑞达集团专家团队，实施微生态护肤领域的技术创新，打造出多款质量过硬的微生态科学护肤单品。

4. HBN

HBN 品牌在创新研发方面主要体现在科研成果、产品开发和技术创新上：一是中国成分的创新研究，填补了美妆行业对 A 醇及其衍生物系统性交叉研究的空白，赋能行业对 A 醇及多种衍生物复合应用的科研沉淀；二是专注于产品的研发制造，目前已经拥有 α– 熊果苷发光水、视黄醇双 A 晚霜、咖啡因眼霜等多款明星产品；三是通过大量实验减少药物刺激性，创新性验证了新型成分 GDU–952 能有效抗炎、平衡皮肤免疫系统和增强皮肤屏障功能，对于减轻特应性皮炎、修复皮肤屏障具有很好的作用；四是核心技术护城河的建立，拥有 ACTCOCOON“蚕蛹”黄金微粒包裹技术以及“Complex–ATRA 复合维 A 醇”配方等多项独家技术与专利。

5. 溪木源

溪木源在科技创新、产品研发、极致追求以及品牌设计等方面都展现出了显著的创新能力：一是独创了“五维科研模型”，通过“品牌＋科技”创新模式，专注于敏感肌肤功能性护肤领域，并推动了溪木源的领先地位；二是追求极致的产品研发，溪木源团队对产品的每一个细节都进行极致的追求。如山茶花系列，产品研发团队调配了106次，才最终确定山茶花香型；三是溪木源将中国传统元素与现代设计相结合，使得溪木源的品牌形象独具特色，深受消费者喜爱。

（三）营销传播

近些年异军突起的美妆新锐品牌，它们的成功离不开有效的营销传播，这些品牌通过创新的营销策略和精准的目标市场定位，成功吸引了年轻消费者的眼球且掏腰包，并在竞争激烈的美妆市场中破局。以谷雨、花西子、瑷尔博士、HBN、溪木源等为代表的新锐美妆品牌，它们在营销传播上，主要有三大策略（图1）。

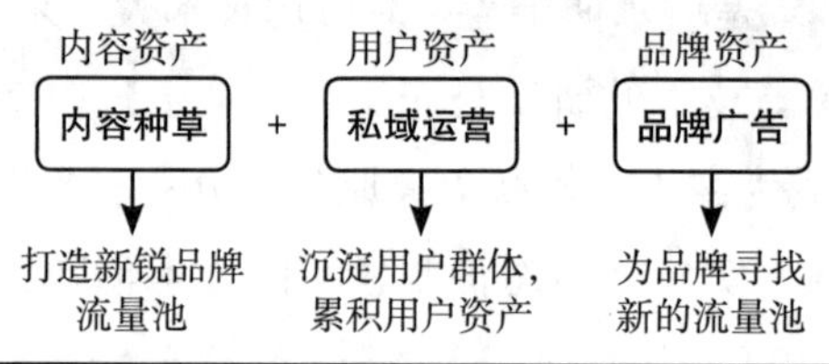

图1　新锐品牌突围：营销战略“三大路径”

一是社交媒体营销。这些新锐美妆品牌充分利用了社交媒体和关键意见领袖（KOL）营销的力量，通过传播有趣、有价值的内容，吸引用户的关注和互动。与网红达人、KOL合作，进行产品试用和推荐，借助其影响力扩大品牌知名度。这种策略迅速提高了品牌的曝光度和用户参与度，以及对品牌的认同感。

【代表案例1】花西子。一是其独特的品牌定位传播，成功吸引了海内外消费者的关注；二是与花西子首席推荐官李佳琦深度绑定，成功提升了品牌知名度和销售额，让花西子成为新锐彩妆第一品牌。

【代表案例2】瑷尔博士。是通过抖音营销快速崛起的新锐品牌。其营销路径是“短视频+”——短视频+站外购物车+直播+抖音电商+用户自行搜索+各电商平台等。

二是内容营销。新锐美妆品牌通过打造优质的内容，如美妆教程与注意事项、美妆产品使用心得、品牌故事等，传递品牌价值观和产品信息，与消费者建立情感共鸣、信任和忠诚度，从而实现了高质量客户与目标商品销量的双增长。

【代表案例 3】谷雨。谷雨可以说是一个依靠小红书“内容种草”成功崛起的国产护肤品牌。2018 年期间，谷雨专门组建了“小红书运营小组”，投入了内容种草的大潮中。

三是线上线下融合营销。这些新锐美妆品牌是互联网的产物，天生自带“线上营销”体质，当它们实施线上线下融合营销策略后，迅速提升了品牌影响力、扩大了市场覆盖、提高了用户体验和满足消费者需求。

【代表案例 4】溪木源。溪木源在美妆“红海”里，从 0 到 1，从后发者到领先者仅用了 4 年时间，并成为“美妆独角兽”。线上线下“双腿并行”模式，无疑是构筑品牌壁垒的必选题。如今，溪木源已经开拓了 31 家核心代理商，走进全国 8000 多家门店，并与 WOW COLOUR、名创优品、大润发等建立深度合作。

（四）沟通互动

与消费者深度沟通互动，是新锐美妆品牌撬动新生代消费者的“杀手锏”。它们与消费者的紧密沟通互动，主要有两大路径。

一是建立用户社区。新锐美妆品牌通过建立品牌官方社区、微信群等方式，聚集品牌消费者，一方面促进消费者之间的交流和互动，一方面及时了解消费者的信息反馈和意见、建议，不断优化、改进产品和服务。

二是个性化服务。新锐美妆品牌提供的个性化服务主要包括定制化妆品和私域流量池服务。品牌方根据消费者的需求和偏好，提供个性化的服务，如定制化的美妆产品、专属的美容顾问等，以增强消费者对品牌的忠诚度和满意度。如溪木源积雪草水乳套装，定制级护肤新体验，让消费者告别敏感，拥抱水润！送女生跨新年礼物——花西子 × 杜鹃定制东方佳人妆奁彩妆套装。定制属于自己的化妆品，满足个性化的需求。另外，新锐美妆品牌还利用私域流量池为品牌会员提供个性化推荐。

从挖掘年轻人痛点，到与年轻人精准沟通互动，谷雨、花西子、瑷尔博士、HBN、溪木源等新锐品牌都做得非常出色。

总体来说，精准定位，让新锐美妆品牌有明确的目标市场和品牌定位、产品定位，能够在竞争红海市场中精准地抓住目标消费者的需求和痛点。精准定位，有助于新锐品牌在消费者心中形成独特的认知，从而在市场中获得竞争优势。创新研发，是提升新锐美妆品牌产品力的关键，产品具有创新性和功能性、安全有效，是形成品牌核心竞争力的重要保障。创新研发，也是品牌差异化营销、个性化服务的必要条件。营销传播，如社交媒体营销、内容种草、线上线下融合营销，是吸引和保持消费者兴趣和忠诚度的有效举措，是促进消费者新购与重复购买的“利器”。沟通互动，是新锐美妆品牌有效营销的关键，是撬动新生代消费者的“杀手锏”。保持跟进与持续沟通互动，可以倾听客户需求，处理异议和疑虑，建立信任关系，提供个性化解决方案，从而实现销售业绩的提升。

三、中国美妆新锐品牌可持续发展思考与建议

谷雨、花西子、瑷尔博士、HBN、溪木源等五大新锐品牌，虽然都已经出圈、崛起，但是在品牌发展过程中依然存在一些不足与争议：如谷雨，转型千元高端遭吐槽，宣称“抗老”引质疑；花西子，缺乏自建供应链，在高端化的进程中同样遭遇质疑，且在2023年一度形成“网暴”；溪木源，主打自然主义功能性护肤品牌，所以经常遭遇成分质疑，如大麻叶提取物化妆品被叫停；HBN，被指美白作用通路不全面，遭遇产品添加成分刺激皮肤，引起皮肤不适或过敏反应的争议；瑷尔博士，被指益生菌定位相对模糊，产品种类不够丰富，产品价格相对较高等问题。

本文对以上品牌具体不足与争议不展开分析，重点针对新锐品牌持续发展需要直面的两大问题提出一些思考与建议：一是品牌如何从“流量思维”向“留量思维”转型；二是本土美妆“品牌认同陷阱”问题。

（一）从“流量思维”向“留量思维”转型

电商的本质，就是流量的竞争。随着电商的不断发展，企业普遍将流量视为增长的核心。维持电商稳定发展的最大基础是流量、用户。因此，企业只要通过营销的方式引流更多用户到平台，通过流量变现，就可以实现销售增长。目前，中国美妆行业的销售费率（引流）基本在40%至60%之间，而

且呈现越来越高的发展趋势。有新闻报道，美妆“白牌”销售费率（引流）高达 80% 左右。

但是，随着流量成本的不断上升，单纯追求流量的策略已不再适应环境的变化。如今，随着数字化营销的深入发展，企业正面临着从“流量思维”到“留量思维”的重大转变。当然，谷雨、花西子、瑷尔博士、HBN、溪木源等天生自带互联网基因的美妆新锐品牌同样面临这样的转型，这个也是美妆新锐品牌可持续发展的难点、痛点。“留量思维”正成为新的营销趋势，它强调在吸引流量的同时，更要注重用户的留存和转化。

在互联网用户增速放缓、平台发展逐步成熟的背景下，公域流量红利逐渐消失，美妆新锐品牌想要赢取长期增长、持续发展战役，在新零售的下半场，私域“留量”的有效运营成为关键（图 2）。获客难度大、成本高、客户维护管理难，是目前美妆新锐品牌的主要难点与痛点，而从“流量思维”向“留量思维”转型，通过私域“留量”运营，能够有效实现精准营销、提高转化率、降低成本、增强品牌竞争力，实现品牌可持续发展。

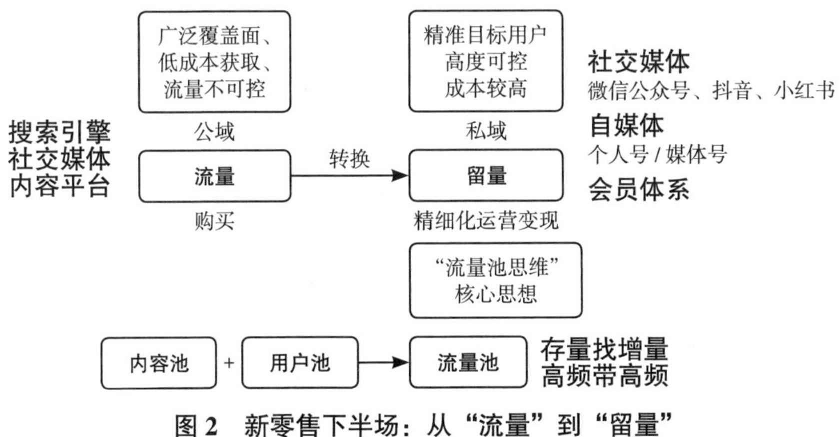

图 2　新零售下半场：从“流量”到“留量”

（二）本土美妆“品牌认同陷阱”

在“成分党”“超级品类”的大棒指引下，中国美妆特别是新锐品牌都一窝蜂地“炒成分”“卷原料”；纷纷投入大量人力、物力，去自研或联合研发新原料，去开发“爆品”“超级品类”，其结果就会产生热门原料、成分，也会诞生很多“爆品”、“超级品类”。这样，新锐品牌就能够获得很多流量、销量，品牌也能够迅速出圈、崛起。

但是，长此以往，中国美妆特别是新锐品牌就会掉入“品牌认同陷阱”，在炒成分、搞“超级品类”下，品牌只能获得成分认同、品类认同，而很难占领消费者品牌心智——获得品牌认同。可以毫不夸张地说，目前中国美妆品牌基本都停留在成分认同、品类认同阶段，尚未进阶到品牌认同这个高级阶段（图 3）。

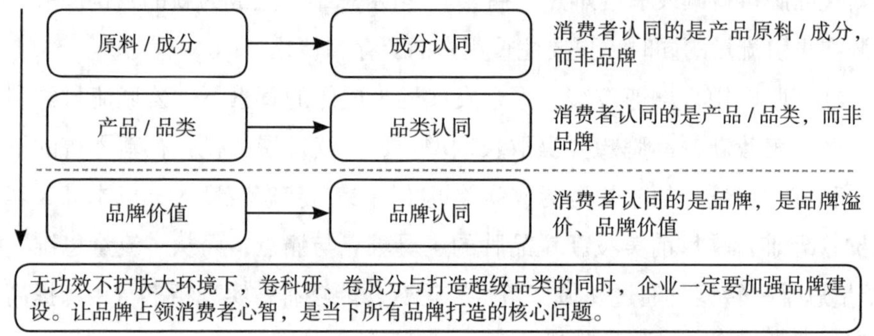

图 3　本土美妆品牌需要警惕“品牌认同陷阱”

成分认同，消费者认同的是产品原料 / 成分，而非品牌，而原料 / 成分基本是共享的，而且是不断变化的；品类认同，消费者认同的是产品品类，同样不是品牌。总之，两者都无法占领消费者品牌心智——获得品牌认同，都在不断变化，都容易被取代、迭代，都是不可持续发展的。

品牌认同，是指消费者对特定品牌的认同程度和情感态度，消费者认同的是品牌溢价、品牌价值，反映了消费者对一个品牌在市场中的地位和价值的认可程度，包括品牌形象、品质、信誉等方面。品牌认同是品牌成功的关键之一，也是企业（品牌）赢得消费者的信任和忠诚的基础。

因此，美妆新锐品牌在做好成分认同、品类认同的前提下，同时应该做好品牌认同的培养、培育工作，其重要性主要有四大方面：一是品牌认同是建立品牌价值的基础；二是品牌认同是消费者选择的依据；三是品牌认同可以提升消费者忠诚度；四是品牌认同可以带来口碑传播效应。

四、结论

以谷雨、花西子、瑷尔博士、HBN、溪木源等为代表的一批中国美妆新锐品牌的成功并非偶然，而是它们抓住风口、踩中时代红利，得益于精准的定位、创新的产品研发、有效的营销策略以及与消费者的紧密沟通互动，这些战略/策略的综合运营成功，让它们成功爆破、突围、出圈、崛起。继续保持创新精神，不断提升自身的核心竞争力，以适应市场的变化和消费者的需求，是美妆新锐品牌可持续发展的基本保障。

纵观美妆新锐品牌起盘、突围“密码”，无非就是投流、促销、直播、明星/达人/品牌创始人IP快速破圈等方式。但是，许许多多新锐品牌“花期”太短，不能够持久发展，这些品牌都“困在”流量里。健康的市场竞争，应该建立在高质量产品和优质服务的基础上，通过不断创新和提升用户体验来赢得消费者的青睐。国货美妆GMV之战，只是短期的淘汰赛，品牌、战略、增长、价值才是品牌持久战的核心和本质。

为了解决美妆新锐品牌获客难度大、成本高、客户维护管理难等难点与痛点，从“流量思维”向“留量思维”转型，通过私域“留量”运营，是有效实现精准营销、提高转化率、降低成本、增强品牌竞争力的核心保障；警惕掉入“品牌认同陷阱”，要成分认同、品类认同、品牌认同三管齐下，通过成功的品牌认同战略，企业可以赢得消费者的信任和忠诚，获得更多的市场份额和更好的品牌溢价，让品牌能够穿越不同周期。

（作者单位：姚永斌，中国香料香精化妆品工业协会；
黄志东，美妆头条）

扫码看参考文献

营销渠道篇

◎ 2023 年中国化妆品行业进出口贸易研究报告

◎ 中国化妆品销售渠道的重大变化及企业的应对策略分析

◎ 2023 年中国化妆品出海现状及海外市场洞察

◎ 中国美妆国际市场分析与洞察
——中国美妆内卷外溢，出海正当时

◎ 化妆品实体渠道的现状与展望

2023 年中国化妆品行业进出口贸易研究报告

梁彦会　刘洋　张鹏　陈峥　厉浩东

摘要： 2023 年，中国化妆品贸易总额相对下滑，化妆品贸易逆差持续收窄；其中化妆品进口虽有下滑趋势，出口却持续稳步增长，进一步表明了中国化妆品在国际市场竞争力的提升，彰显了中国化妆品高质量发展及中国化妆品“走出去”的强劲韧性。虽然当前世界经济复苏势头不稳、动能不足，国际环境发生深刻变化等因素给中国化妆品产业贸易带来巨大挑战，但是中国开放的政策支持也为行业贸易发展提供了良好的环境。因此，对于我国化妆品行业贸易发展来说，“稳出口”仍是当前化妆品行业贸易发展的首要任务，而“提品质”是化妆品行业稳出口的重要保证，“走出去”则是化妆品行业稳出口的重要措施。

关键词： 化妆品行业　进出口贸易　思考与建议

近年来，在政策支持、制度保障、科技引领、人才助力下，随着消费者文化自信、营销方式多元化，中国化妆品行业发展稳中有进、进中向好，尤其是 2023 年国货品牌的发展可圈可点，呈现崛起之势。根据海关总署数据统计，虽然中国化妆品进口呈现下滑趋势，然而化妆品出口却持续飙升，化妆品出口总额与总量再创新高，彰显了中国化妆品高质量发展及中国化妆品“走出去”的强劲韧性。

一、2023 年中国化妆品行业进出口外贸概述

根据海关总署数据统计，2023 年中国化妆品行业进出口贸易总额为

235.18亿美元[①]，同比下降12.80%。其中，2023年化妆品进口总额为177.54亿美元，同比下降19.55%；进口总量为31.71万吨，同比下降15.19%；化妆品出口总额为57.64亿美元，同比增长17.61%；出口总量为85.79万吨，同比增长9.05%。报告中统计的化妆品行业进出口数据税目信息见表1。

表1 本报告中统计的化妆品行业进出口数据所涉税目信息

序号	税号	税目名称
1	3303.0000	香水及花露水
2	3304.1000	唇用化妆品
3	3304.2000	眼用化妆品
4	3304.3000	指（趾）甲化妆品
5	3304.9100	粉，不论是否压紧
6	3304.9900	其他
7	3305.1000	洗发剂（香波）
8	3305.2000	烫发剂
9	3305.3000	定型剂
10	3305.9000	其他
11	3307.1000	剃须用制剂
12	3307.2000	人体除臭剂及止汗剂
13	3307.3000	香浴盐及其他泡澡用制剂
14	3307.9000	其他
15	3401.3000	洁肤用的有机表面活性产品及制品，液状或膏状并制成零售包装的，不论是否含有肥皂

（一）化妆品贸易总额有所滑落，贸易逆差持续收窄

根据统计数据显示，近10年来，中国化妆品贸易总额始终保持两位数的增长态势持续上升，贸易总额由2013年的39.48亿美元快速增长到2021年

① 本报告中数据依据国家海关总署各年度当年的实时月度进出口量值统计资料加工整理。

的 287.45 亿美元，即使在全球经济形势整体下行的 2020 年和 2021 年，化妆品贸易总额仍保持了 20% 以上的增长。然而，2022 年中国化妆品贸易总额首次出现下跌，2023 年在 2022 年下跌基础上，持续下滑，且下滑速度由 2022 年的 6.18% 增长到 12.80%。相对贸易总额下滑而言，中国化妆品贸易逆差持续收窄。贸易逆差由 2021 年的 204.07 亿美元收缩到 2023 年的 119.9 亿美元。2013—2023 年中国化妆品贸易总额与贸易逆差情况分别见图 1~2。

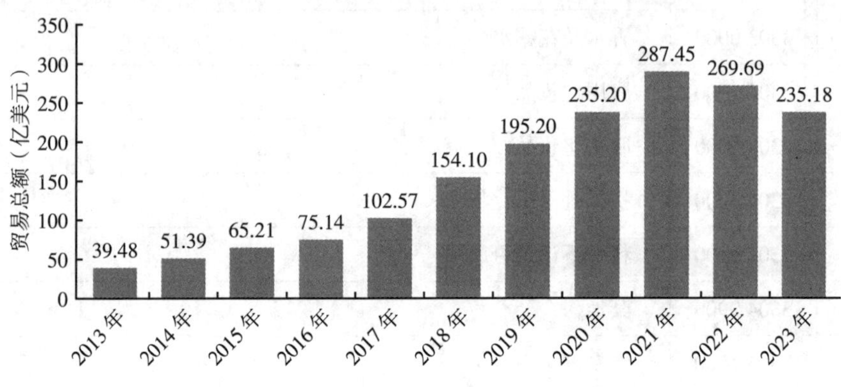

图 1　2013—2023 年中国化妆品贸易总额

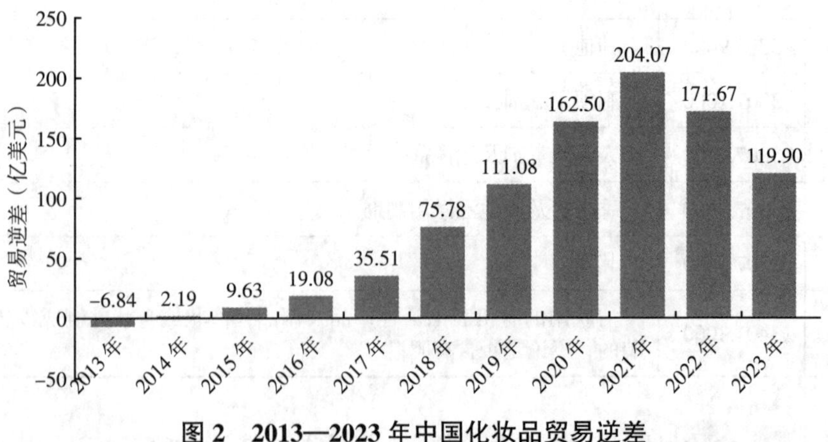

图 2　2013—2023 年中国化妆品贸易逆差

（二）中国化妆品进口面临挑战，2023 年化妆品进口呈下滑趋势

由图 3 可知，2023 年中国化妆品进口总额为 177.54 亿美元，同比下降 19.55%；进口总量为 31.71 万吨，同比下降 15.19%。同化妆品贸易总额趋势

相似，2013 年至 2021 年，中国化妆品进口总额保持了良好态势，始终以两位数的增长速度爆发式增长，化妆品进口总额由 2013 年的 16.32 亿美元增长到 2021 年的 245.76 亿美元。2022 年中国化妆品进口总额首次出现下跌，同比下降 10.21%；2023 年中国化妆品进口呈下滑趋势，在 2022 年下跌的基础上同比下降近 20%。

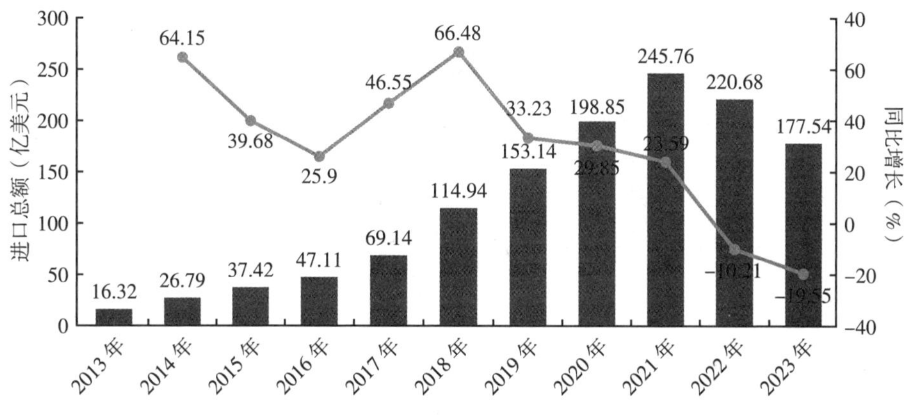

图 3　2013—2023 年中国化妆品进口总额及同比增长

（三）中国化妆品出口持续飙升，2023 年化妆品出口快速增长

由图 4 可知，2023 年中国化妆品出口总额为 57.64 亿美元，同比增长 17.61%；出口总量为 85.79 万吨，同比增长 9.05%。中国化妆品出口的稳步增长与化妆品进口速降形成了鲜明对比。

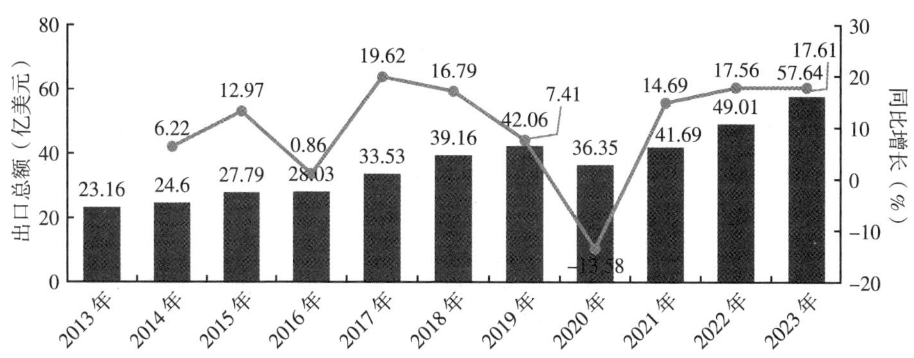

图 4　2013—2023 年中国化妆品出口总额及同比增长

近10年来，中国化妆品出口总额一直保持稳定增长，从2013年的23.16亿美元逐步增长到2023年的57.64亿美元；除2020年外，均保持了正增长，尤其是2021年至2023年，以两位数的增速大幅增长，表明了中国化妆品在国际市场竞争力的提升，彰显了中国化妆品高质量发展及中国化妆品“走出去”的强劲韧性。

二、主要国际贸易区域进出口情况

（一）化妆品进口贸易国家与地区

中国化妆品进口来源主要集中于欧美和日韩地区。由图5可知，2023年，从欧盟、日本、韩国、美国进口的化妆品金额加和占中国化妆品进口总额的86.52%。

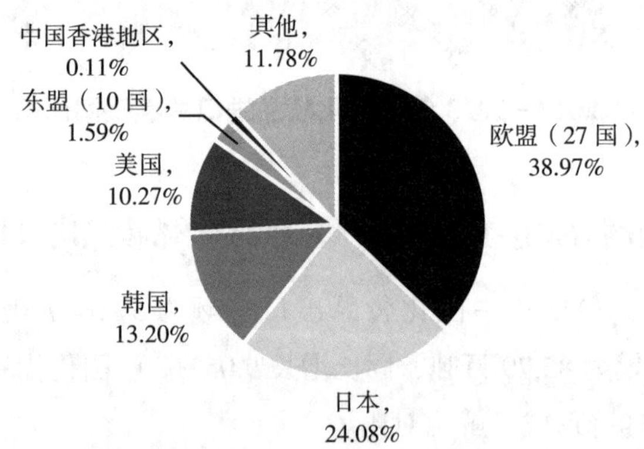

图5　2023年中国化妆品主要进口国家和地区进口额占比

按照化妆品进口额统计，排在前10的化妆品进口国家依次是法国、日本、韩国、美国、英国、意大利、西班牙、德国、比利时和瑞士。中国化妆品进口来源集中度较高，从上述10个国家进口的金额合计占化妆品进口总额的92.48%；且一半以上的进口化妆品来源于法国和日本。其中，法国以28.19%的占比位居首位，为中国化妆品第一大进口国，继续蝉联榜首；日本占比24.08%，仅次于法国，排名第2（图6）。

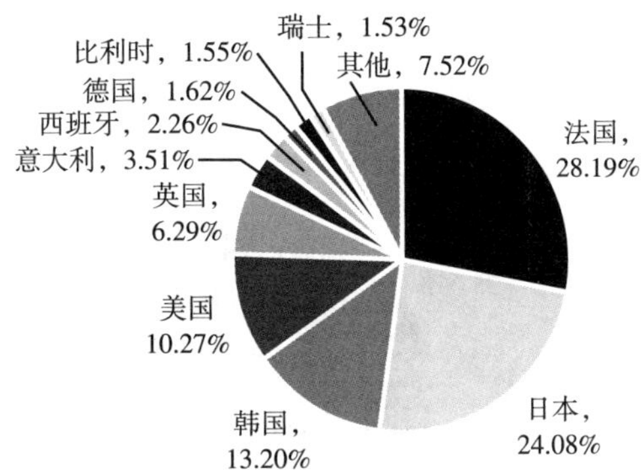

图 6 2023 年中国化妆品十大进口国家进口额占比

与 2022 年相比，2023 年中国化妆品进口前 10 的国家的进口额基本保持一致，仅有第 7 到第 10 位间的西班牙、德国、比利时、瑞士的排序发生了变化。

（二）化妆品出口贸易国家与地区

2023 年，中国化妆品出口国家和地区主要有美国、东盟、欧盟、中国香港、日本、韩国等。其中美国、东盟、中国香港、欧盟地区的出口额加和占中国化妆品出口总额的 61.45%（图 7）。

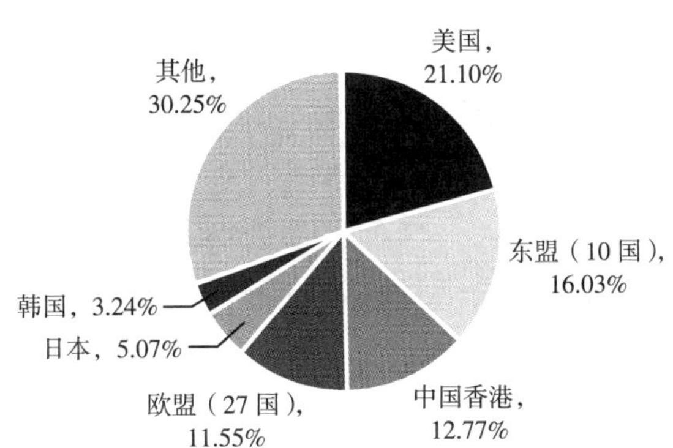

图 7 2023 年中国化妆品主要出口国家和地区出口额占比

其中，按照化妆品出口额统计，排在前 10 的化妆品出口国家和地区依次是美国、中国香港、英国、日本、印度尼西亚、韩国、荷兰、俄罗斯、马来西亚和菲律宾。中国向上述 10 个国家和地区出口的化妆品金额合计占出口总额的 64.94%。其中，美国以 21.10% 的占比持续蝉联首位（图 8）。

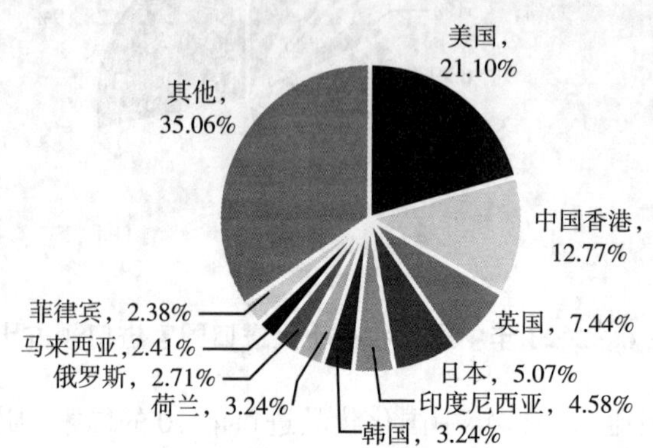

图 8　2023 年中国化妆品十大出口国家与地区出口额占比

与 2022 年相比，2023 年中国化妆品十大出口国家和地区中，前 4 位化妆品出口国家和地区继续保持不变。其中，美国仍为中国化妆品第一大出口市场，中国香港、英国、日本分别为中国化妆品第二、三、四大出口市场，印度尼西亚取代泰国由 2022 年的第 6 位成为 2023 年中国第五大化妆品出口市场。而 2022 年排在第 5 位的泰国、第 8 位的法国，2023 年则跌出了前 10 位的行列。值得关注的是，2023 年中国化妆品在韩国、俄罗斯的出口表现亮眼，韩国、俄罗斯分别跻身至中国化妆品第六大、第八大出口市场。荷兰、马来西亚、菲律宾的排位与 2022 年保持一致。

三、国内主要省（市）化妆品进出口情况

（一）化妆品进口贸易省（市）

2023 年，中国化妆品进口按照金额统计，排在前 10 位的省（市）依次是上海、浙江、海南、广东、山东、河南、江苏、福建、北京和湖北。上述 10 个省（市）的进口额合计占化妆品进口总额的 94.08%（图 9）。

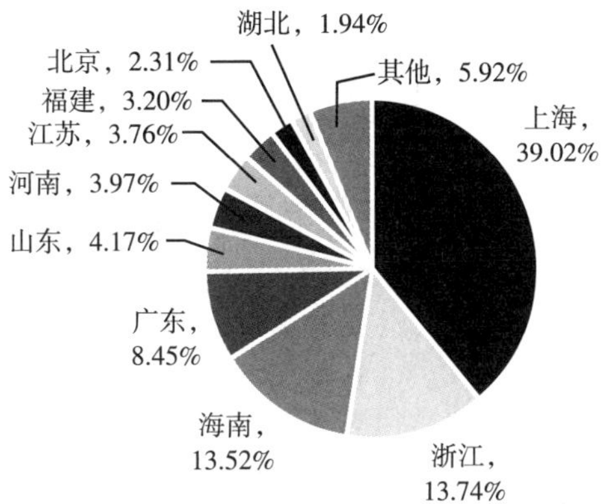

图 9　2023 年化妆品进口前十省（市）进口额占比

上海作为中国重要的进口消费品集散地之一，2023 年仍为中国化妆品进口第一大省（市）。2023 年，上海化妆品进口额为 69.28 亿美元，占化妆品进口总额的 39.02%，超过排在第二、三的浙江和海南化妆品进口额之和；同比下降 10.30%。

（二）化妆品出口贸易省（市）

2023 年，中国化妆品出口按照金额统计，排在前 10 位的省（市）依次是广东、浙江、上海、江苏、福建、湖北、重庆、山东、江西和安徽。上述 10 个省（市）的出口额合计占化妆品出口总额的 96.27%（图 10）。

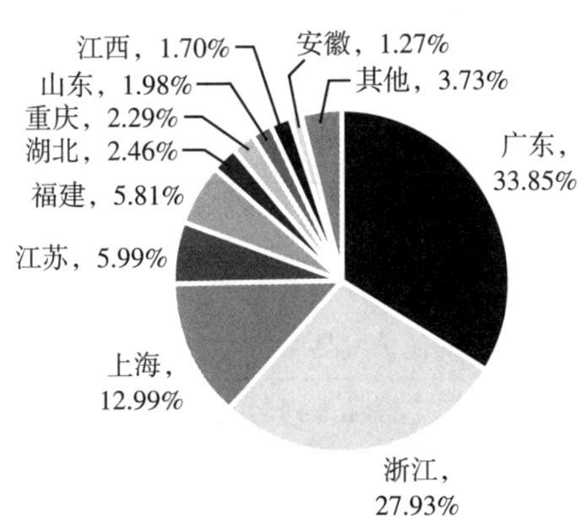

图 10　2023 年化妆品出口前十省（市）出口额占比

其中，广东化妆品出口额仍居于全国首位，出口额 19.51 亿美元，占化妆品出口总额的 33.85%，同比增长 25.22%；就品类而言，护肤类化妆品是广东出口的第一大化妆品品类，占广东化妆品出口额的 40.17%。浙江化妆品出口额为 16.10 亿美元，占中国化妆品出口总额的 27.93%，同比增长 34.74%，成为中国第二大化妆品出口省（市）；彩妆类化妆品［即唇用化妆品、眼用化妆品、指（趾）甲化妆品、粉类化妆品］是浙江出口的第一大化妆品品类，占浙江化妆品出口额的 40.10%。

四、化妆品品类进出口贸易情况

结合行业实际，对海关总署统计的化妆品所涉的 15 个税目进行品类划分，主要分为香水及花露水、彩妆类、护肤类、发用类和其他五大类。具体品类划分情况详见表 2。

表 2　化妆品品类划分方式

化妆品品类	税目名称
香水及花露水	香水及花露水
彩妆类	唇用化妆品
	眼用化妆品
	指（趾）甲化妆品
	粉，不论是否压紧
护肤类	其他美容品或化妆品及护肤品
发用类	洗发剂（香波）
	烫发剂
	定型剂
	其他护发品
其他	脱毛剂和未列名的芳香料制品及化妆盥洗品
	剃须用制剂
	人体除臭剂及止汗剂
	香浴盐及其他沐浴用制剂
	洁肤用有机表面活性产品及制品，零售包装的

（一）化妆品品类进口贸易情况

从进口产品类别来看，中国化妆品进口金额最大的品类为护肤类化妆品，其次除其他类化妆品外，依次分别为彩妆类化妆品、香水及花露水、发用品类化妆品（图 11）。

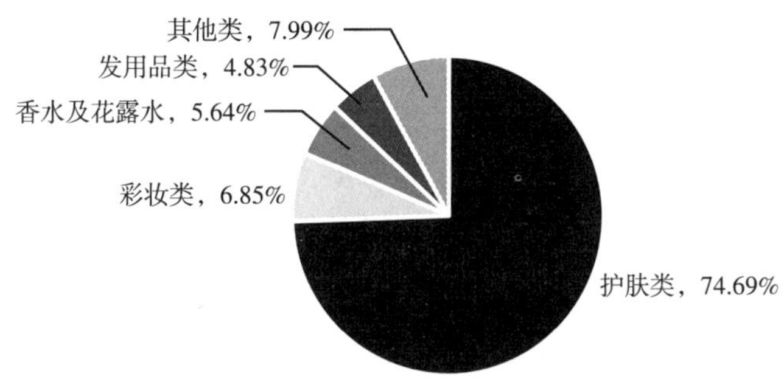

图 11　2023 年中国化妆品品类进口额占比

2023 年，护肤类化妆品进口金额为 132.60 亿美元，占化妆品进口总额的 74.69%，同比下降 20.59%；彩妆类化妆品进口额为 12.16 亿美元，占化妆品进口总额的 6.85%，同比下降 7.60%。

（二）化妆品品类出口贸易情况

从出口产品类别来看，中国化妆品出口金额最大的品类也为护肤类化妆品，其次为彩妆类化妆品。2023 年中国化妆品出口总额为 57.64 亿美元，其中护肤类和彩妆类化妆品出口额合计占比达出口总额的 65%（图 12）。

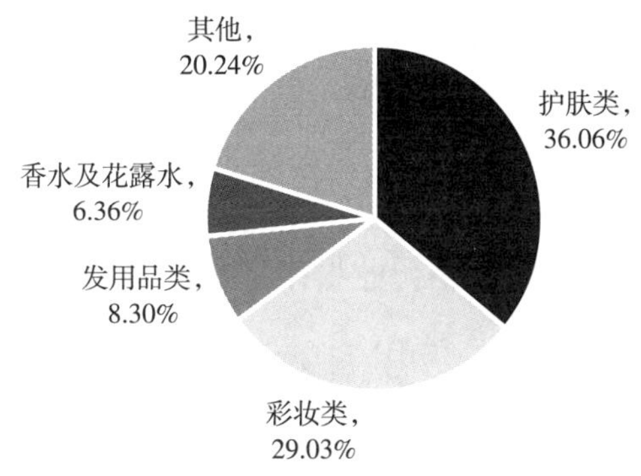

图 12　2023 年化妆品品类出口额占比

与进口不同的是，近年来中国护肤类化妆品、彩妆类化妆品出口额稳步上升。2023 年，护肤类化妆品出口额为 20.78 亿美元，占比 36.06%，同比增长 39.94%；彩妆类化妆品出口额为 16.73 亿美元，占化妆品出口总额的 29.03%，同比上升 24.54%。

五、关于中国化妆品进出口贸易发展的思考

当前，世界经济复苏势头不稳、动能不足，国际环境发生深刻变化，多国采取紧缩性货币政策，地缘政治拖累贸易发展等给中国外贸带来更大的考验，也给中国化妆品产业贸易带来巨大挑战。我们要充分正视中国化妆品产业外贸发展面临的困难挑战，但也要看到，一些回稳向好的积极因素不断集聚。

例如，2023 年 4 月，中国和法国共同发表多领域的联合声明，其中化妆品被特别提及并排在所有品类之首；8 月美国商务部提出美国消费品含化妆品在内向中国加大贸易力度的提议；11 月中美双方就事关中美关系的战略性、全局性、方向性问题以及事关世界和平和发展的重大问题深入交换意见，不仅对双边贸易有利，对整个世界秩序也都有重大意义。开放的中国，为国际化妆品企业更加注重中国市场提供了更多的机会；开放的世界，为中国化妆品企业走出去提供了更多的机会；也更好地促进了中国化妆品进出口贸易的发展。

（一）“稳出口”是当前化妆品行业贸易发展的首要任务

对于 2024 年中国经济，中央经济工作会议延续了“稳中求进”的总基调，同时提出“以进促稳、先立后破”。这两年，在国际市场需求低迷，贸易保护主义、地缘政治冲突等不断加剧的背景下，中国化妆品出口依然保持稳步增长、贸易逆差持续收窄殊为不易。稳出口，是稳增长在对外贸易中的具体体现，也是当前中国化妆品行业贸易发展的首要任务。

（二）“提品质”是化妆品行业稳出口的重要保证

从中国制造到中国创造、从中国速度到中国质量、从中国产品到中国品牌，随着中国政策支持、制度保障，企业重视研究、加大投入，消费者文化自信、审美多元化，中国国产化妆品品牌不仅在国内市场呈现崛起之势，更在全

球市场崭露头角。根据统计的中国化妆品进出口数据，从大量进口国际化妆品到把中国化妆品出口到国际市场，进一步表明中国化妆品出口竞争力得到了提升，反映出中国国产化妆品品牌与国际品牌同场竞技的能力在不断提高。

不过，中国化妆品品牌要想赢得全球消费者的认可，还有很长的路要走，尤其是在内外部需求仍然低迷的背景下，中国国产化妆品品牌更应在高技术含量、高附加值、高品质等方面塑造新优势，不断建立和培育更高的知名度和美誉度，为可持续发展提供坚实的支撑。

（三）"走出去"是化妆品行业稳出口的重要措施

当前，在内部战略需求和外部环境变化的共同驱动下，中国企业的全球化之路迈入一个崭新的阶段，出海战略也从企业发展原本的"可选项"逐渐转变为"必选项"。对于中国化妆品产业，如何找准市场定位和独特优势，对化妆品出海之路尤为重要。

1. 多元化市场布局

中国化妆品出口市场较为多元化，目前主要出口地区包括美国、东盟、欧盟、日本、韩国等。这些市场不仅具有较大的消费潜力，而且对中国化妆品的接受度也在逐渐提高。

在巩固上述传统市场的同时，中国化妆品企业还应积极开拓新兴市场，如东南亚、中东等地区，利用地缘优势和文化接近性，快速渗透市场，加快中国化妆品品牌"走出去"。

2. 具有中国特色原料的化妆品

在全球范围，特色植物资源在化妆品中广受欢迎。中国拥有悠久的中医药文化、丰富的植物资源，开发中国特色植物资源在化妆品领域的应用是实现超越的必由之路。

另外，我国在生物科技、基因工程等领域的快速发展，为中国化妆品原料的功效拓展研究提供了更为丰富的选择，例如透明质酸。目前中国透明质酸在全球的市场占有率已经超过80%，用新技术在全球展现出了中国化妆品的高科技。

（作者单位：梁彦会　刘洋　张鹏　陈峥　厉浩东，
中国香料香精化妆品工业协会）

中国化妆品销售渠道的重大变化及企业的应对策略分析

刘李军

摘要：［**目的**］回顾2023年中国化妆品市场线上线下主要销售渠道的现状及变化，分析各渠道的未来发展趋势，并给美妆企业如何应对当前的变化和未来挑战提出建议。［**方法**］通过第三方市场调研和数据监测公司的数据，从市场规模的变化、各渠道和各品类的份额、成交均价的走势等多维度描述和分析市场现状，并分析未来趋势。［**结果**］中国已经成为全球第一大化妆品市场，并在全球形成了独特的以线上为主线下为辅，线上线下结合的全渠道销售体系；与此同时，流量红利正在消失，价格战加剧导致“滞胀”风险上升，销量和价格均有下行风险。［**结论**］在中国化妆品市场开始从“跨渠道时代”逐渐步入“全渠道时代”的关键时间节点上，企业应该在“科研”和“艺术”两方面同时发力，并提升全链路数字化能力，进行高质量发展。

关键词：全渠道　全链路数字化　跨渠道时代

过去几十年中国零售渠道的变迁几乎以每5年一个周期，持续迭代升级，已经先后经历了传统供销社和百货时代、连锁超市时代、连锁专营店时代、平台电商时代和直播电商时代5个阶段。

渠道的变迁对于美妆品牌来说，其影响力就像“黄河改道”，每一次都会引发市场竞争格局的颠覆与重构。2023年正处于直播电商蓬勃发展，线上渠道之间利益重新分配，线下渠道持续转型升级的关键时期。

一、2023 年中国化妆品市场总规模及各渠道现状

1. 总 GMV 破万亿，持续保持全球第一大美妆单一市场地位

据 Euromonitor 数据（图 1）显示，2018 年中国化妆品的市场规模约为 390 亿美元，美国市场规模约为 389 亿美元，首次超越美国，成为全球第一大单一市场。随后的 2019 年到 2022 年，中国市场规模一直在美国之上。而根据 Mordor Intelligence 的报告显示，2023 年美国美妆市场（护肤、彩妆、香水、个人护理用品、口腔护理用品）的整体规模约为 912.7 亿美元，约合 6615.07 亿元。

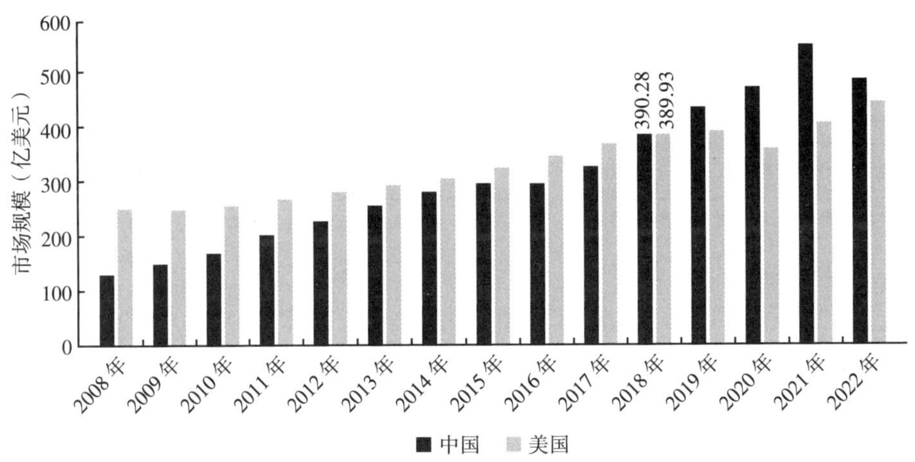

图 1 2008—2022 年中国和美国化妆品市场规模对比

数据来源：欧睿国际。

综合魔镜洞察、GfK 中怡康、青眼情报等第三方数据预估，2023 年按商品交易总额（GMV）计算，中国美妆市场的整体规模约为 10445.45 亿元，同比增长 3.61%。

这意味着，从 2018 年开始，中国已经连续 6 年持续保持全球第一大单一市场的位置。

2. 淘天第一，抖音第二

由表 1 可知，2023 年淘宝和天猫（简称淘天）总 GMV 达到 2807.84 亿元，占比约 26.88%；抖音迅速成长为第二大渠道，占比约 23.19%；其次是百货和

化妆品店渠道，分别占比 15.45% 和 14.07%。由此可见，线上以淘宝、天猫和抖音为主，线下以百货和化妆品店为主的渠道结构已经成型。

表 1　2023 年线上线下主要渠道美妆 GMV

渠道	GMV（亿元）	占比（%）
淘天	2807.84	26.88
抖音	2422.18	23.19
百货渠道	1613.8	15.45
化妆品店渠道	1469.6	14.07
商超渠道	652.7	6.25
京东	574.49	5.50
快手	405	3.88
其他渠道	499.84	4.79
汇总	10445.45	100.00

注：数据来源于魔镜洞察、蝉妈妈、青眼情报、FBeauty 未来迹。统计数据不包含美容仪。

3. 线上份额还在扩大

从线上和线下的占比来看，2023 年线上美妆的总 GMV 扩大至 6709.35 亿元，占比达到 64.23%。各大品牌对线上渠道的依赖度还在上升，线上仍然是拉动美妆生意大盘增长的主要渠道。2023 年线上 GMV 同比增长 6.74%，线下渠道受商超渠道拖累，同比下滑 1.57%（表 2）。

表 2　2022—2023 年线上线下美妆 GMV

渠道	2023年		2022年		同比增长（%）
	GMV（亿元）	占比（%）	GMV（亿元）	占比（%）	
线上	6709.35	64.23	6285.64	62.35	6.74
线下	3736.1	35.77	3795.64	37.65	–1.57

注：数据来源于魔镜洞察、蝉妈妈、青眼情报、FBeauty 未来迹。统计数据不包含美容仪。

4. 直播电商持续增长，其他电商平台同比下滑

2023 年以抖音、快手等短视频平台为代表的直播电商市场份额仍在持续

扩张，总 GMV 同比增长达 53.70%；在电商整体增速放缓的背景下，直播电商的快速崛起不可避免地分流了老牌电商平台的市场份额。2023 年，除直播电商外的其他货架电商平台，GMV 同比下滑 11.80%（表 3）。

表 3 2023 年货架电商和直播电商 GMV 同比变化

渠道	GMV同比增长（%）
货架电商	–11.80
直播电商	53.70

注：数据来源于 FBeauty 未来迹。统计数据不包含美容仪。

5. 百货和化妆品店企稳，商超持续下滑

由表 4 可知，2023 年百货渠道和化妆品店渠道经过持续调整，业绩开始企稳回升，分别同比上升 1.60% 和 2.10%；但是受大面积关店，以及受线上渠道的持续冲击，商超渠道同比仍然在大幅度下滑，下滑幅度达到 15%。由此可见，商超是受线上冲击最大的渠道。

表 4 2023 年线下渠道 GMV 同比变化

渠道	GMV同比增长（%）
百货渠道	1.60
化妆品店渠道	2.10
商超渠道	–15.00

注：数据来源于 FBeauty 未来迹。统计数据不包含美容仪。

二、2024 年各渠道未来发展趋势分析

1.“618”和“双 11”成为淘天和抖音竞争的关键点

纵观 2022 年 10 月至 2024 年 5 月共 20 个月淘天和抖音 GMV 的变化趋势不难发现：抛开“618”和“双 11”的影响，从 2023 年 5 月开始，抖音美妆的月 GMV 和淘天已经不相上下。2024 年，抖音和淘天在美妆赛道的竞争，“618”和“双 11”将成为最核心的角逐点（图 2）。

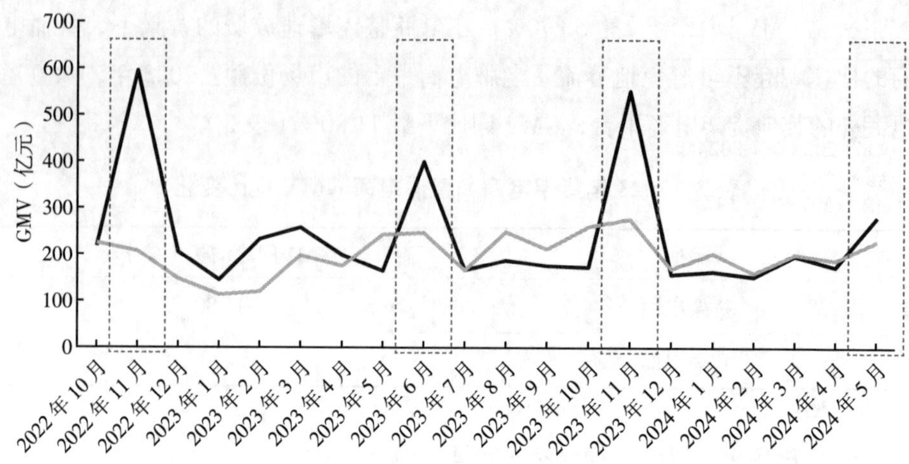

图 2　2022 年 10 月 ~2024 年 5 月淘天与抖音美妆 GMV 变化趋势

数据说明：数据来源魔镜洞察。统计数据不包含美容仪。

2. 护肤品“量价齐跌”，“滞胀”风险上升

受宏观经济增速放缓和市场竞争加剧的影响，2023 年护肤品的价格战正在加剧。但销售数据显示：市场未能通过“以价换量”获得进一步的增长，反而正在陷入“量价齐跌”的陷阱中。

以某主流电商平台的销售数据为例，2023 年其美容护肤美体精油类产品的销量从 12.99 亿支缩减到了 14.11 亿支，同比减少 7.93%；成交均价也从 141.67 元下降到 136.09 元，同比下降 3.94%（表 5）。

表 5　2022—2023 年护肤品量价变动情况

项目	GMV（亿元）		同比增长（%）	销量（亿支）		同比增长（%）	单价（元）		同比增长（%）
	2022年	2023年		2022年	2023年		2022年	2023年	
数值	1998.97	1767.90	-11.56	14.11	12.99	-7.93	141.67	136.09	-3.94

注：数据来源于 FBeauty 未来迹。

值得注意的是，这样的趋势 2024 年并未扭转。由表 6 可知，2023 年 1~4 月，该电商平台美容护肤美体精油类产品的销量同比下跌扩大到 10.40%；成交均价同比下跌扩大到 12.61%。“量价齐跌”的趋势持续加深。

表 6 2024 年 1~4 月护肤品量价变动情况

项目	GMV（亿元）		同比增长（%）	销量（亿支）		同比增长（%）	单价（元）		同比增长（%）
	2023年	2024年		2023年	2024年		2023年	2024年	
数值	507.69	397.52	-21.70	3.99	3.58	-10.40	127.24	111.19	-12.61

注：数据来源于 FBeauty 未来迹。

很显然，在经济环境整体不能获得根本改变的前提下，如果电商平台持续推动“全网最低价”战略，其结果很可能是平台与美妆品牌双输。

3. 直播电商的流量红利在加快消失，电商即将全面陷入存量争夺

直播电商凭借用户人数的快速上升所带来的“流量红利”，最近几年正在成为拉动美妆市场增量的主渠道。

由表 7 可知，以抖音平台为例，2023 年在护肤品市场的 GMV 同比增长 33.80%；销量同比增长 28.26%，单价同比增长 4.32%。在价格相对保持平稳的情况下，实现了销量和 GMV 的同步高增长，可谓非常亮眼。

表 7 2022—2023 抖音护肤品量价变动情况

项目	GMV（亿元）		同比增长（%）	销量（亿支）		同比增长（%）	单价（元）		同比增长（%）
	2022年	2023年		2022年	2023年		2022年	2023年	
数值	1162.11	1554.90	33.80	8.00	10.26	28.26	145.26	151.54	4.32

注：数据来源于 FBeauty 未来迹。

但到了 2024 年，1~4 月抖音在护肤品市场也开始出现“以价换量”的现象。单价同比下降 5.34%，换来销量同比上升 18.59%，GMV 同比上升 12.27%（表 8）。

表 8 2024 年 1~4 月抖音护肤品量价变动情况

项目	GMV（亿元）		同比增长（%）	销量（亿支）		同比增长（%）	单价（元）		同比增长（%）
	2023年	2024年		2023年	2024年		2023年	2024年	
数值	376.87	423.10	12.27	2.86	3.39	18.59	131.77	124.74	-5.34

注：数据来源于 FBeauty 未来迹。

彩妆在抖音渠道的“以价换量”则要来得更早一些。2023 年，抖音渠道

彩妆成交均价同比 2022 年就已经下滑了 7.88%（表 9）。

表 9　2022—2023 年抖音彩妆量价变动情况

项目	GMV（亿元）		同比增长（%）	销量（亿支）		同比增长（%）	单价（元）		同比增长（%）
	2022年	2023年		2022年	2023年		2022年	2023年	
数值	281.95	470.29	66.80	5.14	9.3068	81.07	54.85	50.53	-7.88

注：数据来源于 FBeauty 未来迹。

这意味着随着直播电商的新用户增长速度放缓，其流量红利正在快速消失。美妆市场的主力细分板块——护肤、彩妆和香水在各渠道全面陷入“以价换量”，电商也开始全面进入存量争夺时代。

4. 百货渠道持续高端化，增量主要来自三线城市

2023 年，按高中低档品牌的销售额占比划分，根据 GfK 中怡康对全国 51 个重要城市百货专柜的数据监测，约 86% 的销售额来自高端品牌，同比增长达到 10.87%。而中端品牌和中高端品牌则分别下滑 20.52% 和 5.48%（表 10）。

表 10　2023 年百货渠道不同档次品牌销售占比

品牌档位	销售额（亿元）	同比2022年增长（%）	市场占有率（%）
大众品牌	2	7.58	0.37
中端品牌	38	-20.52	8.09
中高端品牌	28	-5.48	5.83
高端品牌	406	10.87	85.72

注：数据来源于 GfK 中怡康。

由图 3 可知，百货渠道持续高端化的趋势非常明显，不仅绝大部分销售来自高端品牌，商品均价也从 2019 年的 345 元提升到了 2023 年的 642 元，5 年时间上升了 86.09%。

无论是从销售额的构成还是商品均价的变化趋势都可以看出，百货渠道已经基本放弃了大众市场，集中资源开拓高端市场。

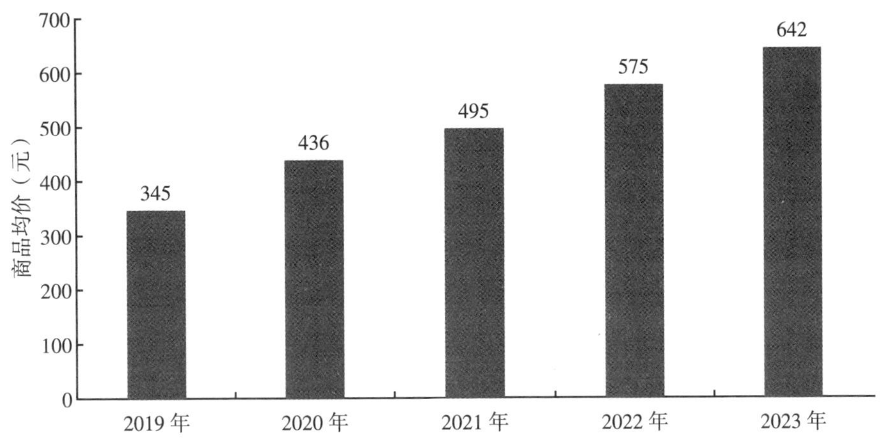

图 3 2019—2023 年百货渠道化妆品均价变化趋势

数据来源：GfK 中怡康。

此外，从城市分级来看，百货渠道在聚焦高端消费的同时，正在形成以一线和二线城市高端消费为基本盘，持续向三线城市下沉寻求增量的趋势。这一点从过去 5 年各级城市不同档次百货柜台数量的变化可以一目了然。2023 年共 4057 个高端柜台中共有 3519 个位于一线和二线城市。一线城市高端品牌的柜台数量过去 5 年增长了 22.96%，共增加了 189 个；二线城市增长了 44%，共增加 766 个；三线城市的增长率则达到 198.89%，增加了 358 个（表 11）。

表 11 2019—2023 各级城市百货柜台数量变化

城市级别	品牌级别	百货柜台数量（个）		变动值（个）	5年变动幅度（%）
		2019年	2023年		
一线城市	高端	823	1012	189	22.96
	中高端	829	266	–563	–67.91
	中端	1563	523	–1040	–66.54
	低端	267	75	–192	–71.91
二线城市	高端	1741	2507	766	44.00
	中高端	2121	643	–1478	–69.68
	中端	5480	2377	–3103	–56.62
	低端	1177	654	–523	–44.44

续表

城市级别	品牌级别	百货柜台数量（个）		变动值（个）	5年变动幅度（%）
		2019年	2023年		
三线城市	高端	180	538	358	198.89
	中高端	257	143	–114	–44.36
	中端	801	638	–163	–20.35
	低端	176	126	–50	–28.41

注：数据来源于 GfK 中怡康。

经过这一轮的调整之后，百货渠道专柜总数整体正在呈现下降趋势，从 2019 年的 15415 个下降到了 2023 年的 9502 个，整体下降了 38.36%。随着线上线下的份额逐渐平衡，这一数据可能还会微降然后逐步企稳。

5. 化妆品店关店总量大于新开店总数，总数量持续下降

主要分布在四线城市（县一级城市）的化妆品店总数过去几年经历了连续下降。根据 FBeauty 未来迹统计，2023 年全国开业中的化妆品店总数为 15.26 万家，同比 2022 年减少 2048 家（表 12）。

2023 年全年，新开化妆品店总数约为 11300 家，关闭门店总数约为 13348 家。新开业门店数量同比 2019 年减少 108%。其中关店数量前五的省份为吉林、黑龙江、辽宁、贵州和云南。

表 12　2023 年各省开业中化妆品店数量

省（自治区、直辖市	化妆品店数量（家）		同比增长（%）	省（自治区、直辖市	化妆品店数量（家）		同比增长（%）
	2022年	2023年			2022年	2023年	
河南	13257	13758	3.78	福建	4156	3779	–9.07
浙江	13405	12095	–9.77	上海	2371	3641	53.56
江苏	9884	10166	2.85	新疆	3253	3497	7.50
山东	11813	10087	–14.61	甘肃	2599	3496	34.51
广东	7366	8272	12.30	北京	1962	3371	71.81
安徽	6042	7857	30.04	山西	3670	3278	–10.68

续表

省（自治区、直辖市	化妆品店数量（家）		同比增长（%）	省（自治区、直辖市	化妆品店数量（家）		同比增长（%）
	2022年	2023年			2022年	2023年	
湖北	5421	7491	38.18	内蒙古	2807	3034	8.09
四川	9344	7290	-21.98	辽宁	3978	2966	-25.44
河北	6891	7178	4.16	宁夏	848	1510	78.07
湖南	6157	6335	2.89	黑龙江	1828	1219	-33.32
云南	7612	5900	-22.49	天津	891	1174	31.76
贵州	6768	5011	-25.96	海南	1301	1164	-10.53
广西	6060	4826	-20.36	吉林	2007	720	-64.13
陕西	4173	4399	5.42	青海	462	717	55.19
江西	3561	4084	14.69	西藏	426	375	-11.97
重庆	4335	3910	-9.80	汇总	154648	152600	-1.32

注：数据来源于 FBeauty 未来迹。

预计随着大城市对中小城市人口的虹吸效应持续发生，未来在人口净流出省份化妆品店的数量可能还会持续下降。

6. 高端名品在化妆品店渠道的影响力持续攀升

高端名品在化妆品店渠道的影响力正在上升，主要表现在以下几个方面。

第一，渗透率提升。2023 年化妆品店渠道品牌渗透率 TOP10 品牌中，6 个为外资品牌，其中资生堂、欧莱雅的渗透率甚至已经超过 70%。而兰蔻、雅诗兰黛、迪奥和后四大高端品牌，其渗透率也都在 49.5% 以上（表 13）。这意味着过半的化妆品店都在销售这四大高端品牌的产品。

表 13 2023 年化妆品店渠道品牌渗透率 TOP10

排名	品牌名	门店渗透率（%）	排名	品牌名	门店渗透率（%）
1	资生堂	73.60	4	百雀羚	58.30
2	欧莱雅	72.60	5	兰蔻	58.00
3	自然堂	61.00	6	迪奥	57.60

续表

排名	品牌名	门店渗透率（%）	排名	品牌名	门店渗透率（%）
7	玛丽黛佳	54.70	9	雅诗兰黛	49.50
8	后	51.70	10	卡姿兰	46.70

注：数据来源于青眼情报。渗透率＝品牌网点数量/样本数据门店总数*100%。

第二，销售额提升。2023年化妆品店渠道销售额TOP20品牌中，外资品牌的销售占比约49.6%。其中圣罗兰、雅诗兰黛品牌的销售额同比增长分别为23.8%和12.3%；迪奥和香奈儿则分别同比增长5.5%和2.5%。并且2023年化妆品店渠道销售额排名前10的单品中，90%为外资品牌且大部分为高端名品（表14）。

表14　2023年化妆品店渠道销售额TOP10单品

排名	产品名称	所属品牌	所属国家
1	后天气丹花献光彩紧颜系列礼盒6件套	后	韩国
2	SK–I护肤精华露	SK– Ⅱ	日本
3	兰蔻新清滢保湿柔肤水	兰蔻	法国
4	雅诗兰黛特润修护肌活精华露	雅诗兰黛	美国
5	贝德玛舒妍多效洁肤液	贝德玛	法国
6	兰蔻全新菁纯丝绒雾面唇膏196	兰蔻	法国
7	海蓝之谜沁润修护精萃水	海蓝之谜	美国
8	茱珂时光新肌肌底修护精华油	茱珂	日本
9	尔木萄加厚卷筒洁面柔巾	尔木萄	中国
10	安热沙金灿倍护防晒乳	安热沙	日本

注：数据来源于FBeauty未来迹。

从产品的销售结构来看，用高端名品以及国际国内知名品牌作为引流产品，以个性化小众品牌以及美容服务形成差异化的经营模式，已经成为化妆品店渠道的主流。

7. 线下新业态频出，渠道创新力向二线和三线城市汇聚

随着主要分布在二线和三线城市的百货放弃中低端市场，二线和三线城市以体验为主的大众消费市场，开始被樊文花等“皮肤管理中心”以及 KK 馆、调色师等“潮流时尚店”占据。

根据 FBeauty 未来迹的调研显示，2023 年以美团、抖音等线上平台提供的“本地生活”服务为流量入口，以提供深度清洁、去角质、皮肤护理等体验式服务为主的各种“皮肤管理中心”的全国门店总数已经达到 79100 家。其中仅梵文花 2023 年的门店数量就达到了 6001 家，和 2022 年相比新增门店数量就超过 900 家（表 15）。

表 15　樊文花 2020—2023 门店数量变化

年份	门店数（家）
2020 年	4000
2021 年	4149
2022 年	5013
2023 年	6001

注：数据来源于中国连锁经营协会。

此外，以三福百货、KK 集团、The Green Party、名创优品等为代表潮流时尚店数量也在持续增加。公开数据显示，截至 2023 年名创优品的门店总数超过 3800 家、三福百货、The Green Party 的门店数量也均在 1000 家以上（表 16）。这些门店除了经营饰品、潮流百货外，化妆品也是其中一个重要销售类目。

表 16　部分潮流时尚店 2023 年门店数量

门店名	门店总数（家）
名创优品	3800+
三福百货	1000+
The Green Party	1000+
KK 集团	800+
生活无忧	500+
美天惠	200+

注：数据来源于 FBeauty 未来迹。

数据还显示，2023 年一线城市人口流动走向发生转变，由 2022 年流出约 47.17 万人转为流入 22.92 万人，人口吸附力修复回升；二线城市总体持续保持流入状态，且流入规模较去年略微增多，2023 年 33 个二线样本城市流入 133.67 万人，较 2022 年增加约 19 万人；三线和四线样本城市则由 2022 年流入 3.57 万人转为流出 3.29 万人。

可以预见的是，随着人口持续向一线和二线城市，尤其是向二线城市流入，能持续给消费者带来情绪价值和体验价值的时尚潮流店以及皮肤管理中心，数量可能还会持续增加，从而成为线下渠道的重要增量市场。

三、全渠道时代美妆企业的应对策略探讨

1. 渠道发展的 4 个阶段及其特征

纵观全球商品销售渠道的发展历程，大致可以分为单渠道时代、多渠道时代、跨渠道时代和全渠道时代 4 个阶段（表 17）。

表 17　渠道的进化方向

发展阶段	单渠道时代	多渠道时代	跨渠道时代	全渠道时代
特征	产品稀缺、渠道单一。能生产出合格产品的上游工厂掌握定价权和主动权	代表更先进模式的新渠道不断出现，产品相对过剩。渠道掌握着经营什么类型产品的主导权。以尽可能多地实现渠道覆盖的“深度分销”模式成为主流	不光传统意义上的超市、百货是可以卖货的渠道，小红书、抖音等带有媒介性质的平台，也成为销售渠道。用内容和商品吸引“流量”，然后将流量转化成销售额的商业模式诞生	全渠道就是企业为了满足消费者任何时候、任何地点、任何方式购买的需求，采取实体渠道、电子商务渠道和移动电子商务渠道整合的方式进行销售，提供给顾客无差别的购买体验
核心	以产品为中心	以渠道为中心	以流量为中心	以消费者为中心

其中，单渠道时代以产品为王，上游工厂和企业掌握着主动权；多渠道时代由于产品相对过剩，因此诞生了“品牌”的概念。知名品牌以“深度分销”为理论基础，以占领货架掌控终端为目标，实现多渠道覆盖，继续引领市场。但在媒体资源和货架资源有限的情况下，能产生的知名品牌毕竟是少

数。大量非知名产品需要依靠给渠道让利，刺激渠道主动推广实现销售，因此渠道成为掌握主动权的一方。

跨渠道时代的来临，意味着媒体和销售渠道开始合二为一。不光传统意义上的超市、百货成为销售渠道，抖音、小红书这类以提供“内容”为主，带有媒体属性的平台也成了销售渠道。渠道的概念开始超出以“货”为中心进行资源集结的边界，消费者的注意力，也就是“流量”成为资源集结的核心。因此，能够吸引消费者注意力的“流量入口”成为主导。

全渠道时代则是一个品牌和渠道双重过剩，消费者的注意力和购买力稀缺的时代。在这个阶段品牌和渠道均会丧失主导权。品牌需要以消费者的需求为中心，以数字化为核心支撑，整合所有渠道和营销方式，为消费者提供 24 小时全渠道无差别购买体验。

2. 跨渠道时代的关键是“好内容”

从中国美妆产业的发展进程来看，目前正处于跨渠道时代向全渠道时代过渡的阶段。如何围绕产品生产出更多“好内容”，从而获取更多流量，是当前所有品牌面临的核心挑战。

目前美妆行业的主流趋势是以“研发”为基础，制作和输出内容。而判断内容好坏的标准，则是能否获得流量并最终让消费者产生消费。这一套运作模式本质上是由科研提供背书，以逻辑和实证为手段，和消费者重建信任的过程。是对过往营销过于强调概念创新，脱离产品实际物理属性的一种反叛。

但是，以科研为底层元素构建的内容，并不能满足消费者的所有需求，又或者说，科研并不是构建“好内容”的唯一基础。根据美国心理学家亚伯拉罕·马斯洛（Maslow. A. H.）从人类动机的角度提出需求层次理论，人的需求可以分成生理需求、安全需求、归属与爱、尊重需求和自我实现 5 个层次（图 4）。需求由低到高逐级形成并寻求满足。

很显然，以科研为基础生产的内容，天然更容易从功效和安全两方面向消费者证明自身的价值，从而满足消费者的生理需求和安全需求。除了最尖端的科技能带给人自豪感和尊重感之外，对于人的高阶需求，仍然需要通过文化和艺术来寻求解决方案。这也是 2023 年情绪价值成为营销界热词的原因。

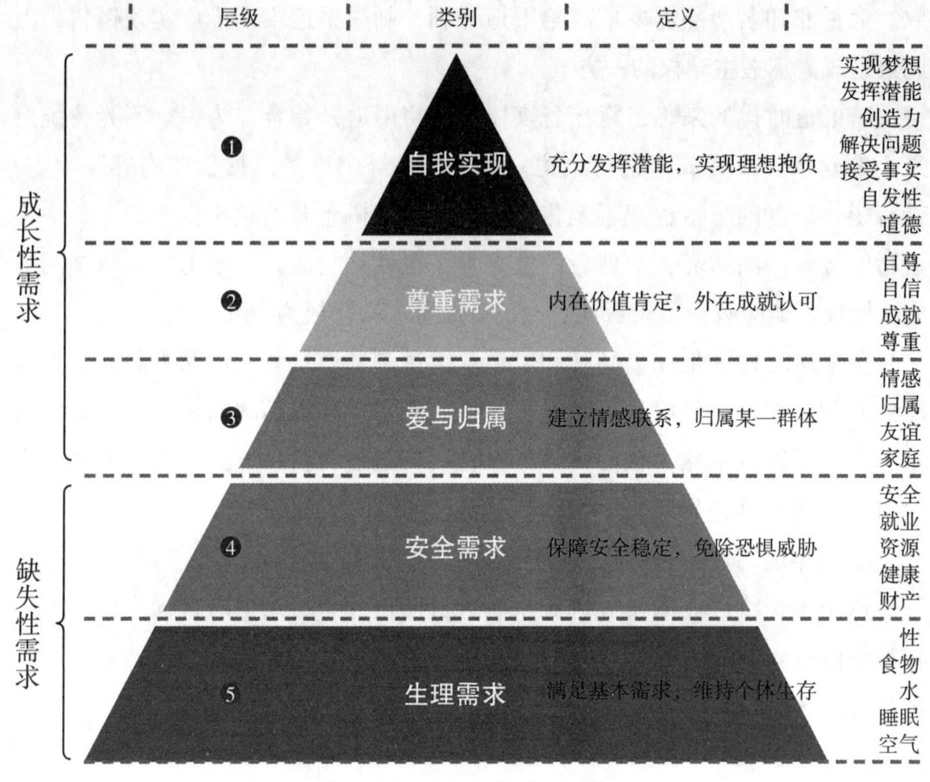

图 4　马斯洛需求层次模型

所以，当科技“卷”到一定程度，文化和艺术成为“好内容”下一个发力基点只是时间问题。

3. 全渠道时代的核心是全链路数字化能力

全渠道时代的品牌营销究竟该如何进行，到目前为止还在探索阶段，但有一种全新的视角是：不再按照百货、商超、电商等从商业从业者视角（B端）出发的方式去定义渠道，而是从消费者视角出发，将现有的所有渠道按远场、近场和现场进行划分，重构零售生态。

所谓远场，指的是那些消费者在下单后需要 1 天以上才能获得产品和服务的渠道，比较典型的代表是淘宝、天猫、京东、抖音等电商平台；近场指的是那些能在半小时至 1 小时内满足消费者需求的渠道，比较典型的代表是美团、饿了么等提供本地生活服务的平台；而现场，则指的是能现场满足消费者需求的渠道，主要为线下实体店。

这样的划分方式意味着品牌看待和组织渠道的底层逻辑不再是将同一件产品分销到所有渠道，而是利用不同渠道的特长，围绕消费者的某方面需求，提供全方位服务。

近年来，比较符合这一构思的是修丽可提出的整全护肤理念及其背后的落地方案。这是修丽可在 2012 年提出来的一个理念，官方解释是：为肌肤提供整合而全面的护理方案。具体表现为从产品到服务将医美整形及术后修复、美容院周期性护理和日常居家护理做了整合，形成全套方案。

围绕这一理念，修丽可将产品和营销从远场、近场和现场做了针对性布局。其中远场以销售日常居家护理产品为主，近场以销售旅行装、美容院护理项目和体验券为主，现场则以围术期产品和水光针等医美产品为主。

这种调整虽然看起来并不复杂，但是在实际运营中对企业全链路数字化能力的要求很高。这主要是因为面对这种多场景、多渠道、多产品线、多业务类型的复杂布局，从营销到供应链的管理，包括对后台研发能力的要求，都需要能做到极致的精细化。这需要企业在全域、全链路拥有完整而连续的数字化能力。

欧莱雅集团从 2014 年开始全面启动数字化转型，并提出了 Digital Beauty 战略。这个战略共分为三大模块。电商（Ecommerce）：拓展用户的购买渠道，渗透新兴国家和更年轻的人群；数据技术（Data technology）：帮助品牌更好地理解消费者，并优化数字化广告投放和 ROI 测算；用户运营（Consumers）：帮助品牌与消费者建立更加私人化、个性化的联系，与消费者之间产生更为丰富的情绪互动。2018 年欧莱雅进一步推出 Beauty Tech 计划，引入了虚拟化妆、虚拟染发、肌肤诊断、肤色评估等一系列数字化应用，来整合线上线下消费场景，增强消费者的虚拟 + 现实双重体验。

在执行这两大计划的过程中，欧莱雅将线上线下数据打通，形成了自己的数据平台，成功完成了全渠道业务重构（图 5）。以完成了数字化转型的欧莱雅为后盾，修丽可整全护肤理念在远场、近场和现场的布局和运营就显得不再困难。从 2018 年开始，修丽可在中国的业绩开始直线上升。

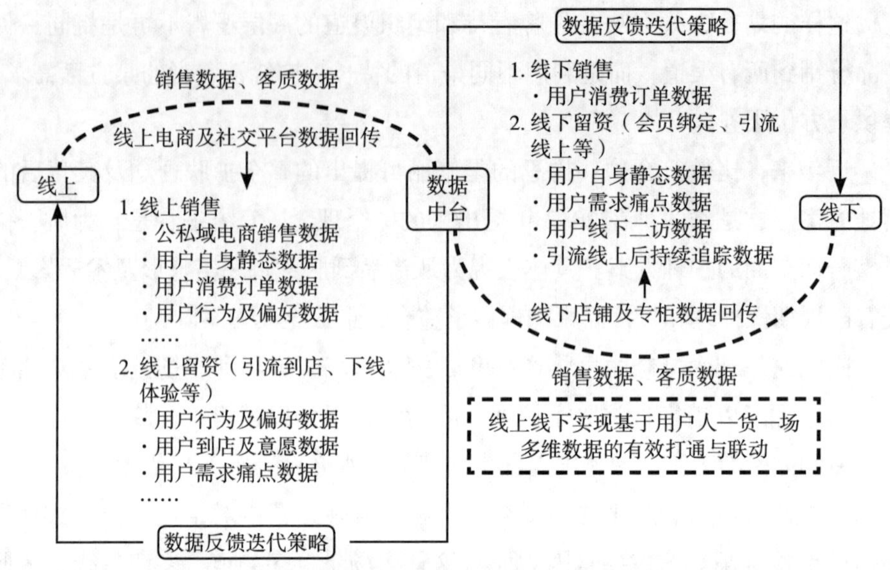

图 5　欧莱雅集团线上线下数据打通链路图

时代的车轮总是在不经意间转向，尽管随着渠道越来越碎片化，单一渠道的话语权在持续下降，但这并不意味着渠道对于品牌的重要性在降低。相反，对于全新理念下的渠道搭建和渠道管理，正在成为美妆行业需要深入研究的重要课题。

（作者单位：刘李军，FBeauty 未来迹）

扫码看参考文献

2023 年中国化妆品出海现状及海外市场洞察

蔡朝阳

摘要：根据海关总署发布的数据，2014 年至 2023 年间，中国化妆品出口额呈逐年增长趋势，这表明出海已成为中国化妆品发展中不可或缺的重要环节。通过对中国化妆品品牌主要出口目的国家及地区的美妆市场概况和竞争格局进行分析，由此洞察相关市场的潜力。最后对主要出海的美妆品牌的策略进行分析，找出中国出海美妆的共性，即以彩妆为主，以前往东南亚市场为主。

关键词：出口增长　东南亚市场　国货彩妆出海

一、2015—2023 年中国化妆品出口额变化趋势

近几年，出海已成中国化妆品发展的重要一环。海关总署发布的数据显示，2014—2023 年，中国化妆品出口额呈上升趋势，年均复合增长率为 20.16%，2023 年我国化妆品出口金额为 458.2 亿元，同比增长 22.80%（图 1）。

二、东南亚成中国美妆出海首选

（一）东南亚地区美妆市场规模

东南亚地区人口众多，且人口持续增长，该地区目前人口已经超过 7 亿人，且 95 后人群占比超 50%。从该地区呈现出各国之间经济状况、语言、文化风俗、宗教信仰、互联网建设等维度进行分析，能发现印度尼西亚、新加坡、泰国、越南以及菲律宾是其中最核心的市场，也是中国美妆出海的主要目的地。

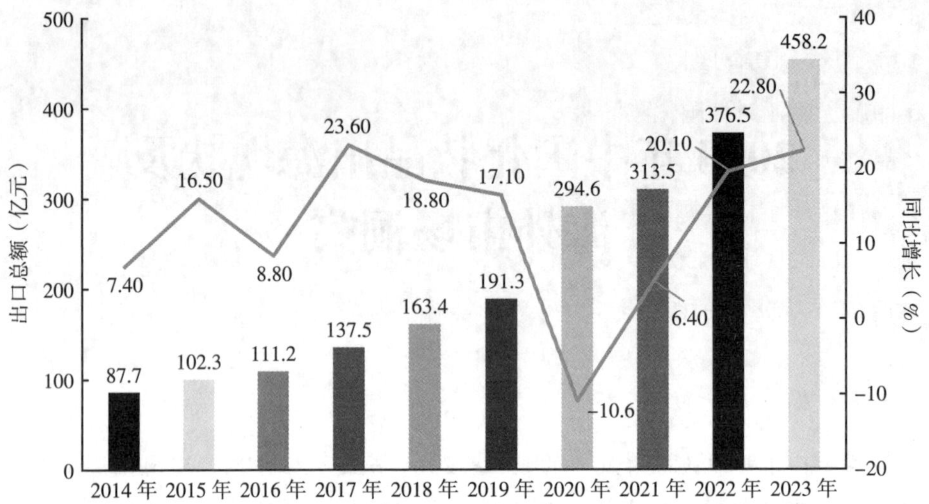

图 1　2014—2024 年中国美容化妆品及洗护用品出口额变化

数据说明：

1. 数据来源于海关总署。

2. 2014—2019 年统计口径为“美容化妆品及护肤品”，2020—2023 年统计口径为“美容化妆品及洗护用品”，统计口径有所改变。

在东南亚六国市场占比中，印度尼西亚、菲律宾、泰国市场美妆需求增长快，非常适合品类丰富的商家深耕，而马来西亚、新加坡因市场成熟、消费者对跨境商品接受度高，新商家更容易打开市场（图 2）。预计到 2025 年东南亚美妆市场规模将超过 3000 亿元。

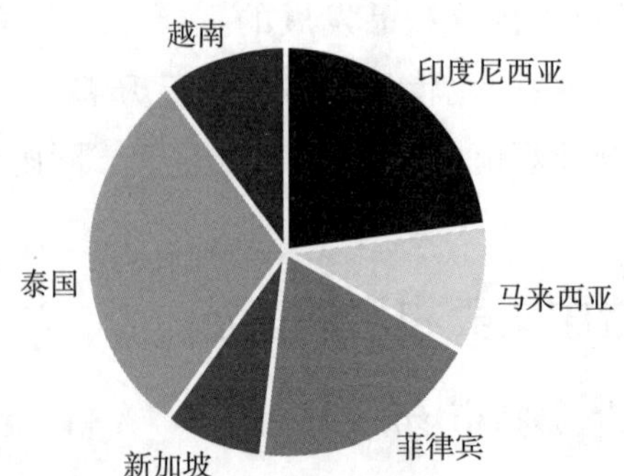

图 2　2023 年东南亚六国美妆市场占比

数据来源：各国统计局，青眼情报整理。

以印度尼西亚为例，该地区美妆个护市场正在蓬勃发展，2023 年其美妆个护市场规模超450亿元，从品类看，护肤品持续占据最大市场份额，且以9.3%的年均复合增长率快速增长。从品牌来看，韩国品牌市场增速快，近5年印度尼西亚对韩国化妆品进口量增长了13倍，2023年印度尼西亚的韩国化妆品进口额已超4亿元。

在这片千亿蓝海市场中，电商平台东南亚美妆行业发展迅猛，根据数据显示，Lazada平台2018年至2024年在美妆零售市场占据的份额超10倍。具有消费潜力的年轻化人口，带来的是具有多样性和充分竞争的东南亚美妆市场，国际流行的大众和新锐小众品牌、本土纯天然产品和穆斯林认证化妆品都可以找到一席之地，高速发展的美妆电商平台更是在不断满足消费者的需求。有如此大的市场机会，还有好的平台，正是国货出海决胜东南亚的好时机。

（二）东南亚地区品牌竞争格局

在这个成长飞快的东南亚美妆市场，大致分为本土品牌（表1）、欧美品牌、韩国品牌、中国出海品牌几股力量，而最明显的特征是，东南亚市场和零几年的中国一样，“韩”味十足。

这是因为韩国美妆本身在全球范围内的影响力较大，同时韩流文化的影响对韩国品牌布局东南亚是一大利好，整个东南亚是韩流文化输出的主要市场。因此，不出海韩国，中国美妆品牌在东南亚依旧要与韩国品牌直面竞争。

表1　东南亚本土化妆品品牌介绍

序号	品牌	国家	特点
1	Utama Spice	印度尼西亚	100%纯天然草本用料护肤品
2	By Lizzie Parra（BLP）	印度尼西亚	明星化妆师自创彩妆品牌
3	Wardah	印度尼西亚	首家穆斯林认证化妆品公司
4	Laneway Cosmetics	泰国	口红为主打产品，在欧洲拥有较高人气
5	Mistine	泰国	泰国国民品牌，美妆、个护全涉及，在中国以彩妆为主
6	Nau Nau	越南	100%天然成分为原料的香水、美妆品牌

续表

序号	品牌	国家	特点
7	Skinna	越南	越南皇室的护肤秘诀，有机成分含量达到 70%~95% 的护肤产品
8	Chique	马来西亚	性价比高且融入时尚潮流艺术包装
9	Faux Fayc	新加坡	代表产品 Fauxlash Mascare Duo 采用天然纤维制成

不同国家因为风土人情、经济社会发展等不同，其本土品牌也呈现出不同的特点，研究其本土品牌的定位和产品特点，有利于挖掘该地区消费者需求和空白市场。

1. 印度尼西亚

本土品牌方面，印度尼西亚政府大力支持国内的美妆个护消费品，发挥印度尼西亚陆地和海洋的生物多样性优势，高效利用本土原材料，例如芦荟、海洋胶原蛋白和精油等，打造纯天然产品，出口至周边国家。

Utama Spice 是印度尼西亚本土品牌，最大的特点是产品都是 100% 纯天然的草本用料，有护肤品、浴液、润体乳、润唇膏等。

由印度尼西亚本土的明星化妆师创办的美妆品牌 By Lizzie Parra（BLP），定义自身为每一个印度尼西亚女孩都可以使用的品牌，通过人人可承受的价格和爆款单品，将自身品牌打造成为“国民女孩”必备。BLP 以其干练的产品风格不仅成为了当下印度尼西亚最受欢迎的本土产品之一，还在欧洲市场中获得不少好评。目前，BLP Beauty 拥有唇妆产品、眼影盘、眼线笔和散粉等多个品类。

对于有宗教信仰的穆斯林消费者而言，可以选择的产品范围主要集中在穆斯林认证化妆品，穆斯林法律条款规定了可供使用的化学成分，这些成分不包含脂肪和酒精等。Wardah 是印度尼西亚首家穆斯林认证化妆品公司。品牌打造年轻化、社交化和时尚化的形象，同时在指定的宗教文化节日，与消费者建立联系。通过选择赞助时装秀、母亲节的社交媒体造势以及在穆斯林特定宗教节日，例如开斋节中，提供禁食期间的护肤建议等活动，与消费者建立更紧密的关系。

2. 泰国

以潮流为导向，以重视品质与社会责任感的 Laneway Cosmetics，自创立以来，一直以推出适用于所有文化、种族、宗教和性别的美妆产品。另外，Laneway Cosmetics 对于流行文化很感兴趣，并认为流行文化对于消费者的影响程度，完全可以媲美国家政策对于化妆品公司的影响。

作为泰国的国民美妆品牌，隶属于百特威（泰国）有限公司的 Mistine（蜜丝婷），不仅生产了一系列彩妆护肤产品，连香水、头发护理和身体护理领域都有涉及，产品品种超过 12000 种。

3. 越南

由越南知名香水专家 Huynh Hai Yen 创立了香水 & 美妆品牌 Nau Nau 的灵感来自于“生命的气息”。Nau Nau 将橄榄油、蜂蜡、花生酱等天然成分，并结合土耳其玫瑰、铃兰和普罗旺斯薰衣草等花卉制成的美容护肤产品。品牌产品均以 100% 天然成分作为原料，其柚子、绿苹果等去角质产品备受欢迎。

Skinna 是创立于 2007 年的越南代表美妆品牌，起源来自于创始人 Christine Ho 从祖母处听来的一些越南顺化皇室中传下来的美容秘诀。Christine Ho 开始研制美容和有机护肤产品的配方，并诞生了 Skinna。Skinna 长期以来一直专注研究由有机成分含量达到 70%~95% 的护肤产品。

4. 马来西亚

视觉与安全兼得 Chique 品牌由毕业于建筑学院 Qistina Kamarulzam 和 Firdaus Mohamad 创立，他们通过研究经验发现，人们很容易被好看的视觉效果所吸引。为了能够脱颖而出，他们将市场元素融入化妆品系列中，并推出了性价比高且融入时尚潮流艺术包装的 Chique。

5. 新加坡

在新加坡美妆品牌还没有普及的时候，受到全球天然化妆品的热潮影响，专为湿度高的新加坡地区而建立的品牌 Faux Fayc。创始人 Eileen Poh 表示，在新加坡，消费者想要同时追求优质美妆和时尚并不容易，因为这里缺乏面向新加坡或者东南亚女性的美妆品牌。

（三）东南亚地区美妆销售渠道

目前东南亚的美妆线上销售渠道形成三超多强的竞争格局，比较受欢迎的电商平台是 Shopee、Lazada 和 Tokopedia（表 2）。

表 2　东南亚美妆线上销售渠道

电商平台	介绍	备注
Shopee	覆盖东南亚六国和中国台湾地区的 C2C 平台，模式跟淘宝类似	Shopee 在中国台湾、越南、马来西亚和印度尼西亚这 4 个站点市场的销量高，流量大。（这和当地移动互联网的发展水平有一定的关系）
Lazada	新加坡、泰国和菲律宾月活最高的购物平台	—
Tokopedia	印度尼西亚最大电商平台	—
Viki	越南本土电商	—
Bukalapak	印度尼西亚本土电商	—

注：—表示无相关内容。

当然从不同国家的情况具体分析，发现不同国家的美妆主要销售渠道有着明显的差异。

1. 印度尼西亚

2021 年斋月期间，印度尼西亚民众在线购物交易量增加。根据斋月第一周印度尼西亚电子商务协会（IdEA）的数据，在线购物交易量是平时的 2 倍。其中有 6 个电子商务平台最受欢迎，分别是 Shopee、Tokopedia、Bukalapak、Lazada、JD.ID 和 Blibli。

2. 马来西亚

马来西亚化妆品销售以线下销售为主，销售渠道包括购物中心、品牌专卖店、化妆品超市、美容馆和药店等。而线上销售金额虽然占市场份额比例较小，但是得益于马来西亚通信设施完善，电商普及率较高，仍诞生了 Sephora Malaysia、Hermo Malaysia、HiSHOP、SHINS 和 NattaCosme 等深受民众欢迎的化妆品网络店铺。

3. 泰国

Boots 创立于 1849 年，距今有 170 多年的历史，是英国第一位的健康与美妆零售品牌，类似于屈臣氏。泰国是除了英国本土之外 Boots 门店最多的国家，基本上在每个商圈都至少有一家门店。

（四）日本也是中国美妆重要的出口目的国

日本市场比较适合国货彩妆品牌进入，一方面中国品牌与日本市场匹配度较高，产品线不需要做很大调整。中日两国消费者肤色和肤质差别不大，关注的功效基本相同，中国化妆品品牌进军日本市场，更能契合日本本土消费者的需求；另一方面流行趋势较为一致。日本消费者喜欢卡哇伊、二次元、动漫等风格，这些中国化妆品都有涉猎，很容易定位到日本市场的目标用户。

以滋色为例，2019 年，滋色进入日本市场，2020 年取得全渠道销售额近百亿日元的成绩。

（1）通过线上突围，玩转社交媒体　滋色把在国内新媒体领域的研究、分析和执行经验，有效复制到国外，这让滋色在营销上占有一定先机。日本消费者多以线下渠道购物为主，线上市场的体量只占 20%~30%，美妆电商的渗透率较低，这对于滋色来说是个机遇。同时，滋色开通 Facebook、ins、Pinterest 等社交媒体平台，将电商、官网、社交平台 3 个渠道变成了一套组合拳，有针对性地输出产品内容，与消费者深度互动。2020 年 11 月，滋色的眼影、睫毛膏等产品均位列亚马逊类目销售榜 TOP1。

（2）扩展线下渠道，入驻 2000 家日本松本清　日本最大的药妆连锁集团松本清是滋色的第一个线下合作渠道，借助线上打开市场之后，滋色在 1 个月时间内达成了和松本清的合作，成为第一个进入松本清的中国彩妆品牌，短时间内高密度覆盖松本清近 2000 家门店，多款产品上市后成为爆款。

（3）联合国际 IP，输出品牌文化　海外美妆用户更加追求个性化，所以在进行产品的本土化和品牌输出时，需要将产品的时尚、美感与品牌文化进行融合，用一个独特鲜明的风格触动用户，与国际 IP 合作是个不错的选择。滋色在产品打造上多次进行“艺术”跨界，与大英博物馆、毕加索、英国国家美术馆等全球知名 IP 联名，打造了埃及 16 色眼影、埃及女王粉饼、梵高口红、爱丽丝9色眼影等单品，滋色也是首个获得大英博物馆在海外市场授权的国货美妆品牌。

三、中国美妆品牌出海共性分析

尽管国货美妆品牌对出海的投入程度、出海时间以及取得的成果都不尽相同，但仍然可以窥探出一些共性。20个中国美妆品牌出海情况见表3。

（1）出海市场方面　大多数国货美妆将出海首站选在了日本、东南亚等市场，如花西子、花知晓等。

（2）出海渠道方面　多数品牌选择将产品上架在亚马逊、Lazada、速卖通以及Shopee等主流电商平台。例如百植萃出海东南亚选择了速卖通和亚马逊；完美日记已经在Lazada开启了官方账号；Colorkey、菲鹿儿等通过Shopee入局。也有少数品牌在此基础上增设独立站和Facebook等社交媒体，如卡婷。

（3）出海品类方面　从品牌主打品类和电商平台陈列来看，口红、眼影、腮红是国货美妆品牌出海最常见的品类，其次睫毛膏和粉饼等也高频次出现。

（4）出海价格方面　单品价格基本稳定在80~300元内，仍属于平价品牌，但由于汇率和出海成本等因素，海外价格略高于国内。

表3　20个国货美妆品牌出海情况

品牌中文	品牌英文	成立时间	主要出海地区	主要出海渠道	主打品类
花西子	Florasis	2017年	日本	电商	散粉、口红
完美日记	Perfect Diary	2017年	东南亚	海外官网、电商	口红、眼影
花知晓	Flower Knows	2016年	日本、东南亚	美妆集合店	眼影、腮红
珂拉琪	Colorkey	2018年	中国台湾、东南亚	电商	唇釉
滋色	ZEESEA	2013年	日本、北美	电商	粉底、眼影
卡婷	CATKIN	2007年	多地区	海外官网、电商	口红

续表

品牌中文	品牌英文	成立时间	主要出海地区	主要出海渠道	主打品类
稚优泉	CHIOTURE	2011年	中国台湾、东南亚	电商	唇釉
橘朵	JudyJoll	2016年	东南亚	电商	腮红、眼影
小奥汀	Little Ondine	2013年	多地区	电商	唇釉、甲油
—	Girlcult	2018年	中国台湾、日本	电商	腮红
菲鹿儿	FOCALLUPE	2017年	东南亚、日本	电商	眼影
—	YES!IC	2016年	日本	丝芙兰	眼影
毛戈平	MAOGEPING	2009年	多地区	丝芙兰	粉膏
佰草集	HERBORIST	1998年	多地区	丝芙兰	护肤
玛丽黛佳	MARIE DALGAR	2006年	多地区	丝芙兰	气垫
自然堂	CHANDO	2001年	多地区	电商	面膜
御泥坊	UNIFON	2006年	东南亚	电商	面膜
植物医生	DR PLANT	1994年	多地区	单品牌店	高山植物护肤
百植萃	Viophyto-genesis	2000年	东南亚	电商	精华、防晒
—	Hedone	2018年	东南亚	电商	眼影盘

注：—表示无相关内容。

[作者单位：蔡朝阳，青眼网络科技（武汉）有限公司]

中国美妆国际市场分析与洞察

——中国美妆内卷外溢，出海正当时

姚永斌

摘要：[**目的**] 中国美妆出口增长强劲，通过对中国美妆出口数据等的分析，中国美妆出海正当时。[**方法**] 通过对中国美妆国际化现状、趋势、问题与挑战及解决办法的综合分析，中国美妆应该生而全球，全球化思考，国际化运作。[**结果**] 中国美妆出海明显加快，品牌及企业走向国际化。[**结论**] 中国美妆国际化时代已经到来，需要从品牌、文化、营销、圈层环境等维度提前布局。

关键词：中国美妆　内卷外溢　国际市场　出海正当时

越内卷越进步，中国美妆市场在不断的内卷中壮大，内卷严重必过剩，过剩必外溢，外溢出海正当时。

一、中国美妆国际化现状与趋势

（一）中国美妆出口增长强劲

根据中国海关数据统计，2023年中国化妆品出口总额为65.1亿美元，同比增长17.61%。出口总量为85.79万吨，同比增长9.05%。相比进口，进口总额同比下降19.55%，进口总量同比下降15.19%。进出口数据的此消彼长说明中国化妆品出口及品牌出海正处于快速增长期，出海正当时。

（二）中国美妆在海外品牌建设加强

一些中国美妆品牌通过独特的中国元素、精准的市场定位以及高性价比等优势，在海外成功吸引了消费者的关注，品牌知名度不断提高，例如花西子等品牌将中国妆容、中国美学带向海外，在海外市场的知名度不断提升。

（三）中国的国际交往与国际贸易不断深入推进，让中国美妆有机会走出去

2023 年 4 月法国和中国签署化妆品贸易协议，同年 8 月美国商务部提议要加大美国消费品含化妆品在内向中国加大贸易力度，受此影响，中国美妆出海更受行业关注。2023 年法国再次成为中国第一大化妆品进口国，中国化妆品品牌在欧洲市场行动起来，有些中国品牌不断加大拓展欧洲市场力度。当美国因中国美妆供应链成本优势原因，这 5 年来并没有减少在中国通过代工进口中国化妆品时，我们发现中国美妆的出海销售规模近几年不降反增。

随着美妆消费市场规模不断扩大，美妆产业这几年仍然处在总体增长阶段，企业的产能及消费规模都在不断成长。同时政府愈加重视，许多地方政府推动的美妆产业园规划在不断落实，不仅使得美妆产业成为近年产业链最火的热门行业之一，还使得美妆产业国内市场严重内卷，同时使剩余产能不断外溢，中国美妆已到了必须走出去的时间节点。

（四）中华文化在全球不断传播流行，让有文化属性的中国美妆有机会走向全球

随着中国全球影响力的不断提升，中华文化的广泛传播，并受新媒体、影视作品、兴趣电商、跨境电商等内容及产品输出的影响，有时尚、文化属性的消费品——中国美妆更易走出去。百雀羚作为国货品牌的代表，于中法建交 60 周年以中华文化交流的名义参加主题为“中国品牌到全球品牌的旅程”第十届中法品牌高峰论坛，此论坛由 Bonjour Brand 中法品牌美学中心发起，巴黎东方中心联合主办，于 2024 年 6 月 21 日在法国巴黎联合国教科文组织总部举行，在这一中法品牌交流合作年度盛会上，百雀羚作为中国优秀美妆品牌代表，受邀走进巴黎埃菲尔铁塔，向世界传递中国美妆品牌力和价

值观。品牌用文化“走出去”更易被所在国消费者接受，在中国品牌走向国际化的征途中，百雀羚始终坚持立足东方特色文化，向外延伸国际化视野，不断提升中国品牌声量与影响力。当下，中国品牌生而全球，最有机会出海走向世界。

二、中国美妆走出去面临的机会与挑战

（一）政策红利有利于出口是机会

国家药品监督管理局关于化妆品相关法规的建设与推行，让中国美妆符合国际通行规则，有利于出口是机会。

根据中国海关发布的数据，2023 年上半年，中国化妆品及洗护用品类出口额达到 209 亿元人民币，同比增长 32.5%。中国美妆企业经过多年在国内的发展，越来越多的中国美妆品牌相信自己的产品可以在全球市场上竞争。中国美妆品牌正在海外寻找增长机会，“海外扩张为本土美妆企业提供了一个挖掘新消费者群体的机会，包括海外华人和其他新消费群体”。

中国美妆出口贸易的提升和新规公布有很大的关系。例如，这 2 年广州有少部分企业搞超低价向国内及东南亚倾销，国内有质量问题的低价倾销已经受到监管部门新规的整顿，但对东南亚市场低质量的倾销会影响到中国美妆信誉和口碑，对美妆出海有负面影响。因此，用新规规范管理，高质量发展更有利于中国美妆出口。

东南亚国家是中国美妆出口的重要市场，不仅市场潜力大，还受 2022 年正式生效的《区域全面经济伙伴关系协定》（RCEP）政策红利的进一步推动，这为国产美妆出海东南亚提供了很多便利。

（二）跨境电商平台的发展有利于出口是机会

中国兴趣电商及跨境电商平台的发展与领先，让中国美妆在全球推广更快、销售更节约成本，有利于出口，这是机会。

知名电商平台抖音、拼多多、希音、小红书等提升了中国美妆在国际上的影响力，为美妆出口提供了助力。比如日韩美妆达人通过小红书关注中国妆容并引发仿妆潮流，为中国彩妆出口日韩提供了契机。其中抖音平台在东

南亚的流行，不仅传播了中国趣事及相关的服饰、美妆形象的知识，还影响了当地消费者的购买力。

据金华海关统计，2023 年金华市化妆品产业出口额 63.69 亿元，占浙江省的 55%，占全国的 14%。其中主要通过保税电商、保税物流、跨境电商、一般贸易等出口至美国、欧盟、中东等国家和地区。这样成绩的取得，离不开电商平台的贡献。

（三）中国美妆在品牌建设上还有差距，影响国际化

中国美妆品牌要赢得全球消费者的认同，还有很长的路要走，和以欧莱雅及雅诗兰黛为代表的欧美品牌比，路更长。与在西方市场享有较好声誉的日本和韩国美妆相比，中国美妆品牌仍然需要建立和培育更高知名度及美誉度。中国美妆品牌因其新颖和中国传统美学的影响而收获许多赞誉，但仅凭这些不足以支撑其可持续增长。

对于中国美妆品牌来说，要想在全球市场取得成功，需要积极利用独特的品牌形象和设计来激发消费者的好奇心和兴趣，并通过提高产品质量、功能优势、新成分和新技术，以及文化与新娱乐因素来吸引消费者。

中国美妆品牌需要了解所在国市场对美的文化认知，并制定相应产品和营销策略。适应当地的文化背景，解决消费者在配方、包装和营销信息方面的偏好等，这些都是消费者容易接受的关键所在。

（四）在科技创新及原料等方面还有差距，影响国际化

和欧美日韩相比，中国美妆虽然这两年在科技研发上投入资金及占比在不断提升，并取得了一定的成绩，但还有很大的差距，比如原料方面的原料原创、原料的标准及数据建设、原料的精细化生产与管理等都还有很多的不足，导致美妆原料主要还是依赖进口，这样在配方及功效方面就缺少原创，影响品牌及产品的独特性和质量，对其高端出口自然有影响。

三、中国美妆国际化的建议和展望

（一）中国知名美妆品牌向全球6000万华人圈子走出去

随着中国国力的不断增强，中国的社会结构更加多元，移民的团体不断增加，华人在海外的规模已达6000万，加上长期在海外工作的人员约200万、留学生及商务人士约100万，这个庞大的群体遍布全球各地。新晋移民及海外工作人士和留学生对中国美妆品牌比较了解并已形成个人消费喜好。中国美妆品牌随着他们走出国门而同步走出去。广大华人圈子受中华文化的影响更易接受中国美妆品牌，如2008年走出去的佰草集，2020年走出去的花西子，都因中华文化的基因影响，打动了喜欢中华文化的群体。所以在国外做华人圈子生意的企业家将中国品牌引进到其他国家，特别将中国知名度比较高的品牌主动引进到有华人居住的地方，或引进到对中华文化有喜好的群体和族群中去。

中国美妆走出去的首选地现在是东盟国家，东南亚首先是海外华人较为集中的地方，在这里广大华人更能影响和带动更多的群体去消费。同时受自贸协定签署政策的便利影响，出口地也更应首选东南亚。

因此，中国美妆品牌走出去的第一大市场是6000万华人市场及大量在海外工作及留学的人士，这相当于法国的人口体量。通过他们将有文化载体的美妆带出去，甚至影响更多对中华文化喜好的人群。200年前中国瓷器和茶叶能够影响到整个世界，承载中国文化的中国美妆同样也可以。

在东南亚有这样一群人，以前做OPPO手机，2018年在印度尼西亚成立海丽贝致，推出品牌Y.O.U，用中国团队扎根本地生态，用20年前在国内做线下渠道的方法在东南亚再做一遍。他们为东南亚市场量身定制属地化产品，在本地招聘7000多名员工高密度下沉至基层市场，2023年在东南亚创收2亿多美元，这也是中国人、中国品牌出海的方法之一。

（二）通过中国互联网大厂电商平台、跨境电商走出去

随着阿里巴巴、京东、拼多多、希音等的全球化，及跨境电商和中国文化走出去，新一代国货跟着文化出海，以及互联网大厂和新媒体在全球迅速

传播的特征，中国美妆借力更易走出去。SHEGLAM 品牌是跨境电商出海平台龙头企业 Shein 孵化的自营美妆品牌，此品牌凭借跨境电商平台希音 Shein 类目延伸的优势，延续 Shein 在服装类目上极致性价比策略，取得了很好的成绩。

同样抖音等兴趣电商的全球化更带动了一批中国美妆走出去。花西子作为国妆品牌的代表走出去，定位“东方彩妆，以花养妆”，打造特色中国彩妆体系。秉承用户共创，产品研发兼顾精雕细琢与快速迭代。选择日本为出海首站，志在“让东方之美走向世界”。花西子在各大平台海外站，及自建海外独立站，以及入驻亚马逊等海外电商平台等，很好地实现其走出去战略，花西子这几年在海外市场能取得不俗的成绩与海外电商的发展密不可分。自然堂入驻 Lazada，珂拉琪入驻 TikTokShop 等，都很好地实现了中国品牌走出去的需求。高效利用 TikTok 平台红利使中国美妆在海外取得可喜的成绩。

（三）沿着“一带一路”，向中华文化有传播、有共鸣、有影响的国家走去

向东南亚、非洲、中东等“一带一路”沿线国家，加快中国品牌走出去的步伐。除了花西子，菲鹿儿已经是东南亚市场的知名彩妆品牌，最高日销售额超过 20 万美元。

非洲对于中国贸易及品牌来说有很大的优势，虽然市场空间还需要逐渐成长，但洗护类市场及实惠的大众美妆市场通过批发渠道已经有了一定的基础。

中东，如迪拜对中国品牌及产品有一定的需求。山东临沂有一家维也斯日用化妆品公司，向其出口香水，每年都在迪拜取得了不错的成绩。

“一带一路”沿线国家，对中国较为友好，对中国的商品需求有极大的喜好，市场空间虽然有待培育和成长，但在发展中寻找机遇，不啻也是一个走出去的好地方。

（四）用世界品牌的观念而非民族品牌的特征走出去，形成全球品牌

由于以美国为首的西方国家不断影响企业界和中国脱钩断链，减少和中

国的贸易，所以对于欧美的主要消费力人群，如果以中国品牌的文化基因出海就很难打开这些傲慢国家的市场。既然中国美妆具有科技、供应链、生产等方面的优势，那么我们完全可以用全球的眼光孵化适合西方消费者喜好的品牌属性。再加上新媒体、新电商和新支付的优势加持，完全可以孵化出国际性文化特征的美妆品牌。海尔已经这么做，在欧美市场用世界品牌的观念塑造了西方人喜欢的电器品牌，值得中国美妆企业借鉴。

（五）以供应链代工优势出口到更多的国家

由于在科技、供应链、生产等综合优势的加持下，中国美妆代工已经全球领先，无论是工厂的规模还是生产的标准，科技研发及工程师的配方等质量安全及创新创造体系上都有明显的优势。同时受供应链的影响，成本优势明显。2022 年中国美妆出海，美国销售占比达 24%，主要以美国品牌在中国代工为主。同样国际性知名大牌在中国工厂代工已经不是新鲜事。所以中国美妆第一出口占比主要还是代工，其次在批发和跨境电商渠道。

国内市场严重内卷的同时面临国货品牌的提量升质，国货品牌既要不断提高品牌的竞争力以满足消费者日益增长的需求，同时也需要让国货品牌市场占有率越来越高。

四、结论

“内卷必外溢”，国际市场需要中国企业和品牌勇敢地走出去，逐鹿世界市场。20 年前中国电器行业已经勇敢地走出去，既占有了国内市场，也最大化地占有国际市场，还有近几年发展迅速的中国电动汽车同样如此。中国美妆企业及品牌需要向中国电器及电动汽车行业学习，大胆地走出去。

中国美妆国际化是中国企业的必经之路，这一过程将在更大范围内提升中国企业的实力和声望，当下中国美妆生而全球，出海正当其时。

（作者单位：姚永斌，中国香料香精化妆品工业协会）

化妆品实体渠道的现状与展望

刘丹青

摘要：本文旨在探讨化妆品实体渠道的发展现状，分析其面临的挑战和机遇，并对化妆品实体渠道未来发展的方向和布局提出参考建议。本文通过对当下实体渠道、线上渠道以及头部品牌近几年的数据分析对比，洞察化妆品营销渠道的变化，用户需求的变化，以及化妆品实体渠道当前的处境、挑战及机会，通过化妆品实体渠道的成功案例，及快速增长的品牌营销布局调整，去探索线上实体融合新模式的可能性。最终指出，迎合智能化和数字化趋势，线上实体融合发展，实体渠道打造差异化个性化的消费者体验场景，才是未来。

关键词：化妆品实体渠道　化妆品营销　实体渠道的未来

2024 年 3 月，屈臣氏母公司长江和记发布了 2023 年财报，报告显示，屈臣氏中国销售额同比 2022 年下降 6%；EBITDA（税息折旧及摊销前利润）同比下降 4%，可比店单店销售额同比下滑 6.6%，触及近 9 年来最底线。

无独有偶，本土化妆品连锁先锋娇兰佳人 2023 年的成绩单也不尽人意，单店销售同比呈负向增长。

是化妆品零售市场整体下滑吗？从国家统计局公布的 2024 年零售市场数据来看并不是。4 月中旬，国家统计局公布了 2024 年第一季度的化妆品零售数据，第一季度化妆品零售总额为 1086 亿元，同比增长 3.4%，虽然增速放缓，但整体依然在上升曲线上。同时，一些化妆品品牌公布了 2024 年第一季度的销售数据，增幅也是非常可观：欧莱雅中国第一季度销售额增长 6.2%，林清轩第一季度全渠道业绩同比增长超 50%，韩束品牌在天猫和抖音双平台一季度商品交易总额（GMV）为 21.69 亿元，同比增长 450%；珀莱雅品牌在天猫和抖音双平台一季度总 GMV 为 20.94 亿元，同比增长 54%。

这些数据显示，化妆品零售的增长需求依然旺盛，但是营销渠道的格局却发生了巨大的改变。这种变化，正是当前实体零售渠道所面临的巨大挑战。

一、化妆品实体渠道的发展现状

（一）中国美妆线上实体平分秋色

化妆品实体渠道包括专柜、连锁店、大型百货商场等，是消费者购买化妆品的重要场所。近年来，随着消费升级和消费者对品质追求的提升，实体渠道在化妆品市场中的份额仍然占据着相当重要的位置。

根据青眼情报发布的数据（表 1），2023 年中国化妆品销售规模 7972 亿元，线上规模 4045.9 亿元，份额超过 50%。2024 年第一季度，中国化妆品市场规模为 2196.3 亿元，同比下降了 0.3%，其中线上规模为 1141.7 亿元，同比增长 3.4%，实体为 1054.6 亿元，同比下降了 4%。

表 1　2024 年第一季度美妆行业各渠道销售情况

分渠道	第一季度销售额（亿元）	占比（%）	同比（%）
抖音	397.2	18.09	32.8
淘系	523.8	23.85	–9.8
京东	122.7	5.59	–11.0
快手	41.4	1.88	–4.1
其他线上	56.6	2.57	30.1
线上渠道（合计）	1141.7	51.98	3.4
CS 渠道	393.8	17.93	–2.8
KA	198.0	9.01	–13.1
百货	445.6	20.29	0.4
其他线下	17.2	0.78	–20.3
线下渠道（合计）	1054.6	48.02	–4.0
线上 + 线下（合计）	2196.3	100.00	–0.3

注：数据来源于青眼情报。

这些数据一方面显示，中国美妆市场正处线上实体平分秋色的微妙节点上，另一方面引发了线上实体的普遍观望与思考：随着线上份额增速的放缓，线上实体的份额分布是否已经达到一种平衡？在这种平衡下，实体是否可以重新回到增长的轨道？

（二）美妆实体中国市场集体下行

自2016年以来，中国市场上的实体渠道备受线上冲击，2020—2022年期间，实体渠道更是迎来至暗时刻，并且这种冲击和影响不只针对本土实体渠道，国际美妆连锁巨头在中国市场也备受打击。某种意义上来说，中国美妆市场营销渠道的变革，给实体渠道带来的冲击充满了必然性与不可逆转性。

从长江和记发布的最新财报来看，2019年以来，屈臣氏中国的门店数、销售额、利润的同比增长都持续下跌，其中跌幅最严重的是2022年，销售额同比下跌23%，利润下跌59%，2023年跌幅有所收缩，也依然是在下行的轨道上（表2）。

表2 屈臣氏中国2019—2023年业绩

年份	销售额（亿港元）	同比增长（%）	EBITDA（亿港元）	同比增长（%）	门店数（家）
2023年	164.53	–6	10.42	–4	3840
2022年	175.79	–23	10.9	–59	3836
2021年	227.7	14	26.43	–4	4179
2020年	199.84	–19	27.59	–39	4415
2019年	245.91	3	45.09	–1	3947

注：数据来源于长江和记实业有限公司历年财报。

在LVMH集团财报中，丝芙兰中国在2020年、2021年营收分别为92.64亿元与108.77亿元，利润分别是4.32亿元与4.31亿元；但从2022年开始，丝芙兰营收净利润双降，2022年丝芙兰营收为85.46亿元，亏损1.9亿元。

除了这些国际巨头外，被资本青睐的不少新锐品牌美妆实体店也不断传出巨星陨落的信息，2024年5月，曾获唯品会投资，集电商、直播、实体门店三位一体的新一代美妆新零售品牌PRAYTY朴荔品牌宣布破产清算；此外，还有公开数据显示，截止2023年8月，包含HARMAY话梅、HAYDON

黑洞、THE COLORIST 调色师、WOW COLOUR 等在内，已有近 170 家门店关闭。

国内本土美妆实体品牌 2024 年第一季度的表现也普遍差强人意。娇兰佳人第一季度可比店同比下滑 10% 左右，知情人士表示，美林美妆、金甲虫、唐三彩等多个区域品牌第一季度的销售并未有明显回暖现象。

（三）美妆实体巨头国际市场业绩不俗

放眼全球，实体渠道的颓势似乎只发生在中国区域，并未蔓延至全世界。根据全球 8 家已公布 2023 年业绩情况的头部美妆零售企业，屈臣氏集团以 1694.4 亿元的收入位列第一，其次营收达 811.2 亿元的 Ulta Beauty。这几家头部集团中的大部分都处于营收增长的状态，个别集团的表现十分强劲。例如把丝芙兰挤出韩国市场的欧利芙洋，2023 年营收高达 201.5 亿元，同比增长了 39%（表 3）。

表 3　全球头部美妆零售企业 2023 年业绩（不完全统计，排名不分先后）

所属地区	企业	定位	2023年营收	同比增长（%）
全球	屈臣氏	个人护理	1694.4 亿元	8
全球	丝芙兰	高端美妆	1393 亿元（LVMH 精品零售部门）	20（LVMH 精品零售部门）
美国	Ulta Beauty	美妆护理	811.2 亿元	5.70
日本	Welcia	药妆店	576 亿元（估算）	—
德国	道格拉斯	美妆	315.6 亿元	12.10
韩国	欧利芙洋	美妆	201.5 亿元	39
英国	Boots 博姿	日化用品	—	10.90
澳大利亚	MECCA	美妆个护	50 亿元（估算）*	—
中国	THE COLORIST	美妆	7.56 亿元（2023 年 1~10 月）	15.90
加拿大	Shoppers Drug Mart	药妆店	9014 万元	—

注：数据来源网络，按 4 月 17 日汇率换算；* 表示据德国 STATISTA 数据估算。—表示无相关内容。

（四）下沉市场百货渠道高端化趋势

对比全国购物中心和百货商业体的数量来看，自2020年以来，传统百货渠道的生存空间就不断被挤压，2023年全国商场数同比2022年下降8%至794家，相比2019年已经减少了32%。

然而，根据尼尔森NielsenIQ数据，2023年全国51个城市购物中心百货商场化妆品柜台数中，二线城市与三线城市的高端化妆品柜台数均呈上升趋势。并且三线城市的高端化妆品柜台数增长幅度超过二线城市，同比增长了9.1%至538个，表现出较大的增长潜力。

这意味着，随着美妆产业在一线城市陷入激烈竞争，下沉市场正在以超乎想象的市场空间迎接着美妆品牌的拓荒。

二、化妆品实体渠道面临的挑战

1. 线上份额争夺依然存在

从各个渠道美妆零售第一季度的销售数据来看，线上渠道销售额最大的仍为淘系，占比为23.85%，同比下降了9.8%；而抖音则是排在第2位，销售额占比18.09%，同比增幅在全渠道中最大，为32.8%。除了抖音的强劲增长，拼多多也后来居上，迅速通过低价杀出重围，增长态势强劲。

第一季度美妆市场的增长依然以线上为主，整体增幅3.4%，与之对应的是实体渠道的同比下跌4%，其中CS渠道同比下跌2.8%，KA渠道下跌13.1%，个体美妆店下跌20.3%，仅仅百货微增0.4%。

线上的持续增长以及实体的持续下跌，不禁让人思考，原本已经蚕食半壁江山的线上市场，是否会持续吞噬实体份额？尚未可知。

2. 新媒体引发消费者购物习惯的变化

随着95后成为消费主力军，他们对产品的关注点已经不同于过去。高颜值、高性价比以及良好的体验，成为他们选择产品的重要因素。同时，新的传播方式，如小红书、美丽修行等也在改变着市场格局。

互联网的发展、社交媒体的兴起以及直播平台的发展，促使线上电商业务得以高速发展，消费者具备了足不出户购全球的便利性，并且日常生活越来越依赖于互联网及社交媒体，购物习惯已经逐渐线上化，年轻的消费者越来越倾向于在线上购买化妆品，这使得实体美妆店铺的客流量不断减少，这是当前美妆实体面临的最大挑战。

3. 线上平台价格内卷带来的利润空间挑战

随着淘宝、天猫、京东、唯品会、拼多多、抖音、视频号、小红书等各平台之间的竞争日趋白热化，价格战成为各平台之间的常用获客武器。平台之间的价格厮杀严重破坏了实体零售的定价生态，为了应对线上的价格竞争，实体店铺不得不跟随降价，以免失去顾客，利润空间被压缩至难以支撑门店运营费用的程度，这成为美妆实体渠道面临的又一巨大挑战。

4. 实体运营的铺租人工压力逐渐上涨

城市化的进程中，土地资源的稀缺性使得商业地段的租金不断攀升。实体店面通常需要支付较高的租金，而租金往往每年以一定比例上涨。租金上涨对实体店的生存造成了巨大的威胁。对于一些位于繁华地段的实体店来说，租金甚至占据了经营成本的大部分。高昂的租金使得实体店的利润空间被严重压缩，许多店铺在支付完租金后，只能勉强维持日常运营，难以实现盈利。在租金压力下，一些实体店不得不选择关闭或搬迁，从而影响了其生存和发展。

人工成本的不断攀升，同样是实体美妆需要面对的巨大挑战。为了吸引和留住员工，实体店还需要提供更好的福利待遇和工作环境。无论是店员工资还是管理人员的薪酬，都在逐年增加。同时，为了提升店铺的竞争力，实体店还需要投入更多的资金用于员工培训、提升福利待遇等方面。这些额外的支出无疑加大了实体店的运营成本，使其面临巨大的经济压力。在成本压力下，实体店的利润空间被不断压缩，难以维持稳定的经营。

5. 品牌渠道布局策略调整

随着直播电商的兴起，实体店的销售额下滑，品牌方不得不调整营销方式，将更多资源投入线上渠道。近些年来，无论是国际品牌还是本土品牌，都纷纷布局线上直播赛道，一边寻求与头部主播合作，一边自建直播电商。以前赖以生存的实体渠道逐渐成为附加选择，这一方面导致之前对实体渠道的扶持政策减弱，另一方面也导致实体渠道的采购议价权变弱。

三、化妆品实体渠道面临的机遇

随着电商渠道的快速发展，品牌方的定价权越来越多地向线上平台及头部主播转移，利润空间被极致挤压的化妆品品牌与主播、销量与流量之间的矛盾已愈发明显，这给化妆品实体渠道带来一些转机，美妆业“重返实体”潮的趋势开始蔓延，珀莱雅、韩束、可复美等品牌都曾高调宣布重返实体。2024 年 3 月 30 日，雅丽洁集团举办了一场大型实体客户分享会，这是时隔 5 年再次举办的千人规模的全国大型客户分享会。

这些品牌方对实体渠道的重新布局说明，尽管面临线上严峻的挑战，化妆品实体渠道也依然存在着发展的机遇。

第一，消费者对于产品的体验需求不断增加，这为实体店提供了发展的空间。实体店可以通过提升购物体验，如增加试妆区、提供专业化妆顾问等，吸引消费者到店购买。实体店还可以通过提供个性化的服务、丰富多彩的活动和场景体验，以及舒适的购物环境，吸引消费者到店消费，并提升他们的购物满意度和忠诚度。

第二，品牌与实体店合作的创新模式也在不断涌现。一些品牌通过与实体店进行合作，共同推出独家活动和产品，开展联合营销等，以吸引更多消费者的关注和参与，更有效地提升品牌知名度和美誉度，增加销售额，并且通过共同合作，实现双方的互利共赢。

第三，区域市场和细分市场的发展潜力也为实体渠道带来了发展机遇。随着消费者对于个性化和定制化产品的需求不断增加，区域市场和细分市场成了品牌拓展业务的重要方向。实体渠道可以通过在特定区域或细分市场内开设专门的实体店面，针对性地推出符合消费者需求的产品和服务，从而更好地满足消费者的购物需求，提升销售额。

第四，社交媒体的发展也为实体店的重新崛起带来一些生机。通过抖音、美团、小红书等社交媒体平台，创作与当地文化和习惯相关的内容，以更好地与目标市场建立连接，包括使用当地方言、庆祝当地节日等，推出地方特色产品等满足当地消费者的偏好。与本地的关键意见领袖（KOL）合作也是一种途径，通过在当地拥有可靠的声誉和大量粉丝的 KOL，触达门口场域无法直接触达的潜在消费者，有助于提高品牌知名度和市场份额。

第五，网络的崛起和供应链数字技术的发展，可以有效提升实体供应链体系的效率。现在的分销渠道与以前相比，最显著的不同在于网络的崛起和供应链的数字化。以前，分销主要依赖实体店面和传统的供应链体系，现在则更加注重线上渠道的拓展和数字化技术的应用。这些变化带来了许多机遇，例如我们可以通过网络平台直接触达更广泛的消费者群体，提高品牌曝光度和市场渗透率；同时，数字化供应链也使我们能够更高效地管理库存和物流，降低成本，提升运营效率。

第六，智能技术的不断发展也为实体渠道带来了发展机遇。实体店可以借助智能化、数字化技术，提升店面管理效率，优化购物体验，增强品牌形象。例如，引入智能导购机器人、虚拟试妆技术、移动支付系统等，可以为消费者提供更加便捷、高效的购物体验，提升实体店的竞争力和吸引力。

四、化妆品实体渠道的未来展望

未来，化妆品实体渠道的发展将呈现出以下几个趋势。首先，智能化和数字化将成为实体渠道发展的重要方向。其次，实体店与线上渠道的融合发展将成为趋势。未来的实体店不仅仅是销售场所，更是品牌形象的展示窗口和消费者体验的平台。第三，银发经济在下沉市场的比重会增加。中老年群体虽然对美妆产品消费力偏弱，但普遍愿意购买染发膏、营养保健等商品。其中脱发 / 促生发 / 白发变黑这一赛道，符合下沉市场中老年人群体的绝对刚需，可重点切入这一需求开拓下沉市场。第四，特卖场折扣店等价格驱动在很长一段时间仍是增长主力。最后，消费者体验的个性化和差异化需求将成为实体渠道发展的关键。实体店需要更加关注消费者的个性化需求，提供个性化的产品和服务，以吸引更多消费者的关注和购买。

实体店需要积极拥抱新变化，转变思维方式，去适应和拥抱市场的变化，从而找到更好的合作机会。修炼内功，打造场景，提升团队竞争力的前提是，深入了解顾客需求，这是零售店永恒的核心问题，只有真正了解顾客的需求和喜好，才能提供符合他们期望的产品和服务，从而吸引更多的顾客。此外，优化流程、减少浪费、提高员工效率等方式降低成本，同时提升运营效率，从而增加利润，也是实体渠道的必修课。业绩增长不仅仅是一个数字游戏，更重要的是企业自身管理的成长和进步。只有不断提升团队的能力、优化产品和服务、加强品牌建设等方面的工作，才能真正实现行业可持续增长。

（作者单位：刘丹青，娇兰佳人）

消费需求篇

◎ 全球化妆品市场发展状况研究报告

◎ 2023—2024 年中国化妆品市场消费变迁与银发族需求洞察报告

全球化妆品市场发展状况研究报告

张毅　张丽廷

摘要： 全球化妆品市场持续扩张，涵盖从经典护肤彩妆到尖端科技美容的全方位选择，不断为消费者带来个性化、多元化的产品体验，行业发展潜力巨大。“成分主义”崛起，引领护肤领域新潮流，推动2023年全球护肤品市场规模同比增长5.0%。香水品类迎来消费热潮，成为主要化妆品公司业绩增长引擎。

关键词： 全球化妆品行业　国际化妆品品牌

一、全球化妆品行业发展概况

（一）全球化妆品行业市场规模

科技的不断进步和消费者需求的日益多样化，使得化妆品行业正经历着前所未有的创新与变革。从高端奢华品牌到亲民平价产品，从传统护肤彩妆到新兴科技美容，化妆品市场正不断拓宽其边界，为消费者提供更加多元化、个性化的选择。预计至2025年，全球化妆品市场规模有望突破5700亿美元（图1），继续引领“颜值经济”的繁荣与发展。

欧美拥有庞大的高端消费群体和高度发达的化妆品产业，建立起了以欧莱雅、雅诗兰黛、宝洁等巨头为核心的版图。2023年，欧莱雅在欧洲销售额达到1008亿元，占其整体业绩的41%；在中国大陆，欧莱雅实现了5.4%的增长。2023财年，雅诗兰黛在亚太地区的净销售额增长4%，第四季度增幅增至36%，中国内地和香港均实现两位数的增长。目前，中国已跃居为全球第二大化妆品消费市场，仅次于美国，为众多国际化妆品品牌的扩张之路注入了强劲动力（图 2）。

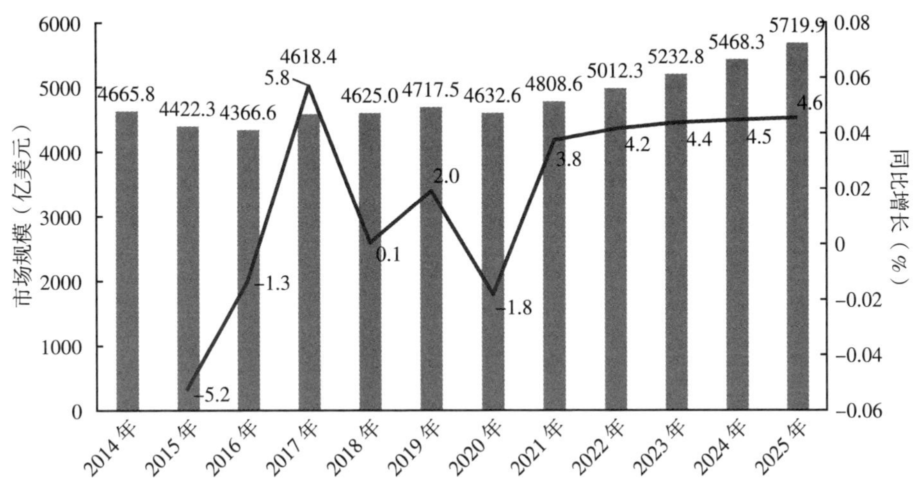

图 1　2014—2025 年全球化妆品市场规模及同比增长率

数据来源：艾媒数据中心（data.iimedia.cn）。

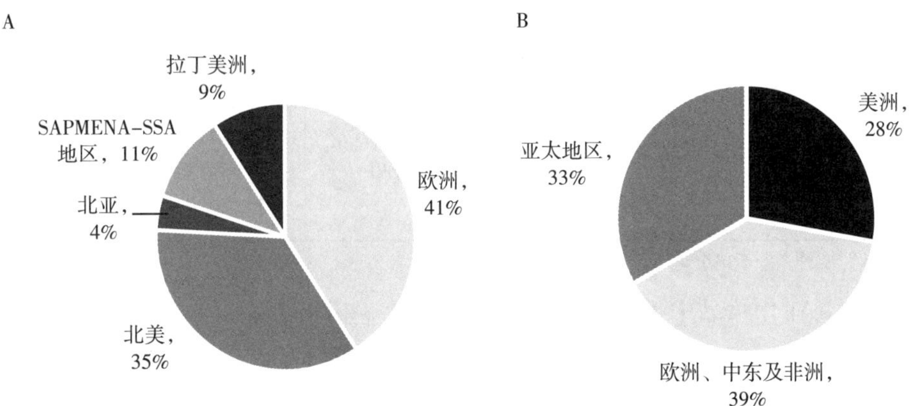

图 2　2023 年头部化妆品公司欧莱雅（A）和雅诗兰黛（B）全球市场区域收入占比

数据来源：企业财报，艾媒数据中心（data.iimedia.cn）。

（二）全球化妆品产业链上游分析：原料市场

全球化妆品原料市场种类繁多，包括基础原料和活性成分两大类。基础原料如甘油等，为化妆品提供基本的功能；活性成分则决定产品的核心功能，是化妆品差异化竞争的关键。品牌掌握独家成分，更能打造产品差异化，如

SK-Ⅱ神仙水的 Pitera，欧莱雅的王牌专利玻色因，雅诗兰黛的麦角硫因以及二裂酵母发酵产物溶胞物。

目前，全球化妆品原料市场的话语权主要掌握在跨国化工巨头手中，如巴斯夫（BASF）、亚什兰（Ashland）、德之馨（Symrise）等（表1）。这些企业凭借先进的技术和庞大的生产规模，在全球市场上占据主导地位。

表1　全球原料市场竞争格局

梯队		代表公司	特点
第一梯队	欧美大型跨国公司	美国的 Ashland（亚什兰）、Lubrizol（路博润）、Dowcorning（道康宁），欧洲的 BASF（巴斯夫）、DSM（帝斯曼）、Clariant（科莱恩）、Evonik（赢创）、Symrise（德之馨）等	资本雄厚、技术研发实力强劲，已形成稳定的品牌效能，低价值量品类生产逐步转向代工，部分化妆品原料只是原有主要产品线下游的一个衍生物
第二梯队	日本原料公司	Nissin Oillio（日清奥利友）、Nikkol Chemicals（日光化学）、Shin-Etsu（信越）、Ajinomoto（味之素）、Sumitomo（住友）、TAYCA（帝国化学）等	精细化工优势明显，注重原料产品的“独家性”，对原料的安全性把控得非常严格，对功能性原料的研发能力较强
第三梯队	韩国及中国公司	韩国的 SK（百朗德）、KCC、Kelon，中国本土的华熙生物、科思股份、丽臣、天赐、新和成等	在天然原料的研发和生产方面有较多优势和特色，原料产品的性价比较高

注：资料来源于国金证券。

原料在化妆品中扮演着至关重要的角色，相当于产品的“芯片”。长期以来，中国化妆品原料市场面临着技术壁垒和进口依赖等多重挑战。近年来，众多国产品牌积极加码原料研发，力图在细分赛道实现突围，从而推动国产化妆品原料市场的创新发展。自 2020 年 6 月 29 日《化妆品监督管理条例》发布以来，与化妆品新原料注册备案相关的新法规配套文件相继推出，为国产化妆品原料的创新发展提供了有力支持。2022 年与 2023 年中国化妆品新原料备案量分别为 42 款和 69 款，其中国产原料备案量分别为 25 款和 50 款，呈现出快速增长的趋势（图 3）。

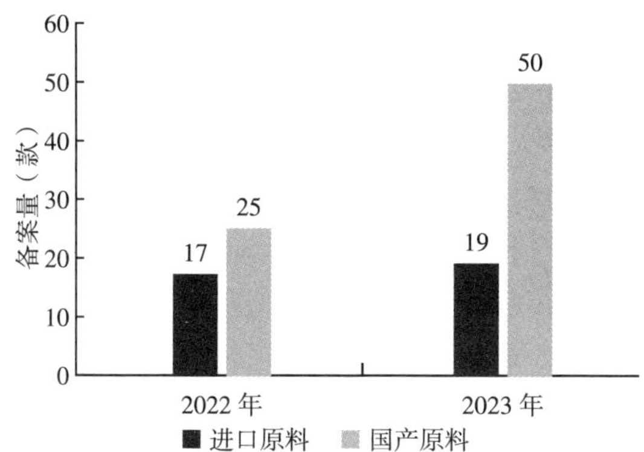

图 3 2022 年及 2023 年中国化妆品新原料备案数量

数据来源：国家药品监督管理局，艾媒数据中心（data.iimedia.cn）。

（三）全球化妆品产业链中游分析：品牌竞争格局

全球化妆品市场依据价格区间与目标消费群体，可鲜明地划分为三大层次：高端奢华、中高端及大众线。高端奢华梯队中，汇聚了欧莱雅、雅诗兰黛、迪奥、香奈儿等历史悠久、底蕴深厚的国际顶级品牌。中高端市场梯队中不乏亚洲化妆品杰出代表，如资生堂、雪花秀等。大众线梯队品牌如美宝莲、卡姿兰、完美日记、橘朵等，这些品牌以高性价比和时尚的设计，赢得了年轻消费者的青睐。

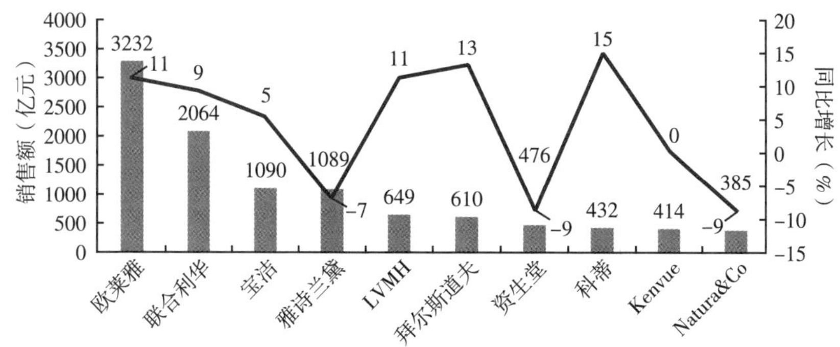

图 4 2023 年全球化妆品企业销售额 TOP10

数据来源：艾媒数据中心（data.iimedia.cn）。

在 2023 年的全球市场中，剥离非化妆品业务后，十大化妆品巨头携手贡献了超过 10441 亿元的庞大营收。欧莱雅、LVMH、拜尔斯道夫及科蒂四大品牌尤为耀眼，均以超过10%的年度增长率领跑行业。而雅诗兰黛、资生堂与Natura&Co三大知名品牌遭遇了业绩的寒流，营收出现了下滑，同比分别下降了7%、9%及9%（图4）。全球化妆品市场机遇与挑战并存，品牌需时刻保持市场敏感度，灵活调整策略以应对瞬息万变的市场环境。

（四）全球化妆品产业链下游分析：消费渠道变化

渠道方面，全球美妆个护行业的销售渠道格局正经历深刻变革。世界各国互联网渗透率的持续提升，推动电商市场快速增长。数据（图5）显示，2023年全球美妆个护的线上销售额占比已达30%。面对消费者日益多样化的需求，品牌纷纷采取线上线下融合策略，通过加大电商平台布局投入，同时巩固线下渠道，以实现全渠道的无缝衔接和协同发展。预计至2028年，全球美妆个护线上销售额占比将进一步增长至40%，各品牌的渠道布局将朝着更加多元化和便捷化的方向发展。

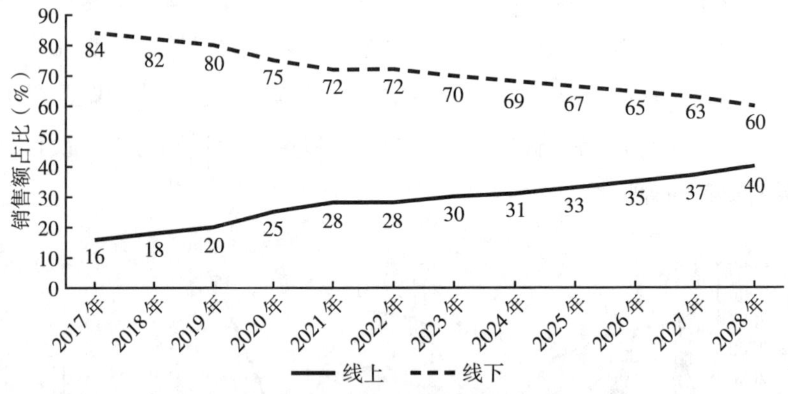

图5　2017—2028年全球美妆个护各渠道销售额占比及预测

数据来源：艾媒数据中心（data.iimedia.cn）。

二、全球化妆品行业细分市场研究

在“颜值经济”的浪潮下，全球化妆品行业持续繁荣，市场规模不断攀升。护肤品作为基石，占据最大市场份额，并因功效性产品的崛起而保持强劲增长动力。护发用品紧随其后，通过“护肤型护发”新趋势吸引消费者，市场份额显著。相比前两者，彩妆市场份额较小，但随着人们生活水平的提升和审美观念的转变，美妆产品的需求呈现多样化、个性化的发展趋势，市场增长前景可观。香水市场则作为新兴增长点，满足消费者对个性化气味的追求。化妆品巨头多采取全线产品策略，全面布局各细分市场（表 2），通过全渠道营销覆盖更广泛消费群体。

表 2 全球头部化妆品企业细分市场品牌布局

分类	欧莱雅集团旗下品牌	雅诗兰黛集团旗下品牌
护肤品牌	兰蔻、赫莲娜、碧欧泉、理肤泉、薇姿	海蓝之谜、雅诗兰黛、倩碧、悦木之源、蒂佳婷、朗仕、朵梵
彩妆品牌	巴黎欧莱雅、美宝莲、植村秀、圣罗兰	芭比波朗、魅可、汤姆・福特美妆、Smashbox、Too Faced
香水	阿玛尼、拉夫劳伦、维果罗夫	祖・玛珑、Tom Ford、凯利安、Le Labo、雅芮、雅男士
护发	卡诗、欧莱雅专业美发	艾梵达、Bumble and bumble

（一）全球化妆品重点市场分析：护肤品

护肤品品牌对消费市场进行持续投入和普及，消费者肌肤护理意识日益增强，护肤品消费理念得到更新，从而促进护肤品行业的健康发展。iiMedia Research（艾媒咨询）数据显示，2012—2023 年护肤品市场在全球范围内呈现出稳步增长的趋势，2023 年全球护肤品行业市场规模达 1717 亿美元，同比增长 5.0%。消费者对于护肤品的需求更加注重个性化和差异化，未来几年，全球护肤品市场将继续呈现品牌多元化的趋势，随着全球更多品牌加码布局，2025 年全球护肤品市场规模有望达 1893 亿美元（图 6）。

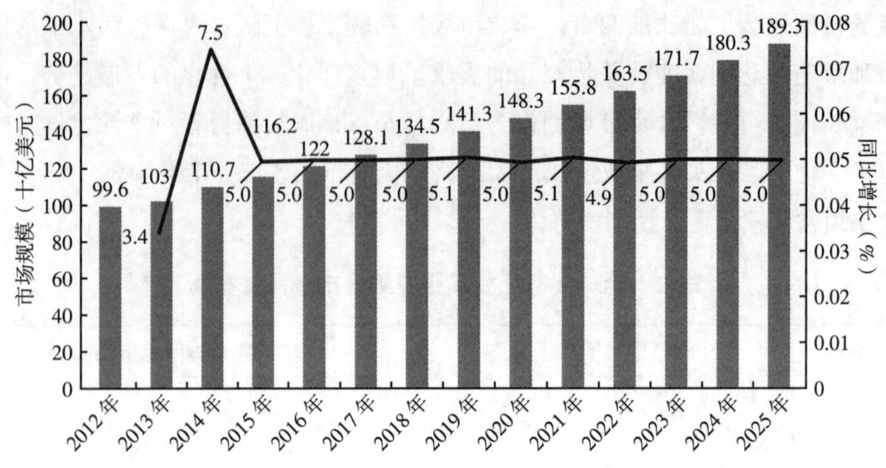

图 6　2012—2025 年全球护肤品行业市场规模及预测

数据来源：艾媒数据中心（data.iimedia.cn）。

作为护肤市场中的一大核心，洁面、面膜等品类长期处于更迭发展的状态，消费者持续更迭升级的需求推动市场往多样化、细分化发展。数据显示，2021 年及 2026 年中国面部护理细分赛道均有所增长，其中乳 / 霜 / 精华增速较快，2026 年有望达到 2857 亿元（图 7）。

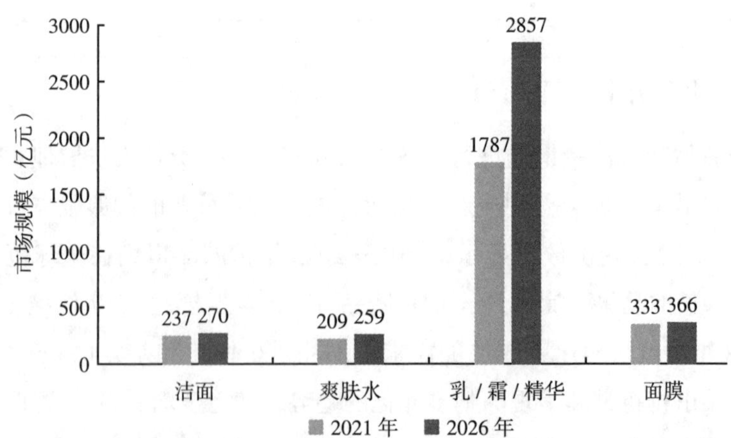

图 7　2021 年及 2026 年中国面部护理行业市场规模及预测

数据来源：中信证券，艾媒数据中心（data.iimedia.com）。

面膜凭借市场总体规模大、品牌多、渗透率高成为护肤市场的重要基础品类。iiMedia Research（艾媒咨询）数据显示，2018—2023 年全球片状面膜市场规模逐步上升，2023 年市场规模达 27800 万美元，以目前的增速预估，2026 年有望达到 33200 万美元（图 8）。

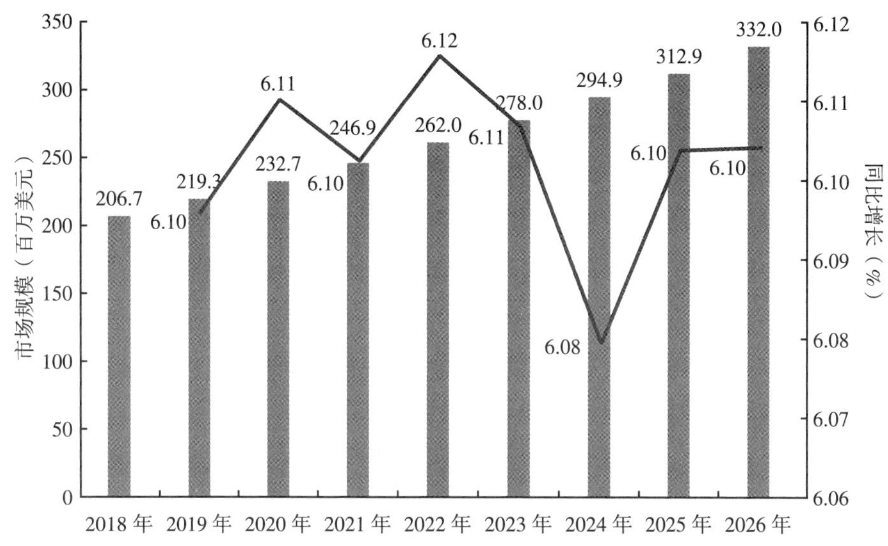

图 8 2018—2026 年全球片状面膜市场规模及预测

数据来源：艾媒数据中心（data.iimedia.com）。

防晒不仅是维护皮肤健康的基本措施，更是预防晒伤、色斑形成及皮肤老化的关键步骤，因此，防晒化妆品的需求始终保持着高度的刚需性。防晒化妆品的使用场景多在户外，2020 年防晒市场规模下滑幅度较大，同比下降 4.9%。2023 年以来，户外运动和旅游出行消费迎来热潮，防晒化妆品需求激增，市场渗透率及景气度持续上行。iiMedia Research（艾媒咨询）数据显示，预计 2028 年中国防晒化妆品市场规模有望达到 224 亿元（图 9）。未来，户外运动和旅游出行等消费将成为防晒化妆品市场的重要驱动力之一，推动防晒化妆品市场的消费增长。

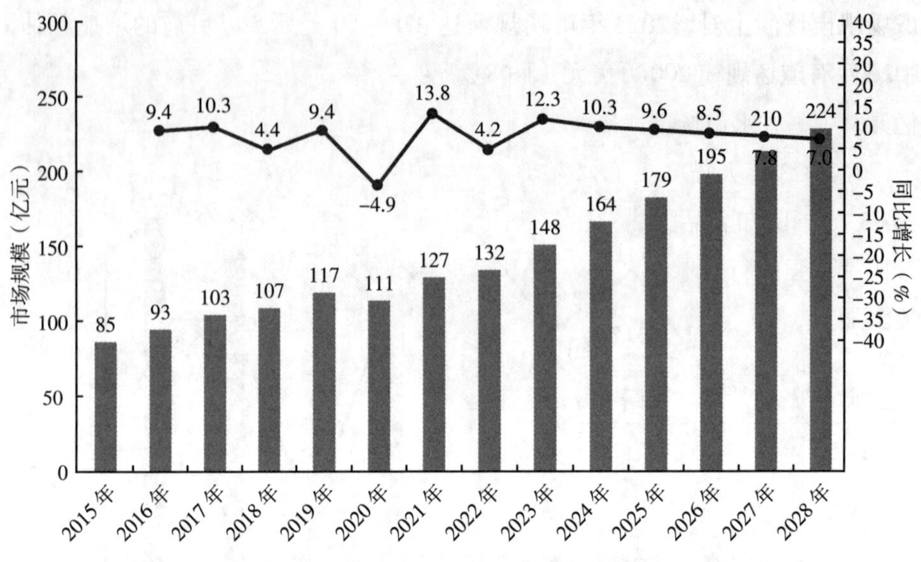

图 9　2015—2028 年中国防晒化妆品行业市场规模及预测

数据来源：艾媒数据中心（data.iimedia.com）。

（二）全球化妆品重点市场分析：香水

香水的消费场景正在拓宽，香水的使用不再囿于社交与工作的场合，而是更多地被视为一种情绪上的“悦己体验”。香水市场迎来新的增长机遇，数据显示，预计 2029 年全球香水市场规模将到达 598 亿美元（图 10）。

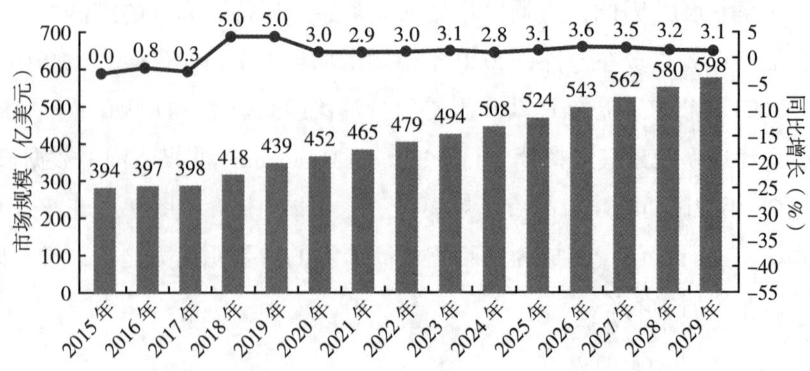

图 10　2015—2029 年全球香水市场规模及预测

数据来源：艾媒数据中心（data.iimedia.com）。

中国香水市场相较于成熟的国际市场，仍处于蓝海阶段，将成为未来全球香水市场的主要增长点。iiMedia Research（艾媒咨询）数据显示，2023 年中国香水市场规模达 207 亿元，同比增长 22.5%，预计 2029 年有望达到 515 亿元。中国香水市场迅速发展，发展增速远高于全球香水市场。

在 2023 年天猫“双 11”品牌销售额榜单中，前 10 名均为知名国际品牌（表 3）。国际知名品牌拥有悠久的历史和深厚的品牌文化，且制香工艺成熟，形成了较强的行业壁垒。其主攻中国高端香水市场，市场溢价较高，品牌竞争力强。

表 3　2023 年天猫“双 11”香水品牌销售额 TOP10

排名	品牌	排名	品牌
1	祖玛珑	6	宝格丽
2	汤姆福特	7	范思哲
3	圣罗兰	8	柏芮朵
4	梅森马吉拉	9	巴宝莉
5	阿玛尼	10	古驰

注：数据来源于天猫大美妆，艾媒数据中心（data.iimedia.cn）。

三、全球化妆品行业发展趋势

（一）香水成为增长新引擎

当前，成熟的美妆护肤赛道竞争日益激烈，增速逐步放缓，而香水品类成为美妆巨头们瞄准的新高地。据资生堂 2023 年年报，其旗下香氛品牌业绩同比上涨 21%；欧莱雅集团年报显示，2023 年欧莱雅销售额达 411.8 亿欧元，其中香水销售额占比 12.6%。2023 财年，科蒂高奢美妆部门收入 34.20 亿美元（约合 249 亿元），增长 13%；其中，高奢香水增长超 20%。香水已经成为全球主要化妆品企业业绩增长的新引擎。

长期以来，国外品牌占据了国内香水市场主要的市场份额。但近年来，“国风”潮流兴起，“东方香”重新走入大众视野。中国本土香水迎来快速发展，并不断涌现高端产品线，其融入国风香道文化，重视产品线下体验感受，是打造产品差异化的利器。

（二）“成分主义”引领护肤风潮

当前，化妆品行业正经历深刻变革，以“成分主义”为核心的风潮席卷全球，尤其在中国市场尤为显著。iiMedia Research（艾媒咨询）调研数据显示，2024 年，中国消费者在选择化妆品时，最关注产品成分，占比高达 58.8%，其次是产品功效，占比 41.4%。成分透明化与科学护肤的理念深入人心。这一趋势驱动品牌向深度研发转型，聚焦于成分创新与功效验证，通过精准定位“成分党”标签，不仅满足了消费者对高效、安全护肤的迫切需求，也引领了行业向更加专业化、科学化的方向发展。品牌间围绕成分展开的激烈竞争，正推动整个化妆品市场向更高质量、更细分化的方向迈进。

（三）男士蓝海市场迅速崛起

一直以来，化妆品市场的主导消费群体聚焦于女性和年轻群体，而男性化妆品市场则显得相对小众且未成规模。然而，随着“男颜经济”的蓬勃兴起，这一趋势正发生显著变化。日本英德知市场咨询公司数据显示，随着网络会议普及，男性日益关注自己在线上会议中的形象，越来越多地使用化妆品和护肤品。与 2017 年相比，这类产品销售额在 2023 年增长了 1.7 倍，达到 433 亿日元（约合 20 亿元）。此外，越来越多中年男子开始化妆。数据显示，这些人在化妆品上的支出增加了 1.5 倍。iiMedia Research（艾媒咨询）数据显示，2023 年中国男性护肤品市场规模为 165.3 亿元，同比增长 30.0%，整体呈较快发展态势。男士美妆产品正逐渐成为品牌竞相争夺的新蓝海，全球化妆品市场将迎来更加多元、包容的发展格局。

［作者单位：张毅　张丽廷，艾媒咨询（广州）有限公司］

2023—2024 年中国化妆品市场消费变迁与银发族需求洞察报告

张毅 唐自丽

摘要：随着中国消费者文化自信的觉醒及数字经济的加速演进，国产化妆品品牌初步具备了与国际化妆品品牌抗衡的规模。在消费结构升级、审美观念和悦己意识增强等多因素的推动下，国内化妆品消费持续增长。从中国化妆品市场结构来看，不同年龄段消费者需求不同，婴幼儿因皮肤敏感性问题更倾向于抗过敏、温和性护理产品；年轻消费群体更加青睐遮瑕、提亮的化妆品；银发族是抗衰、抗皱化妆品的主力军。随着短视频平台兴起，化妆品市场规模不断扩大，消费者需求在不断变化。未来，中国化妆品行业市场仍然具有巨大的发展潜力。

关键词：化妆品 婴幼儿 银发族 国产品牌

改革开放初期，美国露华浓率先进入中国市场，在广东设立化妆品门店，凭借国际知名度及相对平价的产品风靡一时，拓宽了中国化妆品行业市场，随后美宝莲、雅诗兰黛等外资品牌相继进入中国市场。消费者对美妆产品需求不断加强，产品革新渠道的变迁使本土彩妆逐渐崛起。在 2012—2021 年这 10 年里，花西子、完美日记和橘朵等新锐国货品牌兴起，同直播电商相结合实现破圈、更新迭代，国货品牌成为中国化妆品市场领先的关键。

随着中国化妆品市场不断壮大，化妆品菌落超标、非法添加、假冒伪劣、夸大功效等行业乱象频出。2021 年国家药品监督管理局（简称国家药监局）发布了《国家药监局关于开展化妆品“线上净网线下清源”专项行动的通知》，点名了医学护肤品、儿童化妆品、祛斑美白类化妆品等擦边球的宣传。针对这些乱象，2023 年国家药监局组织制定了《化妆品网络经营监督管理办法》等法规，规范化妆品网络经营和化妆品电子商务平台服务行为，保证化妆品质量安全，保障消费者健康。据国家统计局，2023 年中国居民人均可支配收入为 39218 元，化妆品零售额达 4142 亿元，表明居民人均可支配收入的增长，带动消费者对化妆品的购买需求。直播电商模式兴起，使化妆品线上渗透率持续上升，极大提高了中国化妆品市场规模。

一、中国化妆品行业发展现状分析

（一）中国化妆品行业市场规模分析

由图 1 可知，2023 年中国化妆品行业市场规模为 5169.0 亿元，同比增长 6.4%，2024 年将增长至 5458.0 亿元。在颜值经济背景下，消费者对化妆品需求不断扩大，国内化妆品持续攀升，中国化妆品市场进一步扩容，未来化妆品市场将迎来更多创新和突破。

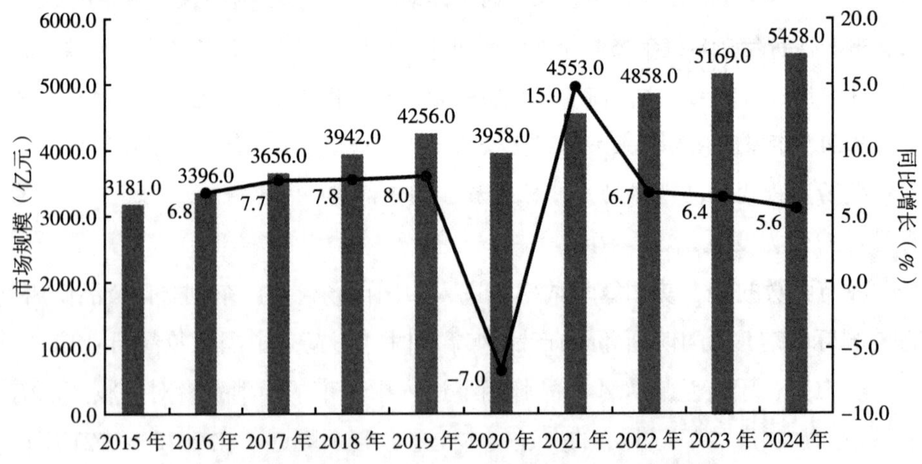

图 1　2015—2024 年中国化妆品行业市场规模及预测

数据来源：iiMedia Research（艾媒咨询）。

（二）中国化妆品行业市场零售总额

由图 2 可知，中国化妆品零售总额逐年上升，2023 年化妆品行业零售总额为 4142 亿元，同比增长 5.2%。艾媒咨询分析师认为，银发经济发展新趋势将带动化妆品消费群体的扩大，化妆品新需求的出现使中国化妆品行业的零售总额持续走高。

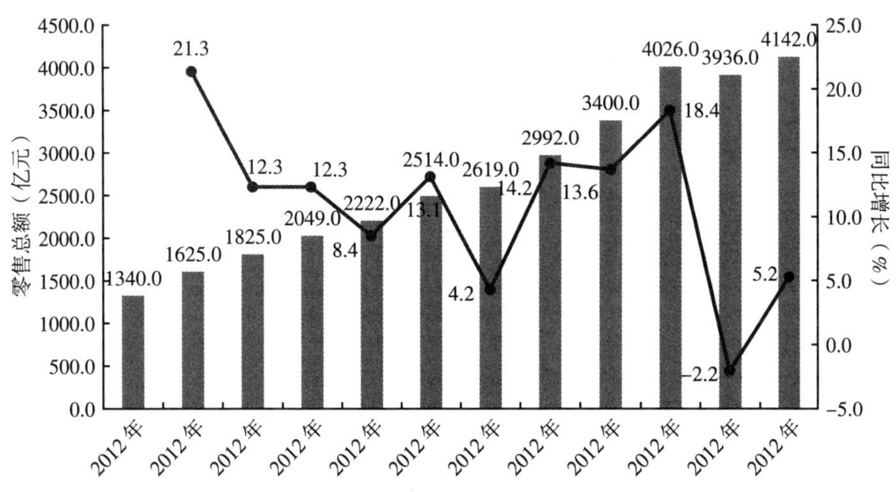

图 2　2012—2023 年中国化妆品行业市场零售总额

数据来源：国家统计局，iiMedia Research（艾媒咨询）

二、中国化妆品消费者需求洞察

2024 年 5 月，iiMedia Research（艾媒咨询）发起了一项《2024 年中国化妆品市场消费变迁与银发族需求调研》，详细分析从婴幼儿到银发族全年龄段消费者的行为变迁，了解不同年龄段消费者对化妆品需求和偏好的差异性。本次参与调研的样本共 2322 个；受访人群主要来自华东地区（24.0%）、华南地区（20.6%）、西南地区（19.6%）及华北地区（17.0%）。

（一）中国化妆品用户需求分析

1. 中国化妆品消费者消费行为洞察

化妆品行业是充满竞争和活力的市场，在当今社会扮演着重要角色。随着消费观念的转变，消费者除基础的美容功能外，对产品的成分和功效等方面有更高的要求，需求也越来越多元化。

在关注层面上，由图 3 可知，58.8% 消费者最注重产品成分，41.4% 消费者关注产品功效。除产品成分、功效外，还会考虑品牌、价格、规格、包装设计及用户评价等因素。随着化妆品质量问题频频曝光，消费者消费观念趋于理性，产品成分和功效成为其购买化妆品的主要考量因素。

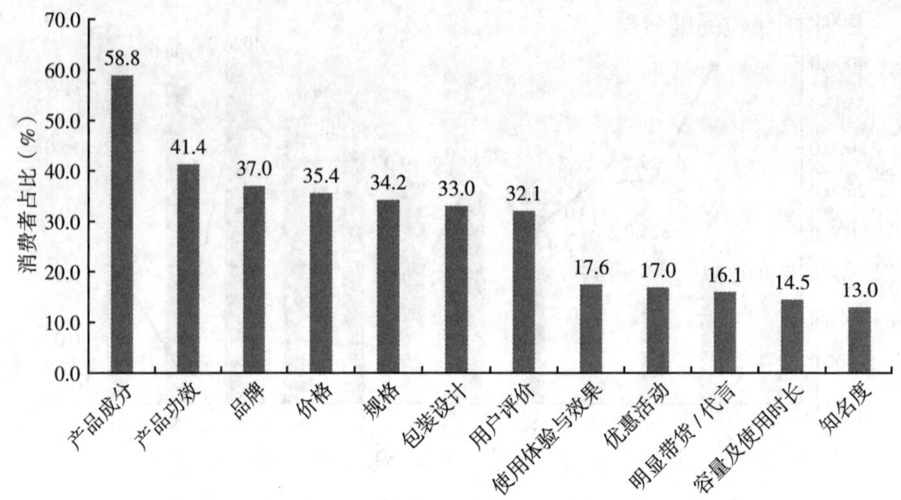

图 3 2024 年中国消费者购买化妆品的关注因素

数据来源：草莓派数据调查与计算系统（survey.iimedia.cn）。

化妆品有清洁、滋润保湿、祛斑美白等功效。消费者依据皮肤状况选择不同功效产品。由图 4 可知，超五成消费者最关注生育酚（维生素 E）和积雪草提取物成分；45.4% 消费者会关注透明质酸钠（玻尿酸）和光果甘草根提取物。消费者日益重视产品功效性，其中美白、抗衰和修护功能尤为受到青睐。针对这一市场趋势，化妆品企业应向功能化和专业化方向发展，满足消费者肌肤健康和美丽的更高追求。

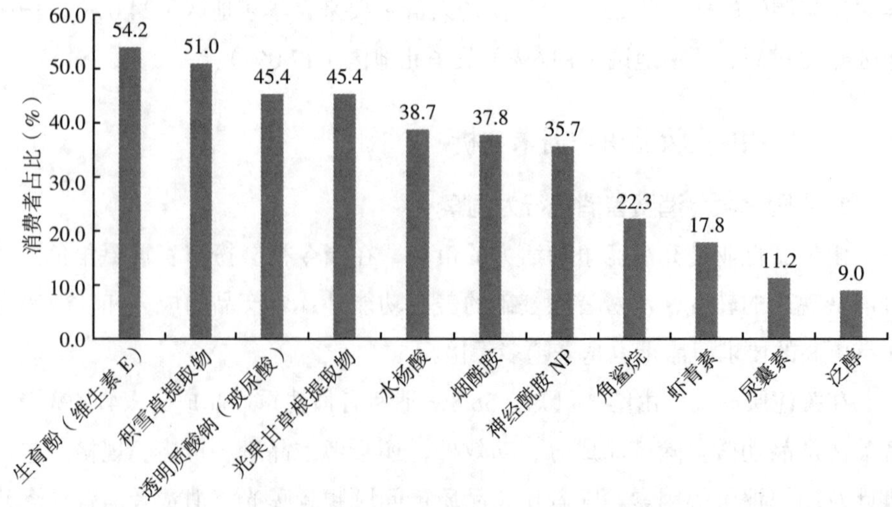

图 4 2024 年中国消费者关注的化妆品功效成分

数据来源：草莓派数据调查与计算系统（survey.iimedia.cn）。

2. 中国化妆品细分群体消费需求洞察——儿童

随着消费者对外形象需求的不断提高，颜值经济成为大众经济的重要组成部分。成人化妆品市场因此持续繁荣，销售增长显著。同时化妆品用户的年龄层不断扩大，儿童化妆品市场迅速崛起。生育政策调整进一步激发家庭对儿童用品，特别是儿童化妆品的需求。消费者的需求细分和品牌的创新发展为儿童化妆品市场提供广阔空间，使其呈现爆炸性增长趋势。

对儿童化妆品品牌调查（图 5）发现，49.3% 消费者购买儿童化妆品品牌的选择多样，首选品牌是红色小象，其次是妙思乐（36.9%）与郁美净（34.4%）。艾媒咨询分析师认为，消费者更愿意选择国产品牌，其立志于发展本土文化，依据需求不同制定适合不同肤质的化妆品，正是消费者群体所需要的国货母婴品牌，让消费者放心购买和使用。

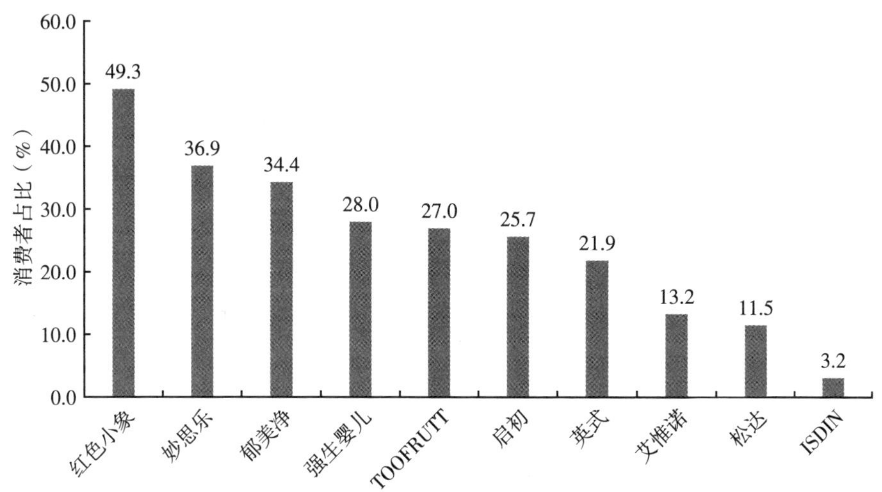

图 5 2024 年中国消费者选择儿童化妆品的品牌

数据来源：草莓派数据调查与计算系统（survey.iimedia.cn）。

2024 年 3 月 2 日，《法治日报》曝光了部分商家将成人彩妆卖给孩子的事件，不少儿童使用的儿童化妆品没有儿童化妆品标志，也没有写明提醒未成年人需在成人监护下使用，并且售卖商家无化妆品经营资质。媒体也接连曝光线上无资质儿童化妆品销售火爆、虚假宣传等乱象，引发舆论对儿童化妆品市场的关注。52.4% 消费者认为化妆品有损儿童肌肤健康，不看好其发展；46.5% 消费者认为儿童肌肤比成年人敏感脆弱，有关部门需加强监管来保证产品安全，切实规范市场秩序，为儿童化妆品市场健康有序发展保驾护航（图6）。

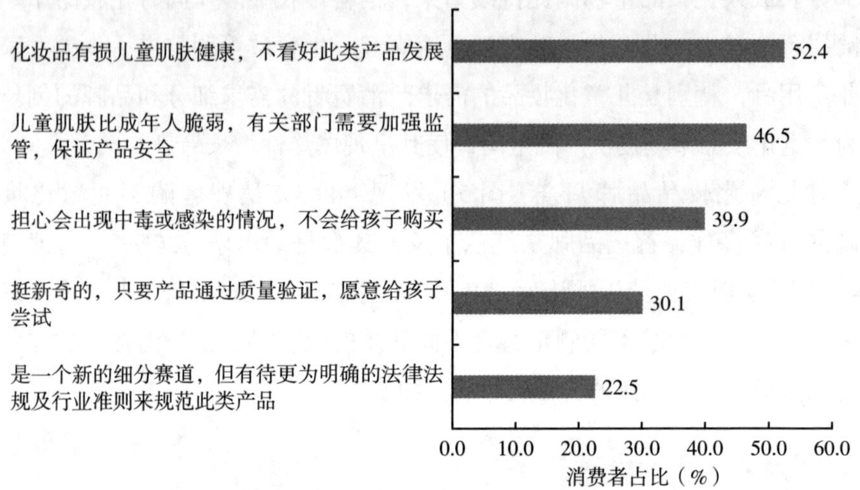

图6　2024年中国消费者对“儿童化妆”标签产品的态度

数据来源：草莓派数据调查与计算系统（survey.iimedia.cn）。

调研时间：N=2322，2024年5月。

3. 中国化妆品细分群体消费需求洞察——银发族

2024年1月16日，央视网发布《我国首部“银发经济”政策文件出台，多个亮点勾勒出幸福晚年生活图景》新闻报道，提到银发经济是向老年人提供产品或服务，为老龄阶段做准备等一系列经济活动的总和。银发经济发展新趋势对化妆品市场影响尤为突出。

随着年龄增长，银发族面临各种各样的皮肤问题。由图7可知，50.0%消费者面临皮肤下垂问题，其次是皱纹（44.8%）和暗沉（38.8%）问题。艾媒咨询分析师认为，银发族逐渐向化妆品行业进军，化妆品行业应积极响应银发经济政策，依据银发族皮肤问题研发专属银发族肌肤的化妆品。

对未来化妆品行业展望（图8），52.6%银发族期望未来发展抗皱产品，其次是基础护理（46.9%）和祛斑（44.0%）需求。艾媒咨询分析师认为，化妆品品牌可以开设银发族专属子产品，如抗衰抗皱产品，加大与银发族的相关性。

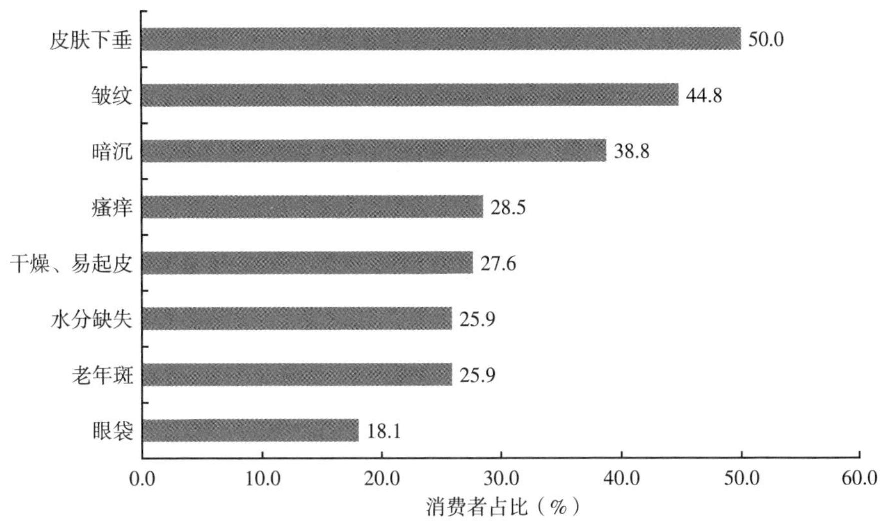

图 7 2024 年银发族消费者面临的皮肤问题

数据来源：草莓派数据调查与计算系统（survey.iimedia.cn）。

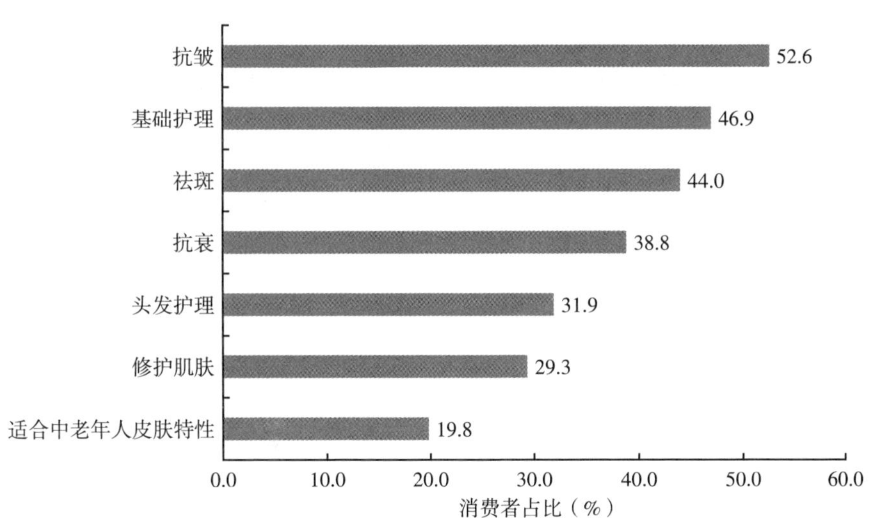

图 8 2024 年银发族对化妆品的期望需求

数据来源：草莓派数据调查与计算系统（survey.iimedia.cn）。

（二）中国国货化妆品品牌消费情况洞察

1. 中国消费者购买化妆品品牌类型

据《化妆品观察》不完全统计，2023 年有 30 家化妆品品牌宣布闭店或停业，其中 9 家国产品牌和 21 家知名海外品牌宣布关停旗舰店或者退出中国市场，中国化妆品行业持续分化，市场加速向优质品牌靠拢。2023 年“双 11”大促，国货化妆品品牌珀莱雅首次摘得天猫“双 11”头筹，赶超国外品牌。此次国货的胜利，象征着国产化妆品的崛起。

从化妆品品牌来看（图 9），近七成消费者购买国内新晋品牌（如完美日记、花西子等）；60.0% 消费者购买国际知名品牌（如欧莱雅、雅诗兰黛等）。艾媒咨询分析师认为，国货品牌是消费者首选品牌，抓住抖音、快手等新兴渠道的流量，推动国货品牌崛起。

在化妆品品牌的选择上（图 10），超五成消费者选择国货品牌的主要原因是中国元素原创领先技术、包装设计新颖高颜值；其次，追赶潮流（44.5%）等也是影响消费者选择国货品牌的因素。消费者选择国货品牌是因为在追求时尚潮流时，始终坚守的高标准产品质量。国货品牌不仅注重产品原料的优质选择，还在包装设计上巧妙融入了中国元素，向消费者展现“美”和文化底蕴。

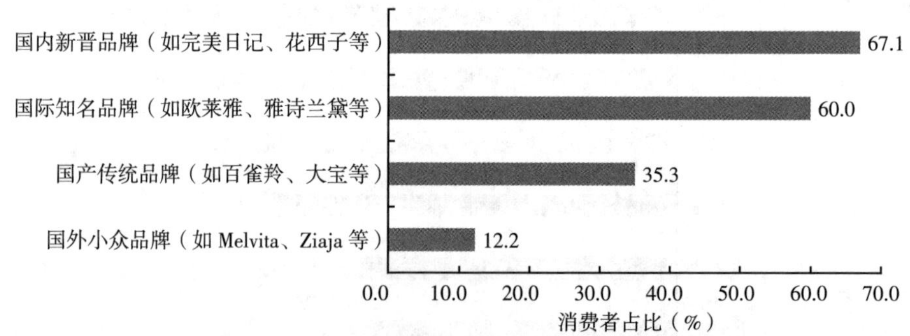

图 9　2024 年中国消费者购买国货化妆品品牌类型

数据来源：草莓派数据调查与计算系统（survey.iimedia.cn）。

2. 中国消费者对文化自信影响国产化妆品品牌的看法

品牌的诞生，引起消费者关注不仅是产品的质量，还有其文化特征与深厚意蕴。国产化妆品品牌向国际化发展离不开国家强大和文化自信。72.3% 消费者认为文化自信对国产化妆品品牌是正向影响，文化自信增强将加速国货品牌崛起，对国际化发展有利好作用；21.9% 消费者认为影响不大，应注重产品质量和功效（图 11）。艾媒咨询分析师认为，文化自信对国货品牌的发展存在一定促进作用，但产品仍需回归本质，两者兼顾才能实现国货品牌双赢局面。

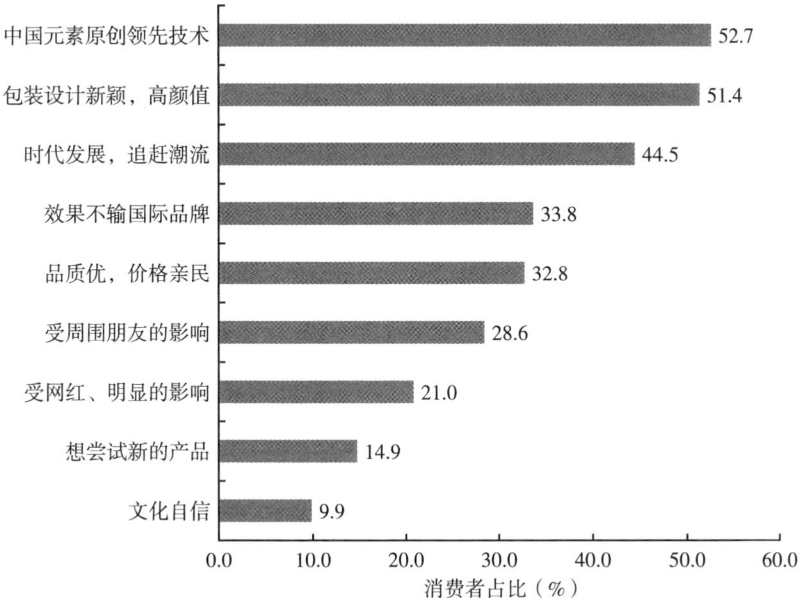

图 10 2024 年中国消费者购买国货化妆品品牌的原因

数据来源：草莓派数据调查与计算系统（survey.iimedia.cn）。

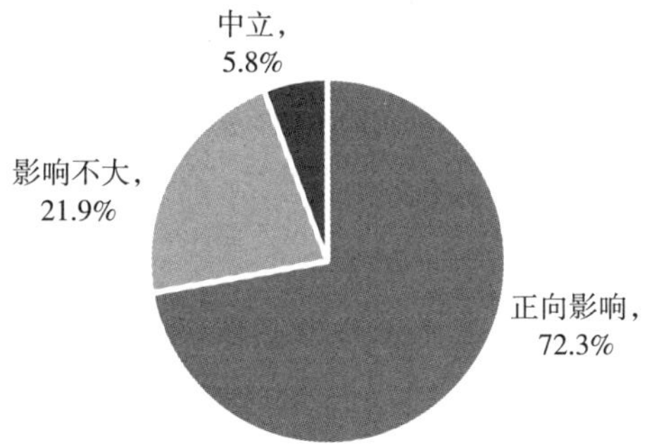

图 11 2024 年中国消费者对文化自信影响国产化妆品品牌的看法

数据来源：草莓派数据调查与计算系统（survey.iimedia.cn）。

三、中国化妆品行业未来发展趋势分析

（一）银发经济政策颁布，化妆品行业迎发展新机遇

2024 年 1 月 17 日，国务院办公厅印发《关于发展银发经济增进老年人福祉的意见》，指出银发经济有望成为推动国内经济高质量发展的新支柱。各

地也纷纷出台促进银发经济政策，例如广州开发区、黄埔区发布了《银发经济10条》，聚焦产业、项目、园区三大方面等，这些政策涵盖银发族群体的多个细分板块。国务院曾印发《“十四五”国家老龄事业发展和养老服务体系规划》，指出重点开发生活护理等产品，提升其适老性能，为化妆品行业发展奠定一定基础，银发经济政策的颁布，推动了化妆品行业发展。

（二）国产品牌本土化趋势显著，化妆品研发比拼激烈

随着文化自信的觉醒及数字经济的加速演进，国产化妆品品牌初步具备了与国际品牌抗衡的规模。调研数据显示，33.8% 消费者认为国产化妆品产品效果不输国际品牌。与国际品牌相比，国产品牌在品牌形象上更注重本土文化和市场需求，通过技术引进和自主创新相结合来提高产品质量，针对性解决不同人群的产品需求。数据显示，52.7% 消费者选择国货品牌最主要原因是中国元素原创领先技术。

（三）相关部门监管力度持续扩大，化妆品行业规范化发展

2021 年以来，国家连续出台《化妆品监督管理条例》《儿童化妆品监督管理规定》《儿童化妆品技术指导原则》等政策法规，对儿童化妆品、产品成分、标签等作出明确规定，并针对不合规行为制定具体整改方案。2022 年 5 月 1 日起，化妆品包装标注“小金盾”，只能说明其属于儿童化妆品，不代表其获得监管部门审批或质量安全得到认证。化妆品行业监管部门应加大监管力度，使行业发展逐渐规范化，推动化妆品行业高质量发展。

［作者单位：张毅　唐自丽，艾媒咨询（广州）有限公司］

扫码看参考文献

专题篇

◎ 中国化妆品产业园建设状况与发展思考

◎ 中国化妆品产业 ESG 发展状况及趋势

◎ 中国化妆品包装产业发展状况及趋势

◎ 中国化妆品气雾剂市场现状及发展趋势

中国化妆品产业园建设状况与发展思考

姚永斌　黄志东

摘要：［**目的**］本文通过对中国化妆品产业园布局、建设、运营现状的综合分析，结合其中存在的问题及挑战，提出了相应的发展思考（建议与举措）。［**方法**］综合分析全国 20 多家产业园、对部分产业园进行案例分析，从建设、运营、效果等进行系统研究分析。［**结果**］发现除几大产业园运营比较好而且获得非常不错的效益外，大部分产业园建设、运营一般。［**结论**］产业园，不是简单的物理集聚。产业与供应链、创新生态是建设产业园的根基，金融、智慧管理、服务运营是产业集聚发展的抓手。建议地方政府与企业需要冷静思考，产业园的规划建设，切勿盲目跟风。

关键词：区域布局　建设运营　发展思考

经过近 10 年的发展，中国化妆品产业园发展取得了长足的进步，产业园区已经成为美丽健康产业经济发展的重要引擎和增长点。依托产业优势，建设化妆品产业高质量集聚区，大力发展园区经济，是推动区域经济跨越式发展的重要抓手。

如何推动化妆品产业园规模化、集约化、专业化、品牌化、数字化、融合化建设与运营发展，并取得良好成效，是投资、经营管理者迫切需要解决的问题。

一、中国化妆品产业园区域布局状况

产业园区是指为特定产业创造良好环境和条件的园区，中国产业园区的由来可以追溯到 20 世纪 80 年代深圳的电子信息和制造产业园。

随着中国美丽健康产业经济的快速发展，通过集聚特定产业资源和提供相关产业服务，促进产业发展和经济增长的化妆品产业园由此诞生。2015 年以来，中国化妆品产业园区呈现百花齐放之势。据不完全统计，截至 2024 年 5 月，全国已经规划与建设了 20 多个“有名有姓”的化妆品产业园（表 1）。

表 1　中国化妆品产业园区域布局状况

<table>
<tr><th>区域</th><th>园区名称</th><th>项目地址</th><th>省、直辖市、自治区</th><th>企业数量（家）</th><th>区域</th><th>园区名称</th><th>项目地址</th><th>省、直辖市、自治区</th><th>企业数量（家）</th></tr>
<tr><td rowspan="7">华东（7）</td><td>东方美谷</td><td>上海市奉贤区</td><td>上海</td><td>228</td><td rowspan="8">华南（8）</td><td>白云美湾</td><td>广州市白云区</td><td>广东</td><td rowspan="6">3178</td></tr>
<tr><td>美妆小镇</td><td>湖州市吴兴区</td><td>浙江</td><td rowspan="2">630</td><td>中国美都</td><td>广州市花都区</td><td>广东</td></tr>
<tr><td>印象美谷</td><td>金华市义乌市</td><td>浙江</td><td>南方美谷</td><td>广州市黄埔区</td><td>广东</td></tr>
<tr><td>江南美湾</td><td>无锡市高新区</td><td>江苏</td><td>307</td><td>湾区美谷</td><td>广州市从化区</td><td>广东</td></tr>
<tr><td>两岸美妆岛</td><td>福州市平潭县</td><td>福建</td><td>108</td><td>深圳美丽谷</td><td>深圳市坪山区</td><td>广东</td></tr>
<tr><td>北方美谷</td><td>山东省济南市</td><td>山东</td><td rowspan="2">193</td><td>新洲美谷</td><td>江门市新会区</td><td>广东</td></tr>
<tr><td>上合美谷</td><td>青岛市胶州市</td><td>山东</td><td>中国美谷</td><td>桂林市阳朔县</td><td>广西</td><td rowspan="2">65</td></tr>
<tr><td rowspan="2">华北（2）</td><td>未来美城</td><td>北京市昌平区</td><td>北京</td><td>41</td><td>东盟美妆谷</td><td>贺州市平桂区</td><td>广西</td></tr>
<tr><td>华北美谷</td><td>石家庄深泽县</td><td>河北</td><td>58</td><td rowspan="3">华中（3）</td><td>华中美谷</td><td>咸宁市赤壁市</td><td>湖北</td><td>106</td></tr>
<tr><td rowspan="2">西南（2）</td><td>西部美谷</td><td>重庆市铜梁区</td><td>重庆</td><td>24</td><td>中原美谷</td><td>洛阳市瀍河区</td><td>河南</td><td>108</td></tr>
<tr><td>她妆美谷</td><td>成都市武侯区</td><td>四川</td><td>60</td><td>长沙美妆谷</td><td>长沙市宁乡市</td><td>湖南</td><td>66</td></tr>
</table>

注：表中“数量”是国家药监局公布截至 2023 年 12 月底全国各省市化妆品持证生产企业数量。

通过对统计的 22 个产业园进行梳理、总结、分析，发现中国化妆品产业园区域布局状况如下。

（1）产业园“四处开花” 从中国七大行政区域看，除东北、西北地区外，其他五大地区均有建设或规划化妆品产业园，按照数量排位为华南8家、华东7家、华中3家、华北2家、西南2家。近年来上海、广东、浙江、山东、重庆、四川、北京等地都在谋划布局化妆品产业小镇、聚集区或产业园，这意味着中国化妆品产业全面进入集群式高速发展期。

（2）华南、华东领衔 目前，华南8家（涉及广东、广西）、华东7家（涉及上海、浙江、江苏、山东、福建），是中国化妆品产业园建设数量最多、发展最好的区域。华南、华东是中国两大化妆品产业集聚区，为产业园的建设与发展提供了非常优异的资源。其中，2015年第一批建设的东方美谷与美妆小镇，已经成为行业标杆。这两个产业园，已经成为其他省市在规划建设化妆品产业园时的主要对标参照物。

（3）一市四园“合力” 广州市拥有白云美湾、中国美都、南方美谷、湾区美谷四大化妆品产业集聚区，是全国化妆品产业园最密集的城市。据《2023广州化妆品产业白皮书》显示，广州化妆品工业的年产值已超过1000亿元，约占全国化妆品产业规模的28%。广州持证化妆品生产企业1870家，占全国总量的33.6%；化妆品注册备案数量占全国的60%。

产业园的布局对化妆品产业发展具有重要影响，主要体现在集聚效应、产业链协同、成本降低三大方面。当然，也有利于人才吸引、创新驱动、品牌塑造、政策支持。合理、科学的产业园布局，必将不断推动整个产业的创新发展、可持续发展。

二、中国化妆品产业园建设与运营分析

在统计的22个产业园中，按照园区投资开发和园区主导权分类，中国化妆品产业园区主要有四大类：政府主导型、政企合作模式、企业主导型、协会主导型。

（1）政府主导型 有14个产业园，占比63.64%。其中，比较典型的有东方美谷、白云美湾、南方美谷等。东方美谷，由上海市奉贤区区委、区政府打造、运营；南方美谷，广州高新区投资集团投资、运营；白云美湾，由广州白云产业投资集团投资、运营。

（2）政企合作模式 有3个产业园，占比13.64%。其中，比较典型的是美妆小镇，创新“政府+企业+行业”联动的市场化运作模式。

（3）企业主导型 有3个产业园，占比13.64%。其中，比较典型的是中国美都，由广东华都国际控股等投资、运营、管理。当然，花都区化妆品行业协会也起到很大作用。

（4）协会主导型 有2个产业园，占比9.09%。其中，比较典型的是华北美谷、中国美谷。华北美谷，由河北省日化行业协会主导；中国美谷，由世界内镜医师协会主导。

根据中国化妆品产业园四大类型，我们收录并研究部分代表性产业园，对它们的建设与运营进行深度剖析。中国美谷扎堆模式已开启，希望那些正在路上或准备上路的产业园投资者，能够冷静思考中国化妆品产业园建设、运营的趋势与未来。

（一）政府主导型代表性产业园

1. 东方美谷

东方美谷是2015年以来上海市奉贤区区委、区政府聚焦“健康中国、美丽中国”战略，有机整合优越的自然禀赋与坚实的产业基础，聚焦化妆品、药品、食品“三品”重点领域，对标国际最高标准、最好水平，坚持强化关键配套、放大服务效应，以国际化视野打造美丽健康产业“硅谷”，目前已形成了多业共生共融共赢的美丽健康产业联盟。东方美谷，是全国唯一的“中国化妆品产业之都”，目前已经进驻资生堂、欧莱雅、如新、美乐家、科丝美诗、自然堂、百雀羚、上美等一批化妆品企业。

运营模式：“1+3+X”顶层设计，其中“1”是指东方美谷产业推进办公室，“3”是指东方美谷企业集团股份有限公司、东方美谷产业促进中心和东方美谷研究院，“X”是指X个东方美谷服务平台、实验室和功能项目。

经济数据：上海全市228家持证化妆品企业中有84家在奉贤区东方美谷，占全市总量37%；化妆品销售额超200亿元，占比超全市40%。2023年，东方美谷化妆品产业完成规上总产值121.0亿元，同比增长13.2%；生物医药产业完成规上工业产值226亿元，稳居全市前三；食品企业规上产值达114.5亿元。《2023东方美谷蓝皮书》显示，东方美谷有各类品牌超3000个，产业规模近千亿元（988 亿元），东方美谷品牌价值已突破 338 亿元。2023 年东方美谷核心区完成总税收 45.6 亿元，同比增长 50%。

2. 白云美湾

白云美湾是广州市白云区区委、区政府为打造千亿级美丽健康产业集群的产业“共享品牌”。围绕打造广州化妆品全产业链核心，建设集总部经济、科技创新、智能制造、检验检测、市场营销、文化传播为一体的化妆品产业生态链，形成广东省、广州市特色经济，打造成为具有国际竞争力和国际影响力的化妆品产业，到 2025 年形成千亿级白云美湾美丽健康产业集群。

建设项目：白云美湾主要由化妆品研发生产集聚区、贸易批发集聚市场、企业总部集群三大板块构成。

全区业绩：截至 2023 年底，白云区全区共有持证化妆品工业企业 1300 多家，化妆品商业企业 4000 余家，化妆品批发零售档口 6000 余家，每年有超 100 亿件美妆个护产品从白云区生产、分装、打包，行销海内外。其中，白云区化妆品规上企业已突破 500 家，贡献产值超过 300 亿元，整体产业规模预估超过 600 亿元。白云美湾将朝向千亿级化妆品产业规模迈进。为了助推化妆品企业实现品牌化、数智化、绿色低碳化、全球化的四化转型升级，白云区先后建设了白云美湾研究院集群、众妆联集采集购平台、美妆工业互联网三大“强基工程”，出台了“美湾九条”产业扶持政策。截至 2023 年底，白云美湾化妆品国际研究院集群已入驻 13 家院校和研究机构。

3. 南方美谷

建设南方美谷是黄埔打造“智谷氢谷药谷美谷纳米谷”五谷丰登产业发展新局面的重要举措。南方美谷产业园，构建以化妆品为主，生物医药、医疗美容融合发展的高端产业体系，形成覆盖原料配方、研发生产、检验检测、展示交易等完整产业链的千亿产业集群，打造最全面的、国际化的、专业化的、接轨世界的美丽健康领先平台。

全区业绩：截至 2023 年底，黄埔区全区共有持证化妆品工业企业 64 家，汇聚了宝洁、安利等国际品牌企业、培育了丸美、环亚、创尔美肤等本土美妆企业。黄埔区规上化妆品生产企业工业产值超 400 亿元[①]，位居全市第一，全区共有各类化妆品品牌近 1000 个。

① 参考资料：2024 年 5 月《南方美谷产业园发展情况介绍》。

4. 北方美谷

2022 年 1 月，《山东省促进化妆品产业高质量发展实施意见》首次提出北方美谷的概念，意见指出，将打造以济南北方美谷为核心，青岛、烟台、泰安、临沂、菏泽等多层次多区位多品类发展的“一核多点”发展格局。

2023 年，首届中国（济南）透明质酸产业大会上，济南提出了一个世界级的目标：加快规划建设世界透明质酸谷、北方美谷，全力打造中国透明质酸之都及世界级透明质酸产业发展高地。会上，山东北方美谷化妆品研究院正式揭牌。

5. 长沙美妆谷

长沙美妆谷是国家级宁乡经济技术开发区在湖南省“三高四新”战略定位和使命任务指引下，积极抢抓粤港澳大湾区产业转移契机，瞄准万亿美妆市场蓝海全新打造的美妆产业高质量发展平台，是湖南省唯一的化妆品产业园，获批国家开发银行专项资金支持的国家发展和改革委重点示范项目。

（二）政企合作模式代表性产业园

美妆小镇

美妆小镇是政企合力打造“美丽经济”的典范。美妆小镇，是浙江省第二批创建类时尚产业特色小镇，先后被评为省级十大示范特色小镇、省级行业标杆小镇。美妆小镇以打造全球美妆产业引领地、国妆品牌孵化先行地、长三角时尚消费首发地为总目标，致力于打造国际化、时尚范、产业兴的“东方格拉斯”。

美妆小镇的“美丽蝶变”，离不开湖州市吴兴区埭溪镇人民政府的大力支持、扶持，也离不开珀莱雅集团创始人侯军呈甘愿为行业做“店小二”的大力助推。

企业进驻：截至 2024 年 5 月，美妆小镇已累计引进企业 341 家，其中化妆品及相关配套企业 281 家（化妆品生产企业 38 家，贸易企业 45 家），入驻项目涵盖化妆品生产研发、包装设计、物流仓储、营销服务等，化妆品全产业链已经成型。美妆小镇汇聚了国内龙头企业珀莱雅，英国皇室品牌泊诗蔻，法国香氛企业乐尔福、香薰品牌金伯格，澳大利亚药妆品牌喜美恩以及港资企业威宝、台资企业绮丽华等一批国内外美妆企业，成功打造浙江中韩产业园。

2019—2023 年美妆小镇经济数据情况[①]见表 2。

表 2　2019—2023 年美妆小镇经济数据情况

年份	投资额（亿元）	工业产值（亿元）	营业收入（亿元）	税收（亿元）
2019 年	16.96	42.06	66.03	4.05
2020 年	11.69	76.44	88.6	5.45
2021 年	4.67	51.04	65.12	5.01
2022 年	7.43	69.75	101.1	5.07
2023 年	14.06	86.67	128.93	5.76
合计	54.81	325.96	449.78	25.34

发展规划：美妆小镇下一步工作计划，就是推动“四个升级”：产业升级、功能升级、研发升级、品牌升级。

（三）企业主导型代表性产业园

中国美都

中国美都是在广州市花都区政府指导、行业协会牵头规划下，由广东华都国际控股有限公司、广东华南美都投资发展有限公司等投资、运营、管理的化妆品产业集聚发展产业群，项目由一核、四园、多个基地构成。

建设项目：一核，中国美都总部集聚区；四园，西部化妆品生产基地、新雅镜湖工业园、花山华侨工业园、秀全新华工业园；多基地，鼎盛智谷产业园、宏裕智汇康美妆园、创美金谷产业园、远东美谷产业园、美东产业园。

建设面积：一核，用地面积 186 亩，总投资约 20 亿元；四园，总占地面积超过 1.2 万亩；多基地，占地近 600 亩。

中国美都总部集聚区：由高能级产业中心、时尚办公特区、高品质生活中心三大功能区构成。

全区业绩：目前，全区拥有 280 余家化妆品生产企业，上下游供应链企业 500 余家，企业数量、备案产品数量位居全国前三。2023 年，花都区化妆

① 参考资料：2024 年 4 月《湖州市吴兴美妆小镇工作情况汇报》。

品产业规模达 105.32 亿元，增长 20.5%[①]。

（四）协会主导型代表性产业园

华北美谷

华北美谷位于河北省石家庄深泽县。2023 年 10 月，河北省日化行业协会提出打响华北美谷区域品牌，推动日化产业转型升级，力争 2~3 年产值达到 50 亿元，打造成为全国最大的日化产业基地。

深泽县是北方地区最大的日化产业聚集区和集散地，目前全县 600 多家日化企业，年产能 110 万吨，综合产量占全省的 70%，年产值达 30 亿元。

通过综合分析，东方美谷、美妆小镇、白云美湾、中国美都等代表性化妆品产业园，其建设与运营比较出色，都为推动区域化妆品产业创新聚集发展起到了龙头带动和示范引领作用，特别是东方美谷、美妆小镇两大标杆产业园，创造了良好的经济效益与社会效益。

三、中国化妆品产业园发展思考

通过以上四大类型部分代表性产业园建设与运营深度剖析，总结出目前中国化妆品产业园在产业园建设、运营的一些共性，同时发现一些问题与挑战。为此，下面提出对于产业园区发展的几点思考。

1. 产业集聚，是中国化妆品产业园建设的基础

以上四大类型的产业园都是在化妆品产业集群发展的基础上建设的。如东方美谷、白云美湾、美妆小镇、中国美都，都是依托化妆品产业优势“顺势而为”。如果只是披着“美妆外衣”，去做商业地产或工业地产，这样的化妆品产业园一般集群集聚效应不足，规模效益不明显。更有甚者，产业园建设、运营陷入“虎头蛇尾”的尴尬境地。

所以，建议没有形成化妆品原料、包材、研发、生产、检验检测、市场营销完整产业链的地区，尽量不要盲目跟风建设化妆品产业园。当然，具有“化妆品 + 生物医药”大健康产业完整产业链的地区另当别论。

---

① 参考资料：2024 年 5 月《中国美都产业园发展情况报告》。

2. 政府主导型、政企合作模式，是产业园成功的关键

在统计的 22 个产业园中，这两个类型数量高达 17 个，占比 77.27%。美妆产业园建设周期长、推广招商烧钱多、回本慢、盈利难。因此，建设、运营成功的产业园，其成功都离不开当地政府的大力支持与推广、促进，以及"政府 + 企业 + 基金"的创新运作模式，如东方美谷、美妆小镇，就是成功典范，值得其他后来者学习、借鉴。

一个产业园的建设、运营成功，需要产业先天优势、政策优势、资本优势共同"合力"。一个化妆品产业园，如果没有政府投资、基金投资、政策扶持，单靠企业的力量基本很难成功，除非有足够的资金，做好持久投资、建设、运营的充分准备。因此，广东省、浙江省、上海市等省市，都为产业园出台了相关配套政策，如白云美湾"美湾九条"，南方美谷"美谷十条"，她妆美谷"美谷十条"等。

3. 运营与服务，是产业园持续发展的关键

产业园建设容易，投入一定资金，一般都可以完成产业园的"物理聚集"。但是，产业园要持续发展、持续盈利，核心是运营与服务。一个产业园需要一支懂运营、全心全意做服务的团队。产业服务与园区运营，决胜园区发展"下半场"。开发建设、运营服务、资本价值化是产业园获得良好收益的核心。在产业园日益同质化严重的今天，创新服务、增值服务、个性化服务是实现产业园高质量可持续发展的重要抓手。

值得一提的是，如果在产业园的建设、运营过程中，有一个灵魂领军人物将是锦上添花。如珀莱雅创始人侯军呈，当起了美妆小镇的"店小二"，与政府联动致力于推动中国美妆"角逐"世界舞台；另外，中国美都创始人、董事长林纯，同样对中国美都项目的建设、运营起到了非常关键的作用。

4. 运营管理模式，是打造产业园的支撑体系

运营管理模式主要包括管理体制与组织架构、服务体系与平台建设、运营效益评估与考核等。以东方美谷为例，其五大平台、八大中心的构建，确保了产业园的正常运转、高效服务、高质量发展。

搭建产业园智慧化运营体系，是满足产业园的智慧物业、智慧办公等基础性需求，以及涉及智慧化招商、智慧化创新增值服务等需求的"必杀器"。如东方美谷、美妆小镇、白云美湾、中国美都、南方美谷等几大产业园，均搭建与打造了产业园智慧化运营体系，通过数字化赋能产业园建设、运营、管理、服务。产业园智慧化，最终就是要实现园区运营信息化、数字智能化、服务平台化、社区移动化四化建设。

5. 加大科技创新投入，提升核心竞争力

科技创新已成为推动产业园持续发展的核心力量，也是驱动产业园招商引资的“强引擎”。提供化妆品研发、检验检测、供应链等增值服务是吸引企业进驻、留住企业的重要砝码。另外，通过建设科技孵化器、提供资金支持等手段，吸引更多优秀企业和创业者入驻园区，推动科技成果转化和创新创业活动的开展。

如东方美谷化妆品研究院，白云美湾研究院集群，北方美谷化妆品研究院，美妆小镇美妆科创中心、美妆小镇检测研发中心，中国美都化妆品产业创新研究院等，都期望通过创新驱动产业园高质量发展、可持续发展。

6. 融合发展，是引领产业园高质量发展的引擎

融合发展，是相互融合、优势互补、资源共享的发展模式。因此，做好产城融合、产业融合、产销融合、产经融合、产教融合、产旅融合等六大化妆品产业集群融合，是促进产业升级、产业园高质量发展的重要引擎。如美妆小镇，就是融文化、旅游、社区等功能于一体的化妆品特色小镇。

在产业园融合发展上，一定要注意环境污染与产业资源的融合，推进绿色发展，实现可持续发展。具体表现为在产业园区的规划、建设和管理过程中，注重生态保护和资源循环利用，推动产业向绿色化、低碳化方向发展。

四、结论

化妆品产业园的规划、建设、运营，有利于实现集聚效应、产业链协同、成本降低、创新驱动、品牌塑造、人才吸引、政策支持，能够不断推动整个产业的创新发展、高质量发展、可持续发展。同时，建设与运营出色的产业园，能够创造良好的经济效益与社会效益。

产业集聚是中国化妆品产业园建设的基础；政府主导型、政企合作模式是产业园成功的关键；运营与服务是产业园持续发展的关键；运营管理模式是打造产业园的支撑体系；加大科技创新投入才能够提升产业园核心竞争力；

融合发展是引领产业园高质量发展的引擎。打造美丽健康产业生态圈，推动“美丽大健康”产业链的深度融合，提升产业能级和核心竞争力，助力大健康产业高质量发展。

产业园不是简单的物理集聚。以世界上第一个致力于香水和化妆品产业研发和创新的集群的法国“化妆品谷”（Cosmetic Valley）为参照，建议中国化妆品产业园在规划与建设上，应该把重点放在培育“产学研创”相结合的创新生态系统，以实现集群发展，促进技术创新，提高企业、区域和国家的竞争力。

众所周知，培育世界级先进制造业集群是实现中国制造业高质量发展的必由之路。但是，目前中国化妆品产业园扎堆上马，投资建设过热。许多产业园的规划建设，已经越来越脱离产业聚集的初心。所以，建议地方政府与企业需要冷静思考，产业与供应链、创新生态是建设产业园的根基，金融、智慧管理、服务运营是产业集聚发展的抓手。产业园的规划建设，切勿盲目跟风。

（作者单位：姚永斌，中国香料香精化妆品工业协会；
黄志东，美妆头条）

扫码看参考文献

中国化妆品产业 ESG 发展状况及趋势

姚永斌 黄志东

摘要:［**目的**］对 ESG（环境、社会和治理）的基本概念及体系构成、发展状况、发展趋势进行总结分析，就中国化妆品产业 ESG 发展面临的挑战与机遇，提出相应建议。［**方法**］通过查询国际、国内 ESG 体系构成，收集对比中外企业 ESG 发展等各方面信息，进行系统研究分析。［**结果**］发现中国企业在 ESG 发展方面远落后于国际企业，特别是中国化妆品企业 ESG 发展尚处于初级阶段。［**结论**］随着中国“碳达峰、碳中和”目标的提出，ESG 逐渐成为上市企业、头部企业和广大投资机构等关注的焦点。实施 ESG 报告，企业可以全面展示对环境、社会及治理因素的管理情况，从而增加外界对企业 ESG 管理的了解和认可，提升其社会责任影响力，降低信息不对称性，提高市场效率；而通过 ESG 评级，能够满足合规监管，吸引 ESG 投资，为投资者提供决策依据。总之，ESG 可以推动企业绿色低碳转型，构建可持续发展生态。

关键词: ESG 体系构成 ESG 发展状况 ESG 发展趋势

当前，中国化妆品行业的 ESG（环境、社会和治理）及可持续发展成为行业重点话题。近期，国家连出 3 份文件，ESG 再升级，正在从化妆品企业发展的可选项变为必选项。ESG 理念与高质量发展、可持续发展的内涵高度契合。一个长期主义的化妆品企业，其经营需要兼顾环境、社会责任和治理 3 个领域的综合表现，才能在全球化背景下激烈的市场竞争中脱颖而出、健康持久发展。与绿色同行，与环保相约，中国经济绿色发展路径越来越明晰。当前，中国以化妆品等“美丽健康经济”发展已进入加快绿色化、低碳化的高质量发展阶段，如何在保障环境质量的同时，实现化妆品产业的经济效益与社会效益双赢，成为亟待解决的问题。

一、ESG 基本概念及 ESG 体系构成

（一）ESG 基本概念

ESG 是环境（Environment）、社会（Social）、治理（Governance）3 个英文单词首字母的缩写，包括信息披露、评估评级和投资指引 3 个方面，是一种关注环境、社会、治理绩效的投资理念和企业评价标准（图 1）。

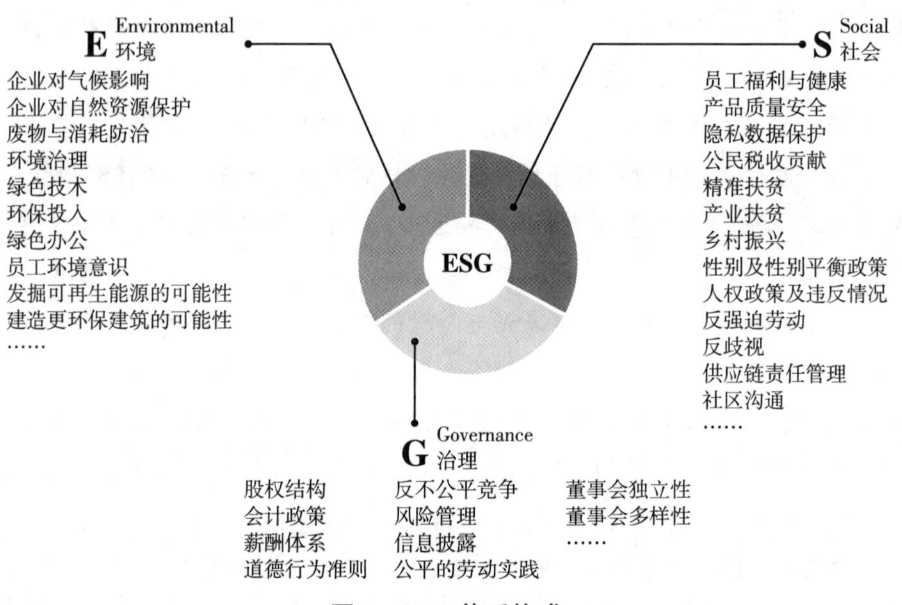

图 1　ESG 体系构成

联合国全球契约组织（United Nations Global Compact）于 2004 年 6 月在公布的《Who Cares Wins》报告中首次明确提出 ESG 概念，指出企业在注重经营的同时应该考虑环境、社会和治理 3 个方面的表现。随后在国际相关组织的共同推动下，ESG 逐步成为评价可持续发展的综合体系。

环境（E）：是指考虑企业对环境的影响，如企业对气候影响、企业对自然资源保护、废弃物管理与排放、环境治理、绿色技术、绿色工厂、员工环境意识等。

社会（S）：是指考虑企业对社会的影响，例如企业社会关系、产品质量

安全、员工福利与健康、性别及性别平衡政策等。

治理（G）：是指考虑企业的公司治理，例如内部治理结构、管理层的有效监管、风险管理、反不公平竞争、信息披露等。

（二）ESG 体系构成

2006 年，高盛集团发布的 ESG 研究报告首次明确提出了环境、社会和公司治理等（ESG）概念。此后，包括联合国在内的众多国际组织和投资机构不断深化 ESG 理念，逐步形成了包括全面、系统的信息披露标准和绩效评估方法的完整 ESG 理念体系。

目前，ESG 体系包括三大关键环节：ESG 报告（披露）、ESG 评级（评价）和 ESG 投资。企业根据披露要求对相应的信息进行披露，评级机构对企业披露的 ESG 信息进行评价，投资者根据企业 ESG 评价情况进行风险评估和投资活动，形成 ESG 一体化运作机制（图 2）。

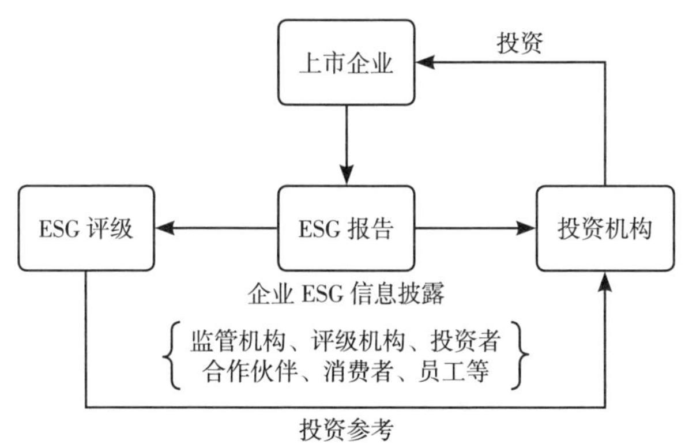

图 2 ESG 体系运作机制示意图

其中，企业 ESG 报告（信息披露）是前提条件，ESG 评级机构据此进行评估，而 ESG 投资是投资机构基于前两者的投资实践。ESG 信息披露是企业对外展示 ESG 治理成果的主要途径，也是包括监管机构、评级机构、投资者、合作伙伴、消费者、员工等企业的利益相关方更全面地了解和审视企业的 ESG 治理情况的重要信息来源。

国际 ESG 标准的发展程度已经相对成熟，但各机构在具体评级方法和指标设置上存在差异——由于不同地区的文化传统、法规政策和经济发展水平的差异，国际上对 ESG 评级体系没有统一标准。全球有 600 多家评级机构，评级方法和指标体系各异，对同一家公司评价结果差异较大。全球得到较多认同的是摩根士丹利资本国际公司（MSCI）与汤森路透（Thomson Reuters）的 ESG 评级体系（表 1）。而国内主要 ESG 评级机构主要有 10 多家，如中证指数、华证指数、中诚信绿金、中财大绿金、万得、中信证券、商道融绿、社会价值投资联盟（社投盟）等。

表 1　MSCI–ESG 评级指标体系

领域	主题	指标
环境（E）	气候变化	碳排放、产品碳足迹、环境影响融资、气候变化脆弱性
	自然资源	水资源使用、生物多样性及土地使用、原材料采购
	污染及废弃物	有害废弃物排放、包装材料废弃物、电子废弃物
	环境相关机遇	清洁生产技术、绿色建筑、可再生能源
社会（S）	人力资本	人力资源管理、人员培训、健康与安全、供应链劳动力
	产品责任	产品质量安全、化学品安全、金融产品安全、消费者信息安全、责任投资、健康和人口风险
	利益相关方争议	争议采购
	社会责任相关机遇	沟通、融资、医疗保健、营养健康
治理（G）	公司治理	董事会多元化、管理层薪酬、所有权和控制权、会计准则
	企业行为	商业道德、反竞争做法、税收透明度、腐败和不稳定性、金融系统不稳定性

中外比较，国际 ESG 评级体系选取的指标主要有 9 个，中国 ESG 评级体系选取的指标主要有 7 个，没有将“是否将 ESG 评级的标准统一”和“ESG 评级机构是否与被评级的公司进行沟通”这两个因素考虑进去。目前，中国现有的 ESG 评级系统存在信息披露质量差、ESG 评级结果不统一、ESG 生态系统不完善等核心问题。

目前，国家统一的可持续披露准则体系的具体准则，对企业环境、社会和治理方面的可持续主题的信息披露，提出具体要求共计 13 个 ESG 主题：环境方面 5 个，社会方面 7 个，治理方面 1 个（表 2）。

表 2 中国国内主要 ESG 评价体系概况

评价机构	覆盖范围	评价体系构成	主要产品
中证指数	A 股和港股上市公司	3 个维度、14 个主题、22 个单元和 100 余个指标	ESG 数据、ESG 研究、ESG 指数
华证指数	全部 A 股上市公司，2000+ 债券主体	一级指标 3 个，二级指标 14 个，三级指标 26 个，超过 130 个底层数据指标	ESG 数据库、ESG 跟踪分析报告、ESG 指数、ESG 因子、个股 ESG 尾部风险预警
中诚信绿金	4000+A 股 和 H 股上市公司，900+ 发债主体	3 个维度，16 个一级指标，50+ 二级指标，140+ 三级指标，240+ 四级指标	企业 ESG 评级，ESG Ratings 智能平台服务
中财大绿金	涵盖上市公司与债券发行主体两个层面共 4000+ 企业	3 个维度，负面行为与风险的定性与定量指标	ESG 数据库，ESG 指数
万得	全部 A 股上市公司	3 个维度，27 个议题，300+ 指标	ESG 数据库、个股 ESG 深度分析、ESG 风险预警、ESG 指数编制服务、ESG 投资策略构建
中信证券	全部 A 股上市公司	3 个一级指标，13 个二级指标，28 个三级指标	投融资业务，私募股权投资业务
商道融绿	覆盖全 A 股、港股通、中概股及重要发债主体	3 个维度、13 项分类议题，200 多项三级指标	ESG 评级、ESG 风险监控、绿色债券评估认证等
社投盟	沪深 300 成分股	由筛选子模型和评分子模型构成，筛选子模型包括 6 个方面、17 项指标，评分子模型包括 3 个一级指标、9 个二级指标、28 个三级指标和 57 个四级指标	ESG 评级、可持续发展评估报告

二、中国化妆品产业 ESG 发展状况

（一）中国 A 股上市企业 ESG 披露率接近四成

自 1993 年开始，毕马威（KPMG）一直对全球主要企业披露 ESG 报告的情况进行调查与公布结果。数据显示，2022 年财富 500 强 TOP250 中，披露率为 96%，尚未披露 ESG 报告的 4% 企业均在中国。

据 Wind 数据，截至 2024 年 5 月 11 日，中国 A 股上市公司共计 5363 家，其中 2094 家披露了 2023 年度 ESG 报告，披露率为 39.05%。相比 2022 年 31.36%、2023 年 36.37% 的披露率，A 股上市公司的 ESG 报告披露家数、披露率均呈连续提升态势。行业整体披露率仍待提升。自 2024 年 5 月 1 日起实施的《上市公司可持续发展报告指引》，作为 A 股首个统一、标准、实用的 ESG 披露标准，强制披露时代势起，ESG 转向精细化、规范化发展。

国家统一的企业可持续披露准则体系建设正式拉开序幕。2024 年 5 月 27 日，财政部发布《企业可持续披露准则——基本准则（征求意见稿）》，企业可持续披露将从自愿向强制扩展；同年 6 月 4 日，国务院国有资产监督管理委员会社会责任局发布《关于新时代中央企业高标准履行社会责任的指导意见》，推动“央企”高标准履行社会责任。

在中国企业 ESG 信披逐步走向规范和强制下，我们相信不久的将来，中国上市企业及头部企业一定会做好“第二财报”（ESG 报告），努力向“绿”发展。在 6 月 14 日举行的“ESG 创新与企业高质量发展论坛”上，厦门国家会计学院教授、原院长黄世忠认为，再过两三年企业不披露 ESG 报告，就像不披露财务报告一样，将到处碰壁、寸步难行。

（二）中国上市化妆品企业 ESG 披露率不足六成

从全球美妆行业来看，欧莱雅、雅诗兰黛、资生堂、联合利华、宝洁、爱茉莉太平洋化妆品企业，以及巴斯夫、帝斯曼、禾大、赢创、奇华顿、德之馨等上游原料企业，早就将可持续定为发展目标，将 ESG 建设与企业战略牢牢捆绑在一起。相比较，中国美妆企业及原料企业尽管起步较晚，但已有一部分企业公示 ESG 报告。

2024 年 4 月，安永会计师事务所《美妆个护行业 ESG 趋势白皮书》报告显示，尽管中国上市美妆个护企业近 3 年来（2020—2022 年）可持续发展信息报告披露数量呈稳步上升趋势，但 2022 年行业整体披露率不足六成。

目前，中国化妆品行业公布了 ESG 报告的主要企业有：①上市企业，如华熙生物（2019 年）、上海家化（2020 年）、珀莱雅（2020 年）、贝泰妮（2021 年）、丸美股份（2021 年）、逸仙电商（2021 年）、丽人丽妆（2021 年）、上美股份（2022 年）、福瑞达（2023 年）、巨子生物（2023 年）、水羊股份（2023 年，社会责任报告 CSR）等；②非上市公司，如伽蓝集团 / 自然堂集团（2011 年）、环亚集团（2021 年，绿色供应链管理）等。

1. 上海家化

截至目前，上海家化已经连续 4 年（2020—2023 年）发布 ESG 报告，坚持高质量、可持续发展。

上海家化 2023 年 ESG 报告，围绕绿色低碳的生态、共享共赢的社会价值、更完善的公司治理三大板块的 ESG 管理模型开展工作，为消费者提供更安全、健康、绿色的优质产品与服务，携手全价值链共同打造绿色低碳的生态，最终与消费者、员工、股东、合作伙伴、社会共同创造共享共赢的社会价值，一直为可持续发展贡献力量。

2023 年上海家化在 ESG 评级上表现优异：MSCI ESG 评级，持续上升至 A 级，两年内连升四级；Wind ESG 评级，获得日常消费 - 个人用品行业最高评级 AA 级；全球环境信息研究中心（CDP），获评国内行业气候变化最佳水平 B 级。

报告显示，2023 年上海家化在打造绿色低碳的生态环境上同样出色：国内公司综合能源耗量，较 2022 年下降 528.38 吨标准煤，下降幅度为 13.19%；温室气体排放总量，较 2022 年下降 1211.75 吨二氧化碳，下降幅度为 7.84%；废气排放总量，较 2022 年下降 771.30 万立方米，下降幅度为 7.95%；使用清洁电力，达 317.74 兆瓦时。

2. 珀莱雅

截至目前，珀莱雅已连续 4 年（2020—2023 年）披露可持续发展暨 ESG 报告。珀莱雅 2023 年 ESG 报告，分为可持续发展贡献报告和 ESG 管理实践报告两大部分。

报告显示，2023 年珀莱雅使用清洁能源的比例达到 35.35%，万元营收温室气体（范围一、范围二）排放量达 8.33 千克二氧化碳当量 / 万元，较 2022 年下降 32.93%。包装材料中可持续包装材料的比例达到 25.47%，对比 2021 年的基准年提升 25.31%。

2023 年，珀莱雅首次受邀填报 CDP 气候变化问卷并获评“B 级”，此评级高于亚洲地区企业和全球企业的平均评级（均为“C 级”），且 11 项细分类目中，珀莱雅在减碳举措和低碳产品方面获“A 级”评分，远超同业平均值“C 级”评分；不仅如此，珀莱雅 2023 Wind ESG 评级跃升至 AA 级，首获个人用品行业首位，综合得分 9.15 分，其中在环境和公司治理方面得分分别为 8.89 分和 8.63 分，皆领先于同业水平。

3. 贝泰妮

截至目前，贝泰妮已连续 3 年（2021—2023 年）披露可持续发展暨 ESG 报告。

2023 年贝泰妮 ESG 报告包括五大部分：一是诚信为本，稳健经营基石；二是绿色循环，传承美丽生态；三是科技赋能，打造皮肤健康生态；四是多元平等，携手同心同行；五是感恩善念，传递健康美好。

4. 华熙生物

2023 年华熙生物发布首份《可持续发展报告》，正式步入 ESG 战略全面落地新时代。这是其 2019 年上市以来发布 4 份年度社会责任报告之后，首次改版发布的第一份可持续发展报告。

华熙生物 2023 年《可持续发展报告》分为“可持续发展管理”“合规治理 提升发展力”“科技创新 打造产品力”“以人为本 凝聚竞争力”“绿色低碳 呵护生态力”“互惠协作 共建向心力”“关爱社会 焕新生命力”等八大章节。

5. 自然堂集团（非上市公司）

创立于 2001 年的伽蓝集团（更名：自然堂集团），是中国化妆品产业 ESG 的急先锋，截至目前已经连续 11 年发布了年度可持续发展报告。

2024 年自然堂集团正式启动《2030 可持续发展战略》，设立了 12 大战略目标，聚焦应对气候变化、可持续包装、负责任生产、积极社区影响、知识产权保护、数字化转型等多项内容，从环境保护、社会责任、企业治理 3 个方面践行绿色美妆理念，全力实现“自然与美丽共生，引领可持续未来”。

通过以上上市和非上市企业代表发布的 ESG 报告进行分析，我们可以清楚地知道，中国化妆品产业 ESG 发展取得了一定的成绩，当然也存在一些问题，如没有将 ESG 理念和可持续发展观融入企业战略和企业文化中；ESG 评价方式不同、缺乏统一的标准和规范，导致 ESG 表现的评估结果存在相当差异；缺乏政策支持和引导，导致企业在 ESG 实践中缺乏明确的方向和指导。因此，只有政府、企业和社会形成合力，才能够有效推动中国化妆品行业的 ESG 发展。

三、中国化妆品产业 ESG 发展趋势

为了实现中国“碳达峰、碳中和”目标以及可持续发展，中国 ESG 即将从边缘走向主流，这一转变不仅是市场和法规的要求，更是企业内在发展的必然结果，已从曾经的附加选项转变为核心战略，其将深入企业运营的每一个层面。下面，我们将分析探讨中国化妆品产业 ESG 发展的几大趋势。

趋势一：ESG 评价指标定性为主，注重实用性。

制定中国的 ESG 标准，第一是环境（E），这是核心。其最重要的就是“双碳”目标、新能源转型、气候变化、生物多样性保护等。因此，环境（E）成为企业 ESG 报告重点披露的数据与信息。如珀莱雅、上海家化 2023 年 ESG 报告就是如此。

ESG 理念初衷就是提倡企业关注环境、社会与治理等非财务性因素，这些指标与财务指标不同，难以准确定量计算。因此，ESG 评级指标设定应遵循定性为主，在定性的基础上追求客观、透明、可信度高的 ESG 评价结果，指标避免大而全，注重实用性、简洁性与可操作性，不要“装饰”，不要“漂绿”。

其中，环境责任方面，重点考察企业在能耗指标、污染物排放、绿色业务占比及转型、环保信息披露等四方面表现；社会责任方面，重点考察企业在员工管理与稳定性、客户满意度与投诉、公共生产安全、企业信用等四方面表现；公司治理方面，重点考察企业在股权结构、大股东行为、管理层激励约束机制、信息披露水平等四方面表现。

趋势二：ESG 报告披露标准将逐渐统一。

ESG 信息披露对于推动实现全球可持续发展目标及帮助投资者有效评估

企业 ESG 表现至关重要。过去 2 年，中国在 ESG 领域发展迅速，政府部门及资本市场监管机构出台的政策文件多聚焦于信息披露及企业绿色发展方面，沪港深三大交易所不断迭代优化 ESG 信披规则，对标国际政策和标准。国际可持续发展准则理事会（ISSB）于 2023 年 6 月发布了首批两份国际财务报告可持续披露准则的终稿，该准则生效日期为自 2024 年 1 月 1 日或之后开始的年度报告期间，标志着可持续信披标准逐渐走向一致。

2023 年，多个监管区基于气候相关财务信息披露工作组（TCFD）框架推出 ESG 信披政策，主要国家和地区在 ESG 信披框架和气候问题上基本达成一致。

2023 年 9 月，中国证监会上市公司监管部副主任郭俊在中国可持续投融资与自贸港建设论坛上表示，正在指导沪深证券交易所研究起草上市公司可持续发展披露指引。随着这些标准的出台，下一步各区域监管机构将努力把标准融入其规则中。

趋势三：ESG 投资规模不断增长。

《2023 中欧贸易主要行业 ESG 发展洞察白皮书》显示，2020 年，全球可持续投资规模已达到 35.3 万亿。预计到 2025 年，ESG 全球投资规模将超 50 万亿，占全球资产投资总量的三分之一。

相比于欧美资本市场，国内资产市场 ESG 投资尚属于起步阶段，当前 ESG 投资资产规模占比约为 2%，远低于欧美资本市场。《上市公司可持续发展报告指引》实施，标志着 A 股 ESG 信息披露正式迈入强制时代。因此，以后 ESG 投资规模必将不断增长。

随着“双碳”目标、高质量发展等战略的提出和相关制度的落地，将可持续发展因素纳入投资考量，ESG 投资在国内化妆品无疑是大势所趋，企业参与和股东行动策略将成为 ESG 投资的主流。其中，绿色发展、环境保护等是 ESG 投资的核心领域，随着 ESG 投资逐步成熟，可为“双碳”战略实施提供大量资金供给，构建良性发展生态。在各种投资者大会中，不同层次的参与主体都会把 ESG 投资作为重要的讨论议题之一，并且 ESG 投资基本上都会作为未来投资的主线之一被推荐。

趋势四：企业战略和 ESG 深度融合。

随着 ESG 知识的不断普及，企业将从花钱、做门面、无价值等 ESG 各种质疑认知误区中走出来，相信在未来的几年内 ESG 一定会得到全面发展和空前热度。如今，随着政策红利和自身增长需求的压力，ESG 正逐渐规范化，中国化妆品产业一些头部企业都成立了专门的 ESG 委员会、组建执行层面的 ESG 工作组和 ESG 部门，设立 ESG 中长期目标，将 ESG 与公司业务价值、竞争优势建立深度关联，真正开始实施企业战略和 ESG 深度融合。

总体而言，随着投资者对 ESG 信息的关注度不断提高，化妆品企业将更加注重 ESG 信息披露的标准化和规范化；未来企业社会责任将成为化妆品企业竞争的新领域，企业将更加注重履行社会责任，通过提升自身的 ESG 表现来提高竞争力。特别是有布局或计划出海的化妆品企业、原料企业，更要做好 ESG 报告和 ESG 管理方面的深层次转型。

趋势五：人工智能（AI）技术推动 ESG 发展。

在如今 ESG 发展的过程中，AI 对于数据处理、模型建立及内容创建等方面都具有实质性的意义。ESG 发展的基础是大量的 ESG 指标、数据及信息，利用 AI 工具则可以提升 ESG 工作质量、报告质量。AI 人工智能模型的采用，提供了处理大量非结构化和结构化数据的能力，以便更好地作出决策，并解决一系列可持续发展问题。

从信息披露和数据收集方面来看，AI 技术将使 ESG 投资的数据来源和信息披露更加透明和高效。同时，能够帮助投资者理解企业的 ESG 风险和机遇，从而更好地进行投资决策；在碳足迹和环境监测方面，AI 技术可以实时监测企业的碳足迹和环境影响，帮助企业及时发现问题并进行改进。一方面可以满足相关监管要求，另一方面有助于企业实现可持续发展目标；在供应链管理方面，AI 技术可以通过区块链等手段实现供应链的透明化和可追溯性，从而更好地管理供应链中的环境和社会问题，提高企业的治理水平。

趋势六：践行 ESG，绿色制造和服务成必选项。

国家积极培育和发展新质生产力，推进经济高质量发展，将进一步促进绿色低碳转型，做强绿色制造业，发展绿色服务业，壮大绿色能源产业，构建绿色低碳循环经济体系。因此，中国化妆品企业践行 ESG，绿色制造和服务成必选项。

从产品创新来看，随着生物技术、生命科学、人工智能等学科领域不断发展，越来越多的前沿技术被运用到化妆品中，ESG 理念将融入化妆品产品的全生命周期中，用科技创新模式盘活绿色资源，实现产品创新。或通过可持续原料、绿色包装，研发生产环保、低碳化妆品，以满足消费者绿色与美丽健康的需求。同时，体现了中国化妆品企业的社会责任和环境责任。

作为拥有中国化妆品市场半壁江山的广东省，在践行ESG，绿色制造和服务方面走在了全国的前列。2024年6月，《广东省绿色工厂梯度培育管理实施细则》出台，目标主要培育绿色工厂、绿色工业园区、绿色供应链管理企业，进一步完善广东省绿色制造和服务体系建设，发挥绿色工厂在制造业绿色低碳转型中的基础性和导向性作用，加快形成规范化、长效化培育机制，打造绿色制造领军力量。

趋势七：ESG监管趋严态势明确。

当ESG的“浪潮”席卷了几乎每一类行业，全球化妆品行业却有“漂绿”这一乱象。“漂绿”（Greenwashing）是指企业及其产品、业务本身并没有触及可持续实践或影响有限，却在企业形象上渲染“绿色”的外衣，它意味着虚假、浮于表面的环保宣传。如悦诗风吟品牌，包装“纸瓶”变“塑料瓶”；资生堂Bareminerals品牌，宣传清洁、纯净且不含刺激性物质，而实际上却含有致癌物全氯烷基和多氯烷基物质（PFAS）；妮维雅旗下的Pure and Natural面霜号称95%的天然成分，却被查出含有致癌防腐剂等。

中国的ESG政策起源于环境和社会责任信息的自愿披露，最早可追溯到2003年国家环保总局发布的《关于企业环境信息公开的公告》，要求污染超标企业披露相关环境信息。后来几经完善修订，加上近些年国外、国内各种关于绿色、可持续发展文件的不断出台，如今ESG监管趋严态势明确。随着ESG理念的普及和发展，政府和监管机构将会加强对化妆品行业的监管，推动企业提高ESG表现，促进化妆品行业的可持续发展。

在ESG强制披露范围不断扩大，政策指导呈增强趋势，多市场、多举措强化ESG监管大趋势下，中国化妆品企业在实施ESG时，一定要警惕泡沫化倾向和“漂绿”问题。以后，“漂绿”现象将会面临监管追击。特别需要注意的是，有些企业和品牌将ESG作为一种虚假的装饰性工具，借由ESG的“外衣”过度包装，用以维护企业的美好形象，实际上真实的ESG表现不足以满足消费者和投资者的期待。

四、结论

绿色可持续发展是兼顾经济、社会、环境三重底线的新型发展模式，加快发展新质生产力，绿色赋能是重要一环。在中国向新、向绿发展格局下，ESG 关于环境改善、社会发展及公司内部治理完善的基本理念，与“双碳”、可持续发展战略目标高度一致。践行 ESG 理念，实施 ESG 报告与评级，是企业贯彻落实绿色发展理念，推动企业实施绿色转型的重要举措，对实现我国“碳达峰、碳中和”战略目标具有积极的推动作用。

绿色经济和可持续发展，对于人类社会和地球环境至关重要。因此，中国化妆品企业多元践行 ESG 是大势所趋、是必选项。特别是对那些有布局或计划出海的化妆品企业、原料企业，更要做好 ESG 报告和 ESG 管理方面的深层次转型，ESG 是中国化妆品企业实现差异化竞争的重要途径。另外，绿色发展、环境保护等是 ESG 投资的核心领域。

未来，各国政府和监管机构将加强 ESG 信息披露的法律法规建设，推动建立全球统一的 ESG 信息披露标准，提高 ESG 信息的可比性和可靠性。同时，政府和社会也将加强对企业社会责任的监督和评估，推动企业更好地履行社会责任。因此，中国化妆品企业一定要将企业战略和 ESG 深度融合，认清 ESG 发展趋势，牢牢把握 ESG 发展机遇，实现企业高质量、可持续发展。

最后，建议中国化妆品企业 ESG 报告尽量参考全球得到较多认同的 MSCI 和 Thomson Reuters 的 ESG 评级体系，与国际接轨，以增强企业的国际竞争力；而在企业可持续披露上，期待国家统一的企业可持续披露准则体系正式出台。

（作者单位：姚永斌，中国香料香精化妆品工业协会；
黄志东，美妆头条）

扫码看参考文献

中国化妆品包装产业发展状况及趋势

姚永斌　黄志东

摘要：［**目的**］总结分析中国化妆品包装产业的发展现状、中国化妆品包装材料的安全性问题、中国化妆品包装产业的未来发展趋势，提出思考与建议。［**方法**］查阅中国化妆品包装产业数据、上市企业财务报告、包装材料安全性检测与评估体系等方面信息，进行系统研究分析。［**结果**］发现中国化妆品包装行业具有准入门槛低、产品同质化严重、市场竞争激烈等特点。高端包装市场，基本被国内外知名化妆品包装企业占领，而中低端包装市场由无数中小企业“混战”。［**结论**］随着化妆品市场的不断扩大和消费者需求的多样化、个性化，化妆品包装产业需要通过新材料、新技术、新工艺，创新发展绿色包装、可持续包装，进而推动了包装解决方案的不断创新。

关键词：化妆品包装　产业现状　发展趋势

化妆品包装已经成为化妆品行业的重要组成部分，其对化妆品的保护、宣传、销售起着至关重要的作用。与此同时，随着时尚个性消费、ESG（环境、社会和治理）及可持续发展等高质量发展需求，如何通过创新突围，提升产品的市场竞争力，适应绿色智能可持续发展，成为包装企业的重要课题。本文旨在探讨中国化妆品包装产业的现状及其未来发展趋势，以期为相关企业和政策制定者提供一定的参考和借鉴。

一、中国化妆品包装产业的发展现状

经过几十年的发展，中国已经成为全球第一大化妆品消费市场，总体市场规模已经超万亿元；从生产规模看，目前中国已成为全球最大的化妆品制造国之一，约有三分之一的全球化妆品在中国生产。作为化妆品行业中的重点配套产业，中国化妆品包装市场同样得到了迅猛的发展。当前，包括原材料供应、设计研发、生产制造、市场销售等在内的化妆品包装产业已形成完整的产业链。

（一）中国包装行业总体状况

中国包装联合会数据显示，2023 年中国包装行业年营业收入 2000 万元及以上企业数量达 10632 家，新增 772 家。2023 年，全国包装行业规模以上企业累计完成营业收入 11539.06 亿元，同比下降 0.22%。全国包装行业累计完成利润总额 601.97 亿元，同比增长 9.46%（表 1）。

表 1 2023 年全国包装行业规模以上企业营业收入构成、利润

类别名称	主营业务		占比（%）	利润（亿元）
	收入（亿元）	同比增长（%）		
塑料薄膜制造	3781.04	1.10	32.77	178.54
纸和纸板容器制造	2682.57	–4.44	23.25	108.67
塑料包装箱及容器制造	1623.03	0.18	14.07	88.61
金属包装容器及材料制造	1505.62	–1.56	13.05	71.72
塑料加工专用设备制造	940.69	1.77	8.15	92.06
玻璃包装容器制造	603.12	8.23	5.23	35.14
软木制品及其他木制品制造	403.00	4.45	3.49	27.24
合计	11539.06	–0.22	100	601.97

由表 1 可知，塑料薄膜制造、纸和纸板容器制造、塑料包装箱及容器制造位列包装行业营业收入 TOP3 类别，随后为金属包装容器及材料制造、塑料加工专用设备制造、玻璃包装容器制造等。

因此，中国包装市场是由塑料类包装占据主导。具体到化妆品包装中，塑料包装材料优势更明显。按照华经产业研究院数据，2022 年化妆品塑料包装材料市场规模占比达 71.25%；其次是玻璃包装材料，占比 9.44%（图 1）。其中，包装材料的分类见表 2。

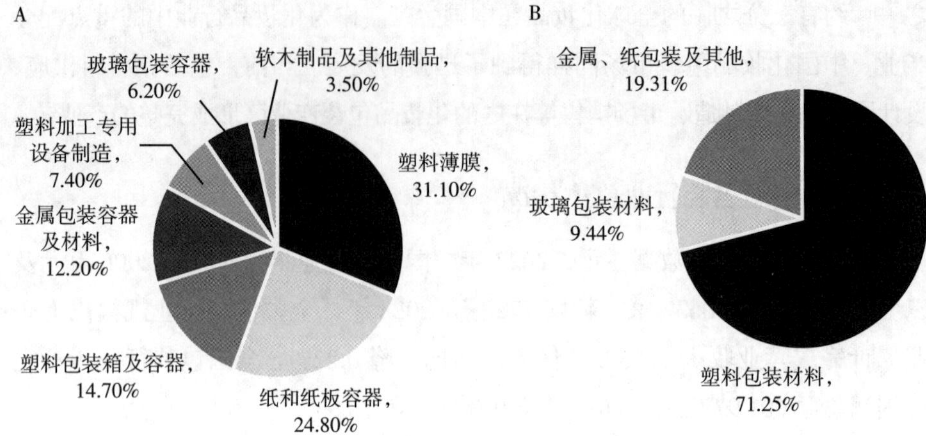

图 1　2022 年中国包装行业细分市场结构（规上企业）

A. 中国包装联合公司数据；B. 华经产业研究院数据。

表 2　包装的分类（按包装制品材料分）

包装类别	主要代表包装
塑料制品包装	如塑料瓶、塑料软管、塑料袋、塑料盒等
玻璃陶瓷容器包装	如玻璃瓶、瓷瓶、陶瓷钵等
纸制品包装	如纸盒、纸箱、纸袋、纸杯、纸盘、纸瓶等
金属包装	如马口铁罐、铝罐等
竹木器包装	如木桶、木盒、木箱、竹筐、竹编织等
复合材料包装	如用纸、铝箔、塑料、金属等复合材料制成的袋、盒、箱等
纤维制品包装	如麻袋、白布袋等

（二）中国化妆品包装企业分布情况

企查查数据显示，中国从事化妆品包装相关的包装企业有 1187 家，其中 27 家为 2023 年新注册。从区域分布上看，主要集聚在以江浙沪为代表的华东地区和以广东省为核心的华南地区，这两个区域是中国化妆品产业两大集群发展基地。2022 年，华东地区化妆品包装企业数量占比达 47.3%，几乎占据半壁江山。随后为华南地区、华中地区，企业数量占比分列第二、第三。

按照城市数量看，化妆品包装相关企业 TOP10 城市为广州市 256 家、宁波市242家、深圳市113家、绍兴市88家、漯河市56家、苏州市39家、上海市35家、汕头市33家、东莞市24家、杭州市24家。

《2023广州化妆品产业白皮书》显示，截至2023年9月，广州持证化妆品生产企业有1870家，占广东省（3152家）的59.3%，占全国（5561家）的33.6%，化妆品注册备案数量占全国的60%。广州拥有庞大而完整的化妆品产业链，不仅是中国的化妆品生产之都，同时也是重要的化妆品出口地之一。无论生产企业数量、产业链、工业产值、品牌还是消费市场，广州都是中国化妆品产业绕不开的城市。

宁波市化妆品包装企业数量庞大，主要得益于余姚塑料产业。宁波市余姚是中国最大的塑料原料集散地，目前余姚中国塑料城入驻企业3200余家，交易的塑料品种有20000余种，塑料产品远销海内外。正是塑料原料孕育了宁波市化妆品包装位列全国前茅。

（三）中国化妆品包装材料竞争状况

公开资料显示，全球化妆品包装生产商主要有Albea、Aptar Group、Axilone Group、Silgan Holdings、Berry Global、HCP Packaging、Heinz-Glas GmbH、Gerresheimer AG、Amcor等（表3）。2022年，全球前五大厂商占有大约14.0%的市场份额。

表3 2022/2023年全球化妆品包装领先代表供应商

企业名称	国家	主要业务	中国投资
阿贝尔（Albea）	法国	化妆品全品类包装	苏州
阿普塔（Aptar Group）	德国	医药、化妆品、食品包装	苏州、广州等
阿克希龙（Axilone）	法国	美妆包装供应	浙江（中信资本收购）
西尔格（Silgan Holdings）	美国	金属容器、塑料容器等	上海
HCP Packaging	中国	化妆品全品类包装	上海、苏州、淮安
海因兹（Heinz-Glas GmbH）	德国	化妆品和香水玻璃瓶	常州
格雷斯海姆（Gerresheimer AG）	德国	制药和护肤品包装	北京、常州
安姆科（Amcor）	瑞士	食品、药品、化妆品、烟草包装	惠州、中山、佛山等

公开资料报道，HCP 是全球第三大、中国第一大化妆品包装容器供应商。HCP 集团 1960 年成立于中国台湾，总部位于上海，是一家主要生产高级化妆品容器包装材料、容器研发、制造、销售和服务于一体的综合型制造厂商。尤其专注于化妆品，护肤和香水行业的包装材料和解决方案的设计、开发和生产。如今，HCP 集团已建立中国、北美、墨西哥、法国和德国等 7 个世界级的生产基地，其与雅诗兰黛、欧莱雅和资生堂等 250 余个全球知名化妆品、护肤品和香水品牌均有合作。

华经产业研究院数据显示，2022 年中国化妆品包装市场规模约为 269.1 亿元，同比下降 1.71%，包装材料行业总产值为 312.9 亿元，同比下降 1.78%。2023 年以来，中国化妆品市场逐步复苏，从而有效带动包装市场发展。

中国化妆品包装企业分布情况，决定了目前化妆品包装华东（长三角）、华南（珠三角）、华北（环渤海）三大经济圈“三足鼎立”的竞争格局。三大地区包装工业产值之和，约占全国包装工业总产值的 70%。

目前，中国化妆品包装行业具有准入门槛低、产品同质化严重、市场竞争激烈等特点。因此，国内外知名化妆品包装企业与国内一批中小企业“混战”。他们卷技术、卷工艺、卷设计、卷价格、卷营销。高端包装市场，基本被国内外知名化妆品包装企业特别是跨国企业占领，而中低端包装市场由无数中小企业“抢食”。

在化妆品越来越卷的今天，化妆品包装产业自然难免“内卷”。目前，包材工厂的订单两极分化，由于行业产能过剩，有限的订单都集中到了有竞争力的厂商手里。而没有足够实力的中小厂商，为了养工厂、养工人，不得不靠打“价格战”生存。

当然，中国化妆品包装行业同样卷资本，各种投融资也不断上演。中国化妆品包装行业 A 股上市企业包括合兴包装、中荣股份、力合科创、紫江企业等 10 多家（表 4）。

表 4 2023 年中国化妆品包装材料上市代表企业营收、净利润

股票名称（代码）	主营业务	营收（亿元）	净利润（亿元）	净利率（%）
合兴包装（002228）	纸板、纸箱等包装	124.10	1.03	0.69
中荣股份（301223）	包装印刷	25.93	2.04	7.86
力合科创（002243）	化妆品新材料	25.06	3.29	13.11
紫江企业（600210）	彩印、PET 瓶等	22.43	1.57	7.31
上海艾录（301062）	工业用纸包装	10.67	0.75	7.03
嘉亨家化（300955）	塑料容器	10.16	0.40	3.945
金春股份（300877）	无纺布	9.00	0.30	3.33
龙利得（300883）	纸包装容器	7.13	–0.07	亏损
翔港科技（603499）	彩盒标签印刷	6.94	0.07	10.08
欣龙控股（000955）	无纺布	5.91	–0.28	亏损
柏星龙（833075）	包装印刷	5.38	0.46	8.55
锦盛新材（300849）	塑料包装容器	2.59	–0.24	亏损

注：表中数据参考中国化妆品包装行业 A 股上市企业 2023 年财务报告。

从这些化妆品包装材料上市企业来看，2023 年合兴包装（002228）营收高达 124.10 亿元，但是其净利率仅 0.69%，主要是其彩色纸包装印刷、PET 瓶及瓶坯、皇冠盖及标签三大主营业务毛利率在 13% 至 27% 导致。紧随其后的是中荣股份、力合科创（通产丽星重组新企业）营收均超 25 亿元；紫江企业营收超 22 亿元。其他企业规模都在 10 亿元及以下，市场竞争力普遍不强（表 4）。

特别值得一提的是，这些化妆品包装材料上市企业的净利率低到有些“卑微”，大部分都在 10% 以下。同质化竞争与利润承压裹挟之下，如何降本增效与创新突围，成为包装材料不得不需要直面解决的难题。

二、中国化妆品包装材料的安全性问题

化妆品安全性是全球范围内广受关注的问题，不同国家和地区有不同法

律法规以保障其安全性。它直接影响到化妆品的质量和消费者的“安全用妆”与健康。国家药品监督管理局出台的完整版安全评估，特别强调了化妆品产品与包装的相融性问题——包装会影响产品的物理稳定性。因为化妆品有3~5年的货架期，因此企业必须充分考虑化妆品各个成分与包装材料的相容性问题，特别是流动性比较好的水剂及乳剂产品，更要注意产品与包装的相容性问题。

作为中国化妆品大省，广东省化妆品质量管理协会组织人力、物力出台了《化妆品包装材料相容性试验评估指南》团体标准，文件规定了直接接触化妆品的包装材料及其包装组件与内容物相容性试验的要求、试验与评估方法及报告规范。

鉴于以上原因，企业在选择化妆品包装材料时，应当全面考虑到其对产品稳定性和功效成分活性的保护，同时也要确保材料本身的安全性。因此，企业应该做好包装材料与容器的化学、物理、生物安全性方面的检测与评价，以确保产品的稳定性、功效性、安全性，详见表5。

在化妆品包装安全性方面，主要有三大要求：一是材质安全，包括耐化学品腐蚀、渗透，无毒、无害、无污染等；二是设计安全，要防止化学品泄漏、受潮、氧化；三是生产工艺安全，要做到无菌生产、无污染生产、环保节能生产等。

包装材料安全性评估和验证是确保产品安全的重要环节，主要涉及对包装材料的有毒物质、微生物污染、密封性能等方面的检测和评估。

表5　包装材料与容器的化学、物理、生物安全性检测与评价

化学安全（检测）	物理安全（检测）	生物安全（检测）
（1）重金属检测 （2）有害物质检测 （3）溶剂残留检测	（1）机械性能检测 （2）热性能检测 （3）光学性能检测	（1）微生物检测 （2）酶活性检测 （3）过敏原检测
化学安全（评价）	**物理安全（评价）**	**生物安全（评价）**
（1）材质评价 （2）添加剂评价 （3）生产工艺评价	（1）机械性能评价 （2）热性能评价 （3）光学性能评价	（1）微生物评价 （2）酶活性评价 （3）过敏原评价

在包装材料与容器安全性检测方面，主要做好三大检测：一是化学安全

性检测，如重金属检测、有害物质检测、溶剂残留检测；二是物理安全性检测，如机械性能检测、热性能检测、光学性能检测；三是生物安全性检测，如微生物检测、酶活性检测、过敏原检测。

在完成包装材料与容器安全性检测后，需要进行三大安全性评价：一是化学安全性评价，如材质评价、添加剂评价、生产工艺评价；二是物理安全性评价，如机械性能评价、热性能评价、光学性能评价；三是生物安全性评价，如微生物评价、酶活性评价、过敏原评价。

综上所述，材质安全，设计安全，生产工艺安全，是化妆品包装安全的三大核心要素。而做好包装材料与容器的化学、物理、生物安全性检测与评价，可以有效保障化妆品的安全与质量，进而保护消费者的健康权益。

三、中国化妆品包装产业的未来发展趋势

随着消费者对健康、环保和个性化需求的不断增长，以及“双碳”目标与可持续发展要求，化妆品包装同样在不断变化。以下围绕化妆品玻璃瓶、塑料瓶、软管三大类包装材料阐述化妆品包装的几个主要发展趋势。

1. 精致简约与便携实用

如今，消费者对精致简约与便携实用的化妆品包装设计越来越爱好。TA们更倾向于精致、小巧的包装，方便随身携带，并减少浪费的可能性。现代化妆品包装设计简约是与时俱进的，强调包装的材料、结构、审美与实用的高度统一，使包装的艺术价值和功能价值更符合时代的发展和年轻一代的消费观。

便捷式包装的大量流行，满足了消费者对于产品使用的便携性、易开启性的需求。便捷式包装为消费者提供了更加便捷、卫生、安全、环保的使用体验。便捷式包装应对了现代年轻消费者对于生活品质和使用效果的需求，也为产品保护和保存带来了益处。

化妆品过度包装是现代的“买椟还珠”，其涉及资源浪费、损害消费者利益（增加购买成本）、污染环境等问题。因此，精致简约与便携实用包装的发展，在一定程度上让过度包装“瘦身”，从源头减少资源消耗和废弃物产生，助力绿色、可持续消费经济发展。

2. 环保与可持续发展

统计数据显示，目前全球年塑料总消费量达 4 亿吨。然而，目前全球仅 14% 的塑料包装得到回收，而真正能够有效回收的比例仅为 10%。在 ESG（环境、社会和治理）大趋势及可持续发展模式下，越来越多的化妆品包装将采用环保材料，以减少对环境的影响，以期实现包装产业绿色经济高质量发展。

材料环保是实现化妆品包装环保与可持续发展的基础与核心。因此，现在越来越多的化妆品包装将采用“友好型”环保材料，以减少对地球环境的影响。以化妆品软管为例，如由 99.7% 的高纯度铝块制成的铝管软管，100% 可回收；如广州立鑫、雅思达的甘蔗料软管，其材料 100% 来自绿色植物甘蔗，可以做到 100% 可回收，保护不可再生资源；PCR 塑料软管，由 30% 的回收材料制成；纸塑复合软管，由牛皮纸为基材的软管材料，减少了塑料的用量。而广州尚功塑胶的 HDPE 全塑弹簧真空泵（获国际发明专利），是可回收的 HDPE 单一材料真空泵，成功革除了泵头中常见的不锈钢弹簧，积极响应国家“双碳”保护环境号召。

如果从品质稳定、产品颜值、产品档次考虑，特别是高端化妆品，企业品牌可以偏向选择玻璃瓶。玻璃瓶可回收重复使用，对环境无污染。在“限塑令”下，绿色、环保、再利用的新型包装材料，成为企业必然选择，当然化妆品也不例外。作为化妆品主导国的法国，一直都很不愿意接受塑料制品，各种“限塑令”层出不穷。

总之，零碳排放、空瓶回收、可降解包装材料、环保公益活动……化妆品包装企业为了促进地球的可持续发展，不遗余力地创新研发、设计、生产各种环保、可持续发展包装。

3. 科技创新赋能

随着科技的不断发展，化妆品包装也开始利用科技元素、科技力量进行创新，各种新功能、智能化、互动化的包装越来越多。

利用科技力量创新包装功能是化妆品包装发展的大趋势。如广州尚功塑胶的硅胶限量阀掀盖，利用硅胶特有的回弹性，能够自如控制使用量，且能防止内容物被污染；止回阀掀盖，能实现无氧包装，防止膏体被空气氧化，对植物、高活性成分进行锁鲜。

“容器 + 仪器”结合的创新就是包装材料创意升级、功能叠加、价值增加的科技创新赋能典型案例，正好迎合了消费者对“科技化妆品”的需求。这些创新包装，广泛应用于如祛斑霜、祛痘膏、按摩膏、修护霜、瘦脸霜、补水喷雾、防脱等产品。

另外，如欣飞公司的“防晒变色”软管，管体采用“变色清漆”，随时随地掌握紫外线强度的变化。通过这个包装体现了防晒产品的“科技感”，同时主动与消费者互动。

未来，化妆品科技智能包装将越来越普及。如AR标签技术，消费者可以通过手机或平板设备，在不开瓶的情况下体验虚拟试妆；在化妆品包装瓶内置温度感应器，利用温度感应科技，能够让消费者感知肌肤温度；在包装瓶内置智能芯片，通过手机应用，可以让消费者与瓶子对话互动，内容涉及从产品使用建议到美妆护理小贴士等。

4. 个性化服务定制

个性化服务定制，首先是消费者需求的多样化促使化妆品包装向个性化方向发展，其次是企业差异化竞争使然。

定制化私模就是化妆品包装最为常见的一种。定制化私模包装可以通过结构、造型、色彩等的综合搭配，能够更好表现品牌风格与理念，在包装上形成独特的视觉形象与识别，与竞争对手形成区隔，在功能上也能更好地满足产品的特定需求。化妆品品牌对包装定制化的高度重视，反映了市场对个性化和差异化需求的增长。因此，具有一定实力的化妆品企业都会通过定制化私模打造品牌形象与产品市场竞争力。

国家对化妆品个性化服务的放开，使得越来越多的消费者都希望获得个性化的化妆品产品和包装。因此，提供个性化包装设计定制，如可以刻印姓名、定制颜色或图案，应该会越来越多。预计未来将有更多品牌投入个性化包装设计定制的开发中，以满足消费者对个性化和高品质产品的不断追求。

总的来说，化妆品包装的发展趋势是向着精致简约与便携实用、环保与可持续发展、科技创新赋能、个性化服务定制，同时注重可持续发展和可循环利用的原则。

四、结论

当前，包括原材料供应、设计研发、生产制造、市场销售等化妆品包装产业已形成完整的产业链；中国化妆品包装市场已经形成以塑料类包装为主导，玻璃包装、金属与纸质包装等为辅的品类结构；华东、华南两大区域，已经成为中国化妆品包装核心集聚生产区；在产品同质化严重、市场竞争激烈的大环境下，国内外知名化妆品包装企业与国内一批中小企业共同“混战”。他们卷技术、卷工艺、卷设计、卷价格、卷营销。

中国化妆品行业经过几十年的发展，包装早已不再满足保护、储存、运输三大基本功能。在化妆品市场竞争越来越卷的今天，通过包装创新实现保护价值、使用价值、情感价值，已经成为化妆品企业的重要课题。在全球化背景下，中国化妆品包装产业面临创新、绿色、可持续的高质量发展机遇和挑战，安全、环保、低碳、绿色的发展模式已成为中国化妆品包装产业发展的必然选择，以此推动产业的可持续发展，为消费者提供更加安全、环保、优质的包装产品。

如何准确把握市场需求和发展趋势，以不断满足企业产品经理开发包装材料的安全性、美观性、性价比三大关键因素，以及造型风格、材质质感、功能效果等要求。因此，中国化妆品包装企业必须从产品经理视角去洞察、开发化妆品包装，而从市场竞争视角去综合考虑包装开发的技术、创新和管理。

（作者单位：姚永斌，中国香料香精化妆品工业协会；
黄志东，美妆头条）

扫码看参考文献

中国化妆品气雾剂市场现状及发展趋势

邵庆辉 唐春兰

摘要：化妆品气雾剂是化妆品的重要剂型之一，本文就化妆品气雾剂做了定义。分析了欧美以及中国的化妆品气雾剂市场情况，发现欧美的化妆品气雾剂市场相对稳定，中国化妆品气雾剂市场呈现持续增长的态势。但是，中国化妆品气雾剂面临法规监管、安全、环保，以及“碳中和，碳达峰”目标实现的挑战。未来化妆品气雾剂将会呈现品类更加细分，功效更加聚焦，产品更加安全，消费大众化，运输更加方便快捷的发展趋势。科技创新将会是推动中国化妆品气雾剂市场可持续健康、高质量发展的必由之路。

关键词：化妆品 气雾剂 高质量 法规 碳中和 碳达峰

一、化妆品气雾剂简述

（一）概念与定义

气雾剂是将内容物密封盛装在装有阀门的容积不大于1L的容器内，使用时在推进剂的压力下内容物按预定形态释放的产品。这类产品以喷射的方式使用，喷出物可呈固态、液态或气态，喷出形状可分为雾状、泡沫、粉末、胶束状等。化妆品气雾剂是指符合气雾剂定义范畴的化妆品。

（二）化妆品气雾剂组成

化妆品气雾剂产品是由罐（铝罐、铁罐为主）、气雾阀、促动器、推进剂，以及内容物（功效成分）组合而成。

二、化妆品气雾剂市场现状

（一）欧美市场现状

根据中国包装联合会气雾剂专业委员会，以及来自日本气雾剂产业新闻周刊，美国气雾剂刊物《SPRAY》，欧洲气雾剂刊物《AEROSOL EUROPE》披露的数据。自 2015 年至 2023 年，美国化妆品气雾剂市场统计数据在 9 亿罐 / 年（ ±5% 范围内浮动），人均消费量约 2.73 罐 / 年；欧洲化妆品气雾剂市场统计数据在 29 亿罐 / 年（ ±5% 范围内浮动），人均消费量约 3.8 罐 / 人；日本化妆品气雾剂市场统计数据在 2.7 亿罐 / 年（ ±5% 范围内浮动），人均消费量约 2.2 罐 / 人。

从上述披露数据可知，美国、欧洲和日本属于化妆品气雾剂消费成熟度比较高的国家和地区，也说明了化妆品气雾剂的市场占比是一个国家气雾剂产业成熟的风向标。

（二）中国市场现状

根据中国包装联合会气雾剂专业委员会的统计数据，自 2015 年至 2023 年，中国化妆品气雾剂市场消费量处于一个上升的趋势，2019 年达到 5.3 亿罐左右，2020 年至 2021 年，市场总量有所滑落，2022 年至 2023 年，市场消费逐渐转向上行周期，2023 年达到 5.5 亿罐左右，化妆品气雾剂在国内气雾剂全品类中的占比有所上升，相关数据对比见图 1 及图 2。

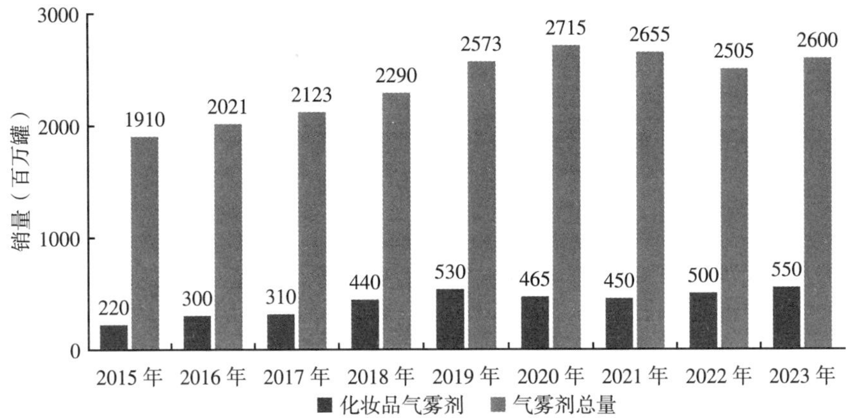

图 1　2015—2023 年化妆品气雾剂市场发展现状分析

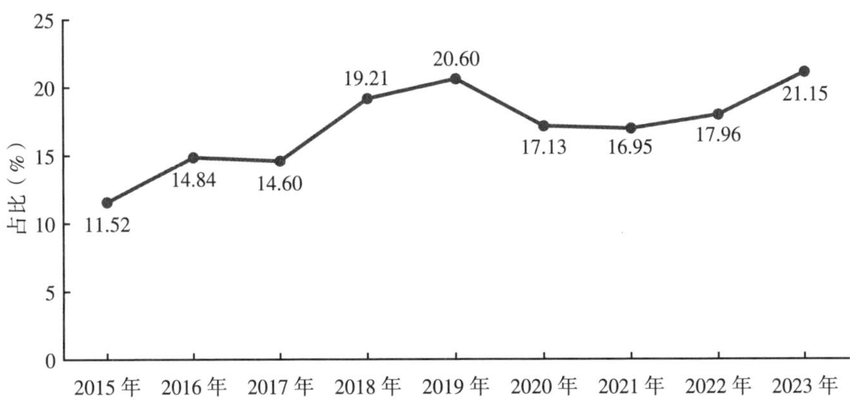

图 2　2015—2023 年化妆品气雾剂占气雾剂总量的比例趋势图

（三）中国化妆品气雾剂细分市场简述

来自美业研究院提供的数据显示，2023 年度气雾剂品类销售情况及同比增速如图 3 及图 4 所示，其中洁面慕斯是市场销量最大的化妆品气雾剂产品。

1. 防晒气雾剂

据防晒喷雾市场洞察数据得知，近 2 年防晒备案仍以防晒乳 / 霜为主，但防晒喷雾备案占比呈上升趋势，2023 年度，防晒喷雾气雾剂品类的销售数为 1265.3 万件，销售额为 105199 万元（图 3）。

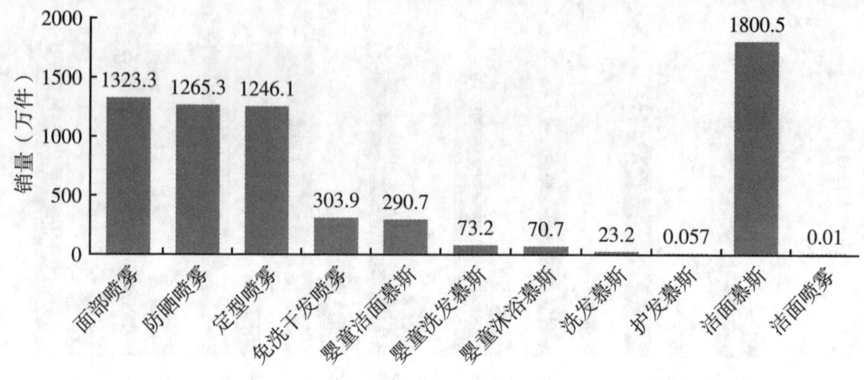

图 3　2023 年气雾剂品类销售情况

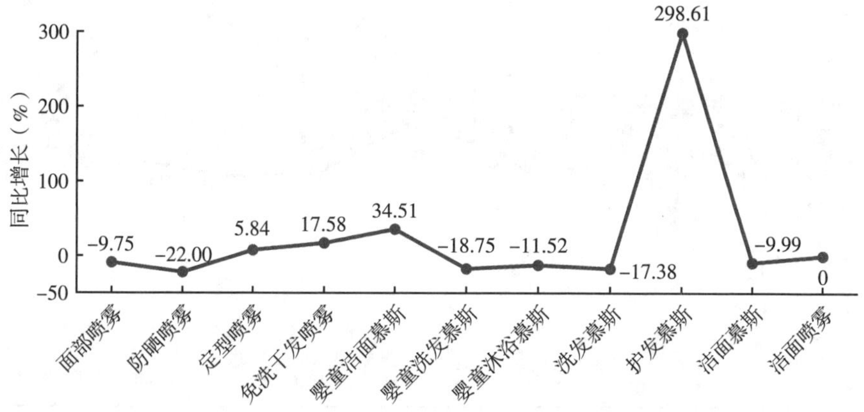

图 4　2023 年气雾剂品类同比增速情况

2. 保湿（补水）气雾剂

来自美业颜究院数据显示，2023 年度，面部保湿（补水）气雾剂品类的销售数为 1323.3 万件，销售额为 108261.6 万元（图 3）。

3. 发用气雾剂

定型喷雾、免洗干洗喷雾、定型摩丝等成熟品类为气雾剂企业近 1 年布局的主要品类，且增速十分稳定；染发喷雾等新兴细分品类涌入市场。来自天猫与淘宝的数据如图 5 所示，由于线上营销方式多元化，上述数据仅仅是该品类气雾剂市场的一个缩影。

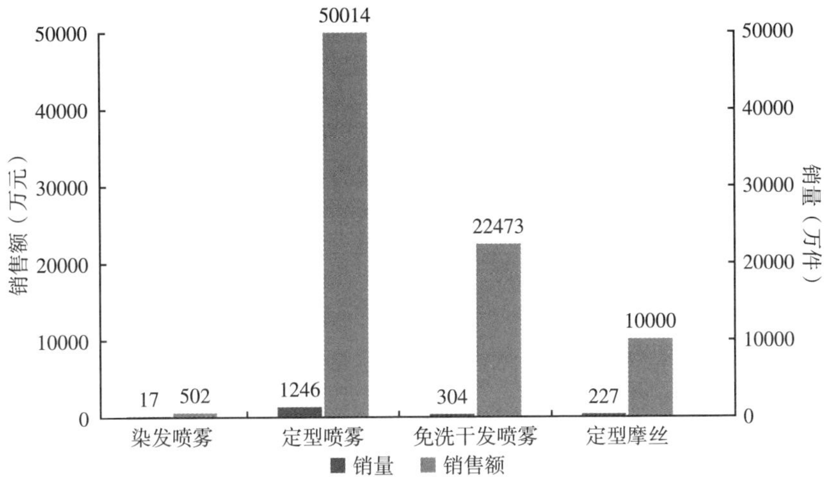

图 5 2023 年度天猫与淘宝平台发用气雾剂数据分析

4. 洁面慕斯类气雾剂

根据美业颜究院数据，2023 年度天猫与淘宝洁面慕斯与洁面喷雾气雾剂数据分析见图 6。洁面慕斯作为一种市场上广泛存在的洁面产品，但已经拥有众多品牌和类型，竞争非常激烈。然而，洁面喷雾气雾剂型虽然在市面上的产品种类相对较少，但它展现出了巨大的发展潜力和市场前景，洁面喷雾气雾剂型能够提供定制化的清洁体验，满足不同肤质和个性化需求，这在消费

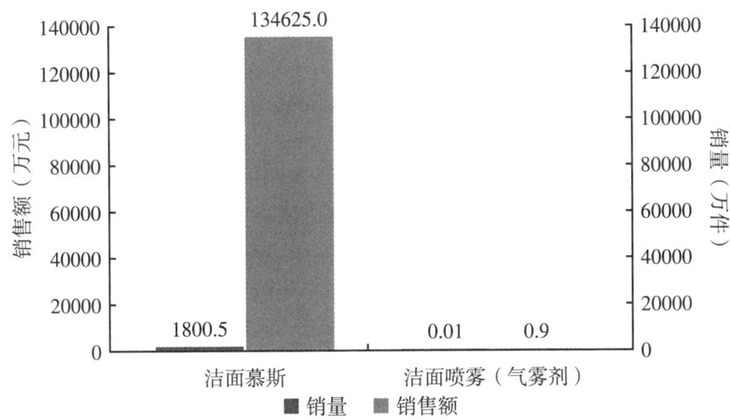

图 6 2023 年度天猫与淘宝洁面慕斯与洁面喷雾（气雾剂）数据分析

者中越来越受欢迎，由于市场上同类产品不多，洁面喷雾气雾剂型有更大的

空间去开拓市场，吸引新的消费者群体。

5. 沐浴慕斯气雾剂

根据美业颜究院数据，2023 年天猫与淘宝沐浴慕斯与沐浴慕斯全品类数据分析见图 7。在 2023 年的天猫与淘宝平台，沐浴慕斯市场展现出了显著的增长趋势。数据显示，沐浴慕斯的销售额达到了约 1.3 亿元，这一数据不仅反映了消费者对这一产品类型的偏爱，也揭示了其在个人护理市场中的强劲竞争力。其中，气雾剂慕斯以其创新的剂型和使用体验，正成为个人护理领域的新宠，由数据得知，气雾剂沐浴慕斯规模接近 1000 万，说明市场正处于起步阶段，预示着这一细分市场的巨大潜力。

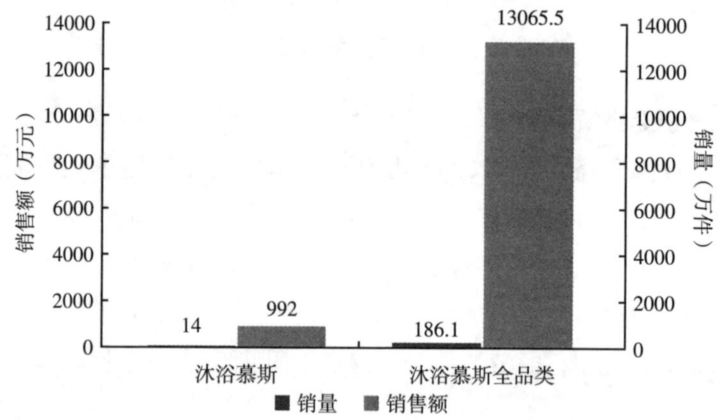

图 7　2023 年天猫 & 淘宝沐浴慕斯与沐浴慕斯全品类数据分析

综上所述，这一市场分析揭示了消费者对个性化和便捷性产品的需求日益增长，尤其是气雾剂剂型的沐浴慕斯，以其独特的泡沫质地和快速清洁效果，满足了现代消费者对高效沐浴体验的追求。随着消费者对生活品质的不断追求，预计沐浴慕斯市场将继续扩大，为品牌提供更多的创新和市场拓展机会。

6. 儿童用气雾剂

化妆品气雾剂的使用体验感较好，又比较适合线上推广，因此儿童用的气雾剂产品也得到了市场和消费者的认可，比如儿童洗发沐浴二合一慕斯。根据美业颜究院数据，2022—2023 年天猫与淘宝婴童洗发沐浴慕斯的销售数约 370 万件，销售额达 21037 万元。

三、化妆品气雾剂市场发展趋势展望

（一）生产许可区域分布现状

据国家药品监督管理局发布的化妆品监督管理统计年度数据可知，截至2023年，国内具备化妆品生产许可证的生产企业一共约5722家，其中有120家化妆品生产许可证申证单元涵盖气雾剂类，占全部化妆品生产企业的2.1%。化妆品生产许可证申证单元含气雾剂类的生产企业具体分布如图8所示，其中，广东省化妆品气雾剂生产企业数量为67家，占全国总数的56%，这与广东省作为国内气雾剂产业链配套最为完善的区域优势有着密切的关系。

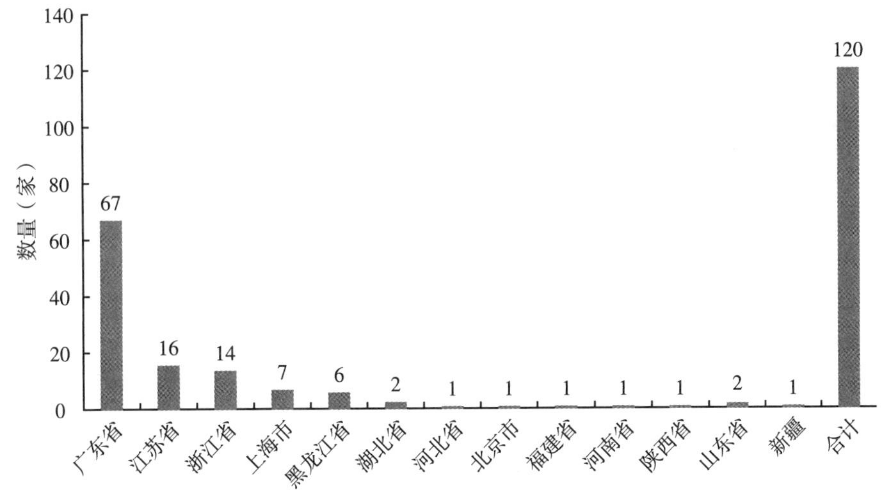

图8 2023年国内化妆品气雾剂生产企业分布

（二）备案现状分析

2015—2023年期间，化妆品气雾剂备案品种数复合增长率为27.67%，供应链端稳定增长；同期备案品牌数复合增长率为36.5%，品牌方布局更为积极；2023年备案品种数达到顶峰，尽管法规收紧后供应链端布局趋于谨慎，但近一年市场端在售商品数仍呈现增长趋势，化妆品气雾剂赛道成为品牌方关注的焦点之一。

（三）产品发展现状分析

随着美妆国潮的兴起，化妆品气雾剂市场规模逆势上扬，出现了一批新锐品牌，销量增速远超护肤、彩妆、洗护大盘；2021—2023 年线上化妆品气雾剂市场渗透率维持在 2.1% 左右，夏季化妆品气雾剂产品渗透率最高，比如防晒喷雾类，部分化妆品气雾剂产品特征与季节需求相匹配。

（四）化妆品气雾剂未来发展趋势

参考欧美日化妆品气雾剂的发展现状，以及近年来国内化妆品气雾剂良好发展态势，随着线上、线下商业模式的融合发展，结合国人的消费能力和消费习惯，展望未来 3~5 年，化妆品气雾剂将会延续持续增长态势。

展望未来，化妆品气雾剂品类将会更加细分，功效更加聚焦，产品更加安全，消费趋于大众化，产品产量将会逐级攀升，气雾剂品类在化妆品中的市场渗透率将会持续增长。

（五）化妆品气雾剂市场发展面临的挑战

由于不少气雾剂产品采用丙丁烷或者二甲醚作为抛射剂，标签有火苗标识，比如发用气雾剂、防晒气雾剂等，按照目前的快递法规，产品的快递运输受到一定的影响，甚至有快递物流不接气雾剂产品订单。随身携带化妆品气雾剂乘高铁也有相应的限制规定，容量的限制要求为不大于 150ml；随身携带气雾剂产品乘飞机对于容量的限制要求为不大于 100ml。上述法规和规定已经严重不符合化妆品气雾剂产业发展的需要，经济双循环的时代需要更加接地气的法规出台，与时俱进，在确保安全的框架下，用于规范和鼓励支持化妆品气雾剂的高质量可持续发展。

四、化妆品气雾剂发展对策及建议

（一）法规与监管

《化妆品监督管理条例》自 2021 年 1 月 1 日正式施行，这是具有里程碑意义的“化妆品基本法”。随后相继出台了《化妆品生产经营监督管理办法》

《儿童化妆品监督管理规定》《化妆品生产质量管理规范》《化妆品生产质量管理规范检查要点及判定原则》等部门规章、规范性文件。

法规体系的不断完善促使化妆品气雾剂品牌和生产企业与时俱进，使化妆品气雾剂从包装标识、产品备案、产品研发、硬件升级、过程控制等工作方向更加明确。按照法规的要求，《化妆品安全技术规范（2022 年版）》征求意见稿中，6 款防腐剂不能应用于化妆品气雾剂剂型，所有含甲醛或含可释放甲醛物质的化妆品，当成品中甲醛浓度超过 0.05%（以游离甲醛计）时，禁用于喷雾产品；二（羟甲基）亚乙基硫脲作为一种发用调理剂，被禁用于喷雾产品。

2023 年 8 月，《儿童化妆品技术指导原则》发布实施，该文件中不建议儿童使用喷雾型防晒化妆品，如必须使用时，应当充分考虑吸入风险，在使用方法中标注“请勿直接喷于面部”“请先喷于手掌、再涂抹于面部”“避免吸入”等类似警示用语。但是在该文件中 2.7.2 章节（产品安全评估报告）2.7.2.5（含推进剂的喷雾产品的评估）中提出：含推进剂的喷雾产品实际使用时，配方原料在人体的暴露量为除去推进剂后的原料浓度，应当将推进剂与其他原料分开评估，其他原料的评估浓度应为扣除推进剂后配方（以百分之百计）中各组分的浓度。

《化妆品安全评估技术导则（2021 年版）》中，考虑到吸入的风险，不能使用纳米级原料。依照《化妆品注册备案资料管理规定》及《化妆品分类和标签规范》的内容，产品上需要标注警告词、警告语及火焰标。依照《化妆品注册和备案检验工作规范》产品的检验方式不同，气雾剂产品需要经过前期取样后检测，需要有内压、喷出率的检测。

2024 年 5 月，中国食品药品检定研究院制定了《化妆品安全评估资料提交指南》予以发布，该指南中将化妆品分为第一类化妆品和第二类化妆品，其中特殊化妆品属于第一类化妆品，因此防晒喷雾、美白喷雾、染发慕斯或者啫喱等特证，以及婴幼儿和儿童用，或者使用安全监测期内新原料的气雾剂型化妆品归为第一类，在注册或者备案时提交化妆品安全评估报告。

第二类化妆品中符合第一类化妆品的气雾剂剂型产品，除提交化妆品安全评估基本结论外，还应当提交推进剂的安全评估资料。

化妆品安全评估报告自查要点中，针对气雾剂型的化妆品安全评估有如下要求：由于推进剂一般具有较强的挥发性，含推进剂的气雾剂型产品实际使用时，仅有微量的推进剂残留人体表面，因此，除推进剂外的配方原料在人体的暴露量为除去推进剂后的原料浓度，应当将推进剂与其他原料分开评估，其他原料的评估浓度应为扣除推进剂后配方（以 100% 计）中各组分的浓度；而推进剂可单独评估或按照其在配方中的使用浓度进行评估。另外，对存在吸入毒性风险的推进剂还需对其吸入毒性进行安全评估。

从市场和消费者安全层面考虑，我们认为，如果儿童防晒气雾剂如果能够满足安全评估的要求，在确保安全用妆的前提下，也是可以申报该剂型的防晒产品。

（二）科技创新

化妆品气雾剂的发展得益于社会的需要、人民的需要、时代的需要，所以需要是创新的前提，需要是创造的源泉。在科技创新方面有如下几点。

1. 与时间赛跑

和日本、欧美的化妆品气雾剂产业相比，中国与之有一定差距，我们要有紧迫感，学会与时间赛跑，科学应用新的原料、工艺、推进剂、包装技术、灌装技术，培育市场、消费者需要的产品。

2. 功能创新

化妆品气雾剂产品的特点：①密封性好，隔绝空气，避免氧化；②场景化设计，方便使用；③适当防腐，表外防腐，甚至不需要防腐，使用过程中杜绝二次污染；④形态多变，体验感强；⑤功效显著，使用安全等。

3. 科技创新

中国植物资源丰富，植物来源的提取物中含有各种活性成分，比如多糖、多肽、黄酮、多酚、氨基酸等，可以很好地为化妆品气雾剂赋能，“药妆”同源，“食妆”同源的创新原料将会从大自然中挖掘出来。随着生物发酵、生物合成、基因重组、基因测序等新技术的突破，势必将会为气雾剂剂型的化妆品提供更多优秀的新原料。另外，纳米科技、脂质体包裹技术、微射流等技术的发展，也会在气雾剂剂型的化妆品上大放异彩。

基于化妆品气雾剂产品的个性化特点，我们乘着打造“国产美妆”，打造“中国成分”，以及高质量发展的东风，在功能、包装、形态、体验方面开发出更多满足人体各种需要属性的化妆品气雾剂。

（三）安全与环保

目前，中国气雾剂产业逐渐发展成为继欧洲、美国后的全球第三大生产地区，气雾剂行业面临着更严格的行业安全、环保政策的压力。

随着近年国家对气雾剂行业安全、环保要求的不断提高，国家对涉危险化学品名录的化妆品气雾剂生产企业纳入“安全生产许可证”管理范畴。环保部门强化对气雾剂企业的规范化环境监管，加强排查环境安全隐患，监控“三废”排放达标。

近年来，不具备安全和环保条件的气雾剂生产企业逐渐淘汰，行业集中度不断提高。随着安全和环保法规政策和监管的趋严，化妆品气雾剂生产企业将会迎来新的发展机遇。

（四）标准与规范

中国目前已制订了若干化妆品气雾剂相关的标准和规范，涵盖了国标、行标，以及各种团体标准等。标准和规范具体包括产品标准、原料标准、罐、阀门标准，以及检测、安全、环境和其他标准规范等。比如，已经实施的GB/T 14449《气雾剂产品测试方法》、BB/T 0086《二元包装囊阀气雾剂》、BB/T 0001《气雾剂灌装机通用技术条件》、GB/T 17447《气雾阀》、BB/T 0085《二元包装囊阀》等。

未来，针对化妆品气雾剂产业和产品，相关的标准与规范要深入功效、毒理、安全、健康、环保、绿色等多维度展开，有力推动行业健康发展

（五）“碳中和，碳达峰”对化妆品气雾剂发展的挑战

气候变化是人类面临的全球性问题，近年来随着经济的高速发展，二氧化碳的排放增多，温室效应明显，对地球生命系统产生了很大的威胁，世界各国以协约的方式减排温室气体。中国提出了“2030年实现碳达峰，2060年实现碳中和”的目标，这也是对化妆品气雾剂产业发展提出的挑战。

气雾剂产品需要用到推进剂，节能减碳是行业关注的重点，因此推进剂要应用低ODP（低臭氧消耗潜能）值，低GWP（低全球变暖潜能）值的推进

剂。大力推广二元包装囊阀化妆品气雾剂，在满足功能性的前提下，一元包装气雾剂要尽量减少推进剂的含量，并适当降低内压，同时采用更加环保的推进剂，比如氢氟烯烃（HFOs）推进剂的应用。另外，包装的回收利用也是化妆品气雾剂低碳发展需要关注的重点，比如全塑气雾阀的开发利用，可降解型塑料容器的应用，铝罐、铁罐的回收利用、商品过度包装的限制等。

基于国内化妆品气雾剂处于发展阶段，未来增长空间可期，我们要努力从气雾剂产业链低碳发展角度，探索实现“碳中和，碳达峰”的路径，推动该细分行业高质量发展。

（作者单位：邵庆辉　唐春兰，中山市天图精细化工有限公司）

行业热点篇

◎ 2023 年中国化妆品安全热点事件分析报告

◎ 从“毒面霜”事件看儿童化妆品添加禁用原料的危害

◎ 化妆品行业规范发展典型事件分析报告

◎“一号多用”专项检查行动成效研究报告

2023年中国化妆品安全热点事件分析报告

陈培婵　许明双　王祺

摘要：随着“颜值经济”的快速崛起，当前，我国已成为全球第二大化妆品消费市场。消费者需求从“单一需求”向场景化、更具体、更精准的“多维度”需求转变，线上销售渠道成为主流，直播带货、种草营销、小样经济等持续火爆。与此同时，化妆品产业正处于迈向高质量发展和高水平安全的关键时期。但一号多用、违法添加、概念炒作等新形式、新问题给化妆品产业发展及监管带来新的挑战。

关键词：化妆品　高质量发展　监管挑战

一、年度化妆品舆情传播情况

随着“颜值经济”蓬勃发展，人们对自我形象的追求和悦己意识日益增强，在化妆品行业持续繁荣的背景下，本土品牌崭露头角。短视频、小红书等社交平台和种草文化的兴起，使得化妆品信息传播更加迅速和广泛。市场竞争愈发激烈，与此同时也暴露出产品质量良莠不齐、虚假宣传等市场乱象，舆情风险增加。

（一）舆情走势

近3年化妆品舆情信息总量呈下降趋势（图1），2023年信息量为83.2万篇次，较2022年下降49.6%。

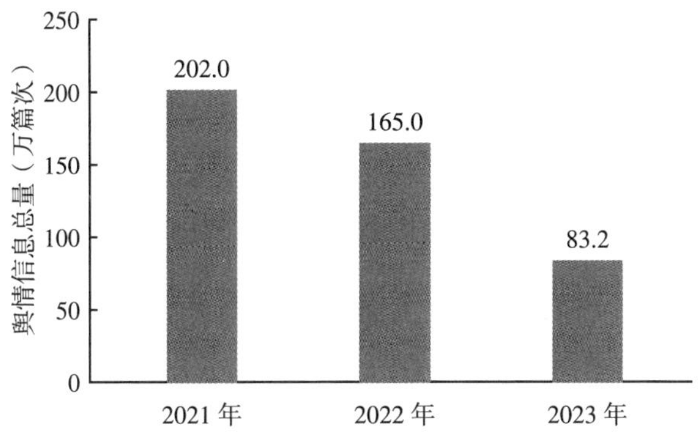

图1 近3年化妆品舆情信息总量对比

2023年化妆品相关舆情传播呈现“波浪式”（图2）。3月，受3•15相关报道反映化妆品乱象影响，舆情出现波动。8月，日本启动核污染水排放，日产化妆品安全问题备受争议，受相关信息持续影响，9月化妆品舆情传播量达到全年最高峰。

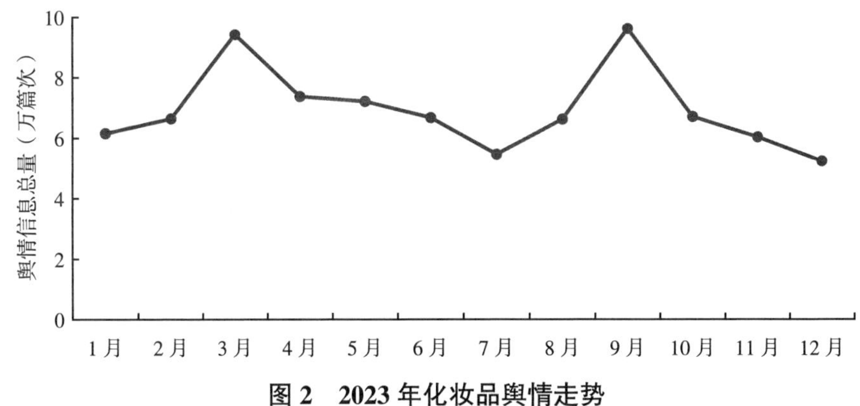

图2 2023年化妆品舆情走势

（二）传播渠道分布

由图3可知，近3年，网民对化妆品相关信息关注度显著高于媒体。2023年，社交类媒体总占比超过八成，其中微博平台占比呈下降趋势，但仍接近七成，微信平台占比增幅明显，较2022年上升77.6%。

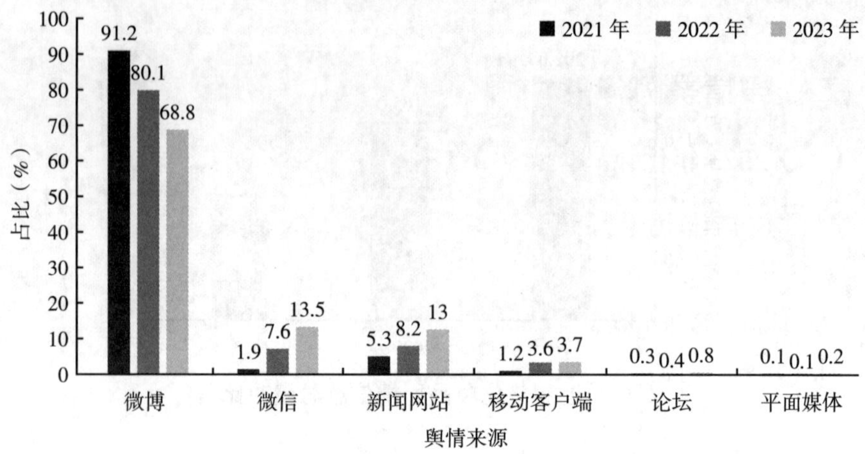

图 3　近 3 年化妆品舆情来源占比情况

（三）舆情内容分布

由图 4 可知，2023 年，监管部门主动发布信息占比较高，监督执法类信息与 2022 年（25.6%）水平相当，排名第 1 位。政策法规、信息发布类信息与 2022 年（18.8%、17.2%）相比略有下降。化妆品安全信息占比达 23.8%，较 2022 年上升 14.1 个百分点，主要涉及日本排放核污染水致日系化妆品安全性遭质疑、红色蜗牛婴初霜被曝非法添加抗生素等舆情事件。

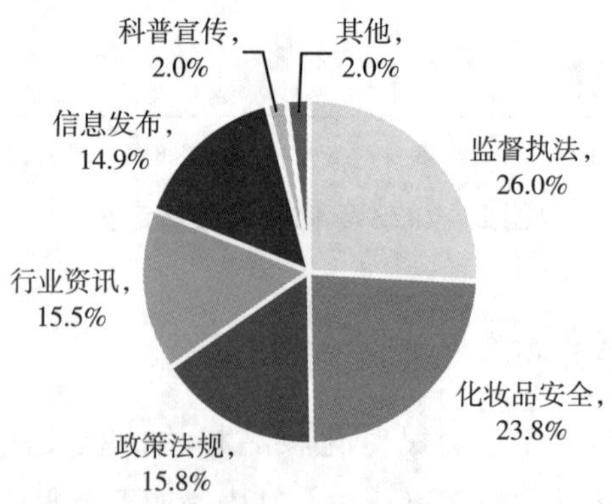

图 4　2023 年化妆品舆情传播内容分布

二、舆情案例分析

（一）2023 年化妆品热点舆情

1. 日本排放核污染水致日系化妆品安全性遭质疑

2023 年 4 月 13 日，日本政府正式决定将核污染水排入海洋，受到全球关注。6 月 13 日，网上传出 SK- Ⅱ化妆水日本生产地涉嫌核污染的消息，次日，SK- Ⅱ母公司宝洁回应上述消息不实，多家日本化妆品品牌也回应称旗下产品符合中国标准。8 月 24 日，日本启动福岛第一核电站核污染水排海，引发全网热议与声讨。日本进口化妆品的安全性问题始终是舆论关注的焦点，不仅涉及日本产化妆品、日本品牌化妆品，使用日本产原料的国产化妆品也受到关注。舆论普遍担心相关化妆品一旦受到核污染，会对消费者的身体健康造成严重影响，呼吁监管部门强化进口化妆品监管力度。同时，业内有观点指出，核污染可能引发国内化妆品行业大规模的原料替换潮，或将利好国内化妆品原料厂商。

2. 测评博主曝光婴童面霜含抗生素

2023 年 7 月初，知名测评博主“老爸评测”（抖音平台粉丝量 2299.2 万）在多个社交平台发布视频和文章称，有粉丝反映，在给 6 月龄的宝宝多次使用红色蜗牛婴初霜后，宝宝脸上突然开始冒痘、长毛，出现红斑。据此，“老爸评测”对相关产品进行检测发现，该款婴童护理产品中含有抗生素他克莫司。经查，涉事产品的备案公司曾屡次在其不同产品中添加违禁成分。相关信息引发“宝妈圈”高度关注，舆情迅速升温。2024 年初，广州市白云区市场监督管理局发布行政处罚信息，广州中浩生物科技有限公司因使用禁用原料他克莫司生产红色蜗牛婴初霜等产品，被罚没 110.05 万元。舆论指出，不法商家在儿童化妆品中违规添加抗生素、激素的现象屡见不鲜，行业乱象亟待解决。

（二）2023 年化妆品行业法规热点

1.《牙膏监督管理办法》及配套文件发布

2023 年 3 月 16 日，国家市场监督管理总局发布《牙膏监督管理办法》

（简称《管理办法》）。《管理办法》共25条，明确了牙膏定义和监管部门、牙膏及牙膏原料的管理要求、牙膏功效管理和标签要求，并继续沿用目前的牙膏生产许可制度，对牙膏生产颁发化妆品生产许可证等方面内容。11月22日，国家药品监督管理局（简称国家药监局）发布《牙膏备案资料管理规定》（简称《规定》），细化牙膏备案各项资料要求，明确牙膏参照普通化妆品备案资料管理的具体要求，重点对牙膏的备案资料、安全评估、功效评价等作出专门管理规定。上述文件均自2023年12月1日起正式施行（表1）。

表1 《牙膏监督管理办法》及其配套文件

法规名称	发布时间	施行时间
《牙膏监督管理办法》	2023年3月16日	2023年12月1日
《牙膏备案资料管理规定（征求意见稿）》	2023年9月25日	—
《牙膏备案资料管理规定》	2023年11月22日	2023年12月1日

注：—表示无相关内容。

舆论主要关注以下两个方面。

一是认为牙膏监管将有法可依，可有效遏制行业乱象。《中国医药报》刊发《牙膏全面纳入化妆品监管体系》称，《管理办法》统筹考虑牙膏与普通化妆品监管的共性和特殊性，结合牙膏行业发展和监管实际进行制度设计，促进牙膏产业健康发展。此外，《管理办法》对牙膏行业提出了更加规范化的要求对牙膏行业备案管理，监管部门监管处罚违规违法企业将有章可循、有法可依，体现了监管部门在“放管服”改革的大背景下推进牙膏行业规范发展的目标。

南方都市报客户端发表《牙膏监管新规12月1日起实施：禁止明示或暗示具有医疗作用》指出，《管理办法》的公布对牙膏功效宣称等作出专门管理规定，明确牙膏参照管理的具体要求。在《管理办法》的执行下，牙膏市场功效宣称的乱象有望得到整治，不良的牙膏商家也将退出历史的舞台。

微信公众号“化妆品报”发表《倒计时8天！牙膏备案细则解读》称，《规定》不仅明确界定了牙膏可发挥的功效范围，同时对功效性牙膏在安全性的把控上要求更高。《规定》的出台，意味着《化妆品监督管理条例》中“牙膏参照本条例有关普通化妆品的规定进行管理”的内容将得到进一步细化。

二是关注新规对牙膏行业的影响，认为其利好头部企业，促进行业良性发展。中国经营网发表《牙膏新规出台 行业迈向规范发展》表示，新规带来的最大变化当属牙膏试行备案制，备案制对成熟的企业并不会有太大的影响，对头部企业实则是更利好的。此外，由于《管理办法》对牙膏标签标注有了更严格的要求，急需快速发展的中小品牌很难再通过“营销手段”抢占市场份额，从而促进企业加大投入进行产品创新。

微信公众号“美妆网”发表《12月施行！牙膏备案明确细则》称，《规定》明确了牙膏备案要求，促使企业更好地把控产品的推广节奏和新品上市节奏，做好相应的合规管理准备和应对。同时淘汰违规企业，净化牙膏行业的生态环境。

2.《化妆品网络经营监督管理办法》出台

2023年4月4日，国家药监局发布《化妆品网络经营监督管理办法》（简称《办法》），自2023年9月1日起施行。《办法》明确，化妆品电子商务经营者包括化妆品电子商务平台经营者、平台内化妆品经营者以及通过自建网站、其他网络服务经营化妆品的电子商务经营者；规定了平台开展实名登记、日常检查、违法行为制止及报告、质量安全重大信息报告等管理责任要求；规定了平台内化妆品经营者应当履行的进货查验、产品信息展示、风险控制、问题产品召回、产品贮存运输等义务。

舆论普遍认为《办法》明确了化妆品网络经营的监管对象，压实了平台的管理责任，约束了平台内化妆品经营者，有利于完善社会共治。如《法治日报》称，《办法》不仅规定了电商平台就化妆品经营者开展实名登记、日常检查等基本责任，而且明确了平台在违法行为制止及报告、质量安全重大信息报告等方面的管理责任。

《中国医药报》刊发《创新监管，护航网络经营活动》称，《办法》强调要进一步加强平台与监管部门的沟通协作，充分发挥平台在化妆品网络监管中的优势作用。这种政企协作机制是《办法》的一大亮点，也是社会共治原则的一种“落地”。对于平台而言，积极协助监管部门开展化妆品网络经营行为管理，会为其带来显而易见的法律与社会正收益。

微信公众号“美妆网”表示，新规敲定，线上平台销售的化妆品检验结果不仅能直接影响同品牌的其他批次产品，还会影响线下同批次产品的售卖，并且品牌及企业的声誉也会因此遭受重创。这就要求平台内化妆品经营者明确自身职责，把好产品关，细心谨慎经营，从源头处阻断不合规的产品进入网络平台。

此外，微信公众号“化妆品报”撰文指出，《办法》作为一个在全新领域开启的新法规，会给线上的化妆品经营圈带来一定冲击。电商平台及其入驻品牌商家作为监管的重点对象已然首当其冲。伴随着国家对线上化妆品经营的监督管控愈加严格，线上化妆品市场或将迎来一场全新变革。

三、舆情风险趋势

1. 网售化妆品乱象持续受关注

目前，线上销售逐渐成为化妆品销售的主要渠道。与此同时，网络销售、直播带货相关乱象屡禁不止，一号多用、虚假宣传、假冒仿制等问题成为媒体频频曝光的焦点，易引发舆论热议。网络销售违法违规行为具有隐蔽性、发散性等特征，对监管提出新的挑战。相关部门需加强研究探讨，创新方式方法，加大监管力度，对行业形成有力震慑。

2. 儿童化妆品、知名品牌化妆品等舆情风险级别较高

儿童化妆品一直是监管和舆论关注的焦点，叠加非法添加、虚假宣传等问题，易迅速形成热点话题。同时，知名品牌相关事件易引发话题发散、裂变、衍生，受到舆论持续关注。

3. 政策发布显著提升舆论对化妆品行业的关注度

近年来，化妆品相关政策法规文件陆续出台、逐步落地，持续吸引产业、媒体、网民等多方关注，特别是产业关注的化妆品功效、网络销售等监管要求相关话题，易引发舆论聚焦。监管部门还需加强政策发布前的风险研判，并持续关注政策发布后舆论反馈、行业声音，引导行业有序发展。

（作者单位：陈培婵　许明双　王祺，中国健康传媒集团）

从“毒面霜”事件看儿童化妆品添加禁用原料的危害

蔡杏

摘要：儿童化妆品违规添加激素、抗生素，一直是行业顽疾。2023 年，红色蜗牛婴初霜被曝含有抗生素他克莫司，引发行业关注。“毒面霜”事件曝光后，监管部门迅速响应，一是迅速出台化妆品中他克莫司的补充检验方法，二是立案调查，涉事企业最终被吊证、禁业。本文通过分析“毒面霜”事件的发酵过程、处罚结果，对儿童化妆品添加违禁原料的现状、原因、危害进行探讨，并结合新规，对监管部门、企业科学管控“关键原料”提出合理化建议，以从根源解决产品安全问题，切实保障儿童用妆安全。

关键词：毒面霜 违禁添加 儿童化妆品

一、儿童“毒面霜”事件始末

（一）起始阶段：问题产品被曝光

2023 年 7 月 3~5 日，知名测评博主“老爸评测”在多个社交平台发布视频和文章称，有粉丝在给 6 月龄的宝宝使用一款名为“红色蜗牛婴初霜”的儿童护理品后，宝宝脸上突然开始冒痘、长毛，出现红斑。经过一系列检测，@ 老爸评测发现，该产品添加了 0.034% 的他克莫司成分。

国家药品监督管理局（简称国家药监局）网站备案信息显示，红色蜗牛婴初霜先后由广州恒澜生物科技有限公司（简称恒澜生物）和广州中浩生物科技有限公司（简称中浩生物）备案生产，且两者地址一致。而早在 2022 年，恒澜生物就因使用禁用原料生产儿童化妆品，被吊证且处 10 年禁业，公司法人和生产负责人均被终身禁业。

“儿童护肤品”“抗生素”“行业惯犯”，几大敏感词相叠，瞬间引发行业广泛关注。

（二）发展阶段：涉事企业发声明否认

针对@老爸评测的质疑，中浩生物于2023年7月3日发布《关于红色蜗牛产品的郑重声明》，指责@老爸评测“无中生有，捏造事实，不知道所检测的产品来自哪里”，并声称其产品已完成备案，每个批次都严格检测过超百种激素成分，均未发现任何违规添加剂。

（三）高潮阶段：监管部门出台检验方法

根据《化妆品安全技术规范（2015年版）》，抗生素类属于化妆品禁用组分，不得作为生产原料及组分添加至化妆品中。然而，目前并无他克莫司在化妆品中的检测方法，这也是红色蜗牛婴初霜得以上市流通的原因。

7月7日，国家药监局发布《化妆品中他克莫司和吡美莫司的测定》，对于膏霜乳类、液体（水、油）类化妆品中他克莫司和吡美莫司的定性和定量测定给予官方标准。

监管部门快速响应，补充完善检测方法，可见对儿童化妆品违禁添加的重视。

（四）收尾阶段：涉事企业被严惩

2023年7月12日，浙江临海市场监督管理局发布消息称，现场抽样并送检3批次红色蜗牛婴初霜，均被检出他克莫司。

2023年7月13日，红色蜗牛婴初霜被注销备案。与此同时，广东省药品监督管理局责令中浩生物暂停生产经营，召回上述产品，并立案调查。

2024年1月2日，广州市白云区市场监督管理局发布行政处罚信息，中浩生物因添加违禁原料生产儿童化妆品被罚没共计110.05万元。

2024年6月28日，广东省药品监督管理局公布行政处罚信息，中浩生物被吊证、禁业10年，法定代表人和质量安全负责人均被终身禁业。

二、儿童化妆品违禁添加现状

（一）儿童化妆品违禁添加抽检结果

“毒面霜”事件只是儿童化妆品违禁添加的一个缩影，从整个化妆品监管情况来看，儿童化妆品违禁添加一直是抽检的“重灾区”。

据统计，2023 年国家药监局共抽检了护肤品、美妆产品、洗护用品等 22 类不同化妆品，不合格产品共 601 批次。其中，79 批次化妆品被检出禁用原料，包括地塞米松、地索奈德、氟米松、黄体酮等糖皮质激素和孕激素，多用于儿童面霜、身体乳。

2024 年 1~9 月，国家药监局共公布 29 批次化妆品被检出禁用原料，其中 6 批次为儿童化妆品，占比 20.69%。

（二）儿童化妆品违禁添加处罚情况

新规实施以来，儿童化妆品因添加违禁原料被处罚或立案调查的案例并不鲜见（表 1）。

1. 全链条整治

监管部门对于儿童化妆品添加禁用原料“零容忍”，从原料端到品牌端、工厂端进行全链条打击，以维护儿童用妆安全。譬如，福建紫妆生物科技有限公司委托漳州美皇日化有限公司生产的紫婴坊婴儿 VE 嫩肤霜，被检出含有《化妆品安全技术规范（2015 年版）》禁用组分“咪康唑”，品牌方和工厂双双被罚（表 1）。

2. 保持从严、从重态势

目前，儿童化妆品在法规保障层面和品质要求层面都高于成人化妆品，任何涉及儿童化妆品质量安全的问题，都会遭到“顶格”处罚，譬如，福州美乐莲生物科技有限公司因生产销售问题原料“莲敏舒”被立案调查，河北康正药业有限公司、广州市古得化妆品有限公司、恒澜生物则因生产的儿童化妆品被检出禁用原料受到禁业处罚，江苏娇颜芭比化妆品有限公司因添加违禁原料先后 3 次被罚，如今公司已注销，彻底退出了化妆品行业（表 1）。

表 1　新规下儿童化妆品违禁添加处罚案例一览

时间		企业名称	禁用原料	处罚结果	处罚依据	处罚机关
2021 年	8 月	福州美乐莲生物科技有限公司	生产销售的儿童化妆品原料“莲敏舒”涉嫌非法添加“本维莫德”医药中间体	立案调查	《中华人民共和国行政处罚法》第二十七条	福州市市场监督管理局
	12 月	河北康正药业有限公司	旗下杏璞修护霜（儿童型）、玉之甲杏妈修护霜（儿童型）、草本贝贝本草修护霜均被检出“本维莫德”	公司被吊销《化妆品生产许可证》，禁业 10 年；法定代表人被终身禁业	《化妆品监督管理条例》第五十九条	河北省药品监督管理局
	12 月	安徽创领化妆品科技有限公司	生产的爱音紫草膏添加了问题原料“莲敏舒”（含有本维莫德）	罚款 2 万元	《化妆品监督管理条例》第六十二条	安徽省药品监督管理局
2022 年	1 月	上海倩菲儿化妆品有限公司	产品姬程亮颜焕彩娃娃霜被检出禁用激素“倍他米松”	合计罚没 21.27 万元	《化妆品卫生监督条例》第二十七条	奉贤区市场监督管理局
	3 月	福建紫妆生物科技有限公司（当事人一）、漳州美皇日化有限公司（当事人二）	生产的紫婴坊婴儿 VE 嫩肤霜被检出禁用组分“咪康唑”	当事人一被罚没 2.7 万元，当事人二被罚没 2.5 万元	《化妆品监督管理条例》第二十八条、第六十条	福建省药品监督管理局

续表

时间		企业名称	禁用原料	处罚结果	处罚依据	处罚机关
2022 年	8 月	广州市古得化妆品有限公司	生产的米茶润臻米修护乳、金幼米茶润倍润米油霜和金幼小儿米茶膏均被检出含有可能危害人体健康的物质“本维莫德”	公司被吊销《化妆品生产许可证》，禁业 10 年；法定代表人被终身禁业	《化妆品监督管理条例》第五十九条	广东省药品监督管理局
	10 月	广州恒澜生物科技有限公司	生产的婴贝萱婴肤霜和婴康益生元身体乳被检出禁用物质“氯倍他索丙酸酯”“卤倍他索丙酸酯”和“赛庚啶”	公司被吊销《化妆品生产许可证》，禁业 10 年；法定代表人、生产负责人均被终身禁业	《化妆品监督管理条例》第五十九条	广东省药品监督管理局
2023 年	11 月	江苏娇颜芭比化妆品有限公司	生产的爱无可及婴儿草本益肤霜被检出禁用原料“特比萘芬”	处以罚款 3.8 万元；公司已注销	《化妆品监督管理条例》第六十条	江苏省药品监督管理局
	12 月	金发拉比妇婴童用品股份有限公司	生产的贝比拉比蛋黄油检出禁用原料“黄体酮”	没收违法所得 11.57 万元，罚款 249.12 万元	《化妆品监督管理条例》第六十条	广东省汕头市金平区市场监督管理局
2024 年	6 月	广州中浩生物科技有限公司	使用禁用原料“他克莫司”生产筱娃娃婴亲霜、杏庄园臻护霜等产品	公司被吊销《化妆品生产许可证》，禁业 10 年；法定代表人、质量安全负责人均被终身禁业	《化妆品监督管理条例》第五十九条	广东省药品监督管理局

注：表中内容根据公开信息整理（截至 2024 年 9 月）。

三、儿童化妆品违禁添加的原因和危害

（一）儿童化妆品监管概况

《化妆品安全技术规范（2015年版）》规定，在正常、合理及可预见的使用条件下，化妆品不得对人体健康产生危害，同时明确了化妆品禁用组分。

为进一步加强对儿童化妆品的管理，监管部门不仅推出首个专门针对儿童化妆品的监管法规《儿童化妆品监督管理规定》（简称《规定》），还特设儿童化妆品专属标志“小金盾”。

《规定》明确了儿童化妆品定义，即“适用于年龄在12岁以下（含12岁）儿童，具有清洁、保湿、爽身、防晒等功效的化妆品”，并强调注册人、备案人在设计儿童化妆品配方时，应当遵循“安全优先、功效必需、配方极简”三大原则，避免通过原料、直接接触化妆品的包装材料带入激素、抗感染类药物等禁用原料或者可能危害人体健康的物质。

此外，《化妆品生产质量管理规范》《化妆品生产经营监督管理办法》等多项政策法规，均将儿童化妆品列为监管重点。

（二）儿童化妆品违禁添加屡禁不止的原因

尽管儿童化妆品已步入严监管时代，但违禁添加仍屡禁不止，归根到底存在以下四方面原因。

1. 婴童护理市场潜力巨大

儿童化妆品乱象频发的背后是庞大的市场需求。据欧睿咨询数据，2026年中国婴童护理产品的市场规模将扩张至460亿元，未来5年年均复合增长率为7.6%。需求端的火热，给了违规产品一定的生存空间。

2. 消费者认知不足

据《婴童皮肤屏障修护白皮书》，在各种困扰妈妈的宝宝皮肤问题中，痱子、过敏和湿疹位列前三，导致宝宝哭闹且护理困难。而含有激素、抗生素的护理产品起效快、效果显著，不少家长由于对儿童化妆品的成分和安全性认知不足，因而盲目购买。

譬如，“红色蜗牛婴初霜”就因“即时缓解宝宝湿疹且不含激素”，在小

红书等社交平台上迅速走红，备受年轻家长的青睐和推崇。

3. 企业法规意识淡薄

为吸引消费者购买，一些企业不惜非法添加禁用原料，以此来提升产品的“神奇”功效。然而，这种在化妆品中添加禁限用物质的做法，实则是企业为了追求短期利润，罔顾法规，迎合市场需求的短视行为。

4. 禁限用物质检测体系有待完善

当下，新技术、新业态不断涌现，化妆品非法添加禁限用物质的手段繁多且隐蔽，对监管工作带来新的挑战。譬如，“毒面霜”涉事企业中浩生物，宣称产品不含任何激素，却添加了缺乏检测方法的抗生素他克莫司，以逃避监管。

（三）儿童化妆品违禁添加的危害

虽然这些“见效快”的产品能够暂时满足部分消费者的心理预期，但这种效果往往是以牺牲儿童的身体健康为代价的。

无论是抗生素还是激素，人体长期接触都易引起接触性皮炎、抗生素过敏等症状，并产生耐药性，一些违禁成分甚至会影响儿童的正常生长发育。以“毒面霜”中的他克莫司为例，这是一种治疗中度或重度皮炎的抗生素，如果未按医嘱使用，可能引发皮肤瘙痒、烧灼感、疱疹性湿疹等不良反应。

与此同时，此类事件频发也会损害消费者对儿童化妆品市场的信任，进而影响整个行业的健康发展。

四、促进儿童化妆品合规化发展的建议

（一）政府部门加强监管

一是加大惩处力度。建议加大对儿童化妆品市场的监管力度，如提高抽检、飞行检查频率并扩大范围，一旦发现违禁添加行为就予以严厉打击。

二是提高违法成本。与可能获得的利益相比，违法成本有时候不足一提，导致一些企业为了追求利润而冒险添加违禁成分。建议提高违法成本，针对故意添加违禁原料，情节严重且危害身体健康的企业追究其刑事责任。

三是完善检测标准。进一步细化儿童化妆品的相关法规和标准，明确禁

止添加的成分列表并动态更新，补充完善禁限用成分的检测方法，为市场监管提供更有力的执法依据。

（二）企业加强对关键原料的把控

“毒面霜”事件再次表明，儿童化妆品的质量安全是重中之重，非法添加禁限用物质更是不可触碰的红线，注册人、备案人作为化妆品产品质量的第一责任人，应做好把关人，严控产品质量安全。

一是构建原料追溯体系。构建从原料采购到产品销售的全程追溯体系，确保每一批次原料的来源可查、去向可追，提高监管效率。

二是提高对关键原料的质控能力。新规增加了对关键原料的重点审核和科学管控，但不少企业对原料的质控能力较弱，在原料采购环节便埋下了隐患。如“母婴第一股”金发拉比被罚一案中（表 1），黄体酮成分就是供应商的原料本身自带而非人为后期添加。该案无疑给行业敲响了警钟，企业建立关键原料的验收质控标准迫在眉睫。

三是筛选优质原料商。原料安全决定了产品安全，而化妆品的安全是监管的底线。建议企业慎重选择原料商，提前做好背调，选择有知名度和口碑的优质原料商合作。

（三）提高消费者甄别能力

建议通过媒体、教育机构、零售店等渠道普及儿童化妆品安全知识，提升家长对产品成分的辨识能力和安全意识。建议扩大消费警示的传播范围，并建立和完善举报奖励机制，鼓励消费者提供化妆品非法添加线索，维护自身利益。

［作者信息：蔡杏，品观科技（武汉）有限公司］

化妆品行业规范发展典型事件分析报告

蔡杏

摘要：《化妆品监督管理条例》及配套法规对化妆品的定义、功效宣称以及原料应用作出了明确规定，为监管执法提供了判定依据。据此，一大批原本处于“灰色地带”的产品进一步被规范，如微针、微晶类产品被划为医疗器械，液体香皂则被纳入化妆品范畴。本文通过梳理新规下被整治的产品，探讨化妆品的定义和监管重点，并对企业打“擦边球”的行为提出整改建议，以促进化妆品行业进一步规范化发展。

关键词：化妆品 监管 规范 擦边球

一、新规下中国化妆品迈入规范化发展新阶段

1. 明确化妆品定义

根据《化妆品监督管理条例》第三条，化妆品是指以涂擦、喷洒或者其他类似方法，施用于皮肤、毛发、指甲、口唇等人体表面，以清洁、保护、美化、修饰为目的的日用化学工业产品。

《化妆品监督管理条例》对化妆品的定义做了详细的释义，也就是说，判定某类产品是否属于化妆品，应根据该产品的使用方法、施用部位、使用目的、产品属性4个方面来进行综合评判（表1）。

表1 “化妆品”需满足的4个条件

定义	化妆品	解读
使用方法	涂擦、喷洒或者其他类似方法	使用方法为口服、注射、植入、填埋、熏蒸、吸入等的产品，不属于化妆品范畴

续表

定义	化妆品	解读
施用部位	皮肤、毛发、指甲、口唇等人体表面	直接到达真皮层、皮下组织以及可能接触口腔、鼻腔、内眼睑、耳道、生殖系统等人体黏膜部位的产品，都超出了皮肤表面的法定使用范围，不属于化妆品范畴
使用目的	清洁、保护、美化、修饰	用于治疗皮肤疾病、杀灭微生物及病原体，或用于防止蚊虫侵扰的产品，不属于化妆品范畴
产品属性	日用化学工业产品	像家用按摩仪、射频美容仪等，属于家用电器或医疗器械，不属于化妆品范畴

注：表中内容根据公开信息整理。

2. 规范化妆品功效宣称

随着《化妆品监督管理条例》《化妆品标签管理办法》《化妆品功效宣称评价规范》等一系列法规政策的实施，化妆品行业进入功效评价时代，功效宣称由此成为监管的重点（表 2），需具备充分的科学依据。

表 2　化妆品功效宣称相关规定一览表

法规名称	实施时间	相关内容及解读
《化妆品监督管理条例》	2021 年 1 月 1 日	化妆品注册人、备案人对化妆品的质量安全和功效宣称负责。化妆品的功效宣称应当有充分的科学依据。化妆品注册人、备案人应公布功效宣称所依据的文献资料、研究数据或者产品功效评价资料的摘要，接受社会监督
《化妆品功效宣称评价规范》	2021 年 5 月 1 日	化妆品注册人、备案人对提交的功效宣称依据的摘要的科学性、真实性、可靠性和可追溯性负责。化妆品功效宣称应当有充分的科学依据，功效宣称依据包括文献资料、研究数据或者化妆品功效宣称评价试验结果等
《化妆品注册备案管理办法》	2021 年 5 月 1 日	没有充分的科学依据，不得随意改变功效宣称
《化妆品标签管理办法》	2022 年 5 月 1 日	禁止通过 12 种方式标注或者宣称，包括使用尚未被科学界广泛接受的术语、机理编造概念误导消费者；使用虚假、夸大、绝对化的词语进行虚假或者引人误解的描述等

注：表中内容根据现行法规整理。

3. 优化化妆品原料监管

为从源头有效控制化妆品的质量安全，我国出台了一系列规范化妆品原料安全的法规政策（表 3），包括禁止添加禁限用原料、新原料应用、原料功效宣称等。

表 3 化妆品原料应用相关规定一览表

法规名称	实施时间	相关内容及解读
《化妆品监督管理条例》	2021 年 1 月 1 日	禁止用于化妆品生产的原料目录由国务院药品监督管理部门制定、公布。使用禁止用于化妆品生产的原料、应当注册但未经注册的新原料生产化妆品，在化妆品中非法添加可能危害人体健康的物质，或者使用超过使用期限、废弃、回收的原料生产化妆品，将受到严惩
《化妆品功效宣称评价规范》	2021 年 5 月 1 日	通过宣称原料的功效进行产品功效宣称的，应当开展文献资料调研、研究数据分析或者功效宣称评价试验证实原料具有宣称的功效，且原料的功效宣称应当与产品的功效宣称具有充分的关联性
《化妆品注册备案管理办法》	2021 年 5 月 1 日	安全监测的期限内，化妆品注册人、备案人使用化妆品新原料生产化妆品的，相关化妆品申请注册、办理备案时应当通过信息服务平台经化妆品新原料注册人、备案人关联确认
《化妆品标签管理办法》	2022 年 5 月 1 日	通用名使用具体原料名称或者表明原料类别词汇的，应当与产品配方成分相符，且该原料在产品中产生的功效作用应当与产品功效宣称相符

注：表中内容根据现行法规整理。

二、化妆品新规下进一步被规范的产品汇总分析

上述新规实施以来，以往打“擦边球”和有争议的行为得到了厘清和明确，一大批处于“灰色地带”的产品进一步被规范（表 4）。

具体而言，主要有混淆化妆品定义、虚假功效宣称及原料滥用三大违法情形。

表 4　化妆品新规下进一步被规范的产品一览表

年份	时间	法规/公告/科普文	涉及产品	警示意义	发布单位
2021 年	5 月 28 日	《国家药监局关于更新化妆品禁用原料目录的公告》（2021 年第 74 号）	大麻化妆品	大麻仁果、大麻籽油、大麻叶提取物、大麻二酚（CBD）被列入禁用原料，大麻化妆品被禁用	国家药品监督管理局
	8 月 11 日	《科学认识“刷酸”美容》	刷酸化妆品	“刷酸治疗”中使用的“酸”不是化妆品	国家药品监督管理局
	9 月 13 日	《“干细胞化妆品”是个伪概念》	干细胞化妆品	目前国家药监局未注册备案任何干细胞相关的化妆品原料	国家药品监督管理局
	9 月 16 日	《警惕宣称“促进睫毛生长”的睫毛液》	宣称可使睫毛变“浓密”“纤长”的睫毛滋养液、精华液等产品	目前国家药监局未批准任何宣称具有促进睫毛生长功效的化妆品	国家药品监督管理局
	10 月 18 日	《“食品级”化妆品是对消费者的误导》	“食品级”化妆品	根本不存在所谓的“食品级”“可食用”化妆品	国家药品监督管理局
	12 月 2 日	《普通化妆品备案问答（十五）》	添加 377 的普通化妆品	添加苯乙基间苯二酚（俗称 377）的产品属特殊化妆品，需进行注册管理	国家药品监督管理局
	12 月 9 日	《勿将玩具当儿童化妆品使用》	玩具彩妆产品	儿童玩具彩妆需按照化妆品监管	国家药品监督管理局
2022 年	1 月 7 日	《牙膏不能治疗疾病》	宣称“抗幽门螺旋杆菌”的牙膏	牙膏宣称“抗幽门螺旋杆菌”缺乏科学依据	国家药品监督管理局
	7 月 13 日	《提醒！含“金”“铂粉”成分化妆品没那么神奇》	黄金、铂金类化妆品	名称含“金”“铂金”的化妆品存在虚假夸大产品功效等问题	广东省药品监督管理局官方微信公众号

续表

年份	时间	法规/公告/科普文	涉及产品	警示意义	发布单位
2023年	5月29日	《普通化妆品备案问答（三十九）》	防蚊驱蚊花露水	如果产品的标签、说明书标明或暗示该产品具有防蚊驱蚊功能，无论其有效成分是化学成分还是植物源性成分，该产品都属于农药范畴	广州市场监督管理局
			彩绘用油彩、戏剧专用卸妆油	在一些专门情形或特定场合才会使用的产品，不属于日常生活中美化、修饰的功能范畴，不属于化妆品	
			美甲用品	以黏合人造指甲、固体装饰物为目的的美甲用品不属于化妆品	
			纹绣用色乳产品	纹绣是一种微创伤性皮肤着色，其施用部位不是人体（皮肤）表面，使用方法不是涂擦、喷洒或者类似方法，不属于化妆品	
	6月8日	《普通化妆品备案问答（四十期）》	芋螺肽化妆品	未添加新原料“芋螺肽”的产品不得宣称为芋螺肽	广州市场监督管理局
	6月15日	《盲盒经营行为规范指引（试行）》	化妆品盲盒	化妆品不应当以盲盒形式销售	国家市场监督管理总局

续表

年份	时间	法规/公告/科普文	涉及产品	警示意义	发布单位
2023年	9月20日	《普通化妆品备案问答（四十五期）》	液体香皂、皂液	“液体香皂”“皂液”类产品非一般日化产品，属于化妆品	广州市场监督管理局
	12月13日	《普通化妆品备案问答（五十一期）》	微晶、微针类产品	宣称微晶或微针类产品不属于化妆品	广州市场监督管理局
			海藻面膜	天仙子（莨菪）为化妆品禁用植（动）物原料，严禁将“天仙子”混同为“海藻”进行化妆品生产注册备案	
	12月29日	《警惕！化妆品宣传中常见的10个伪概念》	宣称活性微生物、基因修复、量子科技护肤、注氧/富氧的化妆品	消费者购买化妆品时切忌落入这10个伪概念陷阱中	广东省化妆品质量管理协会
2024年	1月18日	《普通化妆品备案问答（五十三期）》	用于芳香疗法，宣称医疗作用或者用于香薰、净化空气、舒缓助眠等的精油产品	此类精油产品不属于化妆品	广州市场监督管理局

注：表中内容根据公开信息整理（截至2024年6月）。

（一）界定“化妆品”范畴，优化品类阵容

为规避监管蒙混过关，一些企业故意混淆化妆品定义，妄图以低成本、低风险获得高收益。为确保市场规范与消费者安全，依据《化妆品监督管理条例》对“化妆品”的定义，一大批产品被重新归类。

1. 六类产品被“踢出”化妆品领域，告别野蛮生长

譬如，依据《普通化妆品备案问答（五十一期）》，在市场上活跃了 10 余年的微晶、微针类产品，被划入了医疗器械类别。又如，驱蚊花露水，彩绘用油彩、戏剧专用卸妆油，纹绣用色乳产品以及以黏合人造指甲、固体装饰物为目的的美甲用品，均不属于化妆品。此外，用于芳香疗法、宣称医疗作用或者用于香薰、净化空气、舒缓助眠等的精油产品，也被踢出化妆品领域。

2. 两类产品被“纳入”化妆品范畴，受到新规监管

如“液体香皂”“皂液”虽然名称中含有“皂”，但实际上与沐浴露、洗手液等产品类似，仍属于化妆品；一些包括眼影、腮红、口红等组成的“儿童梳妆台”玩具，只要产品宣称符合化妆品定义，就应当属于化妆品。

无论是皂液披着“香皂”的外衣冒充日化用品，还是儿童化妆品打着“玩具”的旗号销售，实质上，这些都是企业为规避化妆品新规体系的监管。

（二）严管功效宣称，净化化妆品市场

《化妆品功效宣称评价规范》等法规在实施过程中，一些功效宣称到底是新概念还是伪概念，仍存在模糊地带，而在这 3 年的实践中，功效宣称得到进一步规范，一大批伪概念、虚假宣传被“喊停”。

如科普文《警惕！化妆品宣传中常见的 10 个伪概念》，再次重申药妆、干细胞、表皮生长因子（EGF）、黄金美容、械字号面膜 / 医美面膜、食品级化妆品为“伪概念”，并首次将活性微生物、基因修复、量子科技护肤、注氧 / 富氧 4 类宣称列入“黑名单”，明确标签含有上述 10 类宣称的化妆品属于违法产品。

（三）抵制原料滥用，守住化妆品质量源头

如前文所述，原料一直是监管重点，而原料在规范化的同时，与其关联的一大批产品也迎来变动。

例如，随着大麻二酚（CBD）、大麻仁果、大麻籽油、大麻叶提取物 4 种大麻相关原料被列入化妆品禁用原料，大麻化妆品彻底告别国人梳妆台；唯一功效为“美白”的 377 被禁用于普通化妆品，随着官方一锤定音，含有 377 的普通化妆品被大规模下架；鉴于名为“芋螺肽”的新原料完成备案，未添

加该新原料的化妆品不得命名“芋螺肽”，面临改名风险。

三、新规下化妆品行业监管趋势分析

1. 监管趋向精细化

化妆品法规体系的“四梁八柱”已初步建成，但企业在执行过程中仍不断面临一些新情况、新问题，需要具体问题具体分析、对症解决。基于此，监管部门一直在查漏补缺完善法规，据统计，截至 2024 年 9 月监管部门共计发布 92 份《普通化妆品备案问答》等法规解读文件，针对可能存在歧义的地方，给予更为明确、具体的指导。可见，中国化妆品法规建设正在不断向行业细微处覆盖、向改革深水区挺进，以促进行业高质量发展。

2. 执法范围不断扩大

随着新规体系进一步完善，化妆品和非化妆品、普通化妆品和特殊化妆品的界定区分更为明确，监管模糊地带也得以进一步厘清，这意味着，“打擦边球”的违法行为都有了判定依据，有利于监管部门快速、精准打击违法行为，化妆品监管将迎来最严执行。

四、新规下对化妆品行业规范化发展的思考

1. 对监管部门的建议

（1）执行标准化　统一化妆品备案审核标准和处罚尺度，做到全国各地一盘棋，确保法规的统一、公正执行，为化妆品企业提供更加公平和透明的市场环境。

（2）调整动态化　随着科技进步、行业发展和市场需求的变化，建议根据实际情况动态调整监管措施，保持法规的时效性和适应性。

（3）国际合作化　借鉴国际先进经验和技术，构建适用于中国国情的化妆品科学监管体系，推动国内外法规的接轨，提升我国化妆品的竞争力。

2. 对企业的建议

（1）增强合规意识　新规体系在不断完善和细化，对企业、从业人员的要求越来越高，建议企业学深悟透每一项法规条文，并定期进行法规培训，

增强员工的合规意识。

（2）自我整顿 根据新规要求进行自查和整顿，对于官方“喊停”的违法行为和产品，要及时更正和下架，提高依法合规经营水平，以免损害企业长期发展赖以生存的信誉和品牌。

（3）设立内部审核机制 建立审核流程，从原料到产品再到宣传内容每个环节都进行严格审核，以确保产品符合最新的法规要求，切勿再抱侥幸心理触碰法规红线。

［作者信息：蔡杏，品观科技（武汉）有限公司］

“一号多用”专项检查行动成效研究报告

蔡杏

摘要： 近年来，随着“美丽经济”崛起，“一号多用”乱象横生，不仅给消费者带来安全隐患，还扰乱了市场公平竞争秩序。本文围绕化妆品“一号多用”违法行为专项检查行动，通过介绍专项行动的执行现状、取得的成果，探讨套证存在的原因和监管情况，并对监管策略和企业落实主体责任提出合理化建议，以规范标签管理，净化化妆品市场秩序。

关键词： 化妆品　一号多用　套证　监管

2023 年 6 月 21 日，国家药品监督管理局化妆品监督管理司（简称国家药监局化妆品监管司）召开“一号多用”违法行为专项检查动员部署会，要求各省（区、市）药品监督管理部门认真落实“四个最严”要求，将化妆品“一号多用”违法行为专项检查作为一项重要任务来抓，以保障公众用妆安全。

随后，一场关于“一号多用”的监管“风暴”席卷整个行业，全国药监系统紧紧围绕防范风险、查办案件、提升能力三大任务，持续完善风险防控体系，并取得显著成效，进一步筑牢化妆品安全底线。

一、化妆品“一号多用”专项检查行动概况

（一）化妆品“一号多用”违法行为的表现形式

化妆品“一号多用”违法行为是指通过在产品标签上违法标注化妆品注册备案资料以外的文字、商标、标识或者以其他方式套用特殊化妆品注册证编号或者普通化妆品备案编号的行为。

具体而言，化妆品“一号多用”主要有以下 3 种表现形式。

（1）“一号多名称” 通过在产品标签上违法标注已注册或者备案产品的名称以外的其他名称或者易使消费者视为产品名称的文字，导致消费者对该产品的名称产生误解。如①在原有注册备案名称之外，增加标注新名称；②不标注原有注册备案名称，直接标注新名称；③一个注册备案号对应多款颜色或香型；④备案系统和标签上中文名称和英文名称不对应、不一致；⑤标签上出现备案产品名称以外的其他名称、图案但解释说明不充分等。

（2）“一号多商标” 通过在产品标签上违法标注化妆品注册备案资料载明的商标以外的其他商标或者易使消费者视为商标的标识，导致消费者对该产品的质量安全责任主体产生误解。如随意标注注册备案资料之外的商标，或者随意加标药品企业持有的商标。

（3）“一号多主体” 通过在产品标签上违法标注“监制”“出品”“品牌授权人”等相关词语，导致消费者对该产品的质量安全责任主体产生误解。

（二）开展化妆品“一号多用”专项检查的法规依据

《化妆品监督管理条例》第三十七条第（二）项明确指出，“化妆品标签禁止标注虚假或者引人误解的内容”。因此，对“一号多用”违法行为的认定，最终落脚点为产品标签是否导致消费者产生误解。

国家药监局关于实施《化妆品注册备案资料管理规定》有关事项的公告规定，注册人应当通过新注册备案平台，在 2022 年 5 月 1 日前上传特殊化妆品销售包装的标签图片。上传后，公众即可在国家药监局网站查询相关内容，使得“套证”产品无所遁形。

2023 年 10 月底，国家药监局化妆品智慧申报审评系统发布提示，“国家药监局将依据相关法规要求对化妆品注册人已上传的上市销售的产品标签图片在国家药监局网站进行公示”，被行业视为“堵住了套证的最后一个漏洞”。

（三）化妆品“一号多用”专项检查取得的成效

1. 全国上下一盘棋，全方位净化市场环境

自 2023 年 6 月，国家药监局化妆品监管司召开“一号多用”违法行为专项检查动员部署会后，各省（区、市）化妆品监管部门便自上而下，多形式、

分层次、全覆盖开展“一号多用”违法产品专项检查（表 1），全方位净化化妆品市场环境。

由表 1 可知，作为全国化妆品中心，广东查处的化妆品“一号多用”违法行为案件最多，高达 300 件，涉案总金额达 511.5 万元；在已公布的数据中，山东排查“一号多用”违法行为的范围最广，涉及 2.5 万家企业，其次是新疆、江西、江苏等省。

表 1　部分地区化妆品“一号多用”专项检查成果一览

地区	排查企业（家）	清理违规产品（件）	责令整改（家）	涉案金额（万元）	查处案件（件）
广东	—	—	—	511.5	300
浙江	3364	2313	37	—	30
江苏	13799	19279	379	—	117
上海	8300	—	51	—	21
山东	25630	12467	783	—	174
湖北	1648	1911	46	9.5	43
安徽	4100	549	85	—	20
江西	16014	5730	669	—	79
宁夏	4291	345	9	20.22	63
新疆	22706	10158	—	—	75

注：根据各地区药监局公开信息整理。—表示无相关内容。

不少电商平台也先后开展专项治理行动，如阿里巴巴出台《化妆品“一号多用”专项行动宣导》，抖音也发布《化妆品“一号多用”专项治理公告》，对平台上的“套证”产品展开拉网式排查。

2. 惩处力度加大，增强监管威慑力

按照以往执行的《化妆品卫生监督条例》，“生产未取得批准文号的特殊用途的化妆品，没收产品及违法所得，处违法所得 3 到 5 倍的罚款，并且可以责令该企业停产或者吊销化妆品生产许可证”。

新规体系下，监管部门加大处罚力度，提升了违规成本。针对“生产经营或者进口未经注册的特殊化妆品”的违法行为，《化妆品监督管理条例》不仅将处罚基数由“违法所得”调整为“货值金额”，罚款金额由 3~5 倍提升为

15~30倍，还增加了禁业限制和处罚到人的全新惩戒措施，构成犯罪的还将被追究刑事责任。

譬如，2023年8月22日，广州市天科化妆品有限公司冒用他人特证注册号，构成生产未经注册染发膏的行为，被吊销化妆品生产许可证、禁业10年，法定代表人被终身禁业。

二、化妆品“一号多用”违法行为成因分析

（一）注册备案门槛高、周期长

2021年《化妆品监督管理条例》及配套法规落地后，化妆品注册备案门槛进一步提高，尤其是特殊化妆品，在成分配方、生产工艺、质量控制、功效检测、风险评估等方面更为严格，前期需要大量的研究和试验工作，导致特证注册成本高昂、流程复杂、周期漫长。

（二）企业法规意识淡薄

防晒、美白、防脱发等市场广阔，一些品牌为了抢占市场先机，直接套用他人特证编号，以较低的成本在较短的时间内获得功效型产品。而部分工厂为了追求短期利益，把一个特证号提供给多个品牌使用，导致市场套证乱象丛生。

据广东省化妆品科学技术研究会的调研，71.7%的企业存在“一号多用”的产品，其中超60%的产品为特殊化妆品，84%的产品属于“一号多商标”的情形。

（三）注册信息不透明

按照法规要求，上市销售的产品标签图片涉及产品安全、功效宣称相关内容，应当与注册证书载明的产品标签样稿相应内容一致，其真实性和合规性由注册人负责。但很长一段时间，化妆品注册备案系统一直未公示产品销售包装的标签图片，导致消费者难以查询产品注册申报时的标签样本，监管部门也难以进行有效的监督，给企业套证留下了可操作的空间。

三、化妆品“一号多用”违法行为治理痛点及挑战

（一）法规有待进一步完善

虽然专项行动指出了属于“一号多用”违法行为的具体情形，但在落地过程中，企业仍面临不少困惑，譬如，若产品标注了同属于注册人备案人的其他商标，也就是说不存在混淆产品责任主体的情况，是否属于“一号多商标”？这些特殊情形都有待监管部门进一步给予具体细化的指导。

与此同时，部分企业在面对监管部门的检查时，仍存在否认生产、隐瞒、伪造资料等行为，给查处工作带来了难度。

（二）网络市场监管亟待加强

随着互联网经济的高速发展，电商已经成为化妆品经营的主要渠道之一，但同时也滋生了诸多乱象。虽然《化妆品网络经营监督管理办法》已于2023年9月1日正式施行，但市场认识普遍不清晰，各大电商平台和企业对商品的规范性意识不强。譬如，在抖音、快手等短视频平台以及淘宝、拼多多等电商平台上，鉴于大众对北京同仁堂、仁和药业、协和等知名药企科研实力和质量的信任，通过贴药企的标以抬高身价的化妆品套证乱象，比比皆是。

（三）消费者维权困难

鉴于专业知识缺乏，消费者在购买化妆品时难以辨别真伪，容易被蒙蔽。一旦购买到涉嫌“一号多用”的违法产品，由于难以确定真正责任主体，消费者往往难以维权，这不仅损害了消费者的合法权益，也影响了整个行业的健康发展。

四、化妆品“一号多用”违法行为的治理建议

随着专项检查的深入推进，接下来还会有更多违法企业被曝光。而构建一个健康、透明、公正的化妆品市场环境，还需要全行业的共同努力。

（一）监管部门：完善法规体系提高执法效能

（1）加强法规建设 进一步完善化妆品相关法律法规，明确“一号多用”的界定和处罚标准，提高法规的针对性和可操作性，为监管工作提供有力的法律支持。同时加强对化妆品企业的培训和指导，压实企业主体责任，引导企业规范生产经营行为。

（2）加大执法力度 加大对化妆品市场的监管力度，特别是对重点企业、重点产品的排查。一旦发现违法行为，要依法严厉查处，形成有效的震慑力。

（3）加强社会监督 加强对化妆品安全知识的普及和宣传，增强消费者的安全意识和辨别能力。建立举报奖励机制，鼓励社会各界积极参与化妆品市场的监督和管理，倒逼市场进一步规范。

（4）依托数字化创新监管模式 为深入开展化妆品“一号多用”专项整治，不少地方开始积极探索大数据监测平台，以提升监管的针对性和有效性。例如，湖北随州市市场监督管理局通过与大数据公司合作研发出“随州市化妆品网络销售大数据系统”，累计监测商品链接 300873 条，涉及店铺 4019 家，共排查出违规线索 17 条，均已采取线索分级、分类处置、协同联动的处理方式，分办至各属地市场监管部门进行核查处置。

（二）企业：提升主体责任意识

（1）加强自查和整改 配合监管部门开展化妆品“一号多用”专项检查工作，接受监管部门的监督和指导，并开展自查自纠，发现存在“一号多用”情形的，要尽快清库存或者变更产品标签，做到“一品一证”，保证上市销售的产品标签图片与公示的产品标签样稿相一致。

（2）遵守相关法规和标准 在“一号多用”专项检查的冲击下，防脱、防晒、美白等相关市场或将重新洗牌，利用“套证”进行不当牟利的企业将被淘汰，提前申请特证的企业则迎来新的发展机遇。建议企业合理规划，提前布局，严格遵守化妆品命名、商标使用、责任主体标注等规定，确保产品注册备案信息的真实性和准确性。

［作者信息：蔡杏，品观科技（武汉）有限公司］

附 录

中国化妆品行业大事记（2023年）

时间	事件标题	事件内容	一级分类	二级分类	事件类型
1月3日	国家药监局发布《化妆品生产许可管理基本数据集》等5个化妆品信息化标准	5个化妆品信息化标准内容涉及相关化妆品监管业务基本数据集的分类、摘要、数据子集等，覆盖化妆品生产许可申请审批及产品注册备案等各业务环节，这是国家药监局首次针对化妆品监管信息化发布标准，填补了化妆品监管信息化标准领域的空白，对新条例下推动化妆品行业的信息化建设及数据共享具有重要意义（来源：国家药品监督管理局）	技术	标准体系	新事
1月12日	国家药监局发布《化妆品抽样检验管理办法》	为加强化妆品监督管理，规范化妆品抽样检验工作制定本办法，自2023年3月1日起施行。抽样检验是化妆品上市后监管的重要手段之一，是打击化妆品违法违规行为最主要、最精准的线索来源之一。《办法》共8章61条，对监管部门、检验机构、化妆品生产经营者三方在抽检相关工作中的责任、权利、义务等要求进行了明确，规范了抽样检验全环节工作程序，落实了线上线下一体化监管原则，强化了不符合规定产品核查处置工作要求，也强调了对生产经营者合法权益的保护，有助于进一步提升化妆品质量安全治理水平（来源：国家药品监督管理局）	政治	法律法规	大事
1月12日	首例化妆品企业法人和质量安全负责人一并被罚案	广东省药监局公布的一则处罚信息显示，肇庆龙达生物科技有限公司在生产过程中存在多项违规，包括：①未形成批生产记录、未进行成品留样、无留样记录；②无原料以及直接接触化妆品的包装材料进货查验记录、无产品销售记录。龙达公司被责令停业停产21天，法定代表人和质量安全负责人也一并被罚款。这是化妆品行业首个法人和质量安全负责人同时被罚的案例，也是《化妆品监督管理条例》发布后第一起牙膏相关企业负责人被处罚的案件（来源：广东省药品监督管理局）	政治	行政监管	特事

续表

时间	事件标题	事件内容	一级分类	二级分类	事件类型
1月13日	2022年化妆品出口贸易逆差进一步缩小	据海关总署发布2022年全国进出口重点商品量值表数据显示，2022年美容化妆品及洗护用品进口总量417985吨，同比下降11.8%；出口总量1030189吨，同比增长6.4%；进口总金额1493亿元，同比下降7.3%；出口总金额376.5亿元，同比增长20.1%，贸易逆差大幅缩小（来源：中国海关总署）	经济	经济水平	特事
1月17日	2022年化妆品零售总额近10年首次下滑	据国家统计局发布的2022年社会消费品零售总额数据显示，2022年社会消费品零售总额439733亿元，比上年下降0.2%。2022全年中国化妆品限额以上零售总额为3936亿元，同比下滑4.5%，这是近10年化妆品零售总额首次出现负增长（来源：国家统计局）	经济	经济水平	特事
1月18日	国家药监局发布《关于优化普通化妆品备案检验管理措施有关事宜的公告》	《公告》明确，普通化妆品采用检验方式作为质量控制措施且生产环节已纳入省级药监部门的日常监管范围，产品安全风险评估结果能充分确认产品安全性的，在进行产品备案时，可提交由备案人或受托生产企业按照化妆品技术规范相关要求开展自检并出具的检验报告。以自检方式开展备案检验的，备案人应当同时提交化妆品备案检验相应检验能力的声明，提供开展自检的相应检验人员、设备设施和场所环境等情况说明，并承诺对检验报告的真实性、准确性负责（来源：国家药品监督管理局）	政治	法律法规	大事
1月18日	中山市市监局打造化妆品备案智能审核新模式	面对大量的备案品种和备案资料，以人工为主的备案工作模式效率低下、质量参差的情况，中山市市场监管局在省药品监管局指导下，聚焦堵点，探索智能审核新思路，开发人工智能辅助系统，首创智能审核新方法，实现了审核耗时综合减少83%，审核结果准确率超过96%，并成功入选国家药监局2022年智慧监管典型案例，其经验做法也在全省推广（来源：广东省药品监督管理局）	政治	行政监管	新事

续表

时间	事件标题	事件内容	一级分类	二级分类	事件类型
1月19日	中检院公开征求《化妆品新原料判定研究技术指导原则（征求意见稿）》意见	为规范和指导化妆品新原料的安全评价工作，制定本指导原则。意见稿适用于化妆品新原料注册人、备案人开展化妆品新原料研究及安全评估，提出了新原料判定原则、新原料的分类原则以及新原料的命名原则。从正反两个方面分别细化了是否属于化妆品新原料的不同情形，并从新原料组成、来源属性、制备工艺、实际功能4个维度对新原料进行分类，形成了我国化妆品新原料定义的4个维度界定体系（来源：中国食品药品检定研究院）	技术	标准体系	新事
2月24日	国家药监局召开化妆品行业座谈会	国家药监局化妆品监管司、中检院、信息中心、国际交流中心相关负责人和工作人员，中国香料香精化妆品工作协会、中国药品监督管理研究会、中国欧盟商会化妆品工作组、中国美国商会化妆品工作组、日本商会化妆品联络会、大韩化妆品协会等6家行业协会（商会）以及11家化妆品企业有关负责人参加座谈。会议围绕化妆品原料管理、标签标识、动物替代试验、安全风险评估、技术审评和备案管理等重点问题深入交流研讨，国家药监局相关业务司局和直属单位有关负责人就参会代表关注的话题给予现场回应和解答（来源：国家药品监督管理局）	国际	技术交流	大事
2月24日	广州市人民政府发布《关于推动化妆品产业高质量发展的实施意见》	《实施意见》构建了“4+6+4”化妆品全产业链高质量发展格局，提出到2025年，化妆品产值规模达到1500亿元左右；到2035年，把广州建设成为集总部经济、创意设计、产品研发、智能制造、市场营销和文化传播为一体的全球化妆品制造中心、消费中心的发展目标。此外，还明确了高标准建设化妆品制造中心、高水平建设化妆品消费中心、高起点建设化妆品研发中心、高质量建设化妆品检测中心、以数字化智能化赋能产业升级、全面提升品牌国际竞争力等六项主要任务（来源：广州市人民政府）	政治	行业政策	大事

续表

时间	事件标题	事件内容	一级分类	二级分类	事件类型
3月16日	国家市场监管总局发布《牙膏监督管理办法》	为了规范牙膏生产经营活动，加强牙膏监督管理，保证牙膏质量安全，保障消费者健康，促进牙膏产业健康发展制定本办法，自2023年12月1日起施行。《办法》共25条，明确了牙膏定义，规定牙膏实行备案管理，明确牙膏备案人对牙膏的质量安全和功效宣称负责，以法规形式固化了牙膏的新原料注册备案、产品备案、安全评估、功效宣称等制度，这是2020年新修订《化妆品监督管理条例》明确将牙膏参照普通化妆品进行管理后制定的牙膏管理规章，标志着牙膏行业全面纳入化妆品监管体系（来源：国家市场监督管理总局）	政治	法律法规	大事
3月17日	中检院公开征求《祛斑美白化妆品研究技术指导原则（征求意见稿）》等意见	为进一步规范和指导祛斑美白化妆品的研究和评价工作，中检院起草了《祛斑美白化妆品研究技术指导原则（征求意见稿）》《祛斑美白化妆品功效原料研究技术指导原则（征求意见稿）》。前者适用于在配方中使用了“祛斑剂”或者“美白剂”、有助于减轻或减缓皮肤色素沉着的化妆品。后者适用于在祛斑美白类特殊化妆品的产品配方中填报为“祛斑剂”或“美白剂”、发挥祛斑美白作用的原料，以及复配形式填报原料中具体发挥祛斑美白作用的功效成分（来源：中国食品药品检定研究院）	技术	标准体系	新事
3月17日	2022年全球十大化妆品公司出炉	据《化妆品报》统计，剥离非化妆品业务后，2022财年，全球营收前十的化妆品公司依次为欧莱雅、联合利华、雅诗兰黛、宝洁、LVMH、资生堂、拜尔斯道夫、Natura&CO、科蒂、强生，10家公司营收总体量达9749亿元（来源：化妆品报）	经济	经营活动	大事

续表

时间	事件标题	事件内容	一级分类	二级分类	事件类型
3月20日	川渝药品医疗器械化妆品审评检查能力建设合作联席会议在四川资阳召开	会议由四川省食品药品审查评价及安全监测中心、重庆市药品技术审评查验中心联合举办。会议贯彻落实成渝地区双城经济圈建设的重要战略部署，总结前期合作工作成效及存在问题，研究制定工作发展思路。会上，两地中心主要负责人签署了《川渝药品医疗器械化妆品审评检查能力建设合作备忘录》《2023年川渝药品医疗器械化妆品审评检查能力建设合作项目》，双方将在联合检查、沟通协调、能力建设、统一审查尺度、科研建设等方面进行深度合作（来源：四川省药品监督管理局）	政治	行政监管	特事
3月22日	2022年国家化妆品监督抽检年报	全国药品监督管理部门组织对染发类、祛斑美白类、彩妆类、防晒类、儿童类、宣称祛痘类、面膜类、普通护肤类、洗发护发类、指（趾）甲油类、牙膏等11类化妆品开展抽检，共抽检20368批次产品，其中19880批次产品符合规定，占比为97.60%。所有类别产品的抽检符合规定批次占比均达到90%以上，其中祛斑美白类、儿童类、普通护肤类产品等8类化妆品均达到97%以上，染发类产品由2021年87.6%的提高到90.6%（来源：国家药品监督管理局）	政治	行政监管	大事
3月23日	全国化妆品监督管理工作会议在广东中山召开	会议全面总结五年来化妆品监管工作情况，深入分析当前化妆品监管面临的形势，指出2023年是全面贯彻落实党的二十大精神的开局之年，也是实施“十四五”规划承上启下的关键一年。2023年化妆品监管工作一是夯实基础，提升监管保障能力；二是多措并举，加强风险隐患排查化解；三是改革创新，引导产业高质量发展；四是社会共治，提升安全治理水平（来源：国家药品监督管理局）	政治	行政监管	大事

续表

时间	事件标题	事件内容	一级分类	二级分类	事件类型
3 月 27 日	国家药监局发布《关于进一步优化化妆品原料安全信息管理措施有关事宜的公告》	《公告》将原料安全信息资料报送时间延长至 2024 年 1 月 1 日，明确了化妆品原料安全信息资料的报送方式，原料生产商已经在原料平台登记并取得原料安全信息报送码的，化妆品注册人、备案人应当直接填报该原料的报送码；尚未登记并取得的，可通过化妆品注册备案信息服务平台自行填报该原料的原料安全相关信息资料，并上传加盖注册人、备案人印章的纸质资料扫描件。产品配方所使用原料中仅部分原料已有安全信息报送码的，化妆品注册人、备案人可分别按照上述要求，同时采取填报报送码和自行填报原料安全信息资料的方式进行报送（来源：国家药品监督管理局）	政治	法律法规	大事
4 月 4 日	国家药监局发布《化妆品网络经营监督管理办法》	为进一步强化化妆品网络经营监管工作，规范化妆品网络经营行为，保证化妆品质量安全制定本办法，自 2023 年 9 月 1 日起施行。《办法》共 5 章 35 条，明确了化妆品网络经营的监管对象和监管部门；规定了平台开展实名登记、日常检查、违法行为制止及报告、质量安全重大信息报告等管理责任要求；细化了平台内化妆品经营者应当履行的进货查验、信息展示、风险控制、召回要求、配送要求等义务；对化妆品网络经营监管中涉及的监督检查职权、行政处罚管辖权、网络抽样检验、证据采用、网络经营监测等作出了明确规定（来源：国家药品监督管理局）	政治	法律法规	大事
4 月 4 日	首个化妆品“小样”规范指引出台	为进一步规范化妆品经营活动，优化营商环境，促进化妆品产业经济健康发展，上海市徐汇区市监局印发《徐汇区“化妆品小样”规范经营指引（试行）》。《指引》明确了化妆品小样的定义，归集统一了关于小样管理的各项标准，涉及中文标签标注、进货查验、供应商审查制度等。同时《指引》对化妆品“小样”经营者落实主体责任提出了明确要求，要求对其销售的每一件小样产品做到来源合法、质量合格、有迹可循（来源：上海市徐汇区市场监督管理局）	技术	标准体系	新事

续表

时间	事件标题	事件内容	一级分类	二级分类	事件类型
4月6日	欧莱雅于中法企委会签署两项合作备忘录	中法企业家委员会第五次会议在北京人民大会堂举行，由中国商务部，法国经济、财政及工业、数字主权部主办；中国机电产品进出口商会，法中委员会承办。国家主席习近平在北京同法国总统马克龙共同出席中法企业家委员会第五次会议闭幕式并致辞。双方36家企业签署制造业、绿色、新能源、创新等领域18项合作协议。其中，欧莱雅就两项中法战略合作项目签署了合作备忘录——同法国商务投资署和东方美谷企业集团股份有限公司共创的“法国初创企业和中小企业孵化平台”，以及与阿里巴巴集团共建的“美妆数字化循环经济模式”（来源：北京商报）	国际	国际合作	特事
4月11日	2023年国家化妆品抽样检验工作会议在南宁召开	会议系统总结2022年国家化妆品抽样检验工作，深入分析《化妆品抽样检验管理办法》实施后工作形势，研究部署2023年国家化妆品抽样检验工作任务，并指出2023年化妆品抽样检验工作的总体思路一是要充分认识新形势下做好化妆品抽样检验工作的重大意义，加强统一领导；二是要强化政策解读和法规宣传力度，抓好队伍建设，提升业务水平；三是要继续提高化妆品抽样检验工作质量，严厉打击企业虚假否认生产或者进口等违法行为（来源：中国食品药品检定研究院）	政治	行政监管	大事
4月16日	2023中国化妆品国际合作论坛在北京昌平举办	论坛由中国医药保健品进出口商会、中国保健协会、北京市昌平区人民政府联合主办，为期两天。论坛以“聚力合作发展 擘画美城未来”为主题，采用线上线下相结合的形式进行，包括开幕式、主论坛和4场平行论坛，涵盖了化妆品产业创新研发、生产准入、安全监管、市场趋势等多方面内容，深化国际交流合作，共创化妆品行业美丽未来（来源：人民政协网）	国际	国际合作	大事

续表

时间	事件标题	事件内容	一级分类	二级分类	事件类型
4月19日	国家药监局发布《药品监督管理统计年度报告（2022年）》	2022年共批准国产特殊化妆品首次申报3022件，同比下降15.4%，批准进口特殊化妆品首次申报451件，同比下降66.1%。备案信息公开进口新原料15个，国产新原料27个。共查处化妆品案件28289件，同比增加23.9%。截至2022年底，实有在册国产化妆品16400件，进口化妆品62297件；共有化妆品生产企业5512家，牙膏生产企业218家。广东省化妆品生产企业总数最多，占全国化妆品生产企业的55.2%，共3042家（来源：国家药品监督管理局）	政治	行政监管	大事
4月19日	ICIC2023国际化妆品创新大会在上海举行	大会由易贸美妆主办，为期三天。大会主题围绕“抗衰、抗敏、护发”三大热门板块，聚焦化妆品法规与宏观趋势、科学理论创新与新原料筛选、基础研究与皮肤科学、产品创新与科技创新交流，汇聚众多化妆品前沿企业展示新技术、新研究和新产品。大会吸引了来自国内外的1293位专业观众来到大会现场，43家展商展示了化妆品行业的创新科技产品、技术、服务。大会还举办以“中国原料企业如何突破创新，解脱‘卡脖子’现状”为议题的圆桌座谈，同时联合高校、原料商、品牌商特设三大平行论坛（来源：中华网）	国际	技术交流	大事
4月20日	珀莱雅成首个营收破50亿元的本土化妆品品牌	据珀莱雅2022年度业绩报告显示，2022年珀莱雅实现营业总收入63.85亿元，同比增长37.82%；归母净利润8.17亿元，同比增长41.88%，其主力品牌珀莱雅的营收同样首次突破50亿元。以营收计，珀莱雅品牌是目前A股及港股上市企业中营收第一的国货品牌。珀莱雅股份旗下主要拥有珀莱雅、彩棠、Off&Relax、悦芙媞、CORRECTORS、INSBAHA原色波塔、优资莱、韩雅等品牌，自有品牌已覆盖大众精致护肤、彩妆、洗护、高功效护肤等美妆领域（来源：化妆品报）	经济	经营活动	特事

续表

时间	事件标题	事件内容	一级分类	二级分类	事件类型
4月20日	浙江省药监局印发《关于实施营商环境优化提升“一号改革工程”助力浙江化妆品产业高质量发展的若干举措》	为认真贯彻全省深入实施“八八战略”强力推进创新深化改革攻坚开放提升大会精神，深入落实《浙江省营商环境优化提升“一号改革工程”实施方案》，以企业需求为导向，以激发活力为要求，以规范健康发展为目标，进一步创新监管方式，提高服务质量，优化营商环境，推动浙江化妆品产业高质量发展，制定本举措。《举措》共18条，分别从改进备案工作，优化提升政务环境；完善监管模式，优化提升法治环境；强化服务解难，优化提升市场环境；激发创新活力，优化提升经济生态环境四个方面作出明确指示（来源：浙江省药品监督管理局）	政治	行业政策	大事
4月24日	江西省药监局印发《关于进一步优化营商环境助力化妆品产业高质量发展的若干措施》	为深化“放管服”改革，进一步优化提升政务环境、法治环境、市场环境，发挥江西的生态优势、政策优势，服务承接化妆品产业转移，促进江西省化妆品产业高质量发展，提出本措施。《措施》共十一条，分别从缩减行政许可流程和时限，建立产业转移准入服务绿色通道，支持企业自主创新，优化产品备案管理，培育化妆品产业集群，打造本土化妆品品牌等方面作出明确指示（来源：江西省药品监督管理局）	政治	行业政策	大事
4月26日	2023年国家化妆品安全风险监测工作会议在重庆召开	会议系统总结了2022年化妆品风险监测工作，提出2023年化妆品安全风险监测工作要加大工作部署和培训力度，加强风险监测计划制定的科学性和合理性，科学分析并合理运用风险监测结果，加强统筹风险监测的探索性研究等工作。中检院针对2023年风险监测工作提出要及时上报风险监测中发现的重大风险，风险监测采样工作要以发现问题为导向，提升风险发现能力，通过微生物风险监测，整合我国化妆品菌株资源，重视对化妆品安全风险监测工作考核，加强风险交流，提高工作质量和效率（来源：中国食品药品检定研究院）	政治	行政监管	大事

续表

时间	事件标题	事件内容	一级分类	二级分类	事件类型
4 月 26 日	上海市药监局颁发全国首张“现场个性化服务”化妆品生产许可证	上海市药监局为上海欧莱雅国际贸易有限公司位于上海国金中心的修丽可销售门店颁发了“现场个性化服务”化妆品生产许可证。这是继去年 11 月，国家药监局宣布开展化妆品个性化服务试点工作后，由试点地药监局颁出的全国首张“现场个性化服务”化妆品生产许可证，意味着定制化妆品服务在市场端的落地。企业取得该许可证后，即能在该经营场所从事涉及直接接触化妆品内容物的个性化服务（来源：青眼）	政治	行政监管	新事
4 月 28 日	国内化妆品上市公司十强出炉	据《化妆品报》统计，2022 年国内营收前十的美妆品牌上市公司依次为：上海家化、珀莱雅、贝泰妮、水羊股份、华熙生物、逸仙电商、上美股份、鲁商发展、巨子生物、丸美股份，这十家公司化妆品业务营收总额为 402 亿元，相比上年的 355 亿元，同比增长 13%。A 股美妆企业突破 60 亿级的企业前三甲依次是上海家化（71.06 亿元）、珀莱雅（63.85 亿元）、华熙生物（63.59 亿元）。其中，珀莱雅和华熙生物均是首次营收突破 60 亿元（来源：化妆品报）	经济	市场主体	大事
5 月 5 日	焦红局长到中检院调研化妆品标准体系建设工作	焦红强调，当前我国化妆品消费市场快速增长，但企业素质参差不齐，化妆品监管面临技术创新需求大、公众维权意识提升、国际关注度高等各种因素的挑战。化妆品监管技术支撑体系尤其是化妆品标准体系建设必须加快推进，一是要做好化妆品标准体系的顶层设计，构建完善化妆品标准体系框架；二是要不断提升审评工作的专业性；三是要继续加强信息化建设；四是要加强化妆品监管国际交流；五是要强化化妆品监管科学研究（来源：中国食品药品检定研究院）	政治	行政监管	特事

续表

时间	事件标题	事件内容	一级分类	二级分类	事件类型
5月22日	2023年全国化妆品安全科普宣传周在北京启动	本届宣传周在5月22–28日举行，启动仪式由国家药监局指导，北京、天津、河北省（市）药监局联合承办，本届宣传周主题为“安全用妆，共治共享”，旨在以《企业落实化妆品质量安全主体责任监督管理规定》实施为契机，进一步宣传贯彻企业落实化妆品质量安全主体责任相关法规，加强行业自律，推动化妆品安全社会共治。相关行业协会、企业、新闻媒体等各界代表350余人参加了本次启动仪式活动，同时湖南、贵州、广西、广东等多省药监局分别在邵阳、贵阳、南宁、广州等多个分会场同步启动宣传周活动（来源：国家药品监督管理局）	社会	文化环境	大事
5月26日	国家标准化管理委员会、工业和信息化部、商务部发布《加强消费品标准化建设行动方案》	在化妆品和日用化学品方面，《方案》提出，结合风险监测和风险评估情况，加快补充重点急需标准的制修订，完善化妆品、口腔护理用品、洗涤用品、蜡制品、家用卫生杀虫用品、油墨标准体系，制定基础通用、重要产品和检测方法等标准。适应消费者对产品功效的多样化需求，加快美白、祛斑、除皱等产品功效、评价标准研制，规范产品宣传标识（来源：国家标准化管理委员会）	技术	标准体系	大事
5月26日	2023中山美妆产业大会在广东中山召开	大会由广东省药监局指导，中山市人民政府主办，中山市市场监管局等单位承办，以“汇聚产业力量 创新美妆生态”为主题，来自监管部门的代表、中国科学院院士、行业专家、国际知名化妆品品牌代表等齐聚一堂，共同探讨化妆品行业创新研发、品牌建设等话题，并为“中山美妆”区域品牌建设建言献策（来源：中国网）	社会	文化环境	大事

续表

时间	事件标题	事件内容	一级分类	二级分类	事件类型
5 月 29 日	广州市监局明确防蚊驱蚊类等产品的属性	根据《普通化妆品备案问答（三十九）》，防蚊驱蚊花露水如果产品的标签、说明书标明或暗示该产品具有防蚊驱蚊功能，无论其有效成分是化学成分还是植物源性成分，该产品都属于农药范畴；彩绘用油彩、戏剧专用卸妆油在一些专门情形或特定场合才会使用的产品，不属于日常生活中美化、修饰的功能范畴，不属于化妆品；以黏合人造指甲、固体装饰物为目的的美甲用品不属于化妆品；纹绣是一种微创伤性皮肤着色，其施用部位不是人体（皮肤）表面，使用方法不是涂擦、喷洒或者类似方法，不属于化妆品（来源：广州市市场监督管理局）	政治	行政监管	特事
5 月 30 日	广东省药监局召开新闻发布会介绍全省化妆品生产企业质量提升工作情况	截至发布会，广东省化妆品工业总产值约 2100 亿元，约占全国总量的 60%，位居全国第一，化妆品生产企业 3100 多家，占全国总量约 56%；全省国产特殊化妆品注册品种 11000 多个，占全国总量约 66%；国产普通化妆品备案数量为 88 万多个，占全国总量约 76%；全省注册人 / 备案人数量 8000 多家，占全国 65%。此外，广东省药监局全面启动 2023 年广东省化妆品生产企业质量提升推广工作，从“质量水平提升、法律法规宣贯、本土品牌打造”三个层面着手，精准施策，持续做好政策解读、帮困解难等各项工作（来源：广东省药品监督管理局）	经济	经济水平	特事
6 月 5 日	中检院发布《化妆品和新原料注册审批办事指南》	《指南》共包含 9 个附件，分别对风险程度较高的化妆品新原料注册审批，国产特殊化妆品、进口特殊化妆品的首次注册、变更注册、延续注册、注销注册等审批流程作出详细指导。同时，《指南》还对企业在进行特殊化妆品和新原料注册过程中遇到的常见问题进行了解答。由此，围绕“高风险新原料”和“特殊化妆品”的审批流程及具体注册要求有了更加科学、可靠的依据，更进一步为企业提供了高效、规范的通路，推动产业合规健康发展（来源：中国食品药品检定研究院）	政治	行政监管	新事

续表

时间	事件标题	事件内容	一级分类	二级分类	事件类型
6月15日	化妆品不应当以盲盒形式销售	为规范盲盒经营行为，维护公平竞争的市场秩序，保护消费者合法权益，维护社会公共利益，国家市监总局印发《盲盒经营行为规范指引（试行）》，自发布之日起实施，指出"化妆品，不具备保障质量安全和消费者权益条件的，不应当以盲盒形式销售"。《指引》虽然未对化妆品作出完全禁止性规定，但化妆品与消费者身体健康密切相关，安全风险较大，为此，《指引》专门强调经营者要充分履行注意义务，避免以盲盒形式销售化妆品带来安全和浪费等方面的风险（来源：国家市场监督管理总局）	政治	行政监管	特事
6月19日	618美妆销售额小幅下降	根据星图数据，618购物节期间，全网交易总额为7987亿元。全网美妆（美容护肤＋香水彩妆）销售额为406亿元，同比2022年的410亿元，减少了4亿元，降幅约为1%。其中美容护肤和香水彩妆全网销售额分别为300亿元和106亿元。洗护清洁总销售额达144亿元，同比2022年的136亿元，增加了8亿元，增幅约为5.9%（来源：星图数据公众号）	经济	经济水平	特事
6月21日	国家药监局化妆品监管司召开化妆品"一号多用"违法行为专项检查动员部署会	会议要求要将化妆品"一号多用"违法行为专项检查作为药品安全巩固提升行动的一项重要任务来抓，并明确，本次专项行动集中排查治理通过在产品标签上违法标注化妆品注册备案资料以外的文字、商标、标识或者以其他方式套用特殊化妆品注册证编号或者普通化妆品备案编号的行为。重点检查三种情形：一是以"一号多名称"形式套用化妆品注册证号、备案编号的情形；二是以"一号多商标"形式套用化妆品注册证号、备案编号的情形；三是以"一号多主体"形式套用化妆品注册证号、备案编号的情形（来源：中国医药报）	政治	行政监管	特事

续表

时间	事件标题	事件内容	一级分类	二级分类	事件类型
7 月 4 日	中浩生物红色蜗牛婴初霜被曝含抗生素	知名测评博主“老爸评测”在多个社交平台发布视频和文章称，有粉丝在给 6 个月大的宝宝使用一款名为“红色蜗牛婴初霜”的儿童护理品后，宝宝脸上突然开始冒痘、长毛，出现红斑。经检测，该产品添加了 0.034% 的他克莫司成分。“红色蜗牛婴初霜”先后由广州恒澜生物科技有限公司和广州中浩生物科技有限公司备案生产，且两者地址一致，即中浩生物与已被吊证、禁业的恒澜生物属关联公司。事件曝光后，监管部门迅速响应，一是迅速出台化妆品中他克莫司的补充检验方法，二是立案调查，涉事企业最终被处以超百万罚款（来源：中国医药报）	经济	经营活动	大事
7 月 7 日	国家药监局发布《化妆品中他克莫司和吡美莫司的测定》化妆品补充检验方法	该方法规定了化妆品中他克莫司和吡美莫司的测定方法。适用于膏霜乳类、液体（水、油）类化妆品中他克莫司和吡美莫司的定性和定量测定（来源：国家药品监督管理局）	技术	标准体系	新事
7 月 19 日	国内首家化妆品个性化服务专营店落地北京	北京局正式批复北京蔻赛健康科技有限公司“化妆品个性化服务”全国首店试点，蔻赛化妆品个性化服务可以让消费者面对面通过数字化、精密化的肌肤检测设备，现场测试消费者肌肤数据，并通过 98319 个配方数据分析，精准匹配出适合自己皮肤状态的个性化护肤品，从而开拓了化妆品个性化服务的新模式，为消费者提供新的消费体验和新的消费场景方式（来源：北京市药品监督管理局）	技术	科技发展	新事

续表

时间	事件标题	事件内容	一级分类	二级分类	事件类型
7月20日	上海市药监局印发《上海市浦东新区化妆品现场个性化服务管理细则（试行）》	为规范上海市浦东新区化妆品现场个性化服务，制定该细则，自2023年8月20日起施行，有效期2年。《细则》共8章34条，明确说明了化妆品现场个性服务申请主体应具备的在能力，设备，人员和制度方面的具体条件，以及申请化妆品现场个性服务的具体要求。这一举措推动了化妆品行业的创新发展，为消费者提供更加个性化的产品和服务，为行业注入了新的活力（来源：上海市药品监督管理局）	政治	法律法规	新事
7月20日	锦波生物成为A股重组胶原蛋白第一股	山西锦波生物医药股份有限公司在北交所上市，证券代码：832982，开盘价117元/股，市值78.78亿元。成立于2008年的锦波生物以功能蛋白系统性创新研发为核心驱动，是国际唯一利用合成生物技术，首次实现具有164.88°三螺旋结构的注射级“A型人源化Ⅲ型胶原蛋白新材料”规模化绿色制造的生物材料企业，同时也是国家级专精特新小巨人企业（来源：山西日报）	经济	市场主体	大事
7月22日	2023年皮肤健康产业中国科技联盟（筹）年会在上海举办	本次年会以“容貌健美与化妆品无汞化”为主题，来自联盟发起单位的多个高校、科研院所及企业代表60余人参加年会。与会专家、学者、企业代表等达成共识，共同支持并参与化妆品无汞化行动，行动将首先面向于化妆品领域中护肤类、洗护类和清洁类产品以及相应化妆品用原料，届时中国化妆品基本进入无汞化时代。年会还正式成立国内首个化妆品无汞化团体标准课题组，启动《皮肤健康产业中国科技联盟（筹）化妆品无汞化团体标准》的制定工作，这也将是国内化妆品行业中首个关于汞的团体标准（来源：经济日报）	社会	社会组织	大事

续表

时间	事件标题	事件内容	一级分类	二级分类	事件类型
7 月 25 日	全国首个化妆品经营信用评价地方标准出台	丽水市市监局发布丽水市地方标准《化妆品经营单位经营行为评价规范》（DB3311/T 254—2023），于 8 月 25 日起实施，这是全国首个化妆品经营领域信用监管的市级地方标准，为丽水市化妆品经营单位经营行为的评价管理提供科学统一的技术依据。标准分别对化妆品经营单位和评价等级做了明确定义，从评价指标、评价方式、评价等级、评价管理和评价改进五个方面做了详细说明（来源：浙江省药品监督管理局）	技术	标准体系	新事
7 月 28 日	雷平在四川和西藏调研化妆品监管和援藏工作	7 月 23~27 日，国家药监局党组成员、副局长雷平在四川省和西藏自治区调研化妆品监管和援藏工作，期间出席了西藏化妆品监管和产业高质量发展座谈会，看望了参加援藏药品监管能力提升培训班学员和药品监管系统援藏挂职干部，并主持召开了国家药监局援藏工作座谈会。雷平指出，要加快化妆品技术支撑体系建设，不断提升西藏化妆品监管能力，充分发挥西藏特色动植物资源优势，推动发达地区化妆品企业与西藏的战略合作（来源：国家药品监督管理局）	政治	行政监管	特事
8 月 10 日	全球规模最大的光甘草定生产线正式投产	甘肃泛植制药有限公司光甘草定生产线投产仪式在甘肃兰州成功举办，年产高纯度光甘草定 2000kg，能够满足全球三分之二市场需求的生产线即将正式投入生产，投产后，预计年生产总值可达到 1.5 亿元，将为皋兰推动“强工业”“强科技”行动，县域经济高质量发展注入新的动能。光甘草定作为一种黄酮类生物活性物质，凭借着兼具温和低刺激与较强的美白功效，成为研发人眼中最接近完美的美白成分之一，被业内称为“植物 377”。1000kg 的光果甘草仅能获得 1kg 光甘草定，因此光甘草定被称为“美白黄金”，每克供应价格达百元（来源：甘肃经济网）	技术	科技发展	新事

续表

时间	事件标题	事件内容	一级分类	二级分类	事件类型
8月17日	国内首个化妆品兴奋剂检测团体标准出台	花西子母公司杭州宜格化妆品有限公司，联合浙江省健康产品化妆品行业协会与毛戈平、杭州布诗、浙江方圆检测、浙江公正检验中心四家企业，发布了《化妆品中23种兴奋剂含量的测定高效液相色谱－串联质谱法》（T/ZHCA 024—2023），自2023年10月15日起实施。作为全国首个化妆品类兴奋剂检测团标，该团标建立了一种同时检测多类兴奋剂物质的筛查方法，填补了化妆品领域中兴奋剂检测的空白。此次团标推出的契机，是于杭州举办的亚运会（来源：全国团体标准信息平台）	技术	标准体系	新事
8月28日	国家药监局将油包水类化妆品的pH值测定方法等21项制修订项目纳入《化妆品安全技术规范（2015年版）》	本次制修订自发布之日起施行，修订了《化妆品中丙烯酰胺的检验方法》《化妆品中地氯雷他定等51种原料的检验方法》等5项检验方法，新增《油包水类化妆品的pH值测定方法》《化妆品中丙烯酸乙酯等40种原料的检验方法》《化妆品中CI 10020等11种原料的检验方法》等14项检验方法，新增化妆品禁用组分“本维莫德”，新增化妆品禁用组分苯的管理限值（2mg/kg）（来源：国家药品监督管理局）	技术	标准体系	新事
8月31日	中检院发布《儿童化妆品技术指导原则》	为规范和指导儿童化妆品注册和备案工作，保障儿童化妆品使用安全制定本指导原则，自发布之日起施行。《指导原则》明确了儿童化妆品基本信息和相关资料、产品名称信息、产品配方、产品执行的标准、产品标签、产品检验报告、产品安全评估资料等各项资料技术要求。其中明确将儿童化妆品分为供“婴幼儿”使用和供“儿童”使用，还明确了不能用于儿童化妆品的原料，以及对进口儿童化妆品的相关规定（来源：中国食品药品检定研究院）	技术	标准体系	大事

续表

时间	事件标题	事件内容	一级分类	二级分类	事件类型
8 月 31 日	北京市经济和信息化局和昌平区人民政府印发《北京市美丽健康产业高质量发展三年行动方案》	《行动方案》提出到 2025 年，构建“产业 + 园区 + 平台”集聚发展格局，建立 5 个分工明确的产业配套平台，建设 10 个智能制造工厂；建立 5 个研发创新中心，吸引 10 家以上美丽健康领域先进科研院所设立临床研究、创新转化中心；引育壮大 30 个年营业收入超过 10 亿元的优质品牌企业，专精特新企业达到 50 家等具体发展目标（来源：北京市人民政府）	政治	行业政策	大事
9 月 4 日	IFSCC 第 33 届国际化妆品科学会议在西班牙巴塞罗那召开	国际化妆品化学家学会联盟（IFSCC）是一个由世界各国的化妆品技术者组成的国际合作组织，被科研人员誉为化妆品界的“诺贝尔组织”。本次大会以“重新思考化妆品科学”为主题，集结了 1251 位美妆行业精英，其中有 93 位来自中国，为期四天。其中，逸仙电商携旗下品牌 Galénic 法国科兰黎亮相大会，成为首家获得 IFSCC 荣誉金牌战略合作伙伴认证的国货美妆集团；合之美，英树集团，麦吉丽，溪木源，杉海创新等国货品牌携多项科研成果亮相大会（来源：新华网）	国际	技术交流	大事
9 月 4 日	中检院发布《化妆品配方填报技术指导原则》	化妆品配方成分是指生产过程中有目的地添加到产品配方中，并在最终产品中起到一定作用的成分，包括防腐剂、防晒剂、染发剂、着色剂、保湿剂、pH 调节剂、黏度调节剂等。《指导原则》结合了化妆品产品配方所使用原料的不同情形，对填报中涉及的具体问题进行了梳理，为产品配方的填报提供建议和指导，包括配方成分的要求、配方填报形式、原料名称、原料含量、主要使用目的和配方表备注栏填写以及原料安全信息填报等内容（来源：中国食品药品检定研究院）	技术	标准体系	新事

续表

时间	事件标题	事件内容	一级分类	二级分类	事件类型
9月4日	中检院发布《化妆品原料安全信息登记平台填报指南》	《填报指南》用于指导原料生产商规范使用化妆品原料安全信息登记平台。指南规定，化妆品原料生产商可以自行报送化妆品原料安全信息，也可以授权境外或者境内法人企业对原料安全信息进行报送和日常维护，同一质量规格的原料安全相关信息只能授权一家企业。该指南同时对化妆品原料安全信息、原料质量规格相关信息、安全性风险物质控制相关信息等内容进行明确（来源：中国食品药品检定研究院）	技术	标准体系	新事
9月4日	中检院发布《化妆品原料安全信息填报技术指导原则》	《指导原则》适用于化妆品注册人、备案人（及其境内责任人）在化妆品注册备案资料中自行填报、提交原料安全信息的情形，不适用于原料生产商通过原料平台报送原料安全信息的情形，自发布之日起施行。该指导原则主要从原料的基本信息、生产工艺简述、质量控制要求、国际权威机构评估结论、风险物质限量要求等方面对原料安全信息的填报进行了说明。化妆品注册人、备案人应当在原料供应商筛选、原料采购、原料验收、原料使用等各个环节确保对所用原料的质量安全情况予以充分了解，并在此基础上填报原料安全信息（来源：中国食品药品检定研究院）	技术	标准体系	新事
9月11日	山东省药监局印发《化妆品安全突发事件应急预案》	《应急预案》内容包括总则、组织体系、监测（包括预警、报告、风险研判）、应急响应、后期处置、预案管理、保障措施、应急演练、预案实施九部分。根据事件的危害程度和影响范围等因素，《应急预案》将化妆品安全突发事件分为四级：Ⅰ级（特别重大）、Ⅱ级（重大）、Ⅲ级（较大）和Ⅳ级（一般），并明确了不同级别的具体标准。《应急预案》的出台可帮助建立健全化妆品安全突发事件应急处理机制，最大限度降低化妆品安全突发事件危害，保障公众健康和用妆安全（来源：山东省药品监督管理局）	政治	行政监管	新事

续表

时间	事件标题	事件内容	一级分类	二级分类	事件类型
9月15日	首个企业、法定代表人、主管人员全部被禁业案	广东省药监局发布一则行政处罚信息，广州市敦复化妆品有限公司因生产未经注册的特殊化妆品，被开出10年禁业罚单；同时，该企业法定代表人和直接负责的主管人员也被终身禁业。这是首次从企业到法定代表人再到企业实际主管人员全部被禁业的案例（来源：广东省药品监督管理局）	政治	行政监管	特事
9月17日	2023广东省化妆品产业高质量发展暨化妆品原料创新大会在广州举办	本届大会由花都区人民政府、广东省化妆品质量管理协会、中国卫生监督协会化妆品专业技术委员会主办，国家药监局、广东省药监局、广州市市监局、花都区政府等相关领导，国内外化妆品行业专家及企业代表出席大会。大会围绕“原料创新引领未来”的主题，共同探讨了化妆品的原料创新发展，旨在推动化妆品配方、工艺和功效的升级，赋能中国日化产业链创新高质量发展（来源：广州市花都区人民政府）	社会	文化环境	大事
9月20日	广州市监局明确香皂、液体香皂、皂液的属性	根据《普通化妆品备案问答（四十五期）》，从香皂的使用方式（涂擦）、施用部位（人体表面）和主要用途（清洁）来看，香皂符合化妆品定义，仅具有清洁等普通功效的香皂按一般日化产品管理；宣称具有“美白、防晒”等特殊功效的香皂按照特殊化妆品实行注册管理。“液体香皂”“皂液”产品，不符合QB/T 2485—2008中关于香皂的定义，结合产品的工艺配方、使用方法、使用目的、使用部位等判定，其仍可能属于化妆品（来源：广州市市场监督管理局）	政治	行政监管	特事

续表

时间	事件标题	事件内容	一级分类	二级分类	事件类型
9月25日	国家药监局发布《关于贯彻落实牙膏监管法规和简化已上市牙膏备案资料要求等有关事宜的公告》	《公告》落实备案人主体责任，明确自2023年10月1日起至2023年11月30日止，牙膏备案人可通过牙膏备案信息服务平台提交牙膏备案人基本信息、产品基本信息、证明产品具有安全使用历史的相关资料，为已上市牙膏产品进行备案。《公告》还对已上市牙膏产品的标签和功效宣称提出过渡性措施，简化已上市牙膏备案资料要求，减少社会资源浪费，使“老产品合新规”更为快捷化、便利化（来源：国家药品监督管理局）	政治	法律法规	大事
9月25日	北京市商务局等9部门联合印发《关于支持美丽健康产业高质量发展的若干措施》	为推动医药健康产业链延伸、培育经济增长新动能，推动北京“未来美城”建设，推进北京市美丽健康产业高质量发展，制定该措施。措施围绕营造创新生态、创新监管模式、培育产业集群、强化消费引领、健全保障机制五个方面，提出21条具体举措，包括支持化妆品新原料创新研发及应用、研发平台建设、开展化妆品个性化服务试点全流程监管模式创新、提升化妆品注册备案便利度、打造“未来美城”产业集聚区、支持化妆品新品在京实现全球首发等措施（来源：北京市人民政府）	政治	行业政策	大事
10月19日	国家药监局综合司公开征求《化妆品检查管理办法（征求意见稿）》意见	为规范化妆品检查工作，制定本办法。意见稿共8章46条，对检查程序与要求，许可检查，常规检查，有因检查，检查与稽查衔接及跨区域协查，检查结果处理等方面做出了具体要求。意见稿对检查机构出具的检查审核报告的证据效力提出补强规定，并对该报告的内容要素、审核人员资质、签章要求等提出严格要求，明确该报告可以作为行政处罚的依据之一（来源：国家药品监督管理局）	政治	法律法规	新事

续表

时间	事件标题	事件内容	一级分类	二级分类	事件类型
10 月 28 日	2023 国际香料香精化妆品科学技术论坛在上海召开	本次论坛由上海应用技术大学、中国香料香精化妆品工业协会等联合主办，为期两天，来自国内外香料香精、化妆品企业、科研院所、高等院校等 300 余名行业专家和代表参加了会议。论坛以“聚焦香料香精化妆品前沿科技，助力美丽健康产业发展”为主题，旨在通过本次论坛为行业专家学者搭建香料香精化妆品技术研发与应用交流的平台，加强学术与产业的深度融合，加快推进产学研用一体化建设，共同推动香料香精化妆品技术的创新发展，助力“美丽健康中国”建设（来源：中国香料香精化妆品工业协会微信公众号）	国际	技术交流	大事
11 月 1 日	首届广州国际美妆周化妆品高质量发展大会在广州开幕	大会由广东省药品监管局和广州市政府共同主办，广州市市场监管局和相关区政府联合承办，以“千年商都 国际美湾”为主题，为期五天。大会围绕新政策、新潮流、新技术、新模式、新消费、新金融等主题开展，并邀请诺贝尔奖化学奖得主迈克尔·莱维特、国际化妆品生产企业、原料供应商、直播电商企业代表做主题分享。大会还发布了首届广东省优质化妆品“粤妆甄品”评选结果及《2023 广州化妆品产业白皮书》（来源：广东省药品监督管理局）	国际	技术交流	新事
11 月 2 日	国家药监局关于发布《化妆品中氯倍他索乙酸酯的测定》化妆品补充检验方法	本方法规定了化妆品中氯倍他索乙酸酯的测定方法。本方法适用于液体（水、油）类、膏霜乳类、凝胶类、泥类和贴膜类化妆品中氯倍他索乙酸酯的定性和定量测定（来源：国家药品监督管理局）	技术	标准体系	新事

续表

时间	事件标题	事件内容	一级分类	二级分类	事件类型
11 月 5 日	第六届中国国际进口博览会在上海举办	博览会由商务部和上海市人民政府主办，国家主席习近平向本届进博会致信，154 个国家、地区和国际组织的来宾齐聚展会，超过 3400 家企业参展和近 41 万名专业观众注册报名。在美妆及日化用品专区，资生堂旗下 24 大品牌携 40 余款产品在进博会首秀；欧莱雅以“双展台”方式，展出近 270 款展品，数量创新高，首次亮相创新孵化专区；联合利华首次展出针对激素、压力、生活方式、代谢、衰老和营养 6 大影响头发健康根源问题的 Nutrafol 健发营养胶囊膳食补充剂等（来源：凤凰网）	国际	国际合作	大事
11 月 6 日	第六届进博会展盟日化消费品专委会“化妆品高质量发展”圆桌会在国家会展中心（上海）举办	商务部消费促进司、国家会展中心（上海）、中国香料香精化妆品工业协会、上海市消费者权益保护基金会、上海市商务委商贸处相关领导出席会议，欧莱雅、资生堂、宝洁、联合利华、雅诗兰黛、花王、爱茉莉太平洋、科蒂、高丝等 9 家日化消费品专委会成员单位代表参与圆桌讨论，圆桌会以“美丽新势能，消费新动能”为主题，围绕“消费新场景”和“可持续转型”两大议题共同探讨美妆产业如何能进一步守正创新，还在会议现场共同发布了“爱回收，爱地球”绿色消费倡议（来源：中国国际进口博览会）	国际	技术交流	大事
11 月 9 日	2023 东方美谷国际化妆品大会在上海召开	大会由上海市经济和信息化委员会、上海市商务委员会、上海市药监局、上海市奉贤区人民政府、中国香料香精化妆品工业协会共同主办，以“东方美谷 美丽世界”为主题，国内外化妆品领域知名企业、专家学者及行业领军者等汇聚一堂，深度聚焦美妆产业前沿趋势，探索新技术、新平台、新模式，探寻化妆品产业高质量发展全球新路径。大会还为“东方美谷中国特色化妆品原材料基地联盟”揭牌，发布了 2023 东方美谷蓝皮书，携手欧莱雅、资生堂、雅诗兰黛等众多国内外化妆品企业发布《东方美谷 ESG 联合倡议书》（来源：央广网）	国际	国际合作	大事

续表

时间	事件标题	事件内容	一级分类	二级分类	事件类型
11 月 10 日	国家药监局发布《关于化妆品新原料鼓励创新和规范管理有关事宜的公告》	《公告》进一步明确新原料创新方向，提升企业研发水平和管理部门技术支撑能力。《公告》提出加强技术指导服务，鼓励和支持新原料研究创新。化妆品新原料注册人、备案人要落实企业主体责任，确保原料和产品质量安全。药品监管部门应加强对化妆品新原料注册备案管理、使用和安全情况的监测评估，督促企业主体责任落实到位。国家药监局应组织开展该新原料的备案后技术核查，必要时组织开展现场核查和延伸检查，建立化妆品新原料沟通交流机制、发布相关技术指导原则，推进化妆品新原料技术支撑体系建设等（来源：国家药品监督管理局）	政治	法律法规	大事
11 月 12 日	双十一美妆销售额小幅下降	根据星图数据，双十一购物节期间，全网交易总额为 11386 亿元。全网美妆（美容护肤 + 香水彩妆）销售额为 786 亿元，同比 2022 年的 822 亿元，减少了 36 亿元，降幅约为 4.4%。其中美容护肤产品和彩妆产品全网销售额分别为 582 亿元和 204 亿元。洗护清洁总销售额达 293 亿元，同比增加了 7 亿元，增幅约为 2.4%。销售额前三的品牌分别为珀莱雅、欧莱雅、雅诗兰黛，珀莱雅首次超过欧莱雅，斩获第一，打破了大促美妆行业榜首被国际品牌占据的局面（来源：星图数据公众号）	经济	经济水平	特事
11 月 20 日	国家药监局通报 7 起化妆品违法案件信息	案件包括广州市天科化妆品有限公司生产经营未经注册的特殊化妆品案，上海市金山区祝绍侠化妆品店经营超过使用期限的化妆品案，青海舒洁酒店用品有限公司未经许可生产化妆品案，广州荣大生物科技有限公司使用禁用原料生产化妆品案，天津市隆泰银信生物科技有限公司未经许可生产化妆品案，成都卓蓝雅商务信息咨询有限公司生产经营未经注册的特殊化妆品案，哈尔滨艾松生物科技有限公司乌马河分公司生产经营不符合技术规范的化妆品案（来源：国家药品监督管理局）	政治	行政监管	特事

续表

时间	事件标题	事件内容	一级分类	二级分类	事件类型
11月22日	国家药监局发布《牙膏备案资料管理规定》	《规定》自2023年12月1日起施行，共3章32条，包括总则、用户信息相关资料要求、牙膏备案资料要求。总则主要是对资料的格式和规范性要求进行了规定。用户信息相关资料要求对资料项目、用户信息及资料的更新进行了明确。牙膏备案资料要求对牙膏备案资料技术性要求等进行了具体规定，并明确了仅供出口的牙膏及儿童牙膏要求。此外，还包括牙膏产品执行的标准编制说明、牙膏产品执行的标准（样例）、牙膏备案微生物和理化检验项目要求三个附件（来源：国家药品监督管理局）	政治	法律法规	大事
11月24日	2023中国香料香精化妆品行业年会暨高质量发展大会在济南举行	大会由中国香料香精化妆品工业协会主办，以“创新、绿色、开放”为主题，为期四天。相关领域专家、企业负责人，以及欧洲化妆品协会、韩国化妆品协会等国际协会组织代表等600余人参加会议。大会举办了系列主题报告会、产业园区推介会、新技术新业态发展论坛、国际日用香料香精安全性研讨会、香化行业民营经济高质量发展论坛等平行会议。期间，新华网联合中国香料香精化妆品工业协会发布《2023年中国化妆品市场行业发展与消费洞察》报告，解析中国化妆品行业市场规模，解读中国消费者化妆品消费行为数据，前瞻中国化妆品行业发展趋势（来源：新华网）	国际	技术交流	特事
12月1日	中检院发布《化妆品新原料沟通交流工作机制（试行）》	为鼓励和支持化妆品新原料研究、创新，规范化妆品新原料注册人、备案人与化妆品技术审评部门之间的沟通交流制定本工作机制。《工作机制》共14条，其中指出化妆品新原料有关的一般技术问题可以通过现场、邮件和电话等方式进行咨询，重要技术问题申请人可通过会议进行沟通交流，并与审评部门形成共识。申请人提出沟通交流前应在化妆品注册备案信息服务平台完成用户信息登记，并对拟申请沟通交流的新原料开展充分的研究。审评部门应在收到申请资料后原则上5日内完成初步审核（来源：中国食品药品检定研究院）	政治	行政监管	新事

续表

时间	事件标题	事件内容	一级分类	二级分类	事件类型
12 月 8 日	中国化妆品蓝皮书发布会暨第一届化妆品科学发展与监管成果培训会在广州召开	大会由中国药品监督管理研究会化妆品监管研究专业委员会主办，以“中国特色美妆扬帆之路”为主题，围绕“监管护航之路、基建启航之路、高端品牌领航之路”话题，来自国家监管部门、社会行业组织、学术研究机构、第三方权威机构、化妆品龙头企业及业界代表等 600 余人作出分享，并正式发布《中国化妆品蓝皮书 2022/2023》。蓝皮书从政策法规、监管科学、消费需求、市场供给、营销渠道等十大方面入手，全面总结了 2022 年行业发展进程、问题挑战，以及 2023 年和未来行业发展趋势与应对策略，多维度地展示了新时代化妆品行业的新发展（来源：广东省药品监督管理局）	社会	社会组织	大事
12 月 13 日	广东省药监局印发《化妆品安全突发事件应急检验工作指南》	《工作指南》明确了化妆品安全突发事件应急检验工作的工作原则以及组织架构、工作流程、技术能力建设等工作要求，并通过化妆品应急检验分级表、化妆品安全突发事件信息报告表、应急检验流程图、应急检验案例信息库等资料附录，对指南具体应用作了详细说明，旨在为全省检验机构及相关单位开展化妆品应急检验提供全面、系统的指导方案，是全国范围内率先发布的关于化妆品安全突发事件应急检验工作的标准化指导文件（来源：广东省药品监督管理局）	政治	行政监管	新事
12 月 13 日	广州市监局明确微晶或微针类产品归属	根据《普通化妆品备案问答（五十一期）》，宣称微晶或微针类产品，如使用水解海绵等微小的针状原料或相应生产工艺技术，使用方法通过扎入皮肤发生效果或进行产品渗透，非施用于皮肤表面，该类产品则超出化妆品定义范畴（来源：广州市市场监督管理局）	政治	行政监管	特事

续表

时间	事件标题	事件内容	一级分类	二级分类	事件类型
12 月 21 日	全国化妆品不良反应监测工作会议在江西南昌召开	会议系统总结 2023 年化妆品不良反应监测工作情况，并强调不良反应监测工作是药品监督管理部门履行化妆品监督管理职能的重要手段，指出 2024 年化妆品不良反应监测工作一是要加强《化妆品不良反应监测管理办法》的学习和宣贯；二是要推进制度体系建设，形成“依法监测”合力，促进法规要求落到实处；三是要加强队伍建设、人才培养和技术支撑体系建设，持续提升监测评价能力；四是要发挥风险防范作用，发挥化妆品安全的“哨兵”作用；五是要加强科普宣传培训，进一步促进监测评价社会协同治理（来源：江西省药品监督管理局）	政治	行政监管	大事
12 月 23 日	2023 年 40 余家化妆品企业公开申请破产	据青眼统计，2023 年走向破产的化妆品企业已达到 43 家，相比 2022 年 11 家企业申请破产，近乎翻了 3 倍。其中，销售 / 批发零售企业有 21 家，占比接近 50%；化妆品生产企业有 9 家；化妆品生产、销售一体化企业共 13 家。其中有行业知名企业，如杭州博物、上海梦之队、上海华伊美等。另有数据显示，2023 年 1–11 月，共有 159.23 万家化妆品相关企业吊销 / 注销，同比增长 95.12%。同时期尽管累计注册了 515.48 万家化妆品相关企业，但注销吊销增速是注册增速的近 2 倍，行业尚未走出寒冬（来源：青眼）	经济	经营活动	特事
12 月 24 日	中国化妆品对韩国出口额同比上涨 190%	据央视财经《经济信息联播》栏目报道，2023 年前 8 个月，中国化妆品对韩国的出口额同比上涨大约 190%。报道分析指出，随着中国化妆品优势的凸显、中国跨境电商渠道的完善以及韩国国内持续上涨的物价因素的影响，相比高端化妆品，韩国消费者更爱买性价比高的中低价中国化妆品（来源：央视网）	经济	经营活动	特事

（文稿整理：黄浩婷　王洽利　刘佐仁，广东药科大学；
苏剑明　李彬　张畹意，中山市香山化妆品产业研究院）

国际化妆品行业大事记（2023 年）

时间	事件标题	事件内容	一级分类	二级分类	事件类型
1 月 11 日	宝洁收购黑人护发品牌 Mielle Organics	P&G Beauty 收购了针对有色人种的质感护发品牌 Mielle Organics，收购金额未公开，创始人强调这笔交易将增加产品的可用性，进一步扩大健康美发产品和服务，并获得更多的用户群体（来源：网易）	经济	经营活动	大事
1 月 19 日	菲律宾更新《化妆品产品资料档案指南》	菲律宾食品药品管理局（简称菲律宾 FDA）发布第 2023–0001 号通告，更新《化妆品产品资料档案指南》，并废除第 2018–001 号通告“重申强制执行东盟化妆品指令第 8 条‘产品信息’的规定”。主要更新内容有增加可能触发临时审查的情形，提出“非现场审查”进行的方式，把在产品资料档案审查中发现的不符合项进行分类等（来源：菲律宾 FDA）	技术	技术监督	大事
1 月 27 日	加州 65 号提案清单新增三种致癌物质	加州环境健康危害评估办公室（OEHHA）将三种物质加入加州 65 号提案的致癌物清单中，包括 1– 溴 –3– 氯丙烷，正丁基缩水甘油醚，甲基丙烯酸缩水甘油酯。此次清单更新将于 2024 年 1 月 27 日生效（来源：加州 OEHHA）	技术	技术监督	大事
2 月 1 日	SCCS 再次发布关于铝安全性的意见	欧盟消费者安全科学委员会（SCCS）再次发布关于铝安全性的意见（SCCS/1644/22），对除臭剂、止汗剂、口红和牙膏以外的化妆品中铝安全和总暴露量等问题进行评估。SCCS 认为铝成分在一些产品类型和相应浓度应用时是安全的，但不适用于气溶胶型防晒喷雾（来源：SCCS）	技术	科技发展	大事

续表

时间	事件标题	事件内容	一级分类	二级分类	事件类型
2月1日	SCCS发布美白成分熊果苷评估意见	SCCS发布关于化妆品中α-熊果苷和β-熊果苷安全性的意见（SCCS/1642/22），就行业关注的α-熊果苷和β-熊果苷的稳定性、皮肤吸收、氢醌释放率、总暴露量等问题进行安全评估。意见指出2%浓度的α-熊果苷在面霜中单独使用，0.5%浓度的α-熊果苷在身体乳中单独使用，以及两者混合使用的情况，都是安全的；7%浓度的β-熊果苷在面霜中使用时是安全的；含α-熊果苷或β-熊果苷的配方，氢醌含量应尽可能低，不能高于两种熊果苷的不可避免的痕量浓度；在考虑累积暴露量的情况下，α-熊果苷（面霜中2%浓度和身体乳中0.5%浓度）和β-熊果苷（面霜中7%浓度）混合使用时是安全的（来源：SCCS）	技术	科技发展	大事
2月15日	欧莱雅化妆品部从“活性健康”更名为“皮肤医学”	原欧莱雅活性健康化妆品部L'Oréal Active Cosmetics，正式更名为欧莱雅皮肤医学美容部L'Oréal Dermatological Beauty，并与全球超过180000名医生建立了信任关系，揭示欧莱雅向皮肤医学美容进阶的决心。但在中国化妆品监管环境下，这一变革将如何承接到国内是个大问题（来源：化妆品财经在线CBO）	经济	经营活动	新事
2月21日	韩国修订《化妆品安全标准等规定》禁用多种物质	韩国食品药品安全部（MFDS）发布第2023-17号公告，修订《化妆品安全标准等规定》，将原限制使用的原料邻氨基酚、邻苯二酚、儿茶酚、间苯二胺、间苯二胺盐酸盐、邻苯三酚列为禁止使用原料。该公告自发出之日起6个月后执行（来源：MFDS）	技术	标准体系	大事
2月27日	我国自主研制空间站双光子显微镜首获航天员皮肤三维图像	神舟十五号航天员乘组使用由我国自主研制的空间站双光子显微镜开展在轨验证实验任务并取得成功，这是目前已知的世界首次在航天飞行过程中使用双光子显微镜获取航天员皮肤表皮及真皮浅层的三维图像，为未来开展航天员在轨健康监测研究提供了全新工具（来源：新华社）	技术	科技发展	新事

续表

时间	事件标题	事件内容	一级分类	二级分类	事件类型
3 月 8 日	四大香料香精巨头被查	瑞士竞争委员会 COMCO 发布声明称正在调查四家公司达成的香料香精卡特尔（垄断组织形式之一）行为，四家公司分别是瑞士的芬美意 Firmenich 和奇华顿 Givaudan、美国的国际香精香料公司 IFF 和德国德之馨 Symrise。若调查结果确定违反欧盟竞争法，则罚款上限为公司全球收入的 10%（来源：中国化妆品）	经济	经营活动	大事
3 月 23 日	SCCS 确认口腔产品中纳米羟基磷灰石的安全浓度和规格	SCCS 在获得业界提供的新数据信息后，再次发布关于纳米羟基磷灰石的评估意见（SCCS/1648/22），确定其在口腔产品中的安全浓度和原料规格要求。SCCS 在本次意见结论中表示，符合既定规格的纳米羟基磷灰石，以 10% 和 0.465% 浓度分别在牙膏和漱口水中使用时是安全的（来源：SCCS）	技术	科技发展	大事
3 月 23 日	SCCS 暂无法确定染发剂溴百里酚蓝钠盐的安全性	SCCS 发布关于溴百里酚蓝钠盐的意见（SCCS/1645/22），表示依据现在所提供的数据无法评估 0.5% 浓度溴百里酚蓝钠盐用于非氧化型染发产品是否安全。当前评估使用的是毒理学关注阈值（TTC）法，但目前的计算结果显示暴露量已经超过 Cramer Ⅲ类阈值。SCCS 表示，仍需要更多基本毒理学终点的信息，例如系统毒性、人体数据等用于百里酚蓝钠盐的安全评估（来源：SCCS）	技术	科技发展	大事
3 月 27 日	美国 FDA 正式停止接受自愿化妆品注册计划（VCRP）的提交	美国 FDA 宣布停止接收和处理化妆品自愿注册计划（VCRP）的申请，并表示 FDA 正在开发一个全新的系统，用于提交《2022 年化妆品监管现代化法案》（MoCRA）强制要求的化妆品工厂注册和产品注册（来源：美国 FDA）	国际	技术交流	新事

续表

时间	事件标题	事件内容	一级分类	二级分类	事件类型
3月31日	韩国科丝美诗推出化妆品质地测量新技术	韩国科丝美诗宣布开发出一种无需涂抹即可预测化妆品使用感的“质地标准测量”技术，这项技术阐明了化妆品的延展性和流变特性（黏度、弹性等）之间的关系，并利用机器学习算法自动量化延展性（来源：美通社）	技术	科技发展	新事
4月3日	欧莱雅收购伊索品牌	法国美妆巨头欧莱雅集团宣布，集团已与巴西美妆集团 Natura&Co 完成交易。根据 2023 年 4 月 3 日宣布的收购条款，欧莱雅完成收购 Natura&Co 旗下澳大利亚护肤品牌伊索（Aesop），最终交易价格为 25.8 亿美元（约合人民币 188.7 亿元）。这是欧莱雅集团有史以来最大一笔收购，远超圣罗兰美妆（YSL）2008 年 17 亿欧元（约合人民币 133.3 亿元）收购价格（来源：新浪财经）	经济	经营活动	大事
4月15日	泰国将禁止在化妆品中使用全氟烷基和多氟烷基化合物（PFAS）	泰国食药局准备发布最新的禁用化妆品成分清单，其中包括禁止添加的 13 种全氟烷基和多氟烷基化合物（PFAS）及其衍生物。相关公告草案已由泰国化妆品委员会审议，并正在提议部长签署该公告。该项禁用修订受到了新西兰环境保护局在今年发布的提案影响，今年 3 月，新西兰环境保护局提出计划在 2025 年前停止在化妆品中使用全氟烷基和 PFAS（来源：福建省标准化研究院）	技术	技术监督	大事
4月24日	强生公司旗下消费者健康部门作为独立公司公开募股	强生公司旗下消费者健康部门作为独立公司公开募股，新公司名为 kenvue。据悉,kenvue 招股书显示新公司旗下共有 44 个品牌，包括 4 个超 10 亿美元体量的大品牌和 20 个超过 1.5 亿美元品牌，如强生婴儿、邦迪创可贴、泰诺、露得清和李施德林等，涵盖化妆品、医药等领域（来源：搜狐网）	经济	经营活动	大事

续表

时间	事件标题	事件内容	一级分类	二级分类	事件类型
4 月 24 日	SCCS 初评认为富勒烯和羟基化富勒烯在化妆品中使用是不安全的	初步评估意见认为，由于在物理化学、毒理学等相关方面存在一定的不确定性和数据缺口，SCCS 无法就富勒烯和羟基化富勒烯的安全性得出结论，也无法对富勒烯（C_{60} 和 C_{70}）产生遗传毒性效应的潜力得出结论。根据现有证据，水合形式的羟基化富勒烯具有遗传毒性，因此，SCCS 认为它们在化妆品中的使用是不安全的。同样的，SCCS 对羟基化富勒烯产生遗传毒性效应的潜力也表示担忧。意见反馈期截至 2023 年 6 月 12 日（来源：SCCS）	技术	科技发展	大事
5 月 16 日	SCCS 发布儿童化妆品中水杨酸甲酯的评估意见	SCCS 认为，用于 0.5~3 岁的儿童的沐浴露、洗手液、洗发水、身体乳、面霜、护手霜和唇部产品，水杨酸甲酯的最大安全使用量为 0.02%；对于牙膏产品，其最大安全使用量为 2.52%。基于 SCCS/1663/21 结论和总暴露量，SCCS 还公布了用于 3~6 岁的儿童的沐浴露、洗手液、洗发水、身体乳、面霜、护手霜、唇部产品、护发素产品、牙膏等产品的安全用量标准。意见反馈期截至 2023 年 6 月 19 日（来源：SCCS）	技术	科技发展	大事
5 月 16 日	SCCS 发布第 12 版《化妆品成分测试及其安全性评价指南》	SCCS 发布《化妆品成分的检测及安全评估指南（第 12 版）》，指南修订与更新 11 个部分，包括系统性文献回顾的重要性；更新非动物替代试验方法：包括新技术方法、急性吸入、皮肤刺激测试、眼刺激、皮肤致敏、体外遗传毒性测试新方法等（来源：SCCS）	技术	科技发展	大事

续表

时间	事件标题	事件内容	一级分类	二级分类	事件类型
5月22日	韩国发布化妆品安全标准法规修正案	韩国食品药品安全部（MFDS）发布化妆品安全标准法规主要修改内容如下：①化妆品中添加禁用成分添加2–硝基对苯二胺、2–氨基–4–硝基苯酚、2–氨基–5–硝基苯酚、硫酸2–氨基–5–硝基苯、硫酸邻氨基苯酚、2–氯对苯二胺硫酸盐和间苯二胺硫酸酯，以上成分列入禁用染发剂成分清单。②化妆品中最大浓度限值的变化：2, 4–二氨基苯酚盐酸盐限值从0.5%降低至0.02%，过硼酸钠和过硼酸钠水合物限值从12.0%降低至7.0%（来源：MFDS）	技术	标准体系	大事
5月24日	美国明尼苏达州将全面禁售含PFAS化妆品	美国明尼苏达州州长签署HF 2310法案（《环境、自然资源、气候和能源综合法案》，该法案对有意添加全氟烷基和多氟烷基物质（PFAS）的产品（包括化妆品）以及某些产品（包括化妆品）中的铅和镉含量上限做了规定。2025年1月1日起，禁止包括化妆品在内的11类有意添加PFAS的产品在该州销售。同时，还要求包括化妆品在内的共计15类产品中的铅和镉分别不得超过90ppm和75ppm，该法案于2023年8月1日起生效（来源：明尼苏达州法律修订办公室）	技术	技术监督	大事
6月8日	欧盟委员会拟修订欧盟化妆品法规物质清单	欧盟委员会向世界贸易组织（WTO）递交G/TBT/N/EU/986号通报，拟对欧盟化妆品法规（EC）No 1223/2009中附录进行修订，主要修订内容包括将“4–甲基亚苄亚基樟脑（4–MBC）”从准用防晒剂清单（附录Ⅵ）中移除，加入化妆品禁用物质清单（附录Ⅱ）中；将染料木黄酮、大豆苷元、曲酸、视黄醇、视黄醇醋酸酯、视黄醇棕榈酸酯、α–熊果苷、熊果苷等纳入限用物质清单；进一步限制防腐剂三氯生和三氯卡班在化妆品中的使用（来源：TBT）	技术	标准体系	大事

续表

时间	事件标题	事件内容	一级分类	二级分类	事件类型
6 月 8 日	SCCS 再次评估羟苯甲酯和羟苯丁酯并确认当前使用浓度安全	SCCS 评估认为羟苯甲酯作为防腐剂时，单独使用时最高浓度为 0.4%（以酸计），以及混合酯使用时最高浓度为 0.8%（以酸计）时是安全的，这与现行欧盟化妆品法规附件 V 第 12 条的规定是一致的。基于所有可用的数据，同时考虑到对其潜在内分泌活性的担忧,SCCS 认为羟苯丁酯作为防腐剂时，最高浓度为 0.14%（以酸计）是安全的（来源：SCCS）	技术	科技发展	大事
6 月 9 日	SCCS 发布水杨酸作为防腐剂和非防腐剂时的安全评估意见	基于目前的数据，并且考虑到水杨酸潜在的内分泌干扰特性，SCCS 认为水杨酸作为防腐剂在化妆品中浓度为 0.5% 是安全的。作为非防腐剂目的使用时，应符合如下安全浓度要求：淋洗类发用产品不超过 3.0%，除身体乳、眼影、睫毛膏、眼线、唇膏、非喷雾型除臭剂以外的产品不超过 2.0%，身体乳、眼影、睫毛膏、眼线、唇膏、口腔产品、非喷雾型除臭剂不超过 0.5% 时是安全的。此外，SCCS 还表示，3 至 10 周岁儿童群体使用的化妆品水杨酸暴露问题应当引起关注，本次意见结论不适用于其他水杨酸盐类和水杨酸酯类化合物，也不适用于可能导致使用者通过肺部吸入水杨酸的喷雾型产品（包括口腔喷剂）（来源：SCCS）	技术	科技发展	大事
6 月 13 日	SCCS 发布关于香料成分水杨酸苄酯的初步意见	根据所提供的数据，并考虑到潜在内分泌干扰性的相关问题，SCCS 评估了水杨酸苄酯在不同产品最大浓度下的安全性，如水醇型香水（喷雾和非喷雾），淋洗类皮肤和头发产品，驻留类皮肤和头发产品（非喷雾型 / 非气雾型）等。对于水杨酸苄酯的现有数据提供了一些可能的内分泌作用迹象，但没有证据表明其会导致潜在的内分泌效应。本次评估不涉及环境方面。公开征求意见截止至 2023 年 8 月 24 日（来源：SCCS）	技术	科技发展	大事

续表

时间	事件标题	事件内容	一级分类	二级分类	事件类型
6月14日	宝洁回应SK-Ⅱ生产地涉嫌核污染	宝洁公司表示，所有SK-Ⅱ产品和成分在上市之前都经过严格的产品安全性评估，遵守所在市场的监管和安全要求。此外，在中国推出的所有SK-Ⅱ产品均在中国政府指定下的相关实验室进行严格的产品安全测试，以确保产品符合中国相关法规，并根据中国法规，进行备案和注册（来源：澎湃新闻）	社会	文化环境	大事
6月22日	欧盟委员会拟修订REACH法规进一步限制D_4、D_5、D_6的使用	欧盟委员会向世界贸易组织（WTO）递交G/TBT/N/EU/989号通报，拟对欧盟REACH法规附录ⅩⅦ修订，新增含有D_6的淋洗类化妆品，以及含有这3种物质的驻留类化妆品的上市限制。拟在本法规修订版生效2年后，含有浓度等于或大于0.1%（*w/w*）D_6的淋洗类化妆品不得上市；拟在本法规修订版生效3年后，含有浓度等于或大于0.1%（*w/w*）D_4或D_5或D_6的驻留类化妆品不得上市（来源：TBT）	技术	标准体系	大事
6月26日	SCCS发布第2版《化妆品中纳米原料的安全性评价指南》	主要修订内容包括新增溶解度和溶出速率、在非水介质中的溶解度、不存在纳米颗粒的证据、分散性、长宽比、红细胞摄取、生殖毒性、内分泌干扰等内容；引入欧盟委员会于2022年发布的关于纳米原料定义的新建议；基于SCCS/1618/2020，介绍了引发纳米原料安全问题的关键点；根据上次更新后发表的文献资料，对其他章节和附件1进行了更新；修订交叉参照（Read-across）和分组（Grouping）的部分；修订解释何时可以使用历史/现有数据的相关内容（来源：SCCS）	技术	科技发展	大事

续表

时间	事件标题	事件内容	一级分类	二级分类	事件类型
6 月 27 日	加拿大卫生部宣布全面禁止化妆品动物试验	加拿大将于 2023 年 12 月 22 日起全面禁止化妆品动物试验，具体的禁令内容如下：禁止销售任何依赖动物测试数据来证明其产品安全性的化妆品，禁止对动物进行任何可能对其造成身体或精神痛苦的化妆品试验，禁止在化妆品标签或广告中出现涉及动物测试的误导性或欺骗性声明（来源：加拿大卫生部）	技术	技术监督	大事
7 月 3 日	2023 年世界皮肤科大会在新加坡举行	第二十五届世界皮肤科大会（World Congress of Dermatology）在 7 月 3 日至 8 日于新加坡举行，由新加坡皮肤病学会举办，新加坡国家皮肤中心和新加坡皮肤研究所协办。多个美容护理领域的知名企业也以参展商身份亮相，并在 WCD2023 展示了新的成果与产品，如欧莱雅集团、雅诗兰黛、科蒂、OLAY、薇诺娜、达尔肤等（来源：财联社）	国际	技术交流	大事
7 月 4 日	马来西亚发布修订《马来西亚化妆品管制指南》	马来西亚国家药品监督管理局（NPRA）发布了 2/2023 号公告，宣布修订《马来西亚化妆品管制指南》，新增了 19 种禁用物质。现有产品的过渡期将持续到 2025 年 5 月 8 日。限用物质清单新增了 3 种物质。所有含限用物质的化妆品，在法规生效后未经批准将禁止销售（来源：NPRA）	技术	标准体系	大事
7 月 4 日	SCCS 发布水溶性锌盐在口腔产品中安全性评估意见	SCCS 计算了通过 1% 浓度的牙膏和从饮食中摄入的水溶性锌盐的总暴露量，认为在牙膏中使用锌本身是安全的，1 岁以下的儿童除外，因为锌的摄入量超过了上限水平。对于 6 个月至 1 岁的儿童,SCCS 建议牙膏中可溶性锌盐的安全浓度为 0.72%（以锌计），含 0.1%（以锌计）水溶性锌盐的漱口水对 6 岁以上的所有年龄组都是安全的（来源：SCCS）	技术	科技发展	大事

续表

时间	事件标题	事件内容	一级分类	二级分类	事件类型
7月6日	英国修订《2023年化妆品（化学物质限制）法规》	英国发布《2023年化妆品（化学物质限制）法规（第2号）》（2023第836号），对*N*-甲基邻氨基苯甲酸甲酯（CAS号：85-91-6）、HAA和HAA（纳米）（CAS号：919803-06-8）的使用要求进行修订。本法规适用于英格兰、威尔士和苏格兰（来源：legislation.gov.uk）	技术	标准体系	大事
7月19日	欧盟委员会修订化妆品法规禁用物质清单	欧盟委员会发布（EU）2023/1490，修订化妆品法规（EC）No 1223/2009中的“化妆品禁用物质清单”（附录Ⅱ），新增被认定为致癌、致突变或生殖毒性（CMR）的物质。新增的禁用物质，均是被欧盟CLP法规修订案EU 2022/692列为CMR的物质。在这些新增禁用物质中，有6种原料被收录在《已使用化妆品原料目录2021年版》中，如喷替酸和喷替酸五钠（来源：欧盟委员会）	技术	标准体系	大事
7月25日	欧盟委员会修订欧盟化妆品和动物护理产品生态标签标准	欧盟委员会发布实施条例（EU）2023/1540，修订和纠正建立欧盟化妆品和动物护理产品生态标签标准的决定。有关修订和纠正的内容包括：根据该条例附件Ⅰ对附件Ⅰ进行了修订和更正：根据该条例附件Ⅱ对附件Ⅱ进行了修订和更正。在框架部分，定义1）替换为以下内容：“有效成分（AC）是指产品中以克为单位的有机内合物质的总和，以最终产品的完整配方为基础计算，但不包括成分的含水量和有机摩擦剂/研磨剂。标准4“排除和限制物质”修改如下：（a）在第（4）（a）（i）点中，第一段以下内容取代：除非表5中另有规定，或第（4）（a）（i）点中有豁免，否则产品中的物质含量不得超过0.01%（按重量计）（冲洗型产品）和0.001%（按重量计）（免洗型化妆品），这些物质应符合表4中列出的危害等级、类别和相关危害说明代码的分类标准；对化妆品包装要求进行修订。条例自2023年7月26日起实施（来源：欧盟委员会）	技术	标准体系	大事

续表

时间	事件标题	事件内容	一级分类	二级分类	事件类型
7月27日	欧盟化妆品法规进一步拓展香精过敏原标注数量至81种	欧盟委员会发布（EU）2023/1545号修订案，依据SCCS/1459/11的评估意见，欧盟委员会决定对化妆品法规附录Ⅲ进行修订，新增57种香精过敏原的标注要求。新增香精过敏原的标注要求分别设有3年和5年的过渡期，不符合新规要求的化妆品，2026年7月31日后禁止上市，2028年7月31日后禁止销售（来源：欧盟委员会）	技术	标准体系	大事
7月27日	俄勒冈州修订《无毒儿童法案》强化儿童产品监管	俄勒冈州州长批准了HB 3043法案，修订了儿童产品中化学物质相关的规定。在俄勒冈州销售的儿童产品（含儿童化妆品）的制造商，如果产品的可接触部件中含有一种或多种儿童健康高度关注化学物质（HPCCCH），且如果特意添加浓度大于或等于实际量化极限（PQL）或者作为污染物含量大于或等于100ppm，需要进行申报。本次修订增加了“化学品类别”的定义。当局现在可以监管清单上的一类化学品，而不是逐一监管。该法案于2024年1月1日开始实施（来源：俄勒冈州）	技术	技术监督	大事
7月28日	法国希望同中国合作制定化妆品标准	法国商务投资署去年发布的一份报告显示，中国已成为法国化妆品的第一大出口市场。彭博社7月27日援引一名法国官员的话称，勒梅尔希望与中方讨论建立一个联合机构，以推动制定化妆品功效声明和安全的共同标准，这将决定法国公司生产的化妆品在华销售条件（来源：观察者网）	国际	国际合作	新事
7月28日	越南药品管理局修订化妆品成分要求新增禁用物质要求	越南药品管理局发布第8314/OLD-MP号公告，修订化妆品成分要求法规。修订的主要内容包括：将氯乙酰胺（2-chloracetamide）、苯乙烯（Styrene）等19种物质列入化妆品禁用成分清单；修订化妆品限用物质清单、防腐剂清单、防晒剂清单，新批准部分允许使用物质并规定使用要求。该公告自发布之日起生效，过渡期至2025年5月8日（来源：越南药品管理局）	技术	标准体系	大事

续表

时间	事件标题	事件内容	一级分类	二级分类	事件类型
8月2日	印度尼西亚正式实施《产品信息文件（PIF）指南》	《指南》主要明确了PIF包含的标准文件，并对PIF的文件要求进行修订（包含行政文件和产品简介、原料质量与安全信息、产品质量信息、安全和功效4个部分）。PIF的保存时间从最近一次生产或进口化妆品之日起至少6年，修改为最后一次生产或进口化妆品过期后至少1年。印尼规定，制造商或进口商应对PIF留存备查。PIF必须以电子和（或）书面形式保存，并在发生变更时进行更新。语言可以是英文或印尼语（来源：福建标准化研究院）	技术	技术监督	大事
8月4日	美国俄勒冈州禁止化妆品动物试验	俄勒冈州州长Tina Kotek签署H.B.3213法案，于2023年9月24日生效。该法案要求自2024年1月1日起，不得销售经过动物试验的化妆品（来源：俄勒冈州）	技术	技术监督	大事
8月7日	美国FDA发布《化妆品工厂注册和产品注册指南》草案	美国食品药品管理局（FDA）发布《化妆品工厂注册和产品注册指南》草案，对《2022年化妆品法规现代化法案》（MoCRA）中工厂注册和产品注册的要求做了说明。该指南文件从提交化妆品工厂注册和产品注册的法定要求、定义、谁负责提交材料、提交材料中应包含哪些信息、如何提交意见书和何时提交等方面做出说明（来源：美国FDA）	国际	技术交流	新事
8月18日	欧盟宣布将制定行动路线图减少动物实验	欧盟发布关于欧洲公民倡议（ECI）拯救零残忍化妆品－构建一个无动物实验的欧洲的通讯文章，表示将立即开始制定一份行动路线图，以减少动物实验，实现在所有相关化学法规下过渡到无动物实验的监管体系的目标（来源：广东省应对技术性贸易壁垒信息平台）	社会	人口环境	大事

续表

时间	事件标题	事件内容	一级分类	二级分类	事件类型
9 月 4 日	2023 年 IFSCC 国际化妆品科学大会在巴塞罗那举行	9 月 4 日 –7 日，第 33 届 IFSCC 国际化妆品科学大会（The 33rd IFSCC Congress）在西班牙巴塞罗那国际会议中心成功举办，本次大会的主题是“Rethinking Beauty Science”，即重新思考化妆品科学（来源：网易）	国际	技术交流	大事
9 月 27 日	欧盟委员会发布 REACH 法规修订案禁止化妆品使用合成聚合物微粒	欧盟委员会发布（EU）2023/2055，在欧盟 REACH 法规（EC）No 1907/2006 附录 XⅦ 中增加一个新的限制项，第 78 项，以限制各种用途的合成聚合物微颗粒（synthetic polymer microparticles）。含有合成聚合物微粒主要起去角质、抛光或清洁作用的淋洗类化妆品将立即生效，其他相关产品如驻留类化妆品，唇部化妆品、指甲油、彩妆将分阶段实施。该修订将于 2023 年 10 月 17 日起执行（具有过渡期的特定产品除外）（来源：欧盟委员会）	技术	标准体系	大事
10 月 5 日	英国发布《化妆品中 CMR 物质管理指南》	英国发布《化妆品中 CMR 物质管理指南》，致力在化妆品监管框架下管理 CMR 物质（认定为致癌、致突变或生殖毒性的物质）。该《指南》概述了 CMR 物质的监管要求，并描述了继续使用这些物质的豁免申请流程。适用于英格兰、苏格兰和威尔士［来源：英国产品安全和标准办公室（OPSS）］	技术	标准体系	大事
10 月 8 日	美国加利福尼亚州禁止生产和销售 26 类化妆品原料	美国加利福尼亚州州长签署 AB 496 号法案，宣布禁止生产和销售 26 类化妆品原料，于 2027 年 1 月 1 日实施。继加州上次禁用了 12 类原料之后（该批禁用原料于 2025 年 1 月 1 日生效），加州政府再次增加了 26 类化妆品禁用原料（来源：加利福尼亚州）	技术	技术监督	大事

续表

时间	事件标题	事件内容	一级分类	二级分类	事件类型
10月18日	韩国食品药品安全部（MFDS）发布重建人角膜样上皮模型测试方法	韩国食品药品安全部（MFDS）发布了一份新的眼刺激性替代方法测试指南：重建人角膜样上皮模型（Reconstructed human Cornea-like Epithelium，RhCE）测试方法。该指南基于经济合作与发展组织（OECD）最新批准的替代测试方法制定。迄今为止，韩国已发布29个关于替代动物测试方法的指南（来源：MFDS）	技术	技术监督	大事
10月25日	新加坡修订化妆品原料清单	新加坡健康科学局（HSA）通过政府公报发布No.S682号公告，即化妆品指令2023年第2号修正案。主要内容包括：将脱氧熊果苷（deoxyarbutin）列入化妆品禁止使用的物质清单；新增盐酸二甲基哌嗪氨基吡唑吡啶（Dimethylpiperazinium Aminopyrazolopyridine HCl）等多种物质的使用要求。该修正案自2023年11月1日起生效（来源：HSA）	技术	标准体系	大事
10月25日	韩国修订《化妆品禁用成分分析方法指南》	在修订后的《指南》中，邻苯二甲酸酯类成分的数量从3个增加到7个。《指南》还提供了对包括邻苯二甲酸酯类成分在内的23个禁用成分的最新分析方法，例如苔黑醛和氯化苔黑醛（来源：MFDS）	技术	技术监督	大事
10月26日	SCCS发布羟苯丁酯的最终评估意见	SCCS发布羟苯丁酯的最终评估意见（SCCS/1651/23），确认安全用量。基于目前的数据并考虑到关于内分泌活性的关切，认为0.14%（以酸计）浓度的羟苯丁酯作为防腐剂在化妆品中使用是安全的，但该意见不涉及对环境的安全评估。同时，SCCS指出羟苯丁酯对儿童的潜在安全疑虑不能排除（来源：SCCS）	技术	科技发展	大事

续表

时间	事件标题	事件内容	一级分类	二级分类	事件类型
11月3日	SCCS发布富勒烯相关物质最终评估意见	SCCS发布富勒烯、羟基富勒烯及其水合形式的最终评估意见（SCCS/1649/23），回应其在化妆品中的使用安全性问题。SCCS认为在当前提供的数据中，在理化性质、毒代动力学和毒理学方面仍存在不确定和数据空缺。其次，无法排除C60和C70的遗传毒性。从目前的信息来看，羟基富勒烯的水合形式具有遗传毒性，因此其在化妆品中使用是不安全的。鉴于羟基化富勒烯的水合形式的等效性，对遗传毒性潜力的担忧也适用于羟基富勒烯（来源：SCCS）	技术	科技发展	大事
11月6日	SCCS发布水杨酸苄酯的最终评估意见	SCCS/1656/23再次评估确认了该物质在其他化妆品中使用的安全浓度，如香水、淋洗类发用产品、驻留类发用产品等。此外，SCCS表示目前尚无充足证据表明水杨酸苄酯对内分泌存在影响，并且该评估不涉及环境安全性（来源：SCCS）	技术	科技发展	大事
11月6日	SCCS发布羟丙基对苯二胺及其二盐酸盐的初步评估意见	SCCS发布羟丙基对苯二胺及其二盐酸盐的初步评估意见（SCCS/1659/23）。基于当前数据，SCCS认为羟丙基对苯二胺及其二盐酸盐在氧化型染发产品中使用时是安全的，使用时的最高浓度为2%。羟丙基对苯二胺及其二盐酸盐具有轻度至中度眼睛刺激性。根据动物试验数据，羟丙基对苯二胺及其二盐酸盐是一种中度皮肤致敏剂（来源：SCCS）	技术	科技发展	大事
11月8日	美国FDA将推迟化妆品工厂注册和产品注册	美国食品药品管理局（FDA）发布了关于延迟对《2022年化妆品监管现代化法案》（MoCRA）下化妆品工厂注册和产品注册要求的指导，宣布延迟6个月执行相关要求。即企业只需要在2024年7月1日前完成化妆品工厂注册和产品注册，以此来确保行业有足够的时间准备和提交相关的信息（来源：美国FDA）	国际	技术交流	新事

续表

时间	事件标题	事件内容	一级分类	二级分类	事件类型
11 月 9 日	印度尼西亚发布《关于化妆品污染物限量的规定》草案	印度尼西亚发布修订后的《关于化妆品污染物限量的规定》（Regulation Concerning Limitations for Contamination in Cosmetics）草案，该法规旨在明确化妆品微生物、重金属和化学污染的定义和范围。同时，还概述了对违反该法规的企业的行政处罚［来源：印度尼西亚药品与食品管理局（BPOM）］	技术	标准体系	大事
11 月 9 日	印度尼西亚发布《化妆品不良反应监测规定》草案	印度尼西亚发布修订后的《化妆品不良反应监测规定》草案，该规定旨在明确报告化妆品不良反应的要求，定义了不良反应，明确了通报人的义务，并概述了报告不良反应的方法（来源：BPOM）	技术	标准体系	大事
11 月 9 日	印度尼西亚发布《化妆品标签技术要求》草案	印度尼西亚发布修订后的《化妆品标签技术要求》草案，新增了对可再充填化妆品的强制标签项目的具体规定，扩大了标签要求的范围以涵盖可再充填化妆品，并详细说明了额外的要求，以提高整体标签标准（来源：BPOM）	技术	标准体系	大事
11 月 17 日	印度尼西亚承认九个外国清真认证机构的清真证书	2023 年 11 月 17 日，在雅加达举行的 2023 年清真世界活动取得了重大成果——印度尼西亚宗教事务部清真产品保证局（BPJPH）与 37 家外国清真认证机构（LHLN）签署了互认协议（MRA）。在清真证书的相互承认和接受方面，BPJPH 和 9 个 LHLN 签署了 MRA，而 BPJPH 与 28 个 LHLN 签署了其他 MRA，以加快完成 LHLN 对清真证书的承认和接受的评估（来源：Chemlinked）	国际	国际合作	大事
11 月 27 日	德之馨被要求进行动物测试	德国香料和香精供应商德之馨对欧洲化学品管理局（ECHA）强制要求对化妆品成分进行动物试验的决定提出上诉，但最终败诉，需对两款已经获准用的防晒成分进行动物实验（来源：搜狐网）	社会	人口环境	大事

续表

时间	事件标题	事件内容	一级分类	二级分类	事件类型
12月4日	加拿大禁止化妆品动物试验	禁令于2023年12月22日正式生效，无论是进口还是加拿大生产的化妆品一律禁止动物测试（12月22日前已上市销售的产品除外）。该指南指出禁止产品在标签和广告上进行“非动物测试”宣称，否则卫生部将要求提供足够的证据证明未在动物上进行测试。禁令提到不允许使用动物测试数据（来源：加拿大卫生部）	技术	技术监督	大事
12月5日	SCCS发布二氧化钛的初步评估意见	SCCS发布二氧化钛的科学建议（SCCS/1661/23）并公开征求意见。SCCS发现化妆品中使用的纳米二氧化钛有很多规格。从提供的数据来看，仅有两款可以排除遗传毒性。然而，还需要更多关于纳米级二氧化钛在口腔黏膜中的潜在吸收和细胞效应的信息，以确认它们在口腔护理产品中使用是安全的。需要从根据有效方案和适当的测试指南进行的研究中获得更多的实验数据，以排除口腔化妆品中使用的其他级别 TiO_2（包括色素和纳米形式）的遗传毒性潜力（来源：SCCS）	技术	科技发展	大事
12月14日	美国FDA发布化妆品严重不良反应事件上报表格的填报说明	化妆品产品责任人需要在收到化妆品严重不良反应事件相关信息的15日之内向FDA报告。FDA推荐使用MedWatch Form 3500A进行相关信息的填报，并提供产品标签和严重不良反应事件的相关支持信息，通过电子邮件或邮寄的方式发送到FDA。此次发布对表格内需要填报的各项内容做了相关的说明和指导。此外，FDA正在制定用于电子提交严重不良反应事件的相关程序（来源：美国FDA）	国际	技术交流	新事

续表

时间	事件标题	事件内容	一级分类	二级分类	事件类型
12月15日	SCCS发布羟苯甲酯的最终评估意见	SCCS发布羟苯甲酯的最终评估意见SCCS/1652/23，当前提供的证据资料无法确认含此物质的化妆品施用于腋下时与乳腺癌存在明确联系。化妆品成分的内分泌干扰性是欧盟近几年高度关注的问题之一。SCCS/1652/23就内分泌干扰性进行评估，认为0.4%（以酸计）浓度的羟苯甲酯作为防腐剂在化妆品中使用时是安全的。但该结论不涉及环境安全（来源：SCCS）	技术	科技发展	大事
12月15日	SCCS发布二苯酮–4的初步评估意见	二苯酮–4是当前欧盟化妆品法规中允许使用的防晒剂，最大用量为5%（以酸计）。欧盟委员会建立了一个包含28种内分泌干扰物的优先评估清单，二苯酮–4即为其中之一。根据安全性评估，并考虑到与二苯酮–4的潜在内分泌干扰特性有关的问题，SCCS认为，二苯酮–4在防晒霜、面霜和护手霜、口红、防晒气雾剂和泵式喷雾中用作防晒剂时，最高浓度为5%是安全的，单独使用或组合使用时均是安全的（来源：SCCS）	技术	科技发展	大事
12月18日	美国FDA上线化妆品工厂注册和产品注册的电子提交系统	FDA在原药品提交系统的基础上，开发了“Cosmetics Direct”提交系统，为化妆品工厂注册和产品注册提交电子信息使用，系统现已经开放账户注册、信息录入、保存表单等功能（来源：美国FDA）	国际	技术交流	特事
12月18日	美国FDA更新了《化妆品工厂注册和产品注册指南》	《化妆品工厂注册和产品注册指南》的最终指南描述了谁负责进行注册和上市提交、应包含哪些信息、如何提交、何时提交以及注册和上市要求的某些豁免条件，以及对企业关心的问题进行了解答，并且明确了FEI号（Facility Establishment Identifier）同时也作为工厂的注册号并提供了FEI申请的详细说明（来源：美国FDA）	国际	技术交流	大事

续表

时间	事件标题	事件内容	一级分类	二级分类	事件类型
12 月 21 日	智利正式禁止化妆品动物测试	智利将禁止化妆品动物试验，并禁止销售依赖动物测试作为数据支撑的化妆产品。法案规定“禁止使用动物对化妆品、卫生用品、个人护理产品，及其任何成分、成分组合或最终配方进行安全性和有效性测试”。如果没有其他替代试验方法，或化妆品成分浓度受到限制，亦或化妆品成分不能被其他类似功能化合物替代，智利公共卫生研究院（ISP）可以例外授权化妆品动物试验［来源：国际人道对待动物协会（Humane Society International）］	技术	技术监督	大事
12 月 22 日	SCCS 发布银锌沸石的最终评估意见	SCCS 发布银锌沸石的最终评估意见，确认安全使用限量及要求。SCCS/1650/23 认为 1% 含量的银锌沸石（银含量不超过 2.5%）在喷雾型除臭产品和粉底类产品中使用是安全的（来源：SCCS）	技术	科技发展	大事

（文稿整理：陈静珊　周文斯　谢韵碧　李继超　孙梅，通标标准技术服务有限公司广州分公司）